총체적 복음

다함은
도서출판

1. 다윗과 아브라함의 자손

아브라함과 다윗의 자손으로, 하나님 구원의 언약 안에 있는 택함 받은 하나님 나라 백성을 뜻합니다.

2. 마음과 뜻과 힘을 다하여 하나님을 사랑하라

구약의 언약 백성 이스라엘에게 주신 명령(신 6:5)을 인용하여 예수님이 가르쳐 주신 새 계명
(마 22:37, 막 12:30, 눅 10:27)대로 마음과 뜻과 힘을 다해 하나님을 사랑하겠노라는 결단과 고백입니다.

사명선언문

1. 성경을 영원불변하고 정확무오한 하나님의 말씀으로 믿으며, 모든 것의 기준이 되는
   유일한 진리로 인정하겠습니다.

2. 수천 년 주님의 교회의 역사 가운데 찬란하게 드러난 하나님의 한결같은 다스림과
   빛나는 영광을 드러내겠습니다.

3. 교회에 유익이 되고 성도에 덕을 끼치기 위해, 거룩한 진리를 사랑과 겸손에 담아 말하겠습니다.

4. 하나님 앞에서 부끄럽지 않도록 항상 정직하고 성실하겠습니다.

총체적 복음

초판 1쇄 발행 2020년 8월 20일
초판 1쇄 발행 2020년 8월 31일

지은이 | 김광열
펴낸이 | 이웅석
교 정 | 김석현

펴낸곳 | 도서출판 다함
등 록 | 제2018-000005호
주 소 | 경기도 군포시 산본로 323번길 20-33, 701-3호 (산본동, 대원프라자빌딩)
전 화 | 031-391-2137
팩 스 | 050-7593-3175
이메일 | dahambooks@gmail.com

디자인 | 참디자인(02-3216-1085)

ISBN 979-11-90584-06-7 (03230)

HOLISTIC GOSPEL

총체적 복음

김광열 지음

다함
도서출판

목차

2부
성경과 역사 속의 총체적 복음

3부
사역현장에서 총체적 복음의 실천

HOLISTIC GOSPEL

한국교회의 회복과 부흥을 또 다시 소망하며

⁕⁕⁕⁕

지난 몇 년간 한국교회는 한 가지 주제에 집중해 왔다고 해도 과언이 아니다. 그것은 바로 한국교회의 회복과 부흥이다. 1907년 평양대부흥 100주년을 맞이하는 해인 2007년을 전후해서 한국교회는 교단별로 또는 초교파집회를 통해 평양대부흥 100주년을 기념하는 행사를 꾸준히 전개해왔다. 2007년에는 2월에 있었던 비전선포식으로 시작해 3월에는 장충체육관에서 전국대회가 있었고, 그 이후 각종 세미나 및 집회 등이 2008년과 그 이후에도 계속되었다.[1] 한국교회의 이러한 행사는 단지 100년 전의 평양대부흥을 기념하는 것이 아니라, 부흥을 다시 한 번 한국교회에 일으키려는 소망으로 추진되었다.

그런데, 여기서 중요한 질문은 "과연 성경적 부흥의 의미가 무엇인

---

1 필자가 개인적으로 참여했던 경우들만 보더라도, 2006년에 "개혁주의 관점에서 부흥신학의 올바른 이해"라는 제목으로 발제했던, 총회교육부에서 주관하는 "2007년 총회교육주제 심포지엄"에서부터 시작하여, 2007년 4월에 개최되었던 개혁신학회 정기 논문발표회["교회부흥과 총체적 회개," 『개혁논총』 제7권 (2007): 55–84]와 5월에 광주 겨자씨교회에서 개최되었던 제44차 전국목사장로 기도회 특강 등이 있는데, 그와 같이 크고 작은 집회와 세미나들이 계속적으로 "부흥"의 주제에 초점을 맞추어왔던 것이 사실이다.

가?"이다. 목표와 방향성을 바로 설정하지 못하면, 아무리 열심히 달려도 결국 헛된 경주가 되기 때문이다. 본서에서 논의의 초점으로 삼는 주제는 "복음의 사회적 의의" 즉, 그리스도의 복음이 오늘 이 땅에 살고 있는 우리의 이웃에게도 의미 있는 복음이 됨을 드러내는 문제다. 한국교회 특히 보수교단에서 그 동안 복음의 영향이 교회 안에서만 맴돌았고, 그 복음의 사회적 의미와 그 중요성을 이웃과 사회와 국가 앞에 드러내는데 한계가 있었다는 지적이 사실이라면 이제 우리는 교회의 정체성을 하나님과의 수직적인 차원의 삶 속에서의 충실히 다져감과 동시에, 그리스도인의 사회적 책임의 과제 또한 효과적으로 수행하는 가운데 "총체적" 회복과 부흥을 이뤄낼 수 있기 위하여 최선을 다해야 한다.

21세기를 맞이하여, 이제 한국교회는 성장정체라는 어두운 늪의 수렁에서 벗어나야할 것이다. 그런데, 그 회복의 열쇠 중의 하나는 "하나님의 사랑으로 우리의 이웃을 품에 안는 자세를 회복하는 것"일 것이다.[2] 이제까지 우리 교회들과 신자들은 자기들에게 허락된 구원의 축복의 기쁨과 감격을 교회당의 담장 안에서 자기들끼리만 누리고 즐겨왔는지 모른다. 우리들에게 거져 주어진 은총의 복음 안에 담겨진 축복들이 교회당 밖의 이웃들에게는 아무런 매력적인 축복으로 제시되지 못하고, 오히려 혐오의 대상이 되기까지도 했던 상황들은 우리들의 오류를– 그리스도의 복음의 오류가 아니라– 고발하고 있다. 그러나 우리 주님의 복음은 교회 안에

---

2 필자는 총체적 복음에 관한 서론적인 논의들을 2002년에 발행한 저서인 『이웃을 품에 안고 거듭나는 한국교회』(서울: 대한예수교장로회총회, 2002)에서 이미 제시한 바 있다. 그 이후 필자는 총체적 복음의 신학을 정립하기 위한 시도를 나름대로 진행해오면서, 전개했던 신학적인 반성과 연구의 결과들을 정리하여 본서를 내놓게 되었다.

서만이 아니라, 자신이 속한 지역사회에 사는 이웃과의 삶 속에서 그리고 조국과 온 세계 안에서도 기쁜 소식이어야 하고, 또 그렇게 빛나야한다.

그런 점에서, 현대 그리스도인들에게 해결되어야할 신앙적 과제들 중의 하나는, 그리고 동시에 부흥을 위한 선행과제들 중의 하나는, 이원론적 신앙자세의 극복임이 지적되어야 한다. 헬라적인 영육이원론 혹은 중세적인 성속이원론[3] 등과 같은 "구분짓기"의 신앙태도는 특히 오늘날 우리 한국교회가 극복해야할 왜곡된 신앙태도들이다. "영적 영역들"에 대한 치우친 강조는 신앙생활 속에서 전인적인 회복의 비전을 축소시킬 위험성이 있으며(영육이원론), 또한 사회적이고 우주적인 회복의 비전까지 간과하는 결과들을 가져올 수도 있기 때문이다(성속이원론).

이제 이러한 구분짓기의 이원론적 접근방식은, 부흥을 추구하는 우리의 시도들 속에서도 여전히 잠재되어 있다가 그 모습을 드러내곤 한다. 한국교회가 꿈꾸는 부흥의 모습 속에서, ─과연 개혁신학이 강조하는 바대로─ 하나님의 주권이 온 세상에 미치고 있으므로, 그 세상 속에서 드리워져있는 죄의 모든 세력들을 무너뜨리고, 그 가운데 고통 받는 이웃들을 하나님 나라의 통치 아래로 이끌어오려는 "개혁신학적─총체적" 비전이 얼마나 충실하게 반영되고 있는가? 우리는 좀 더 진지하게 검토해볼 필요가 있다.

---

3 이원론적 오류의 대표적인 2가지 형태로 전자는 정신적이고 영적인 것은 하나님과 가까운 거룩한 일이고 귀한 일인 반면에, 물질적이거나 육신적인 것들은 죄악된 일로서 구분하는 방식이며, 후자의 경우는 교회 안의 일들과 세상의 일들을 각각 거룩하고 속된 일들로서 구분하는 방식이다. 반면에, 개혁신학은 하나님께서 창조하신 인간은 영혼과 육체를 포함한 그 전인이 하나님의 보시기에 "심히 좋았더라(very good)"는 하나님의 평가를 강조하며, 또한 온 세상을 다스리시는 하나님의 주권적 통치를 강조한다. John M. Frame, *Salvation belongs to the Lord: An Introduction to Systematic Theology* (Phillipsburg, NJ: Presbyterian and Reformed, 2006), 88-89, 92.

본서는 과연 100여 년 전에 이 땅에 임했던 부흥이 다시 한 번 주어지기를 간절히 소망하며 21세기를 시작하는 오늘의 한국교회가 그 진로를 모색하려 한다면, 그것은 우리가 그 동안 효과적으로 감당하지 못했던, 이 "개혁신학적—총체적" 신앙의 회복을 통하여 찾아질 수 있다는 확신 속에서 집필되었다. 그리스도의 복음은 영육이원론이나 성속이원론의 한계를 뛰어넘어 역사하는 복음인 것이다. 그것은 포괄적인 능력을 소유하고 있다. 성경의 복음은 개인의 영혼구원을 주된 목표로 하지만, 그럼에도 인간의 육신의 활동과 사회적 생활도 중요시하는 관점을 잃지 않는다. 그리스도의 복음은 개인의 영적 갱신을 이루어낼 뿐만 아니라, 공동체적, 사회적 갱신도 이루어내는 능력이 되는 것이다.

1980년에 발행된 Wall Street Journal의 한 칼럼에는 당시의 복음적 부흥운동에 대해 평가하는 기사내용이 실려 있다.[4] 부흥운동의 집회들이 전국을 휩쓸고 지나갔지만 과연 사회 속에는 얼마나 영향을 주었는가? 라는 물음을 던지고 있다. 야단법석하며 군중들을 끌어들이는 행사는 진행되었지만, 아니 정말로 교회의 부흥과 자신의 영적 갱신을 위한 진지한 모습들도 찾아볼 수는 있었지만 —18–19세기의 대각성운동의 모습과는 다르게— 그들의 부흥운동 속에서는 이 세상에 드리워져있는 죄의 세력, 그리고 그 아래에서 고통 받는 이웃들과 사회 곁으로 다가서는 모습을 찾아보기 어려웠다는 것이다. 그들은 부흥의 의미를 단지 자신의 내적 영성에만 초점을 맞추거나 혹은, 단지 교회들만의 잔치 정도로 만족해하는 "교회 행사"의 차원으로 축소시키고 말았다는 지적으로 해석될 수 있다.

---

4 *Wall Street Journal*, 11 July 1980, 1.

19세기 미국의 대각성운동은 "교회들만의 행사"로만 끝나지 않았고 사회적 영향력을 끼쳤던 운동이었다. C. C. 콜(C. C. Cole)의 지적과 같이, 19세기 대각성운동은 당시의 선교기관들과 기독교문서사역들의 활성화를 가져왔고, 교회교육기관들도 새로워졌을 뿐만 아니라, 부패한 사회 속에서 기독교의 도덕적 기준들이 다시 회복되는 일들이 전개되었으며, 더 나아가 노예제도나 전쟁, 혹은 방종과 같은 사회악들에 대해 항거하는 개혁운동으로 이어졌던 것이다. 복음의 변화시키는 능력을 통해 이루어지는 참된 부흥이란, 성도와 교회를 회복시킬 뿐 아니라, 이 땅위에 드리워져있는 모든 죄의 영향력들을 걷어내는 총체적 변화와 회복을 지향해야 함을 그들은 깨닫고 있었던 것이다.[5]

2007년 2월부터 계속되어 왔던, "1907년 평양 대부흥 100주년"을 기념하는 다양한 행사들은 조국의 교회가 기대하며 주목해온 행사였다. 그 이후에 계속되는 집회와 행사를 통해서도, 명목상의 그리스도인들이 참 하나님의 백성으로 거듭나며 이 땅의 교회들이 새로워지는 부흥과 회복의 역사가 일어나기를 위해서 기도해야할 것이다. 그러나 1907년 평양 대부흥운동은 교회와 성도들의 "내적 영성"의 회복만을 추구하는 부흥운동, 교회 안의 행사로만 멈추지 않았음을 기억해야 한다. 그것은 교회의 영역을 넘어서는 부흥운동이었다. "기생과 환락의 도시였던 평양을 동방의 예루살렘으로 바꾸는" 총체적 부흥운동이었다.[6] 주님의 통치가 임하여 성도들이 교회 안에서 복음으로 말미암아 주어지는 영적 축복들을 누리게 되

---

5 김광열, 『이웃을 품에 안고 거듭나는 한국교회』, 182.
6 박용규, 『평양 대부흥운동』 (서울: 생명의말씀사, 2000)에서 11장 "대부흥운동과 사회개혁"을 참고하라.

었지만, 거기에서 멈추지 않았다. 더 나아가 사회 구석구석에 드리워져있는 죄의 영향력들을 걷어내는 총체적 회복까지 나아가려고 했다.

본서에서 필자는 한국교회의 회복과 부흥을 위한 대안으로서의 총체적 복음의 신학을 개혁신학의 기초 위에서 제시하려 한다. 개혁신학의 가르침에서 발견되는 총체적 복음의 신학을 조직신학의 주제들, 특히 구원론에서 정리한 후, 또한 성경과 역사에서 총체적 복음의 뿌리들과 발자취들을 더듬어보려 한다. 그리고 오늘 우리가 감당해야 할 사역을 위한 방법론에 관한 논의들을 정리한 후, 마지막으로 총체적 복음사역의 실천하는 현장들을 소개하려 한다. 따라서 본서는 크게 3부의 내용으로 구성된다. 1부에서는 먼저 하나님 중심의 신학, 특히 하나님의 주권적 통치와 주되심(Lordship)를 강조하는 개혁신학의 기초 위에서 총체적 복음의 신학을 제시하려한다. 특히 개혁신학이 말하는 교리적 가르침들, 특히 회개와 성화와 같은 구원론에 대한 논의를 중심으로 총체적 복음의 의미를 정리하려 한다.

2부의 전반부에서는 복음의 총체성을 드러대는성경 본문에 대한 연구를 통해 총체적 복음의 신학의 성경적 근거들을 재확인하려 한다. 총체적 복음에 관해서 신구약 성경의 본문들은 우리가 예상하는 것보다 훨씬 더 많은 내용들을 말해주고 있음을 확인할 수 있을 것이다. 피상적으로 읽어왔던 성경의 본문을 좀 더 진지하게 들여다볼 때, 신구약 성경에 면면히 흐르고 있는 소외된 이웃들에 대한 하나님의 총체적 관심과 신자들에게 요청되고 있는 그러한 삶으로 부르시는 본문을 수없이 만나게 될 것이다. 사실, 이 항목의 내용만큼 본서에서 중요한 내용은 없다. 왜냐하면 이 곳에서 우리는 하나님의 직접적인 메시지와 음성을 듣게 될 것이고, 따라서 우리 삶을 돌아보게 될 것이기 때문이다.

이어서 2부의 하반부에서는 지난 2000여 년의 기독교 역사에서 전개되어온 총체적 복음사역의 발자취들을 더듬어보려 한다. 사실 이러한 총체적인 복음사역의 삶은 예수님으로부터 시작되었으며, 그 이후의 수많은 믿음의 선진들이 추구했던 삶이었을 뿐만 아니라 또한 지금도 많은 교회와 그리스도인들의 삶에서 추구되며 또 실천되고 있다. 그 중에서도 종교개혁 시대 이후, 특히 지난 18-19세기 영국과 미국의 부흥운동의 역사에서 가장 강력하게 "총체적 복음사역"이 추진되어왔음을 확인할 수 있다. 또한 칼뱅과 웨슬리와 같은 기독교의 거장들의 사역들 속에서 뿐만 아니라, 수많은 헌신된 그리스도인들의 삶의 전영역에서 주님의 통치로 말미암아 주어지는 총체적 회복의 역사의 현장들을 만나게 될 것이다. 특히, 이 항목의 마지막 내용은 총체적복음의 관점을 회복하기 위하여 고뇌와 진통의 과정을 겪어야했던 지난 사반세기 세계선교운동의 역사를 조명해보려 한다. 지난 세기 선교운동의 역사는 바로 자유주의 신학의 물결과 에큐메니컬 운동의 도전에서, 성경적 복음진리를 끝까지 견지하려는 몸부림, 그리고 그 진리를 수호할 뿐만 아니라 또한 역사의 삶의 현장에서 그 진리를 의미 있게 표현하기 위한 성경적 원리들을 확립하려는 몸부림과 고뇌들이 있었던 시기였기 때문이다.[7]

---

7 지난 사반세기 동안, 그러한 고뇌 속에서 함께 논의하며, 총체적 복음사역을 위한 성경적 원리들을 정립해 갔던 복음주의 세계대회들 속에서는 그들의 논의의 핵심을 담고 있는 많은 연구보고서들이 작성되었다. 그 중에서 대표적인 선언문들 3가지는 김광열, 『이웃을 품에 안고 거듭나는 한국교회』 부록에 게재되어 있다(1974년 로잔언약, 1982년 그랜드 래피즈 보고서, 1989년 마닐라 선언문) 그밖에 관련된 그 모든 보고서들과 선언들의 전문들을 분석하기를 원하는 이는 존 스토트(John Stott)가 편집한 *Making Christ Known: Historic Mission Documents From the Lausanne Movement, 1974-1989* (Grand Rapids: Eerdmans, 1997)를 참고하면 된다.

마지막으로 3부에서는 실제적인 사역을 위한 방법론적인 논의를 소개한다. 사실, 총체적 복음의 신학은 그 정의 자체가 이미 실천적인 사역을 지향하고 있다.[8] 총체적 복음을 말하면서, 그 사역에 뛰어들지 않는 것은 아직 그 의미를 진정으로 깨닫지 못한 것이라고 말할 수 있다. 그러므로 3부의 내용은 본서 안에 담긴 모든 논의가 궁극적으로 지향하고 있는 목표점 혹은 총체적 복음의 신학적 논의의 결산에 해당하는 내용이라고 할 수 있다. 총체적 복음사역의 실천을 위한 성경적 원리들, 특히 그리스도인의 자비사역에 초점을 맞추어 그 실천 방안들을 검토한다.[9]

21세기가 시작되면서, 한국교회는 더욱 더 이웃과 지역사회를 섬기는 일에 박차를 가하고 있는데, 이는 매우 다행스러운 일이다.[10] 그런데, 여기서 중요한 것은 그러한 사역들을 수행함에 있어 그리스도인으로서 정

---

8 물론, 모든 신학은 직·간접적으로 실천지향적일 수 밖에 없다. 그것은 단순히 공허하고 추상적인 이론을 취급하는 학문이 아니라, 살아계신 하나님과 지금도 계속되고 있는 그 분의 역사들에 관한 논의들이기 때문이다.

9 Frame, *Salvation belongs to the Lord: An Introduction to Systematic Theology*, 258. 프레임은 자비의 사역을 보조적인 사역으로 보지 않고, 교회의 "핵심적인" 3가지 사역들 중의 하나로 설명한다. 말씀을 가르치는 사역, 교회를 치리하는 사역, 그리고 자비의 사역으로 구분하되, 특히 프레임이 강조하는 세 관점과 연관해서 목회자의 말씀사역은 normative perspective에서, 장로의 교회 치리사역은 situational perspective에서, 그리고 집사의 자비의 사역은 existential perspective에서 바라보고 있다.

10 특히, 21세기가 시작되면서 예장합동교단에서도 이러한 대사회적 복음사역에 더욱 박차를 가하는 방향으로 나아가고 있는 점은 매우 고무적인 일이다. 2002년 1월10일에는 외환카드사와 '사랑의 집짓기 조인식'을 갖고, 불우이웃을 위한 사랑의 집짓기 기금마련을 위한 사역을 시작했다. 그 다음 해인 2003년에는 좀 더 근본적으로 총회 산하에 총회사회복지 위원회를 구성하고 그리스도인의 사회적 섬김과 봉사의 사역을 총회차원에서 체계적이고 또 더욱 효과적으로 감당하려는 시도를 하고 있다. 2008년에는 총회 사회부에서 장애인, 노인복지시설, 한센인 등과 같은 사회빈곤층을 지원하려는 사업계획 등을 추진하기도 했다. 물론, 이러한 이웃 섬김의 사역들은 한 교단의 범주를 넘어 한국교회의 전반적인 흐름으로 전개되고 있음을 알 수 있다. 대표적인 예로 2008년 성탄절 때 한국교회 안에서 전개되었던 풍성한 이웃사랑의 잔치들을 지적해볼 수 있다. 구로구지역을 중심으로 다문화가정의 회복을 위한 축제행사가 한국기독교목회자 협의회의 주관으로, 전국 23개 지역에서 노숙자들과 쪽방거주민들 1만 여명을 위한 "거리의 성탄절 행사"가 한국교회 봉사단의 주관으로, 2000여명의 외국인노동자들을 위로하기 위한 행사가 한국교회 희망연대의 주관으로, 어려운 이웃들을 위해 장을 봐주는 "한국교회 기쁜성탄, 우리 이웃 장봐주기" 행사가 한국기독교연합봉사단의 주관으로 진행되었다. 필자가 2003년 가을에 설립한 총체적 복음사역 연구소에서도 창립 이후 계속해서 총신대학교와 지역교회들 연합으로 독거노인들과 소년소녀가장들을 위한 바자회와 찬양음악제 등을 통하여 소외된 이웃들을 섬기는 사역들을 추진해 왔다. (구체적인 사역들에 대해서는 www.hgm.or.kr 을 참고하라)

체성을 어떻게 확보할 것인가의 문제다. "하나님의 자녀들이 수행하는 사회봉사나 자비사역이 세상 불신자들의 사회봉사와 어떤 차이가 있는가?"라는 문제가 대두된다. 성경은 분명히 신자의 자비사역은 그 출발부터가 다르고, 사역 과정과 궁극적인 목표도 달라야 함을 가르친다. 따라서 3부에서는 이러한 그리스도인의 자비사역의 정체성 또는 차별성에 관한 논의에 초점을 맞추었다. 또한 그와 관련된 그리스도인의 자비사역의 중요한 성경적 원리들을 정리했다. 그리고 마지막으로 한국교회와 세계교회에서 진행되고 있는 총체적 복음사역의 현장을 소개한 후 본서를 마무리했다. 총체적 복음의 신학에 관한 본서의 논의와 제안을 주께서 사용하셔서, 21세기 한국교회의 회복과 부흥에 대한 우리 모두의 소망이 속히 성취될 수 있기를 기도한다.

1부
개혁신학에서 조망한 총체적 복음과 구원

HOLISTIC GOSPEL

HOLISTIC GOSPEL

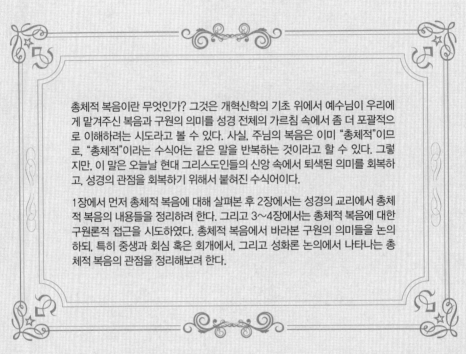

총체적 복음이란 무엇인가? 그것은 개혁신학의 기초 위에서 예수님이 우리에게 맡겨주신 복음과 구원의 의미를 성경 전체의 가르침 속에서 좀 더 포괄적으로 이해하려는 시도라고 볼 수 있다. 사실, 주님의 복음은 이미 "총체적"이므로, "총체적"이라는 수식어는 같은 말을 반복하는 것이라고 할 수 있다. 그렇지만, 이 말은 오늘날 현대 그리스도인들의 신앙 속에서 퇴색된 의미를 회복하고, 성경의 관점을 회복하기 위해서 붙혀진 수식어이다.

1장에서 먼저 총체적 복음에 대해 살펴본 후 2장에서는 성경의 교리에서 총체적 복음의 내용들을 정리하려 한다. 그리고 3~4장에서는 총체적 복음에 대한 구원론적 접근을 시도하였다. 총체적 복음에서 바라본 구원의 의미들을 논의하되, 특히 중생과 회심 혹은 회개에서, 그리고 성화론 논의에서 나타나는 총체적 복음의 관점을 정리해보려 한다.

1장

"총체적 복음(Holistic Gospel)"이란 무엇인가?

이 세상을 살아가는 그리스도인들에게 주어지는 끊임없는 도전은 신본주의적 신앙을 버리고 인본주의적 신앙을 취하도록 하는 유혹이다. 우리는 쉽게 우리의 신앙이나 구원의 의미를 자기 자신의 어떠한 개인적인 욕구나 세속적인 욕심을 채우기 위한 인본주의적(man-centered)인 의미로 받아들이기 쉽다. 그러나 성경적 신앙은 우리를 자기중심적 태도에서 벗어나서 하나님께로 향한 삶으로 나아가게 한다. 개혁신학은 바로 이 점을 강조한다. 신앙은 나의 욕심을 채우기 위한 도구가 아니라 하나님께 영광 돌리는 삶의 원동력을 제공한다는 의미에서 신본주의적(God-centered)이다.[11]

---

11 R. C. Sproul, *Grace Unknown: The Heart of Reformed Theology*, 노진준 역, 『개혁주의 은혜론』 (서울: CLC, 1999), 25이하. 스프로울(R. C. Sproul)은 개혁신학의 핵심적인 원리를 1) 하나님 중심, 2) 오직 하나님의 말씀으로, 3) 오직 믿음으로, 4) 예수 그리스도에 대한 헌신, 5) 언약신학적 원리로 설명한다.

개혁신학의 가르침을 따라 신본주의적 신앙으로

믿음생활을 처음 시작하는 어린 신자의 경우라면 모르겠으나, 깊은 신앙의 자리에 이르려는 그리스도인의 경우에는 더 이상 자신의 건강과 행복과 축복만을 추구하는 신앙태도에 머물러서는 안 된다. 성경이 요구하는 성숙한 신앙인의 모습은 하나님만으로 만족하며 오직 그 분만을 즐거워하고 먼저 그의 나라와 의를 추구하는 삶을 통해 하나님께 영광 돌리는 모습이다. 그러나, 우리가 어린아이의 신앙에서 벗어나지 못한다면, 여전히 인본주의적인 신앙의 울타리 안에서 불만 또는 낙심에서 헤어 나오지 못하는 신앙생활을 하게 될 것이다.

이처럼, 신본주의적 신앙의 관점을 놓칠 때, 구원을 나의 욕구를 채워주는 어떤 복이라고만 생각하게 되며, 결국 그는 인본주의적인 이해에 머물게 된다. 그것이 영적인 것이든, 아니면 물질적인 것이든 상관없이 나의 소원을 이뤄주는 것이라고 생각할 때, 우리는 주님이 베푸신 구원을 통해 나의 인생에 주어지는 세상적인 욕심과 유익과 열매만 관심을 갖는 "인본주의적" 신자의 삶이 되기 쉽다.[12]

이러한 점에서 개혁신학이 강조하는 하나님 중심의 구원관은 중요하다. 구원은 개혁신학의 관점에서 그것은 근본적으로 나 자신이 변화되는 사건이다. 소위 '축복'이라는 용어를 굳이 사용한다면, 구원은 하나님 중

---

12 김광열, 『그리스도 안에 있는 구원과 성화』(서울: 총신대학교 출판부, 2004), 7-8. 신자의 구원의 서정에 관한 논의에 있어 리처드 개판(Richard Gaffin)은 전통적인 구원의 서정이 성경적인 초점에서 벗어나 개인적이고, 주관적-경험적인 초점으로 옮겨지는 문제가 있다고 지적하는데, 이러한 지적도 신본주의적 개혁신학의 한 단면을 드러내준다. Richard Gaffin Jr., *The Centrality of the Resurrection* (Grand Rapids: Baker House, 1978), 140.

심(God-centered)의 존재로 변화되는 축복의 사건으로 이해할 필요가 있다. 다시 말해, 하나님의 통치 아래 살기에 적합한 존재로 변화되는 사건이다. 여기서 그 구원의 역사로 주어지는 변화가 하나님의 통치로 말미암아 주어지는 변화라면, 그 변화의 범위는 포괄적이다. 일차적으로 하나님과의 영적인 관계에서 영적 변화가 나타나고, 이로 인해 또한 중생한 사람의 육적, 정신적, 사회적 삶까지 하나님의 통치를 받게 되어 모든 삶의 영역에서 새로운 삶의 가치관과 인생의 새로운 방향성을 갖고 살아가게 된다. 더 나아가 그리스도의 구원에서 주어지는 회복의 역사는 온 우주 만물까지 새로운 통치로 말미암아 주어지는 변화를 경험하게 한다. 그러한 의미에서 우리는 성경이 말하는 구원을 "총체적 구원"으로, 그리고 성경이 말하는 복음을 "총체적 복음"이라고 말할 수 있다.[13]

하나님 나라의 관점

이처럼, 총체적 복음이란 개혁신학의 기초 위에서 예수님이 우리에게 맡겨주신 복음과 구원의 의미를 성경 전체의 가르침 속에서 좀 더 포괄적으로 이해하려 한다. 미국 웨스트민스터 신학교(Westminster Theological Seminary) 실천신학 교수였던 에드먼드 클라우니(Edumund P. Clowney)는 신자의 복음전도를 '하나님 나라의 관점에서의 복음전도(Kingdom Evangelism)'

---

13 김광열, '총체적복음사역의 신학적 기초와 방법론' 「총체적 복음의 신학과 실천」 창간호 (2004): 26-28.

라고 했다.[14] "하나님 나라"의 도래를 현재의 교회시대에서는 인정하지 않으려는 세대주의의 "이중적"(교회와 이스라엘로 구분하는) 관점과는 달리, 복음서에서 발견되는 하나님 나라 메시지의 현재적(신약교회 시대) 중요성을 강조하는 개혁신학의 관점을 드러내준다. 클라우니는 게할더스 보스(Geehardus Vos)나 헤르만 리델보스(Herman Ridderbos)와 같은 개혁신학자들의 지난 세기 연구를 통해 성경신학의 관점, 혹은 하나님 나라 관점의 중요성을 다시 새롭게 회복하게 되었음을 상기시킨다. 그리고 그러한 연구들의 기초 위에 복음사역도 하나님 나라의 관점에서 복음사역을 이해해야 한다고 설명했다.[15]

그리스도가 우리에게 맡긴 복음사역은 하나님이 약속하셨던 메시아 왕국의 성취에 관한 복된 소식을 전하는 사역이다. 이사야서, 다니엘서와 같은 선지서들, 그리고 시편을 포함한 구약에서, 신약의 복음서들이 말하는 하나님 나라의 주제를 만난다. 그 나라의 백성들을 통치하시는 그 나라의 왕은 특히 그의 백성들에 대한 구속적 통치를 이루어 가시는 분으로 제시된다. 구약의 선지자들은 앞으로 이 땅 위에 하나님의 구속적 통치가 인자 곧 예수님 안에서 이루어질 것이라고 예언했다(단 7:13-14). 그리고 때가 차서 보냄을 받은 예수님의 삶, 죽음, 그리고 부활에서 선지자들의 예언이 성취되었고, 구원역사의 기초가 놓아졌다.[16]

이러한 관점에서 볼 때, 예수님이 우리에게 명한 복음전도의 사역은

---

14 Edmund Clowney, 'Kingdom Evangelism', in *The Pastor-Evangelist* ed. Roger Greenway (Phillipsburg, NJ: Presbyterian & Reformed, 1987).

15 Clowney, 'Kingdom Evangelism,' 15-16.

16 Clowney, 'Kingdom Evangelism,' 17-18.

그 메시아왕국의 회복의 복음을 선포하는 것이며, 따라서 복음전도의 사역은 그 나라를 위한 사역이다.[17] 구원은 그 나라의 메시아적 통치로 말미암아 주어지는 회복의 역사이다. 요한복음에 의하면 구원은 곧 하나님 나라로 들어가는 것을 의미한다(요 3:3, 5). 결국, 구원의 복은 구약에서 예언되었던 메시아의 오심에서 시작된 메시아 왕국의 통치로 말미암아 주어지는 회복의 복이다. 그 구원을 전하는 복음사역은 곧 메시아의 통치를 이 땅부터 받아들이며, 이 땅부터 회복의 역사를 가져오려는 사역이라고 이해할 수 있다. 그렇다면, 복음사역은 개인적 혹은 영적 차원의 회복의 중요성을 인정하되, 거기에 머무르지 않고 총체적인 회복을 목표로 해야 한다. 이는 복음사역이 주님이 세운 메시아 왕국의 왕적 통치 아래 있는 "모든 것들"에 대한 회복과 갱신을 가져오는 사역이기 때문이다.

주되심(Lordship)의 관점

하나님 나라의 관점에서 이해되는 복음사역은 또한 주되심(Lordship)의 관점에서도 이해된다. 그 나라의 복음 안으로 들어온 백성들에게 하나님은 그리스도를 주(Lord)로서 섬길 것을 요구하시기 때문이다. 신자는 그리스도를 자신의 구세주(Savior)로서 받아들인다. 신자가 그리스도를 영접할 때 그는 신자의 모든 삶을 주관하는 주님이 되신다.[18] 우리가 하나님 나라

---

17 Frame, *Salvation belongs to the Lord: An Introduction to Systematic Theology*, 248. 존 프레임도 그리스도의 복음을 "하나님 나라의 임함"에 관한 복된 소식임을 강조한다. 또한 156–158을 보라.

18 Frame, *Salvation belongs to the Lord: An Introduction to Systematic Theology*, 197 프레임은 성경이 "Lordship

의 백성으로 삶의 모든 영역에서 어떠한 예외나 제한 없이 예수님의 주되심을 인정해야 하는 것은, 이 땅에 오신 그리스도는 신자의 구세주(savior)이자 주님(Lord)으로 함께하기 때문이다.[19]

더 나아가 그리스도는 사망권세를 깨뜨리고 부활 승천하셔서 우리의 구원을 이루셨을 뿐만 아니라, 하늘과 땅의 모든 권세를 받으시고(마 28:18) 하늘 보좌에 앉으심으로 오늘도 만왕의 왕, 만유의 주로서 우주 만물을 통치하고 계신다. 다시 말해, 그 분은 교회를 다스리시는 분이실 뿐만 아니라, 온 세상을 그 분의 뜻대로 다스리시는 만유의 왕이신 것이다. 그렇다면, 그 분의 주되심은 교회 안에서만이 아니라, 교회 밖의 세상에서의 모든 삶의 영역에서도 드러나야 한다.[20] 다시 말해 교회와 가정과 사회 및 모든 삶의 영역에서 하나님의 뜻을 거스르는 모든 사상들과 행위들은 지적되어야 하고 거부되어야 한다. 그리고 우리는 그리스도의 의와 사랑의 통치가 세워지기 위해 노력해야 한다. 이는 주님이 우주적인 왕권을 가진 분이시기 때문이다.

이러한 관점에서 볼 때, 복음전도 사역은 바로 그 나라의 왕인 예수님의 주되심을 받아들여 그 뜻이 삶의 모든 영역에서 성취되도록 하는 사역이다. 웨스트민스터 신학교의 선교신학 교수였던 간하배(Harvie M. Conn)도 우리의 모든 생활에서 그리스도의 통치를 인정해야 관점에서, 복음전

Salvation"을 말한다고 지적한다.

19 Frame, *Salvation belongs to the Lord: An Introduction to Systematic Theology*, 21.

20 김영한, '신학적 사회윤리', 『성경과 신학』 제8권 (1990): 227-231. 김영한은 기독교적 사회윤리를 정립하기 위하여, 하나님과 세상, 교회와 사회라는 이분법적으로 접근하는 "두 공간사고"를 극복하려는 시도를 하면서, "카이퍼의 영역 주권사상"을 그 기초개념들 중의 하나로서 제시한다.

도 사역을 주되심의 관점에서 수행되는 전도사역이어야 함을 지적했다.[21] 다시 말해, 복음사역은 온 세상과 모든 삶의 영역에서 그리스도의 통치로 인한 회복과 갱신을 꾀하는 사역이라는 말이다. 메시아 왕국의 왕이신 예수님의 통치는 그 분의 보좌로부터 흘러내리는 복음의 새 생명의 능력을 통행 모든 질병, 고통, 억압, 불화, 가난, 압제를 걷어내는 역사를 이루기 때문이다.[22]

총체적 복음(Holistic Gospel)

이처럼 개혁신학이 가르치는 "하나님 나라"의 관점, 그리고 "주되심"의 관점에서 볼 때, 복음사역은 "총체적 복음사역"이다.[23] 주님의 통치에는 자연의 질서까지 포함한다(시 96:11-13). 따라서, 메시아의 통치는 모든 피조물의 썩어짐의 해방까지 이루어내는 통치이다(롬 8:20-21). 최후 회복의 날에 그리스도의 왕적 치유는 모든 생명들과 자연에까지 미치게 될 것이다. 그러나, 온 세상에 드리워진 죄의 영향을 걷어내는 왕적 치유의 역사는 사실상 주님의 초림에서부터, 그리고 갈보리 십자가 사역에서부터

---

21 간하배, 『복음전도와 사회정의』 (서울: 엠마오, 1984), 55-56.
22 간하배, 『복음전도와 사회정의』, 56-63; Clowney, 'Kingdom Evangelism', 22. 물론, 여기에서 우리는 모든 질병이나 고난 혹은 가난이라는 것을 언제나 반드시 하나님의 뜻에 거스리는 현상이라고만 간주할 수는 없다. 그러한 것들도 신자의 삶의 여정 속에서 때로는 하나님 나라 사역에 유익한 도구들이 되기도 하기 때문이다. 단지 여기에서는 그러한 것들이 아담의 타락 이후에 인류에게 주어진 죄의 결과들이므로, 주님의 구속적 통치 아래서 기본적으로 그리고 궁극적으로 회복되어야 할 것임을 지적하고 있는 것이다.
23 Clowney, 'Kingdom Evangelism', 21; 간하배, 『복음전도와 사회정의』, 55; 클라우니는 하나님 나라 관점에서 복음전도가 "총체적(holistic)" 성격을 지니고있음을 지적했으며, 간하배는 주되심의 관점에서의 전도 개념을 요약적으로 제시하면서, "총체적 전도(holistic evangelism)"라는 표현을 사용했다.

출발했다. 우리가 즐겨 부르는 성탄찬송 115장 "기쁘다 구주 오셨네"의 가사는 바로 그 사실을 드러내고 있다.[24]

1절 기쁘다 구주 오셨네 만 백성 맞으라 온 교회여 다 일어나 다 찬양하여라...

2절 .... 중략.... 이 세상의 만물들아 다 화답하여라 다 화답하여라...

3절 온 세상 죄를 사하러 주 예수 오셨네 죄와 슬픔 몰아내고 다 구원하시네...

구주 오심의 기쁜 소식은 그의 백성들에게만 적용되는 것이 아니다. 이 소식은 온 세상의 만물들까지 기쁨으로 화답하는 소식이다. 메시아의 왕적 치유의 역사는 온 세상 만물까지 미치고 있기 때문이다. 3절의 가사와 같이 십자가 사역에 기초한 그 분의 주권적 통치 안에서 주어질 회복의 역사는 에덴에서의 범죄로 말미암아 세상에 들어오기 시작했던 이 땅의 모든 죄와 저주, 절망과 슬픔을 몰아내는 역사로 이어져야 한다. 예수님의 주되심과 그 분의 통치가 총체적이므로 그의 복음과 통치는 죄와 저주의 모든 잔영들이 드리워진 곳마다(as far as the curse is found: 115장의 영어 가사의 표현과 같이) 회복과 변화를 일으키는 능력이 된다. 그리고 그와 마찬가지로 우리의 복음사역도 -그 분의 통치로 전진해가는 하나님 나라의 범위 만큼- 그 비전과 목표가 포괄적이며 총체적이다.

그러므로 오늘날 주님의 복음사역을 수행하는 교회와 그리스도인들은 메시아의 통치 아래 진행되고 있는 하나님 나라의 치유와 회복의 역사

---

24 Timothy J. Keller, *Ministries of Mercy: The Call of the Jericho Road* (Phillipsburg, NJ: Presbyterian & Reformed, 1997), 51−52.

를 온 세상의 모든 영역에 적용하고 더욱 폭넓게 확장해 나가야 할 총체적 복음의 사역자가 되어야 한다. 총체적 복음사역은 주님의 복음사역이 포괄적인 성격이었다는 점에서 더 분명해진다. 주님은 죄인의 용서와 개인적인 회심 뿐만 아니라 병자들과 연약한 이들의 육신적인 회복을 위해서도 사역하셨다. 이는 주님의 복음이 개인적인 차원에서의 변화를 가져올 뿐 아니라, 사회와 공동체적인 변화와 갱신을 가져오는 능력으로 그리고 더 나아가 우주적 차원에서 공중 권세 잡은 악의 세력까지도 제어하는 능력으로 우리에게 주어졌기 때문이다.[25]

요약하면, 개혁신학의 가르침은 구원의 의미를 신본주의적으로 바라보게 한다. 개혁신학은 구원이 단순히 자신의 어떤 인간적인 목표의 성취를 위한 수단이 아니라 하나님의 통치를 받아들이고 하나님 중심의 존재가 되어 전 존재와 삶의 모든 영역에서 포괄적으로 하나님의 주권적 통치와 다스리심을 적용하고 성취하는 사건임을 깨닫게 한다. 주님이 이 땅에 오셔서 감당했던 구속사역도 바로 복음의 "총체적" 회복의 역사를 이루기 위한 것이었다. 오늘날 하나님 나라로 부름을 받은 그리스도인들도 주님이 맡긴 총체적 복음의 사명자로 부름을 받아 하나님 나라의 삶의 원리를 모든 영역에서 적용하며 또 구현하는 복음사역을 감당하는 자들이다.

---

25 김광열, 『이웃을 품에 안고 거듭나는 한국교회』, 153-155.

1장 "총체적 복음(Holistic Gospel)"이란 무엇인가? **29**

에큐메니컬 신학의 오류

그런데 그리스도의 구속적 통치의 회복의 역사를 말함에 있어, 이를 단순히 사회적 진보의 개념으로만 보는 자유주의적 이해나 지난 세기 세계선교운동의 역사에서 나타났던 "사도적 복음의 순수성을 간과한 운동"의 흐름에서 발견되는 문제점을 주의해야 한다. 특히 후자의 운동에서 발견되는 문제점은 지난 세기에 전개되었던 에큐메니컬 신학의 운동에서 나타나는데 주로 혼합주의, 사회화 또는 세속화, 정치화의 오류이다.[26] 이 운동도 사회봉사와 사회적 책임의 중요성을 강조했고 이원론의 문제를 지적했다. 그렇지만 사회적 책임에 대한 강조로 인해 하나님과의 수직적 관계 혹은 영적 관계의 중요성을 간과했다. 교회가 세상에 대한 사명을 간과하면 안 되지만, 그보다 먼저 교회는 하나님과의 초월적인 관계에서 출발한 성령님의 초자연적 역사로 세워지는 "그리스도의 몸"임을 잊어서는 안 된다.[27]

역사적 기독교회의 신앙을 견지해온 복음주의 신학자들은 이와 같이 성경적 균형을 잃은 주장에 대해 심각한 우려를 표명했다. 스토트는 1968년 WCC 제4차 총회에 참석한 후, 그 모임에는 육신적인 기아와 가난에 대한 염려와 외침만 들렸고 복음을 듣지 못한 수백만의 영적 기아에 대한

---

26 김광열, 『이웃을 품에 안고 거듭나는 한국교회』, 29–50. 지난 세기 선교운동의 역사에 관한 분석은 본서 제2부의 총체적 복음의 역사를 취급하는 부분에서 상세히 논의할 것이나, 크게 두 가지 방향으로 전개되었다고 볼 수 있다. 하나는 WCC(세계교회 협의회)를 중심으로 하여 전개되었던 "사도적 복음의 순수성을 간과한 운동"이고, 또 다른 하나는 성경적 균형을 갖춘 역사적 복음주의의 운동이었다.

27 이러한 점에서 볼 때, 오늘 한국교회에서 활발히 전개되는 사회봉사의 사역들에 있어서, 그리스도인의 사회봉사의 정체성 혹은 차별성을 확보하는 문제는 중요하다. 세상 사람들의 사회봉사와 그리스도인의 그것은 외형적으로는 유사해보일지라도, 그 출발, 과정, 그리고 궁극적인 목표점이 다르기 때문이다. 이 부분에 대한 논의는 본서의 3부 총체적 복음사역의 실천을 취급하는 항목에서 자세히 논의하도록 하자.

염려와 외침은 찾아볼 수 없었다고 평가했다. 그는 사회봉사의 중요성을 아무리 강조한다고 해도, 자신을 거부하고 회개하지 않았던 예루살렘 도성을 향해 눈물을 흘린 주님을 잊어서는 안 된다고 하며 그리스도인이 먼저 그리스도 중심적인 존재가 된 후에 세상을 향한 사회적 사명을 감당할 수 있음을 강조했다.[28]

이 운동은 또한 이원론의 문제도 지적한다. 그리스도가 세상과 교회의 머리가 되시므로, 교회와 세상의 구별은 무의미하다고 간주하면서 교회와 세상의 구별과 신자와 불신자의 구별을 이원론적 태도라고 본다.[29] 물론 헬라의 영육이원론이나 중세의 성속이원론은 성경이 거부한다. 그러나 그러한 이원론적 태도를 거부한다는 말이 여기서 말하는 하나님의 백성과 불신자와의 구별까지 무너뜨리는 것으로 이해해서는 안 된다. 주님이 만유의 주가 된다는 것은 불신자들에 대한 심판의 뜻까지 포기하는 것을 의미하지 않는다. 성경에는 분명히 택자와 불신자의 구별의 원리가 있다. 그 원리는 온 우주에 대한 그리스도의 왕적 통치 원리와 상충되지 않고, 오히려 그것에 기초하고 있다.

다시 말해, "그리스도의 주되심"은 만인구원론을 의미하는 것으로 이

---

28 John Stott, 『현대를 사는 그리스도인』, 한화룡, 정옥배 역 (서울: IVP, 1992). 432. 또한 도날드 맥가브란 (Donald Mcgavran)도 그 모임의 제2분과에서 제출된 "선교의 갱신"이라는 강연 초안에 대해서 비판하기를, 그 것은 성경적 선교관을 저버리고 믿음의 필요성을 간과한 입장을 드러내게 되었다고 지적했다. 독일의 선교학 자 페터 바이어하우스(Peter Beyerhous)도 WCC의 선교개념의 혼동을 지적하면서, 그들은 인간 중심의 선교관을 말하며, 하나님 찬양없는 이웃사랑, 혹은 인간 스스로 이룩하려는 구원관을 갖고 있다고 평가했던 것이다. 김명혁, 『현대교회의 동향: 선교신학을 중심으로』(서울: 성광문화사, 1987), 92.
29 예를 들면, 1954년의 에반스톤 총회의 주제는 "세상의 소망이 되시는 그리스도(Christ—the Hope of the World)"인데, 그것은 원래 "교회와 세상의 소망이신 그리스도"였던 것을 바꾼 것이며, 1961년 뉴델리총회에서도 "우리 주 예수 그리스도"라는 주제에서 "우리"라는 말을 제하고 그냥 "주 예수 그리스도"라는 표현으로 바꾸었던 것인데, 그러한 시도들은 위에서 지적한 이분법을 염려했기 때문이다. 김명혁, 『현대교회의 동향: 선교신학을 중심으로』, 39.

해될 수 없다. 우리가 그리스도의 주되심이나 하나님 나라의 관점으로 총체적 복음을 이해하려 하지만, 그렇다고 우리가 섬기는 이 모든 세상 사람들이 자동적으로 하나님의 백성들이 되었다는 것을 의미하는 것은 아니다. 누가복음 12장 32절에서 주님이 "그 나라를 너희에게 주신다"고 가르치신 말씀은 그의 제자들에게 하신 말씀이지, 온 세상 사람들에게 하신 말씀이 아니다. 예수님이 온 세상의 주님이라는 말은 불신 세상에 대한 하나님의 심판을 무효화하는 선언이 아니라, 오히려 주님의 복음을 거부하는 자들에게 그 심판이 있고, 그 결과 "분리"를 가져오는 선언이다. 만유의 머리인 주님은 만백성을 다 구원하는 분이 아니다.

이러한 의미에서 그리스도인의 사회적 봉사와 책임의 사역은 총체적 복음의 관점을 견지해야 할 필요가 있다. 즉, 그 사역에 복음 선포의 사역이 직·간접적으로 포함되어야 한다. 이러한 차원에서 주님의 구원역사가 전체적일 뿐만 아니라, 총체적인 것이라고 볼 수 있다. 전자는 성경적 구별의 원리를 간과하고 사회적 책임을 수행하는 관점이라면, 후자는 주님의 구속적 메시지의 선포에 따른 영생의 길과 심판의 길 사이의 복음적 결단에 대한 요구가 함께 병행되는 복음사역의 성격을 견지하는 관점이다.[30]

---

30 일반적으로 "전체적"(totalistic)이란 표현은 총체적(holistic)이란 표현과 동의어라고 볼 수 있지만, 여기에서의 구별점은, 전자가 만인구원론적 관점을 따르는 입장이라면, 후자는 성경적 구별의 원리를 견지한다는 점에서 찾아진다.

신구약 성경의 "총체적 회복의 비전"[31]

이처럼 총체적 복음에 대한 성경적인 바른 이해는 개혁신학이 가르치는 하나님 나라의 관점이나 주되심의 관점에서 이해하되, 지난 세기 WCC 운동에서 발견되었던 "전체적인" 복음의 오류를 극복하는 방향에서 세워지면 안 된다.

총체적 복음은 성경이 말하는 하나님 나라 안에서 성취되는 하나님의 언약적 통치로 인한 회복의 역사에 기초한다. 사실, 하나님은 구약의 이스라엘 백성을 하나님의 언약백성으로 세우면서 총체적 회복의 비전을 보여주셨다. 그리스도의 구속사역을 통해 주어지는 영원한 안식의 예표가 되는 안식년 규례에서 하나님은 이스라엘 백성이 안식일 계명을 잘 지키면 그들 가운데 "가난한 자가 없을 것이라"는 약속과 비전을 허락하셨다.[32] 하나님이 약속하는 영원한 안식의 복에는 영혼의 안식과 함께 육신적인 가난에서의 해방도 포함한다.

이처럼, 구약에서 주어졌던 총체적 회복의 비전은 메시아로 이 땅에 오신 예수님의 사역과 교훈에서도 재확인된다.[33] 대표적으로 마태복음 15장 32절 이하에 나오는 "칠병이어"의 이적을 예로 들 수 있다. 주님은 무리들에게 천국복음을 선포하셔서 그들을 하나님의 백성으로 이끄시는

---

31 총체적 복음의 관점들은 신구약 성경을 통하여 전체적으로 흐르고 있는 핵심주제이다. 2부 1장에서 우리는 성경 전체 속에서 발견되는 관련구절들을 정리하여 살펴볼 것이다.
32 네가 만일 네 하나님 여호와의 말씀만 듣고 내가 오늘 네게 내리는 그 명령을 다 지켜 행하면 네 하나님 여호와께서 네게 기업으로 주신 땅에서 네가 반드시 복을 받으리니 너희 중에 가난한 자가 없으리라(신 15:4-5)
33 주님의 사역과 교훈들 속에서 발견되는 더 많은 내용들에 대해서는 총체적복음의 교리적 근거를 논하는 다음 장의 기독론 항목에서 좀 더 구체적으로 살펴볼 수 있다.

영적 구원의 역사 뿐만 아니라 그들의 병을 고쳐주시며 그들의 배고픔까지 해결해주심으로 메시아 왕국의 회복의 역사가 총체적 성격의 회복임을 드러내주셨다.

또한 하나님의 언약적 통치가 완성되는 모습을 보여주는 요한계시록에서도 우리는 또한 이와 같은 하나님의 총체적 회복을 경험하는 언약 공동체의 모습을 확인할 수 있다.

계7:15-17

그러므로 그들이 하나님의 보좌 앞에 있고 또 그의 성전에서 밤낮 하나님을 섬기매 보좌에 앉으신 이가 그들 위에 장막을 치시리니, 그들이 다시는 주리지도 아니하며 목마르지도 아니하고 해나 아무 뜨거운 기운에 상하지도 아니하리니, 이는 보좌 가운데에 계신 어린 양이 그들의 목자가 되사 생명수 샘으로 인도하시고 하나님께서 그들의 눈에서 모든 눈물을 씻어 주실 것임이라

구원의 모든 과정이 이루어진 후 하나님의 보좌 앞에 모여 있는 언약 백성들은 그 분만을 섬기며 그 통치의 장막에 거하는 삶을 살게 된다. 그 때 언약의 하나님은 그 백성의 주림이나 목마름, 모든 해로움이나 고통을 다 막아 주는데, 이는 바로 메시아로 오신 어린 양의 인도 안에서 주어지는 것이다. 여기서 그러한 언약적 통치 아래 사는 자들의 눈에 어떤 눈물도 다시는 흐르지 않을 것이라는 총체적 회복의 약속과 비전이 제시되고 있다. 이 땅에서 주님의 사역은 이러한 총체적 회복의 비전을 향한 사역

이었다.[34]

하나님 나라의 현재적 중요성

신약시대의 종말론적 성격은 "이미–아직 아니"(already but not yet)라는 개념으로 설명될 수 있다. 예수님의 지상사역에서 이미 하나님 나라는 임했으나 아직 그 나라의 최종 완성은 미래로 남아있다. 신자의 구원은 이미 그리스도와의 연합에서 이루어졌지만, 그 최종 완성은 주님이 재림하는 날에 이루어진다.

총체적 복음사역은 이 구조에서 "이미"에 주목한다. 주님의 재림에 가서 주어질 하나님의 통치의 최종완성을 간과하는 것도, 반대로 내세지향적인 신앙으로 이미 시작된 하나님 나라의 현재성을 무시하는 것도 문제다. 하나님 나라가 종말에 가서 완성된 상태로 임하지만, 그럼에도 그 나라는 예수님의 초림과 함께 이미 이 땅에서 시작된 현재적 실재(reality)임을 이해해야 한다. 이는 메시아의 회복의 역사는 이미 이 땅에서 시작되고 있기 때문이다. 그 회복의 범위는 영적 영역과 아울러 육신적 영역, 사회적 영역, 그리고 우주적인 영역까지 포함하는 총체적 회복이다.[35]

---

34 사실상, 주님은 공생애의 출발에서부터 이러한 메시야사역의 총체적 비전과 방향성을 이사야의 예언을 인용하시면서 밝혀주셨다(눅 4:16-21). 물론, 이 본문에 대한 해석이 복음주의 안에서도 서로 다른 견해들이 있지만, 양자 모두가 공통적으로 인정하는 내용은 그 본문의 의미가 영적 차원과 사회경제적 차원을 모두 가리키고 있다는 점이다.

35 물론, 여기에서 "이미"의 측면만을 강조하고, "아직 아니"의 미래적 완성의 측면을 간과하는 것도 또 다른 오류이므로, "이미"와 "아직 아니"의 양면을 균형 있게 바라보는 것이 중요하다. 총체적 복음의 교리적 근거들을 취급하는 다음 장의 종말론 논의를 참고하라.

지상사역을 감당하면서 주님은 하나님의 나라가 성령의 중생역사를 통해 이미 신약의 성도들에게 영적으로 주어진 실재임을 강조하셨을 뿐만 아니라,[36] 그 나라의 회복의 역사가 지상사역에서 시작되고 있음을 여러 사건을 통해 보여주셨다. 대표적인 사건이 마태복음 12장 22절 이하에 나오는 축귀사건이다. 예수님은 귀신의 왕 바알세불의 힘을 힘입어 귀신을 쫓아낸 것이 아니라 하나님의 성령의 능력으로 하신 것임을 말씀하셨는데, 그것이 바로 하나님 나라가 임한 증거라고 설명하셨다. 즉, 하나님 나라의 통치의 원동력인 성령님의 능력을 통해 주님은 영혼을 살리는 역사를 감당하셨을 뿐만 아니라, 귀신을 쫓아내는, 그리고 허기진 군중의 배고픔을 떡과 생선으로 채워주는 역사(마 15:32절 이하), 곧 "총체적 회복"을 이루셨다.

총체적 복음사역으로의 부름

이처럼 주님의 메시아적 통치에서 주어지는 "총체적" 회복의 역사로 들어온 신약의 교회와 그리스도인은 이제 이 세상을 향해 메시아 왕국의 회복의 역사를 이루기 위해 부름을 받은 일꾼이다. 그러므로 우리는 먼저 우리의 삶과 교회의 모습을 통해 "총체적 회복의 역사"를 이 세상에 보여줄 수 있어야 한다. 메시야의 통치 아래 사는 "회복된" 가정, 교회, 믿음의

---

36 바리새인들이 하나님의 나라가 어느 때에 임하나이까 묻거늘 예수께서 대답하여 이르시되 하나님의 나라는 볼 수 있게 임하는 것이 아니요 또 여기 있다 저기 있다고도 못하리니 하나님의 나라는 너희 안에 있느니라 (눅17:20-21)

공동체가 어떠해야함을 이 세상에 보여줄 수 있어야 한다.

　사도행전에 나타나는 초대교회는 바로 그러한 "회복"의 모습이 어떠함을 우리에게 보여준다. 사도행전 2장에서 성령의 충만함을 받은 초대교회 성도들은 영적 회복(말씀과 기도와 찬양과 감사의 삶 등) 뿐만 아니라, 사회-도덕적 회복(재물욕에 가득 찼던 삶에서 돌이켜 자기의 재물을 가난한 자들과 함께 나누는 가치관의 변화)까지 경험했다. 그리고 "회복된" 교회의 모습은 주변의 이웃들에게 복음의 능력을 보게 해주었고, 이는 그들 중에 주님을 믿는 자들이 날마다 더해지는 역사로 이어졌다.[37]

　교회와 그리스도인들은 자신들의 변화된 모습을 세상에 보여주는 자리에서 한 걸음 더 나아가 메시아적 통치의 치유와 회복의 역사를 이 세상에서 펼쳐나갈 수 있어야 한다. 그것이 바로 교회가 감당해야할 "세상에 대한 교회의 사명"이다. 교회는 죽어가는 영혼을 살리는 영혼구원의 사명과 소외되고 굶주린 이웃에게 주님의 사랑으로 다가가는 일들을 감당해야 한다. 그리고 더 나아가 가정과 사회에서 죄로 인해 왜곡된 관계와 모습을 주의 복음으로 회복시키는 일, 사회구조의 악한 요소, 세상 문화의 악한 요소, 그리고 국가와 민족에 남아있는 모든 죄의 영향을 걷어내는 사회적 책임까지 감당해야 한다. 이것이 "총체적 복음사역"이다.

37　그들이 사도의 가르침을 받아 서로 교제하고 떡을 떼며 오로지 기도하기를 힘쓰니라 사람마다 두려워하는데 사도들로 말미암아 기사와 표적이 많이 나타나니 믿는 사람이 다 함께 있어 모든 물건을 서로 통용하고 또 재산과 소유를 팔아 각 사람의 필요를 따라 나눠 주며 날마다 마음을 같이하여 성전에 모이기를 힘쓰고 집에서 떡을 떼며 기쁨과 순전한 마음으로 음식을 먹고 하나님을 찬미하며 또 온 백성에게 칭송을 받으니 주께서 구원 받는 사람을 날마다 더하게 하시니라(행 2:42-47)

2장

"총체적 복음"의 교리적 근거

총체적 복음의 신학을 정립하기 위해 선행되야 할 작업 중 하나는 성경의 기본적인 교리를 살피는 것이다. 즉, 성경의 기본교리가 총체적 복음에 대해 어떻게 말하고 있는지, 신론, 인간론, 기독론 등과 같은 성경교리의 기본적인 내용에서 어떻게 총체적 복음의 의미가 함축되어 있는지를 확인하는 작업이다.

지난 세기 선교운동의 역사에서 복음주의자들은 사회적 책임을 등한시했던 자신들의 오류를 반성하고, 회개하면서 "총체적 복음"으로 나아갈 수 있는 유익한 교훈을 얻었다.[38] 그러나, 한편으로 그들이 WCC를 중

---

[38] 역사적 기독교회의 신앙을 견지한 복음주의자들은 그 동안 자신들이 걸어왔던 길에 대한 반성을 하기 시작했다. 그 동안 급진신학에 자리를 내주었던 대사회적 사명에 대해서, 그것은 성경의 복음이 배제하지 않는 영역임을 확인하고, 그 사명도 끌어안기 시작했던 것이다. 존 스토트와 같은 신학자도 로잔대회에 참석하여 급진선교신학에 대해 비판함과 동시에, 정치, 사회적 책임을 등한히 했던 복음주의자들의 죄를 회개해야할 것을 역설하였다. C. Rene Padilla ed., *The New Face of Evangelicalism: An International Symposium on the Lausanne Covenant* (London: Hodder and Stoughton, 1976), 13-14. 로잔언약 속에서 우리는 다음과 같은 고백을 들을 수 있다. "사람은 하나님의 형상대로 창조되었기 때문에 인종, 종교, 피부색, 문화, 계급, 성 또는 연령의 구별 없이 모든 사람은 천부적 존엄성을 지니고 있으며, 따라서 사람은 서로 존경받고 섬김을 받아야하며 누구나 착취당해서는 안 된다. 이 사실을 우리는 등한시하여 왔고, 또는 종종 전도와 사회참여가 서로 상반된 것으로 잘못 생각한 데 대하여 뉘우친다......우리가 주장하는 구원은 우리로 하여금 개인적인 책임과 사회적 책임을 총

심으로 한 에큐메니컬 운동의 오류를 바라보면서 배웠던 또 하나의 교훈은 주님의 복음은 시대가 변하고 세월이 흘러도 그 순수성을 변질시켜서는 안 된다는 것이다. 이는 복음을 변질시켰던 급진선교신학이 주님의 복음에서 얼마나 멀리 나갔는지 확인할 수 있었기 때문이다. 그런데 에큐메니컬 진영이 이원론의 문제를 지적하고 사회적 책임의 중요성도 강조하면서도 성경적 가르침에서 떠나게 되었던 이유는 무엇인가?

복음의 순수성이 무너지게 된 원인을 여러 가지로 지적할 수 있겠으나,[39] 그 문제는 1910년에 개최 되었던 세계선교대회(World Missionary Conference)부터 시작되었다고 볼 수 있다. 1910년 6월 14일부터 23일까지 에든버러 대학교에서 개최된 이 대회는 현대교회운동의 시발점으로 간주된다.[40] 이 대회에서 선교 현지에서 여러 교파가 불필요한 경쟁에서 겪는 갈등과 소모를 극복하기 위해 새로운 방안을 제시하려고 노력했다. 그 방안 중의 하나가 대회에서 교리와 각 교파의 의식적 차이에 대한 토론을 금지한 것이다.

세계선교운동의 이러한 "무교리적 입장(doctrinal indifference)" 배경에는 이 운동의 중요한 지도자로 활동했던 존 모트(John Mott)가 있었다. 그는 세계선교대회 모임에 영국 성공회의 참여를 유도하기 위해 미리 켄터베리 대주교였던 랜들 데이비드슨(Randall Davidson)과 접촉하여 그 대회에서는 교리적인 논의를 제외할 것을 약속했다. 이로 인해 당시에 짚고 넘어

체적으로 수행하도록 우리를 변화시켜야 한다. 행함이 없는 믿음은 죽은 것이다." (5항 그리스도인의 사회적 책임 중에서)

39 그들이 사도적 복음의 순수성에서 떠난 사실은 크게 1) 혼합주의적 신학, 2) 사회화 또는 세속화 신학, 3) 정치화신학으로 설명할 수 있다. 김광열, 『이웃을 품에 안고 거듭나는 한국교회』, 38-47.

40 김명혁, 『현대교회의 동향: 선교신학을 중심으로』, 30-41.

갔어야 했던 신학적인 문제를 다루지 못했다. 결국, 폭넓게 선교사역을 이끌려던 계획은 성경적 교리를 명확히 세우지 못하는 선교운동의 단초를 제공했다.[41]

이처럼, 지난 세기 세계선교운동의 초기에 심긴 무교리적 또는 최소 교리적 입장은 지난 세기 선교운동의 흐름을 세속화 또는 정치화의 길로 나아가게 하는 첫 단추가 되었다고 평가해볼 수 있다. 이러한 역사의 교훈을 고려해볼 때, 총체적 복음의 의미를 역사적 기독교회가 전수해온 성경의 기본교리에서 검토해보고 그 기초를 다지는 일은 매우 중요하다. 이는 무엇보다도 선행되어야 할 작업이다.

신론[42]

성경이 말하는 하나님의 창조사역에서 총체적 복음의 기본 방향성을 확인할 수 있다. 성경은 하나님께서 창조하신 모든 우주 만물들이 "선하게(good)" 지음 받았다고 설명한다(창 1:31; 딤전 4:4). 즉, 성경이 가르치는 하나님의 창조사역은 중세적인 성속이원론을 포함한 모든 종류의 이원론적 사고를 배제한다. 종교생활의 영역과 사회, 정치, 경제생활과 같은 교회 밖의 생활영역들을 구분하여 각각 거룩한 것과 속된 것으로 나누어 사고하

---

41 Stott ed., *Making Christ Known: Historic Mission Documents From the Lausanne Movement, 1974-1989*, xii; 김명혁, 『현대교회의 동향: 선교신학을 중심으로』, 43-44.
42 본 장에서 제시되는 교리적 논의들은 기존의 저서, 김광열, 『이웃을 품에 안고 거듭나는 한국교회』 3장의 내용을 수정, 보완한 것이나, 기본적으로는 거기에서 제시된 논지를 따르고 있다.

는 중세적인 성속이원론과 영적인 영역과 육적인 영역을 구분하여 사고하고 행동하는 그리스 철학에 근거한 영육이원론은 성경이 거부한다.[43]

이러한 하나님의 창조원리는 하나님의 자녀가 속한 사회와 공동체도 하나님의 선한 피조세계에 속한 영역으로 영적인 생활이나 교회생활 뿐만 아니라, 교회 밖의 사회생활이나 직장생활을 포함한 인간의 삶의 모든 영역에서도 하나님의 뜻이 이뤄지며, 그 나라가 임하기 위해 기도하고 노력해야한다는 교훈을 함축하고 있다. 그렇다면 신자의 복음전도 사역도 단지 불신자의 영혼만을 구원하는 차원에만 머물지 않고 인간의 삶의 모든 영역에서도 하나님의 선한 창조원리를 적용되고 구현하는 사역까지 포함됨을 기억하고 추진해야 한다.

또한 창조교리는 하나님의 주권적 섭리의 교리로 이어진다. 성경의 하나님은 창조주이실 뿐만 아니라 창조한 만물을 주권적으로 통치하시고 섭리하시는 하나님이다.[44] 세상의 모든 만물이 하나님에 의해 창조되었으므로 만물은 오직 그에게 속해있고, 그의 주권 아래 있으며, 따라서 그의 뜻을 따라 존재해야 한다. 첫 사람에게 주신 "다스리고 정복하라"(창 1:28)는 명령은 타락 이후를 살아가는 그리스도인들에게는 자신들이 속한 사회와 공동체에서 아담의 타락의 결과로 말미암아 야기된 모든 문제를 바로 잡으려는 노력을 시도하라는 명령으로 이해할 수 있다. 고린도후

---

43 김명혁, 『현대교회의 동향: 선교신학을 중심으로』, 395.
44 이러한 점에서 성경의 세계관은 이신론(Deism)의 세계관과 구별된다고 하겠다. 후자도 하나님의 창조를 말하기는 하지만, 그것은 하나님께서 창조사역을 마치신 후에는 피조세계로부터 멀리 떠나 계신다고 간주하여 하나님의 현재적 통치와 섭리를 간과하는 입장을 취한다고 볼 수 있다. 프레임은 이신론이 하나님의 초월성을 말하지만, 영지주의와 같이 그 초월성은 인간에게 하나님의 이름이나 품성이 알려지지 초월성을 말함으로서 성경적인 관점을 떠난 초월성이라고 지적한다. John M. Frame, *The Doctrine of Christian Life* (Phillipsburg, NJ: Presbyterian and Reformed, 2008), 64.

서 10장 5절에서 사도바울은 "모든 이론을 파하며 하나님 아는 것을 대적하여 높아진 것을 다 파하고 모든 생각을 사로잡아 그리스도에게 복종케 할" 사명을 일깨워주고 있다. 이는 결국 창세기 1장 28절의 명령이 단지 이 땅과 보이는 만물들에 대한 하나님의 통치권의 회복만을 가리키지 않고, 눈에 보이지 않는 인간의 지식의 영역에서도 하나님의 뜻을 세우고, 그 영광을 드러낼 것까지 포함하고 있음을 말해주고 있다.

즉, 복음 전파의 사명이 사회적 책임의 부분과 불가분의 관계에 있다는 총체적 복음의 관점을 말할 수 있는 것은 복음에 제시되는 주님은 우리가 속한 사회를 포함한 인류 역사와 문명에서도 주권자가 되시기 때문이다. 사회의 모든 영역에서 우리는 그 주권자의 의와 선한 뜻이 성취되도록 노력해야 한다. 이러한 점에서 고린도후서 10장 5절은 그리스도인들이 단지 사회적 책임을 수행하는 차원에서만 머물지 않고, 인간의 왜곡된 지식과 학문에서 하나님의 주권을 간과하는 요소가 있을 때, 그것을 바로 잡는 사명까지 수행해야함을 가르친다고 볼 수 있다.

하나님의 속성을 고려해볼 때, 또한 하나님의 자녀들에게 주어진 사회적 책임의 중요성을 깨달을 수 있다. 성경은 하나님을 사랑의 하나님으로 제시한다. 신약에서 하나님은 자기 외아들을 십자가에 못 박히게 하시기까지 자기 백성들을 사랑하시는 분으로 분명히 제시된다(요 3:16; 롬 8:32). 이는 구약성경도 마찬가지다. 하나님의 사랑은 고아와 과부를 붙드시고(시 68:5-6; 146:6-10; 잠 17:5; 19:17), 가난한 자를 변호하시며 그 대신에 압제자를 심판하시는 것과(렘 5:26-29; 겔 22:23-31), 타국인과 나그네를 돌보는 것(출 3:7-10; 22:21-24; 23:9; 신 10:17-19; 26:5-11)에도 나타난다.

뿐만 아니라 이와 같이 가난한 자들을 배려하는 하나님의 사랑은 이스라엘을 위해 제정하신 구약의 여러 제도에서도 분명히 재확인된다. 십일조, 안식년, 안식일, 희년, 추수자에 대한 규례, 제사법에서 하나님은 나그네와 고아와 과부와 같은 가난한 자들에 대한 사랑을 베푸셨다. 중요한 것은 성경이 말하는 하나님의 사랑에서 구속적 사랑이 핵심이지만 그와 동시에 하나님의 보편적 사랑도 풍성하게 제시되고 있다는 사실이다. 그러므로 하나님 나라의 백성이 되어 그 나라의 삶을 시작한 우리는 그 나라의 왕이신 하나님의 사랑을 본받아 구속적 사랑 뿐 아니라 보편적 사랑을 구현하는 삶을 추구하는 것이 마땅하다.

또한 하나님을 사랑과 공의의 하나님으로 소개한다. 공의와 공평의 하나님(신 32:4; 레 19:11-18), 나라를 통치하는 치리자에게 공의와 공평으로 다스릴 것을 명령하는 하나님(미 3:1-4; 9-12; 잠 16:11-12; 렘 22:13-19; 겔 45:9-10), 법적 제도에서 공의를 이루시는 하나님(신 1:16-17; 사 10:1-4; 암 5:10-15), 경제적 활동에서도 공의를 구현할 것을 명하시는 하나님(신 24:10-15; 사 5:8-13; 15-16; 22-24; 겔 18:5-9)을 소개한다. 그의 공의는 메시아와 그의 나라에서 온전히 성취될 것이다(사 32:15-17; 렘 33:14-15).

이와 같은 하나님의 사랑과 공의의 속성들을 고려해볼 때, 우리가 진정으로 중생하여 그의 나라의 백성이 되었다면, 우리도 당연히 그 나라의 백성으로 그 나라의 왕의 관심과 의지를 이루기 위해 노력해야 한다. 이 땅에서 소외된 이웃들과 죄와 사망의 권세 아래 고통 받으며 신음하는 모든 이들 곁으로 다가가서 그들에게 하나님의 사랑과 공의가 미치고 있음을 알려주어 그것이 바로 창조주 하나님의 마음이고 그 분의 뜻임을 전해야 한다. 즉, 우리는 복음전도와 함께 복음이 뿌려진 사회에서 하나님이 원하고 관심을 갖는 사랑과 공의를 추구하는 생활을 위해 노력해야 한다.

인간론

인간에 대한 성경의 가르침 중의 하나는 인간이 하나님의 형상으로 지음 받았다는 것이다. 그런데, 이러한 인간이해는 인간을 비인간화하는 모든 굴레로부터 벗어나도록 노력해야 할 당위성이 인간에게 있음을 말하고 있다. 하나님은 인간이 자신의 형상으로 창조되었기에 그 생명을 죽이는 것을 금하셨다(창 9:6). 마찬가지로 야고보사도는 한 입으로 하나님을 찬송하면서 또 저주하는 말을 하는 것은 부당한데, 이는 그가 하나님의 형상으로 지음 받았기 때문이라고 했다(약 3:9).

하나님의 형상에 대한 개혁신학의 가르침은 −루터교회의 하나님의 형상 이해와는 달리[45]− 타락 후에도 인간이 하나님의 형상을 (비록 파괴되기는 했지만)[46] 여전히 지니고 있다고 본다. 그러므로 하나님이 창조하여 − 아담의 타락 이후에도 여전히− 그의 형상을 지니고 살아가는 모든 인간은 자신의 인종이나 문화, 사회적 계급이나 성별과 연령에 관계없이 모두 하나님의 형상을 지닌 존재이다. 따라서 존엄하게 대우 받아야할 가치가 있다.

물론 인간의 존엄성을 주장해야 하지만 하나님 보다 인간의 가치를

---

45 Frame, *Salvation belongs to the Lord: An Introduction to Systematic Theology*, 89. 루터교회의 하나님의 형상 이해는 아담의 타락 후에 인간에게서 하나님의 형상은 완전히 소실되었다고 본다. 그러나, 위에서 지적한 구절들과 같이(창 9:6; 약 3:9) 아담의 타락 후에도 인간은 여전히 하나님의 형상을 지닌 존재로 남아있다고 성경은 설명하고 있다.

46 여기서 개혁신학의 하나님의 형상이해는 또한 로마 가톨릭의 그것과 구별된다. 양자의 입장은 타락 후에도 하나님의 형상이 인간들에게 남아있다고 말함에 있어서 루터교회의 입장과 구별된다. 또한 로마 가톨릭은 아담의 타락의 영향의 결과로 하나님의 모양만의 상실을 말하고 그 형상은 그대로 보존되었다고 주장함으로 타락 후에는 자연인에게 하나님의 형상이 훼손된 상태로 남아있다고 보는 개혁신학의 입장과는 구별된다. 김 광열, 『장로교 기본교리』 (서울: 대한예수교장로회총회출판부, 1998), 119–122.

최고로 간주하려는 세속적인 휴머니즘은 거부해야 한다. 하나님만이 만유의 주재로 높임을 받고 영광을 받으셔야 한다. 그렇지만, 동시에 인간이 하나님의 형상으로 지음 받았기 때문에 존중되어야 한다는 기독교적 휴머니즘은 정당하다. 모든 인간은 −비록 타락 이후의 인간, 곧 죄인이라고 하더라도− 그 안에 남아있는 하나님의 형상으로 말미암아 (비록 깨어진 형상이라 하더라도) 존귀히 여김 받아야 하며 그에게 인간으로서 기본적인 삶을 살아갈 수 있는 환경을 제공해주어야 한다. 그렇게 해야 하는 이유는 인간이 최고의 가치를 지닌 존재이기 때문이 아니라, 그 안에 남아있는 하나님의 형상 때문이다.

그러므로 하나님의 창조, 인류의 타락, 그리고 예수님의 구원 역사와 같은 성경의 구속사적 관점을 떠나서 단순히 "세속적 인간화"(humanization)를 추구하는 선교사역은 거부되어야 한다. 하지만,[47] 성경적 세계관에서 이해되는 인간의 존엄성과 그에 따른 인간의 기본권의 회복을 위한 노력은 −성경적 인간론의 관점에서− 중요하다.

성경적 인간관의 또 다른 내용은 전인(全人)으로서의 인간이다.[48] 우리는 종종 정신적이고 영적인 것은 거룩한 일이고, 육신의 일이나 물질적 생활은 세속적이고 악한 일이라고 구분한다. 이러한 관점은 그리스도인들로 하여금 "영적" 일들 이외의 영역에서 감당해야 할 사회적 책임의 부

---

[47] 조종남 편저, 『전도와 사회참여』 (서울: 생명의말씀사, 1986), 118. 지난 세기 세계선교운동의 역사 속에서 발견되는 운동의 모습들 중의 하나로 사도적 복음의 순수성이 간과된 채, 인권회복만을 선교사역의 중심에 두었던 형태를 가리킨다. 본서 2부 2장에서 "총체적 복음의 역사"를 고찰할 때 다시 논의할 것이다.

[48] Frame, *Salvation Belongs to the Lord: An Introduction to Systematic Theology*, 92−94, 231. 인간의 구성요소에 대한 개혁신학의 입장은 삼분설적 관점이 아니다. 인간은 영과 혼과 육으로 분리될 수 있는 요소들의 집합체가 아니라, 인간은 하나의 전인적인 통일체라는 것이다. 범죄할 때, 그는 육체의 차원에서만 그 범죄에 참여하는 것이 아니고, 영혼과 육체를 포함한 전인격체가 하나님 앞에서 범죄하는 것이며, 그가 구원받을 때 영혼만의 구원이 아니라, 육체를 포함한 전인적인 구원을 받는 것으로 성경은 말하고 있기 때문이다.

분을 간과하게 만들 위험을 내포한다.

그러나 하나님의 관심은 인간의 영혼이 잘 됨 같이 그의 육신도, 그가 속한 사회에서의 삶도 하나님의 뜻대로 이루어지는 데 있다. 이러한 사실은 구약에서 하나님이 언약백성으로 세우셨던 이스라엘에게 주신 계명과 규례에서 분명하게 확인된다. 하나님은 이스라엘을 애굽에서 구원하신 후 시내광야에서 언약을 맺고 그들에게 언약백성으로서 살기 위한 계명과 규례를 주셨다. 그 계명과 규례에는 어떻게 하나님을 잘 섬길 수 있는 가에 대한 내용만 담겨있는 것이 아니라 어떻게 그들이 이웃들과 혹은 타국인과 살아야 할 것인가에 대한 내용도 풍부하게 담겨있다. 여기서 자기 백성에 대한 하나님의 관심의 범위가 드러난다.

이러한 관점은 신약에서도 주님의 가르침에서 계속된다. 주님이 주신 새 계명인 "이웃을 내 몸과 같이 사랑하라"는 의미도 단순히 우리의 이웃에게 복음을 전하라는 것으로 제한할 수 없다. 이는 오히려, 오늘날 신자가 이웃에 대해 사랑 ─물론 이웃의 죽은 영혼을 살리는 중생역사의 우선성을 인정해야 한다[49]─ 을 베풀 것을 말하고 있다. 그 사랑은 이웃의 영혼에 대한 사랑과 그의 육적, 물질적, 사회적 삶의 모든 부분에 대해 관심을 갖는 것이다.

---

49 물론, 여기에서 영혼구원이라는 복음전도의 우선성은 로잔언약(1974)에서 이미 확인된 바 있으며, 그 이후 복음전도와 사회적 책임의 관계에 대한 협의회(1982)에서는 좀 더 구체적으로 정리되었는데, 그 내용은 다음과 같이 2가지의 방향에서 설명된다. 첫째, 복음전도의 우선성은 논리적인 성격의 것인데, 왜냐하면 그리스도인의 사회 참여란 바로 사회적으로 책임 있는 "그리스도인"을 전제로 하고 있으며, 또한 그러한 그리스도인들이 나타나는 것은 복음전도와 훈련을 통해서 가능하기 때문이다. 둘째, 복음전도가 사람들의 영원한 운명에 관계되는 일이라고 할 때, ─물론 육체를 치유하는 일과 영혼을 구원하는 일 사이에 선택을 해서는 안되지만 그럼에도 불구하고─ 만일 우리가 선택을 해야 한다면, 인간에게 궁극적으로 필요한 것은 물질적인 복지의 문제보다 그 영혼의 구원이 훨씬 더 중요한 것이라고 보아야하기 때문이다. John Stott 편집, 『복음전도와 사회적 책임: 그랜드 래피즈드 보고서』한화룡 역 (서울: 두란노, 1986), 34-35.

하나님은 자신의 자녀들의 영혼과 육신을[50] 포함한 전인을 구원의 대상으로 삼고 구원역사를 이루어 가신다. 그렇다면, 우리의 복음전도 사역이 단지 불신자의 영혼만을 돌아오게 하는 일에만 머물러서는 안 된다. 영혼구원이라는 기본적이고 핵심적인 사역과 함께 그가 속한 사회와 공동에서 전인적인 삶의 회복을 위한 총체적 사역으로 나아가야 한다.

기독론

기독론은 '성육신' 교리를 다룬다. 예수님은 자신이 이루어야 할 구원 사역을 하늘나라의 보좌에 앉으신 채로 진행하지 않으셨다. 구원역사를 이루시기 위해 보좌를 떠나 낮고 천한 곳으로 임하셔서 우리와 같은 인간의 몸을 입으시고 고통과 시험과 죽음의 현장을 경험하면서 천국복음을 전파하셨다. 이 땅에 오신 예수님은 그저 복음전파만 하신 것이 아니라 그와 동시에 병자를 고치시고 소외된 자들의 삶 가까이 다가가서 그들의 친구가 되셨다.

"아버지께서 나를 보내신 것 같이, 나도 너희를 보내노라"(요 20:21)는 말씀은 예수님이 행하셨던 성육신적 선교의 사명을 그의 제자들과 그 이후 오늘까지 기독교회의 역사 속에서 살아가게 될 수많은 하나님의 자녀들에게 주신 것이다. 이 사명을 감당했던 대표적인 인물로 사도 바울

---

50 Frame, *Salvation Belongs to the Lord: An Introduction to Systematic Theology*, 88. 프레임은 전인적인 인간 이해에 관해 설명하면서, 하나님의 형상에 대한 메레디스 클라인(Meredith Kline)의 견해를 소개해준다. 클라인은 하나님의 형상에는 육체적 요소도 그 한 부분으로 포함되는 것으로 설명한다.

을 들 수 있다. 그는 모든 사람에게 자유롭게 되었음에도 불구하고 "스스로 모든 사람에게 종이 되어" 더 많은 사람들의 영혼을 구원하는 성육신적 사역자로 헌신했다. 즉, 유대인에게는 유대인과 같이, 율법 아래 있는 자들에게는 율법 아래 있는 자와 같이, 율법 없는 자에게는 율법 없는 자와 같이 되어 그들을 구원하는 복음사역을 감당했다(고전 9:19-22). 그 이후에 이와 같은 성육신적 선교사역을 감당했던 이들을 만날 수 있다. 1732년에 활동했던 모라비안파의 지도자 친첸도르프(Nicolas Ludwig von Zinzendorf) 백작, 1882년 인도에서 구세군을 시작했던 프레데릭 터커(Frederick Tucker), 1950년대에 활동했던 이탈리아의 로마 가톨릭교회 사제였던 마리오 보렐리(Mario Borelli)가 그러한 사람들이다.[51]

우리의 전도사역 및 선교도 바로 이들처럼 "성육신적 선교모델"을 따라야 한다. 우리가 처한 문화적 배경이 주는 보호와 안락을 포기하고 소외된 자들의 상황으로 들어가 그들의 처지를 이해하고 접근하는 눈높이 조정의 "값비싼 대가"를 지불할 수 있는 자세로 사역할 때, 우리는 성육신의 고통을 감내하신 주님의 발자취를 따르는 참된 제자의 길을 걸을 수 있다.

물론, 이와 같은 '성육신적 선교'를 예수님이 하나님의 아들이라는 자

---

51 Stott, 『복음전도와 사회적 책임: 그랜드 래피즈드 보고서』, 456-7. 친첸도르프(Nicolas Ludwig von Zinzendorf)백작에 의해 서인도의 사탕농장에 보냄을 받았던 두 명의 선교사는, 그 농장에서 일하는 아프리카의 노예들에게 접근하기 위하여, 그들과 같이 사슬에 묶이고 또 그들과 같이 오두막에 함께 사는 성육신적 선교를 염두에 두고 그 곳으로 갔었으며, 인도에서 구세군을 시작했던 프레데릭 터커(Frederick Tucker)도 그들과 같은 삶을 살기 위해 노란색 옷옷을 입고, 인도이름을 택했으며, 맨발로 걷고 숯으로 이를 닦는 삶을 살았던 것이다. 로마 가톨릭 사제 마리오도 나폴리의 아이들의 어려운 삶 속으로 들어가서 사역하려는 성육신적 복음사역을 추진하였었다. 최근에 우리에게 익숙한 이들 중에는 도시선교사역에 관심을 가졌던 간하배나 또는 김진홍과 같은 이들이 있다.

기 정체성까지 상실한 성육신이라고 이해해서는 안 된다.[52] 예수님의 성육신에 관한 역사상의 이단 중의 하나는 예수님이 성육신의 과정을 통해 신성이 축소되거나 약화된 것으로 혹은 신성에 변화가 발생한 것으로 보는 케노시스 사상이다.[53] 그러나 예수님은 인간이 되신 후에도 여전히 온전하신 하나님으로 이 땅 위의 사역을 수행하셨다. 그러므로 우리도 성경적 '성육신적' 선교나 전도사역을 감당함에 있어 하나님의 백성으로서의 영적 정체성을 잃지 않고 피선교자들에게 다가가 복음을 전해야 한다.[54]

둘째로 복음전도와 사회적 책임의 불가분의 원리를 말하는 총체적 복음의 관점을 그리스도의 가르침과 사역에서도 찾아볼 수 있다. 예수님의 가르침의 핵심주제는 "하나님 나라"였다.[55] 그리고 그의 사역도 이 주제에 초점을 맞추었다. 예수님의 공생애의 첫 번째 선포도 바로 하나님 나라에 대한 것이었다.[56] 그때 회당에서 읽은 이사야서는 하나님 나라 사역이 어떠해야 하는지를 잘 드러내주고 있다.

물론, 누가복음 4장에서 인용한 이사야 61장 1절 해석에서 복음주의

---

52 Stott, 『복음전도와 사회적 책임: 그랜드 래피즈드 보고서』, 314. 교회의 거룩성을 강조한 나머지, 교회가 세상에서 떠나 "세상에" 빛이 되어야 할 사명을 소홀히 하는 것도 문제이나, 동시에 '성육신적 선교'를 강조해서 하나님의 선택된 백성으로서의 영적 정체성까지도 포기하는 태도는 더욱 큰 문제를 야기한다. 오히려, 우리에게는 하나님의 백성으로서의 영적 정체성을 포기하지 않으면서, 성육신적 선교를 추진할 수 있는 자세가 요구되는 것이다.
53 김광열, 『장로교 기본교리』, 159-162. 그들은 빌2:7에 나오는 "자기를 비어"의 의미를 예수님의 신성에 변화가 온 것으로 해석하려한다. 그러나, 예수님은 성육신하신 이후에도 여전히 동일한 하나님으로 존재하신다. 그 분은 "온전하신 하나님"으로서 인류의 죄를 위하여 고난과 십자가의 고통을 겪으신 것으로 성경은 말하기 때문이다. 만일 그가 지상사역 가운데 온전하신 신성을 지니신 분이 아니셨다면, 우리의 진정한 구세주가 되실 수 없었을 것이다.
54 Stott, 『복음전도와 사회적 책임: 그랜드 래피즈드 보고서』, 455.
55 오광만 편집, 『구속사와 하나님 나라』 (서울: 풍만출판사, 1989), 128. 공관복음서에서 나타나는 예수님의 가르침 속에서 "하나님 나라"에 대한 언급은 (병행구를 제외하고서도) 60회 이상 나타난다. 학자들은 예수님의 사역과 가르침의 핵심으로서 "하나님 나라"가 자리하고 있음을 지적한다.
56 "회개하라 천국이 가까웠느니라"(마 4:17)

자들 사이에 의견의 차이가 어느 정도 있는 것이 사실이다. 그렇지만 그 본문을 주로 물질적, 육체적 문제 해결에 대한 말씀으로 보기를 꺼려하는 자들도 부분적으로 예수님의 복음사역이 육신적 고통이나 가난 혹은 질병의 문제에 대한 해결도 가져왔다는 사실을 인정한다.[57] 이는 이 땅에서 진행된 예수님의 사역에서 그러한 자비사역이나 섬김의 사역이 포함되었음을 성경에서 확인할 수 있기 때문이다.

예수님은 하나님의 나라와 복음 진리를 말씀으로 선포하시고 가르치셨지만, 그와 함께 사회적 봉사도 배제하지 않으셨다. 이 땅 위에 계셨을 때 주님의 사역을 간략하게 요약한 마가복음 6장 6절과 사도행전 10장 38절은 예수님이 천국복음에 대한 가르침과 함께 사회적 봉사와 섬김의 사역에도 관심을 가졌다는 것을 말하고 있다.[58]

이와 같이 예수님의 사역에서 표현된 사회적 책임에 대한 주님의 관심은 그의 가르침에서도 여러 곳에서 표현되고 있다. 예수님은 "이웃사랑"이라는 새 계명(마 22:34-40)에서 온 율법과 선지자들의 가르침을 하나님 사랑과 이웃 사랑으로 요약하셨다. 특히 마태복음 25장 31-46절에서 참 믿음의 모습을 설명하실 때 새 계명을 더욱 분명히 제시하셨다. 예수님은 약한 자, 가난한 자, 억눌린 자, 병든 자, 감옥에 갇힌 자들에 대한 사랑의 실천여부로 참 믿음의 모습을 확인할 수 있다고 하셨다. 이는 우

---

57 누가복음 4장 18-19절의 말씀에 대한 복음주의자들의 해석들은, 그 본문에 대해서 문자 그대로 물질적, 육체적 문제를 해결하신다는 의미를 중점적으로 해석하려는 입장과 영적인 의미를 강조하려는 입장으로 나누어진다. 전자에 속한 학자로는 로날드 사이더(Ronald J. Sider)를, 후자에 속한 학자로는 헨리 홀로만(Henry Holloman)을 들 수 있다.
58 마가복음은 "모든 촌에 두루 다니시며 가르치셨다"고 했고, 사도행전은 예수님이 "두루 다니시며 착한 일을 행하시고.....고치셨"다고 했다..

리의 복음사역에 '이웃사랑'이 있을 때, 그 사역이 참된 믿음에서 나오는 것임을 가르쳐 준다고 볼 수 있다.

스토트는 예수님의 두 비유를 비교 분석하면서 그러한 "새 계명의 실천"에 대한 예수님의 관심을 잘 설명했다. 하나는 탕자의 비유(눅 15:11-32)이고 다른 하나는 선한 사마리아인의 비유(눅 10:30-37)이다. 그에 의하면 누가는 이 비유들을 통해 회심과 사회적 책임에 대한 예수님의 총체적 관심을 드러내주려 했다.[59] 두 비유는 모두 절망적인 상태에 있는 이들을 말한다. 곧, 자신의 죄로 인해 절망에 처한 사람과 다른 사람의 죄로 인해 절망에 처한 사람이다. 전자가 개인의 죄를 지적하고 있다면 후자는 사회적인 죄 혹은 공공의 악을 지적하는데, 이것이 그리스도인들의 관심의 대상이 되어야 한다는 것이다. 이 두 비유가 제시하는 문제에 대한 대답으로 전자는 회개하고 믿음을, 후자는 자비와 선행에 의한 구제를 말하고 있다. 전자는 회개하고 돌아오는 일을 통해 하나님의 사랑을, 후자는 상처를 싸매주는 일을 통해 이웃에 대한 사랑을 말하고 있다.

마지막으로 예수 그리스도는 만유의 주님으로 성경에서 나타난다는 점을 고려해야 한다. 예수님은 이 땅에서 선지자, 제사장, 왕의 직분을 수행하셨다.[60] 그는 구약의 많은 선지자들이 전했던 하나님의 뜻을 최종적으로 온전히 전해주신 하나님의 선지자(히 1:1-2)이시고, 우리의 죄의 문제를 해결하기 위하여 속죄제물이 되셨으며, 그리고 한 영원한 제사를 드리신 제사장(히 10:12)이시며, 왕이시다. 그분의 왕직은 하나님의 백성과

59 Stott, 『복음전도와 사회적 책임: 그랜드 래피즈드 보고서』, 440-442.
60 Frame, *Salvation belongs to the Lord: An Introduction to Systematic Theology*, 146-158.

교회를 다스리시는 "영적 왕권"과 "전 우주적인 왕권"으로 나뉜다. 여기서 주목하려는 부분은 후자의 왕권으로 그리스도인들은 영적 왕권과 우주적 왕권 아래에서 살아가는 자들이므로 온 우주와 사회에서 그 분의 통치가 바르게 세워지도록 노력해야 할 의무가 있다.

이 땅에 오신 예수 그리스도는 신자들에게 구세주이자 주님이시다. 그 분은 사망권세를 깨뜨리시고 부활 승천하셔서 우리의 구원을 이루셨을 뿐만 아니라(영적 왕권), 하늘과 땅의 모든 권세를 받으시고(마 28:18) 하늘 보좌에 앉으심으로 오늘도 만왕의 왕, 만유의 주로서 우주 만물을 통치하고 있다(우주적 왕권). 다시 말해 그 분은 교회를 다스리시는 분이실 뿐만 아니라, 온 세상을 그 분의 뜻대로 다스리시는 만유의 왕이다. 그렇다면, 그 분의 주되심은 교회와 교회 밖의 세상의 모든 삶의 영역에서도 드러나야 한다. 다시 말해 교회와 가정과 사회 및 모든 삶의 영역에서 하나님의 뜻을 거스르는 모든 사상들과 행위들은 지적되어야 하고 거부되어야 한다.

이처럼 그리스도의 우주적인 왕권교리는 그리스도인의 사회적 책임을 위한 중요한 기초가 된다. 왜냐하면 사단과 어둠의 권세를 깨뜨리신 그리스도가 하늘과 땅의 모든 권세를 가지신 분으로 교회와 온 우주의 주님으로서 그의 백성들의 영혼을 구원하실 뿐만 아니라 모든 피조세계에 미친 죄의 결과까지 제거하시는 우주적 통치를(롬 8:20-21, 38-39) 이루어 가시는 왕이시기 때문이다.[61]

---

61   Frame, *Salvation belongs to the Lord: An Introduction to Systematic Theology,* 157-158. 프레임은 주님의 복음은 "왕되신" 주님의 오심에 관한 기쁜 소식임을 강조한다. 이사야 61장 1-2절을 인용하면서, 복음이 메시아되신 만왕의 왕의 오심에 관한 복된 소식이며, 그 분의 메시아적 통치 안에서 "마음이 상한 자를 고치며 포로된

물론, 여기에서 한 가지 주의할 것이 있다. 그것은 비록 하늘과 땅의 모든 권세가 그에게 주어졌으나, 주님의 그 우주적인 권능과 통치가 지금은 단지 "불가시적인 은혜의 통치"라는 사실이다. 그러므로 주님의 재림 때까지 주님의 통치에 기초한 심판의 칼은 아직 교회나 그리스도인들에게 없다. 그 때까지 오직 그리스도만이 그 우주적인 통치권을 행사할 수 있는 권한을 가지고 계신 것이다.[62]

따라서, 우리가 그 분의 의와 사랑의 통치원리를 거스르는 모든 권세와 제도에 대해침묵해서는 안 되고 그 문제를 지적해야 하지만 지적해야 할 것이지만, 최후의 심판을 행하는 자세로 접근해서는 안 된다. 그리스도의 법의 궁극적인 집행은 정치적인 권력이 아닌 그리스도의 재림 때에 나타날 최후 심판에 의해서만 주어지기 때문이다. 그러므로 그리스도의 최종적인 심판의 날이 이를 때까지, 그리스도인들과 교회는 영광의 보좌로 나아갈 것을 기대해서는 안 된다. 오히려 고난의 십자가를 질 수 있어야한다. 하나님의 나라는 칼로 전진하는 것이 아니라 그리스도의 사랑의 법에 의해서 이루어지기 때문이다.[63]

자에게 자유를, 갇힌 자에게 놓임을" 가져다주는 기쁜 소식이어야 한다고 설명했다.

62 주님의 현재적 통치가 불가시적 통치이지만, 그럼에도 "현재적" 통치인 것은 주님이 언제든지 그 권한을 가시적으로도 집행하실 수 있기 때문이다. 사도행전 12장 23절에서 우리는 하나님께 영광을 돌리지 않던 헤롯이 벌레에 먹혀 죽은 사건과 5장 앞부분에서 성령을 속이던 아나니아와 삽비라가 죽음을 당하는 사건이 그 대표적인 예다.

63 Edmund P. Clowney, 『교회』, 황영철 역 (서울: IVP, 1998), 217-222.

구원론

복음과 구원의 총체적 성격에 대한 이해는 성경이 말하는 죄의 총체성에 대한 이해로부터 주어진다. 성경은 인간에게 죄가 들어온 것은 한 사람 아담의 타락 사건으로 말미암았다고 설명한다(롬 5:12 이하). 그런데, 아담의 타락으로 말미암아 인류에게 들어온 죄는 단지 하나님과의 영적인 차원에서의 왜곡과 그 밖의 여러 영역에서 인간의 삶에 문제들을 가져왔다.[64]

물론, 일차적으로 죄는 하나님과의 왜곡된 관계를 야기했다. 아담의 타락 이후로 인하여 인간은 하나님과의 깨어진 관계 속에서 영적으로 문제를 지닌 채로 살아가게 되었다. 하나님의 음성을 듣고 두려워하여 그 낯을 피하고 숨을 수밖에 없는 상황에 처하게 되었다. 아담 이후 구약의 백성들도 거룩하신 하나님께로 나아갈 수 없었다(출 19:20-22; 33:18, 20). 그러나 죄의 영향은 거기에서 머물지 않는다. 범죄한 최초의 인류는 그 죄로 말미암아 수치심, 죄의식, 두려움, 자존감의 상실 등과 같은 왜곡된 자아상을 갖게 되었다. 즉, 하나님과의 왜곡된 관계는 또한 자신과 왜곡된 관계까지 야기한다.

더 나아가 하나님과의 관계의 왜곡에서 시작된 죄의 영향은 다른 사람들과의 관계까지 왜곡했다. 하나님께 범죄했던 최초의 부부는 서로 간

---

[64] Frame, *Salvation belongs to the Lord: An Introduction to Systematic Theology*, 105, 111. 죄의 총체성이란 단지 전적부패의 교리 속에서 확인된다. 그것은 모든 사람들이 항상 최악의 범죄를 하고 산다는 것이 아니라, 인간의 악함이 삶의 "모든 영역에" 스며들어 있다는 것을 의미하기 때문이다. 그러나 죄의 총체성은 타락의 결과가 인간의 삶의 모든 영역 뿐만 아니라, 온 자연만물들에게까지 미쳤다는 사실에도 주목하는 개념이다(로마서 8장).

에도 껄끄러운 관계가 되었다(창 3:7). 결국, 죄는 일차적으로 하나님과의 수직적인 차원의 문제에서 출발하지만 동시에 그것은 인간 사이의 갈등과 불화를 가져오는(창 3:12-13) 수평적 차원의 문제로 발전되었다. 죄가 개인적 차원에서만 머물지 않고, 사회적 차원에도 그 영향력을 미치게 된 것이다. 인간의 죄의 문제를 사회적 차원으로만 초점을 맞추려는 이들은 사회의 구조적 문제의 차원에서만 대처하려하고, 개인적 죄에 초점을 맞추려는 이들은 개인적인 이기심이나 경건의 문제만을 지적하려 하지만, 사실상 그 두 가지 모두 죄로 말미암아 발생된 것이다. 죄는 'either/or'의 문제가 아니라, 'both'의 문제이다.[65]

더 나아가 성경은 죄로 인해 자연과 온 우주만물과의 관계에서도 왜곡의 문제가 나타났다고 말한다. 타락 후에 하나님이 아담과 하와에게 내리신 형벌 중의 하나는 그들이 자연으로부터 단절된다는 것이다. 처음에는 자연만물이 인간의 친구로서, 인간의 관리 아래 놓였으나 타락 후에는 인간과 적대적인 관계가 되었다. "땅은 너로 말미암아 저주를 받고 너는 네 평생에 수고하여야 그 소산을 먹으리라 땅이 네게 가시덤불과 엉겅퀴를 낼 것이라 네가 먹을 것은 밭의 채소인즉 네가 흙으로 돌아갈 때까지 얼굴에 땀을 흘려야 먹을 것을 먹으리니(창 3:17, 19)"

이러한 자연과의 왜곡된 관계에 대해 사도 바울이 말했다. "피조물이 고대하는 바는 하나님의 아들들이 나타나는 것이니 피조물이 허무한 데 굴복하는 것은 자기 뜻이 아니요 오직 굴복하게 하시는 이로 말미암음이

---

65 Keller *Ministries of Mercy: The Call of the Jericho Road*, 50; Ronald J. Sider, Philip N. Olson, Heidi R. Unruh, *Church That Make a Difference: Reaching Your Community with Good News and Good Works* (Grand Rapids: Baker Book House, 2002), 50-51.

라 그 바라는 것은 피조물도 썩어짐의 종 노릇 한 데서 해방되어 하나님
의 자녀들의 영광의 자유에 이르는 것이니라. 피조물이 다 이제까지 함께
탄식하며 함께 고통을 겪고 있는 것을 우리가 아느니라(롬 8:19-21)." 인간
의 범죄로 말미암아 피조물들은 탄식하고 있으며, 썩어짐에 종노릇하고
있다. 이제 자연과 우주만물은 예수님의 복음으로 회복된 하나님의 자녀
들에게 주어지는 "영광의 자유"로의 회복을 기대하고 있다.

결국, 성경은 아담의 타락으로 말미암은 죄의 영향력이 총체적임을
말하고 있다. 죄의 성격이 이처럼 포괄적이라면 우리에게 주어지는 구원
의 역사도 포괄적이다. 주님의 십자가 사건은 하나님과의 수직적 차원과
인간 사이의 수평적 차원의 죄의 영향력 그 모두에 대한 해답이 된다. 구
원은 하나님의 통치(나라)로 말미암는 축복이라는 관점에서 이해할 수 있
다(요 3:3, 5; 막 10:24-26)다. 그렇다면 구원은 광범위한 의미를 지닌다. 왜
냐하면, 우주적인 왕권을 지니신 주님이 그 우주적인 통치 아래 베풀어주
는 구원도 또한 포괄적이기 때문이다. 이런 의미에서 구원은 성경에서 우
주적인 성격을 지닌 사건으로 제시된다.[66] 물론, 그것은 개인적으로 하나
님과의 관계에서 죄사함을 받고 의롭다하심을 얻는 영적 축복이지만, 그
것과 함께 신자의 육신이 새로워지는 것(롬 8:23), 온 우주와 사회와 만물
까지 모든 죄와 고통과 모든 저주에서 해방되고, 새로워지는 것까지 바라

---

66 김광열, 「그리스도 안에 있는 구원과 성화」, 48-49. 성경은 하나님의 구원역사의 전우주적 성격을 말해준
다. 중생의 의미는 성경에서 단지 한 개인의 영적 구원의 차원으로만 설명되는 것이 아니라, 전 우주적인 갱신
의 역사로 제시된다. 마태복음 19장 28절과 고린도후서 5장 17절의 말씀들은 중생의 개념 안에 우주적인 성격
이 있음을 말해준다. 즉, 그 구절에서 중생은 우주적으로 새롭게 하시는 그리스도의 종말론적 구원역사에 동
참하는 것으로 제시되고 있음을 알 수 있다. 그렇다면, 한 개인의 영혼 구원의 문제는 좀 더 폭넓은 차원에서
이해될 수 있다.

본다(롬 8:19-22).

사회나 민족이 회개하거나 중생하지 않지만, 하나님은 개개인의 중생과 회심의 구원역사를 통해 사회와 민족이 회복될 것을 원하신다(욘 4:11 참고). 하나님의 복음의 변화하는 능력은 개인적인 차원에만 머물지 않고, 그 개인들이 속한 사회적 구조까지 영향력을 미친다.[67]

출애굽의 사건은 하나의 좋은 사례가 된다. 이스라엘 백성들이 이적적으로 애굽에서 나오게 된 그 사건은 시내광야에서 하나님과의 새로운 언약적 관계의 출발을 이루게 했다. 그런데, 하나님이 주신 율법에서 종교의식적인 내용 뿐만 아니라, 모든 삶의 영역 -가족관계의 문제, 성적 도덕성의 문제, 공공위생과 건강문제 등- 에서 어떻게 살아야 할 것을 지시하셨다. 여기서 우리는 하나님의 구원역사와 다른 이들, 특히 사회의 연약하고 힘없는 이들에게 어떻게 대해야 할 것에 대한 문제가 서로 연결되어 있음을 볼 수 있다. 또 다른 사례를 신약에서 들 수 있다. 바로 삭개오의 회심사건이다. 예수님을 만난 후에 그는 자기가 잘못 취한 것은 그대로 돌려주고, 또 더 나아가 가난한 이들에게 구제할 것을 약속했다. 주님을 영접한 이에게서 기대되는 구원역사에는 사회적, 경제적 관계 속에서의 변화가 포함됨을 말하는 것이라고 볼 수 있다.[68]

이러한 점들을 고려해볼 때, 우리의 복음사역의 목표와 비전은 죄인의 영혼을 구원하는 사역의 우선성과 중요성을 잃어서는 안 되지만, 거기

---

67 Sider, Olson, Unruh, *Church That Make a Difference: Reaching Your Community with Good News and Good Works*, 52.
68 Sider, Olson, Unruh, *Church That Make a Difference: Reaching Your Community with Good News and Good Works*, 53. 이 주제에 대해서는 3장에서 상술할 것이다.

에만 머물지 말고 하나님의 관심과 사랑의 대상이 되는 인간의 육신과 사회적 차원에서의 변화와 회복, 그리고 온 우주만물의 회복과 갱신까지 확장되어야 한다.

구원론에서 '칭의와 선행 또는 칭의와 성화의 불가분성'을 생각해 볼 수 있다. 종교개혁 이후 개신교회에서 구원론의 영역에서 '이신칭의'가 강조되었다. "오직 믿음으로"(Sola Fide)라는 개혁자들의 외침은 전적인 하나님의 은총으로 주어지는 구원역사를 인간의 선행이나 공적과 뒤섞으려 했던 중세 로마 가톨릭의 오류에 대항하여 제시된 진리였다. 그러나 개혁자들이 '이신칭의'를 가르칠 때 로마 가톨릭의 공로주의적 구원관에 대해서 "믿음으로만"이라는 원리를 제시하면서 동시에 그 믿음은 홀로 있는 것이 아님을 함께 강조했던 것에 주목해야 한다. 즉, 구원에 이르는 참 믿음은 항상 행함으로 나타나는 믿음이라는 사실을 잊어서는 안 된다.[69]

오늘날 종교개혁자들의 가르침을 따르는 우리들이 오직 믿음으로 주어지는 구원에 대한 강조로 인해 그 믿음이 또한 선행으로 연결되어야 한다는 부분을 소홀히 하기 쉽다. 그러나 성경에서 우리를 하나님 앞에서 의롭다고 칭함 받게 하는 "도구적" 수단인[70] 믿음이 참 믿음이라면, 그 믿음은 반드시 선행으로 나아가는 믿음이어야 한다. 다시 말해 우리에게 칭의의 복을 가져다주는 믿음은 또한 선행으로 나아가는 믿음이어야 한다.

이러한 관점에서 마태복음 25장 31절 이하에 나오는 양과 염소의 비

---

69 Sproul, 『개혁주의 은혜론』의 3장, 특히 78쪽을 참고하라.
70 우리가 칭의를 얻는 유일한 수단은 믿음 뿐이다. 종교개혁자들은 이 문제 때문에 중세 로마 가톨릭과의 큰 전쟁을 했다. 그러나 그 믿음은 도구적(instrumental cause) 수단일 뿐이요, 공로적 수단이 아니다. 신자가 칭의를 얻게 되는 것은 오직 그리스도의 구속의 공로에 기초하는 것이고, 신자는 단지 믿음이라는 수단을 통해서 그리스도의 공로를 힘입는 것 뿐이다. 김광열, 『장로교 기본교리』, 211.

유도 이해할 수 있다. 그 비유는 분명히 우리 주님이 원하시는 신자의 삶이 착한 일을 하며 병든 자들을 돌보는 사회적 책임을 감당하는 삶이라는 사실을 말해주고 있다. 그래서 그 비유가 "믿음으로 주어지는 구원"이라는 개혁자들의 외침과 상충되는 것으로 오해할 수 있다. 왜냐하면, 그 비유에서 양의 무리로 분류된 자들은 선행을 함으로 하나님 나라를 상속하게 된 것이라고 해석할 수 있기 때문이다. 그러나 정확히 말해 양의 무리 가운데 포함되었던 자들은 자기 주변의 연약했던 이웃들, 즉 병든 자나 옥에 갇힌 자, 굶주리거나 목마른 자들을 돌보는 믿음을 가졌으므로 하나님 나라를 상속할 수 있는 은총을 입게 되었던 것이라고 봐야한다. 개혁자들이 말했던 믿음을 항상 행함으로 표현되는 믿음으로 균형 있게 이해되야 한다.

같은 방향에서 칭의와 성화의 관계에 대해 생각해 볼 수 있다. 로마서 6장 1절에서 바울이 제시한 가상적인 질문은 ("그런즉…… 은혜를 더하게 하려고 죄에 거하겠느뇨?") 바로 이 주제에 초점을 맞추기 위한 질문이었다. 그 질문은 "믿음으로 하나님 앞에서 칭의의 신분을 확보한 자가(로마서 5장의 상황) 이제 하나님의 의와 사랑을 실천하는 선행의 삶(성화)으로 나아갈 필요가 있겠는가?"라는 의미다. 이에 대해 바울은 로마서 6장에서 그리스도의 복음은 하나님과의 관계회복(칭의)을 위한 것만이 아니라, 착한 일과 선행을 포함한 성화의 삶을 위한 것이라고 했다. 즉, 신자가 하나님 앞에서 의롭다 칭함 받은 것이 진공 속에서의 사건이 아니라 그리스도와의 연합을 전제로 하는 것이므로 −그가 진정으로 그리스도와의 연합 가운데 의롭다고 칭함 받은 자라면− 그는 이제 죄에 대해 산 자같이 살 수 없고 오히려 그리스도와 함께 죄에 대해 죽고 의에 대해 산 자로서 자신을 하나님께 대해 의의 병기로 드리는 삶을 살며 선행의 열매를 맺는 삶을 살아가게 된다(롬 6:1-14)는 것이다.[71]

교회론

본 장에서의 논의와 관련하여 교회론에서 다룰 주제는 "세상에 대한 교회의 사명"이다.[72] 세상에 대한 교회의 사명에 관한 논의에 있어 주요 논점은 교회의 "초월성 또는 거룩성과 세상성 사이의 관계에 대한 균형 있는 이해"일 것이다. 교회는 세상으로부터 부름을 받아 거룩한 하나님의 백성이 된 무리들이다. 교회의 성경적 개념 중 하나는 "하나님의 백성들"인데, 그들은 이 세상에 발을 딛고 살아가지만, 그들의 정체성은 초월적인 것에서 출발한다. 하나님의 언약 백성이 되는 것은 결코 자신들의 혈통적인 관계나 민족적인 근거에 기초하지 않기 때문이다.[73] 오히려 하나님의 백성으로서의 교회는 "하나님의 초자연적 역사"로 말미암아 시작되는 언약적 회중이다. 구약과 신약의 전 역사를 통해 하나님의 백성으로서

---

71 김광열, 『그리스도 안에 있는 구원과 성화』, 156 이하.

72 교회론에서 "세상에 대한 교회의 사명"이 중요하다. 프레임은 교회의 3중적 사역들에 대해 설명하면서, 그 중의 하나를 "자비의 사역(ministry of mercy)"라고 지적한다. 특히, 자비의 사역은 다른 사역들 못지않게 교회의 선교사역에 핵심적인(crucial) 사역이라고 강조했다. Frame, *Salvation Belongs to the Lord: An Introduction to Systematic Theology*, 256-259. 1974년의 로잔언약, 그리고 1982년의 복음전도와 사회적 책임의 관계에 관한 협의회 등으로 이어지는 "총체적 선교"개념에 관한 설명들은 본서의 2부 2장에서 살펴볼 것이므로, 여기에서는 생략하려 한다. 그러나 사실 본서의 강조점은 선교지사역이 아닌, 본국에서의 복음전도도 "총체적 복음"의 관점으로 추진되어야 함을 말하려는 것이다.

73 구약의 이스라엘의 삶 속에서, 하나님은 이방인이나 나그네들에게도 이스라엘의 언약적 회중 속으로 들어올 수 있는 길을 열어놓고 계셨었다. 출애굽기 12장 47-49절, 23장 9절 등에 보면, 그들도 할례를 받고 언약적 회중만 참여할 수 있는 유월절 행사에 동참할 수 있었던 것이다. 반면에 이스라엘 민족들 중에서도 하나님의 백성의 회중에서 제외되는 일이 있었던 것을 볼 수 있다(출 32:26, 27).

의 교회의 정체성은 하나님의 부르심과 그리스도의 구속역사로 말미암아 확보된다.[74]

그러나 교회의 초월성은 이원론적 도피주의나 금욕주의로 발전해서는 안 된다. 신자는 "세상에서" 빛과 소금이 될 것으로 부름 받았기 때문이다(마 5:13-16). 교회는 세상으로부터 부름을 받았지만, 동시에 세상으로 보냄 받았다. 교회가 빛을 비추고 짠 맛을 내야할 곳은 다른 곳이 아닌 바로 이 땅이다. 이런 의미에서 우리는 교회의 "세상성"을 말할 수 있으며, 또 그리스도인의 사회적 책임을 말해야 한다. 그러나 이와 같은 교회의 세상성은 또한 "세속화"와는 구별되어야 한다. 영적 정체성을 상실하고, 세상과 구별 없이 살아가는 세속화된 자들은 이미 하나님의 백성의 무리들이 아니기 때문이다. 오히려 교회는 세상성을 효과적으로 수행하기 위해 더욱 하나님의 백성으로서 초월성과 거룩성을 보존해야 한다.[75]

교회론에서 총체적 복음의 관점을 분명히 제시해주는 또 다른 중요한 주제는 예배에 대한 가르침이다. 성경은 "참 예배, 참 종교, 참 신앙"으로 나아가야 할 것을 명하는데, 성경이 가르치는 진정한 예배의 삶 또는 금식과 기도와 같은 신앙생활의 참 모습(사 1:10-17; 58:1-10), 진정한 회개

---

74 아브라함도 그의 고향과 친족들로부터 떠나 하나님의 언약적 백성의 길을 걷게 된 것은 하나님의 초자연적인 부르심으로 말미암은 것이라는 점, 약속의 자녀 이삭도 사라의 태가 시기를 넘긴 후에 하나님의 초자연적인 이적의 역사로 말미암아 이 땅위의 삶을 출발했던 점, 그리고 하나님의 백성으로 부름을 받은 이스라엘 백성들도 유월절 사건을 포함한 애굽의 재앙으로부터의 이적적인 역사를 인하여 세움을 입은 사실 등은 모두 같은 진리를 말해준다. 하나님의 백성의 출발이 이와 같은 하나님의 초자연적인 부르심과 구원역사로 말미암는다는 진리는 신약에 와서도 동일하게 적용된다고 할 수 있다.

75 Stott, 『복음전도와 사회적 책임: 그랜드 래피즈드 보고서』, 35. 1974년에 작성된 로잔언약 이후로, "복음전도와 사회적 책임"의 관계에 대해 좀 더 구체적으로 정리하기 위해 1982년 그랜드 래피즈에서 모였던 협의회에서 복음전도와 사회적 책임의 불가분성에 대해서 정리했을 뿐만 아니라, 복음전도의 논리적 우선성에 대한 논의도 있었다. 그 모임에서 작성된 보고서는 복음전도가 우선되어야하는 이유 중 하나로 그리스도인의 사회적 책임을 바로 감당키 위해서는 그들이 먼저 하나님 나라의 백성이 될 것을 지적하고 있는데, 그것은 진정한 사회참여가 사회적으로 책임 있는 "그리스도인"을 전제로 하기 때문이다.

(눅 3:7-11)와 참 경건(약 1:27)은 우리의 예배가 일상에서 가난한 자들을 돌보며, 공의를 행하는 삶과 함께하는 것이다. 성경은 행함 없는 믿음을 경고하며(약 2:14-17), 그러한 거짓 종교행위에 빠져있는 종교지도자들의 오류에 대해서도 경고하고 있다(눅 20:45-47).

여기서 우리는 좁은 의미의 예배관 즉, 주일 공예배만이 예배라고 간주하는 태도를 극복해야 한다는 교훈을 얻을 수 있다. 그러한 협의의 예배는 신자들이 종교개혁자 칼뱅이 외쳤던 "Coram Deo"(하나님 앞에서) 정신을 오해하여 주일의 예배자로만 살아가는, 소위 '(성속)이원론'적 신앙인이 되게 하는 문제가 있다. 성경은 교회의 공적예배나 어떤 의식적 행위만이 아니라 일상생활에서 하나님을 섬기는 것까지 예배라고 본다. 그렇다면, 우리는 자신의 일상의 모든 삶을 예배로 하나님께 드려야 한다.

신약의 성도가 드려야 할 예배는 자신의 몸으로 드리는 산 제사다(롬 12:1). 신자의 구원을 위한 죄사함의 제사는 이미 예수 그리스도의 '한 영원한 제사'(히 10:12)로 완료되었기 에 그것은 더 이상 죄사함을 위해 드리는 제물이 아니다. 이제 구원받은 성도가 드릴 예배는 주님이 이미 베푸신 구속의 은혜를 감사하며, 자신의 시간과 마음과 전 생애를 그 구원을 베푸신 하나님께 드리는 삶의 제사다.

예배 중에 우리는 하나님을 경배하는 것과 그의 백성들을 사랑하는 것을 상충되는 개념으로 이해할 필요는 없다. 물론, 예배는 삼위일체적 구조에서 하나님을 기쁘게 하기 위한 수직적인 성격을 지니므로, 예배 중 우리의 초점은 하나님에게 맞추어야 한다. 그렇지만 이것이 인간적인 필

요를 무시해도 된다는 방향으로 나아가서는 안 된다.[76]

왜냐하면 하나님이 예배 중에 그의 백성에게 복 주시기를 원하시기 때문이다. 따라서 하나님을 예배하는 것과 그의 백성들을 사랑하는 것 사이에는 아무런 갈등도 존재하지 않는다. 물론, 예배가 인간 중심의 예배가 되지 않도록 노력하면서 하나님을 사랑하는 것과 이웃을 사랑하는 것은 서로 연관되어 있음을 기억해야 한다(마 22:37-40; 막 7:9-13; 요일 4:20-21).[77]

종말론

전통적으로 종말론은 개인적 종말과 예수님의 재림과 연관된 우주적 종말로 나뉘어 설명되어왔다. 그러나 게할더스 보스, 헤르만 리델보스, 안토니 후크마 등의 연구[78]로 신약성경의 종말이 그리스도의 초림과 연관되어 설명되고 있음이 밝혀졌다. 성경에 '세상의 끝'이라는 개념도 나타나기는 하나(마 13:39, 40; 24:3; 28:20; 요 6:39,40), 그러한 표현과 아울러 예수님의 사역에서 종말의 하나님 나라가 이미 이 땅에 임하고 있음을 말하는 구절도 많다.

누가복음 17장 20-21절은 하나님의 나라가 이미 제자들 "가운데" 혹

---

76 김광열, '개혁신학적 예배원리에 기초한 한국교회의 예배갱신', 『신학지남』 제67권 1호 (2000): 58.

77 이러한 의미에서 우리의 예배에는 가난한 자들에 대한 배려가 포함되어야함을 성경은 가르치고 있다(사 1:10-17; 고전 11:17-34; 약 2:1-7). John Frame, *Worship in Spirit and Truth* (Phillipsburg, NJ: Presbyterian and Reformed, 1996), 6-8.

78 특히 Herman N. Ridderbos의 *The Coming of the Kingdom* (Philadelphia: Presbyterian and Reformed, 1962)은 이 분야에서 고전적인 연구로 평가된다. 『하나님 나라의 도래』 김형주 역, (서울: 생명의 말씀사, 1988).

은 그들 "안에" 있음을 지적해주고 있으며, 골로새서 1장 13절은 신약의 성도들이 이미 "그의 아들의 나라로 옮겨졌"음을 말한다. 그 외에도 마태복음 11장 12절, 12장 28절, 누가복음 16장 16절 등에서 이런 내용이 드러난다. 물론, 하나님 나라의 현재성에 대한 강조가 도드(C. H. Dodd)의 *The Parable of the Kingdom*에서 제시되는 입장, 즉 미래적인 하나님 나라의 임함을 거부하는 입장이 되어서는 안 된다. 하지만 전통적인 종말론 논의가 강조하는 미래성과 함께 이를 균형 있게 이해한다면, 더욱 성경적인 방향으로 나아갈 수 있는 새로운 관점을 제공할 수 있다. 균형 잡힌 관점에서 예수님의 초림과 함께 이 땅에 주어진 하나님 나라의 현재성에 대한 종말론 논의는 총체적 복음사역의 중요한 성경적 기초가 된다.[79]

예수님의 죽음과 부활은 이 땅을 지배하던 죄와 죽음의 통치를 무너뜨림으로 새로운 하나님 나라의 통치원리를 이 땅에 세운 사건이다. 최종적인 하나님 나라의 절정이 미래에 이루어지지만, 그 나라의 현재적 실재성에 대한 이해는 그리스도인들로 하여금 지금 이 땅에서죄악과 죽음의 세력에 대항하여 하나님의 사랑과 의의 통치를 신자의 모든 삶의 영역에서 추구하도록 만드는 동기를 제공한다.[80]

물론, 하나님 나라를 단순히 인본주의적 관점으로 바라보는 자유주의 신학의 세속적 낙관주의 입장에 동조할 수 없다. 예를 들어 해방신학이 하나님의 나라를 단지 인간적인 노력이나 투쟁으로 이룰 수 있다고 보는

---

79 Sider, Olson, Unruh, *Church That Make a Difference: Reaching Your Community with Good News and Good Works*, 55. 소위 "내세지향적 신앙태도"를 극복하게 해줄 것이다. 그러한 입장은 신자들로 하여금 사람을 그리스도께로 인도하여, 그가 죽은 후에 가게 될 하나님 나라만을 고대하고 이 땅 위에서의 삶을 모두 무의미한 것으로 간주하며 사는 신앙태도에서 벗어나게 해준다는 말이다.
80 김명혁, 『현대교회의 동향: 선교신학을 중심으로』, 396–397.

것은 하나님 나라에 관해서 성경이 말하는 중요한 측면을 다루지 않았다. 다시 말해 해방신학은 하나님 나라에 대한 예수님의 가르침, 곧 그 나라가 현재 이 땅에 있고, 그 나라는 미래에 성취된다는 말씀을 간과했다.

그 나라는 마지막 날에 가서 완성된다. 그래서 예수님은 제자들에게 "나라가 임하시오며"라고 기도할 것을 가르치셨다. 왜냐하면 그 나라는 하나님에 의해서 주어지고, 인간은 단지 수동적으로 그것을 받아들이기 때문이다.[81] 인본주의적 관점에서 하나님 나라를 추구하는 자들은 이 세상의 문제가 근본적으로 우리의 노력으로 해결할 수 없다는 성경적 관점을 놓치고 있다. 이는 그들이 성경이 말하는 죄의 영향과 인간의 부패함이 얼마나 심각하며 인간과 사회 속에 깊이 뿌리박혀있는지 충분히 깨닫지 못했기 때문이다.[82]

우리는 인본주의적 낙관주의의 오류를 피하면서 예수님의 사역으로 시작된 하나님 나라의 현재적 능력이 오늘의 교회와 사회 속에서 역사하고 있음을 균형 있게 바라보면서 "이미와 아직"이라는 성경의 종말론적 관점을 바로 이해해야 한다.[83] 예수님의 부활의 역사 이후 시대를 살아가는 그리스도인들로서 주님이 재림하기 이전에 인류의 어두운 역사의 현장에서 이미 구속사역을 통해 그 기초를 놓았음을 기억하고, 그 기초 위에 서서 하나님 나라의 미래성 또는 초월성으로 자유주의 낙관주의적 입장을 교정해 주어야 한다. 동시에 예수님이 이 땅에 가져온 하나님 나라의 실재와 능력(마 12:28; 눅 11:20)이 지금도 이 땅에서 죄와 죽음을 다스리

---

81 김세윤, 『그리스도인의 현실참여』 (서울: IVP, 1989), 12이하.
82 48) 김영한, '신학적 사회윤리', 248-249.
83 Stott, 『복음전도와 사회적 책임: 그랜드 래피즈드 보고서』, 497-499.

66 총체적 복음 1부

는 사탄의 세력들을 무너뜨리는 역사를 이루어가고 있다는 사실 또한 전해야 한다. 그리스도가 이미 이루신 사역을 알고 있을 뿐 아니라, 오늘날 성령님이 수행하는 사역을 경험하고 있으며, 또 앞으로 인간의 역사의 마지막 모습을 알고 있는 우리는 하나님이 오늘도 만물을 새롭게 하는 총체적 구원역사의 영광스러운 대열에 동참해야 한다.

이와 같은 의미에서 신약의 성도들은 "이미-아직"의 그리스도인으로 살아가야 한다.[84] 이는 그리스도가 성취한 승리의 기쁨을 간직하며 이 땅에서 복음전도와 사회적 책임을 함께 감당하려는 총체적 복음사역을 수행하면서 앞으로 주어질 종말론적 완성에 대한 기대를 잃지 않는 자세를 견지하는 것이다. 우리는 그 완성의 날이 하나님의 은혜로 주어지기까지 인간의 죄성의 잔재와 사회적 부패가 완전히 제거되지 못할 것을 인식하면서 이미 주어진 성령의 능력으로 그 나라의 삶의 원리를 선포하고 사회와 국가, 그리고 세계에서 죄악과 죽음의 사탄의 세력들을 쳐부수는 영적 전사들로 주님이 맡긴 복음사역을 감당해야 한다.[85]

84 Stott, 『복음전도와 사회적 책임: 그랜드 래피즈드 보고서』, 497-499.
85 Sider, Olson, Unruh, *Church That Make a Difference: Reaching Your Community with Good News and Good Works*, 57.

3장

"중생과 회심"에 담긴 총체적 복음의 의미
:구원론 연구 I

이제까지 우리는 총체적 복음의 의미를 살피고, 그것을 성경의 기본 교리에서 확인했다. 이는 지난 세기 선교운동의 역사적 교훈을 거울삼아 [86] 총체적 복음사역이 성경적 기초 위에서 바르게 수행하기 위함이었다.

3장과 4장에서는 총체적 복음에 대한 신학적 연구를 구원론에 초점을 맞추어 좀 더 심도 있게 분석해보려 한다. 전통적으로 하나님이 베푸신 구원은 기독론과 구원론의 영역에서 제시된다. 그런데 전자는 2천여 년 전, 주님이 역사 속에서 객관적으로 성취하신 구속사역을 의미하고, 후자는 주님이 완성한 구속역사를 신자 개개인들의 삶에 적용하시는 성령님의 사역을 의미한다. [87] 그 성령님의 역사로 말미암아 하나님의 자녀들에

---

86 본서 2장의 서두를 참고하라.
87 이러한 관점을 잘 제시해주는 고전적인 조직신학서로는 John Murray의 *Redemption Accomplished and Applied* (Grand Rapids: Eerdmans, 1955)를 들 수 있다. 그 책은 1부와 2부로 구성되어 있는데, 전반부에서는 기독론(Redemption Accomplished)을, 후반부에서는 구원론(Redemption Applied)을 취급한다.

게 적용되는 구원에는 소명, 중생과 회심, 칭의, 양자, 성화, 영화 등과 같은 여러 가지의 영적 복이 포함된다.[88]

그런데, 사실 이러한 영적 복은 신자의 포괄적인 변화를 함축하고 있다. 그런데 우리는 이를 놓치고, 그 복을 영적 차원의 변화로만 축소 해석하려는 경향이 있다. 그러할 때 우리는 이원론적인 신앙을 갖게 되어 결국 다른 영역에서는 여전히 과거와 다르지 않는 세속적 삶의 방식을 따라 살아가게 될 것이다. 그러므로 본장에서는 구원 안에 있는 "영적 복"을 성경적으로 재검토하면서 그것이 포괄적인 변화를 지향하고 있음을, 그래서 성경이 말하는 구원이 총체적 성격을 지니고 있음을 드러내 주고자 한다.

이를 위해 구원의 의미 중에 특히 회심이 총체적임을 언급하려 한다. 신자의 구원을 총체적인 복음의 관점에서 조망할 때, 우리는 그리스도의 복음이 제시하는 구원이 단지 우리의 삶에 유익을 주는 자기중심적인 것이 아니라, 근본적으로 삶 전체를 변화시켜 하나님의 통치 아래 서게 하는 총체적 구원임을 깨닫게 될 것이다.

그렇지만 지면의 제약으로 구원의 서정에서 제시되는 모든 영적 복을 다 취급하지 않고 중생과 회심에[89] 초점을 맞추어서 논의하려 한다. 사실 신자의 삶을 전체적으로 그려볼 때 두 개의 큰 축은 중생(회심)과 성화라

---

88 김광열, 『그리스도 안에 있는 구원과 성화』, 15 이하. 일반적으로 조직신학에서는 이를 "구원의 서정"(Ordo Salutis)이라는 항목 아래서 논의한다.
89 중생과 회심, 모두는 불신자가 하나님의 은혜를 입어 구원적용역사를 경험하는 사건의 첫 단계로서, 전자가 하나님의 시각에서 바라본 개념이라면, 후자는 인간 편에서 주어지는 경험의 측면에서의 개념이라고 볼 수 있다. 그와 같이, 그 둘은 서로 구별될 수 있는 개념이지만, 현실 속에서는 함께 주어지게 된다. 회심이란, 성령 하나님의 주권적이고 단독적인 사건인 중생이 주어진 이에게서 나타나는 인간 차원에서의 반응인 것이다. 그 둘은 두 개의 사건이라기 보다는 실존적으로 불신자가 하나님 나라에 들어가게되는 첫 단계의 사건으로서, 그 하나의 사건이 두 개의 관점에서 설명되고 있는 것이다. 따라서, 본고에서는 중생을 먼저 간략히 취급한 후, 인간 차원에서의 변화와 주로 연관되어있는 회심의 개념을 중심으로 논의하려 한다. 김광열, 『그리스도 안에 있는 구원과 성화』, 43-44; Frame, *Salvation Belongs to the Lord: An Introduction to Systematic Theology*, 188.

고 말할 수 있다. 전자가 불신자의 삶에서 하나님 나라 안에서 신자의 첫 번째 사건이라면, 후자는 하나님의 나라에 있는 신자의 삶의 영역을 다룬다. 사실 이 두 주제는 신자의 삶에서 서로 밀접하게 연관되어 있다.

그렇다면 성경이 말하는 중생과 회심이 구체적으로 어떤 점에서 "총체적" 성격을 지닌다고 할 수 있는가? 1장에서 제시한 총체적 복음의 두 관점의 빛 아래서[90] 회심과 중생을 바라볼 때, 더욱 분명하게 그 성격을 드러낼 수 있을 것이다.

중생의 총체적 성격

중생은 불신자가 주께 나아올 때 경험하는 첫 단계의 사건이다.[91] 이는 단지 개인적인 차원에서의 변화만을 가리키지 않고 우주적인 변화를 함축하고 있다. 신약성경에서 중생은 크게 두 가지의 이미지로 표현된다. 하나는 하나님의 창조 이미지이고, 다른 하나는 부활의 이미지이다.[92] 하나님의 창조의 이미지로 중생을 말하는 구절은 고린도후서 5장 17절과 마태복음 19장 28절이다. 전자에서 중생한 사람은 그리스도 안에서 새롭게 지어진 피조물이다. 중생은 하나님의 처음 창조와 구별되는, 죄로 말

---

90 1장에서 총체적 복음의 의미들을 정리할 때, 우리는 하나님 나라의 관점과 주되심의 관점을 제시했다.
91 Frame, *Salvation Belongs to the Lord: An Introduction to Systematic Theology*, 185.
92 김광열, 『그리스도 안에 있는 구원과 성화』, 48-49. 그 두 개의 이미지들은 모두 중생이 하나님의 주권적인 역사임을 말해주는데, 그것은 창조의 사건 속에서 피조물들은 전혀 그 사건을 주체가 될 수 없으며, 부활사건 속에서도 죽은 자는 그 사건 속에서 어떠한 역할도 수행할 수 없기 때문이다. 오직 창조주, 혹은 부활하게 하시는 하나님만이 주권적으로 그 일을 이루어 가신다. Frame, *Salvation Belongs to the Lord: An Introduction to Systematic Theology*, 186.

미암아 왜곡되고 죄의 영향 아래 놓인 온 세상을 새롭게 만들어 가시는 하나님의 새로운 재창조의 역사다.

같은 관점에서 마태복음 19장 28절도 이해할 수 있다. 사실상 신약성경에서 중생이라는 의미를 지닌 헬라어 단어 palinggenesia(팔링게네시아)가 사용된 두 구절 중의 하나가 바로 이 구절인데,[93] 여기서 중생은 우주적으로 새롭게하는 그리스도의 종말론적 구원역사에 동참하는 사건으로 설명한다("만물이 새롭게 되어"). 하나님의 재창조의 역사의 첫 열매되신 그리스도와의 연합을 통해 신자는 하나님의 재창조의 역사를 경험하고, 만물이 새롭게 되는 하나님의 새로운 창조의 최종적인 완성을 바라본다. 그렇다면 중생은 하나님의 우주적인 회복의 역사에서 주어진 변화의 한 국면으로 이해해야 한다.[94]

중생을 설명하는 두 번째 이미지인 부활의 개념은 에베소서 2장 1-10절에서 나타난다. "허물과 죄로 죽었던" 죄인이 다시 살아나는 사건이 바로 중생이다. 죄 가운데 죽었던 우리를 "그리스도와 함께" 다시 살리신 하나님의 부활역사로서의 중생이다. 즉, 중생은 이 땅 에서 시작된 종말론적 재창조의 역사에 동참하기 위해 그리스도와 함께 부활의 역사를 경험하는 사건이다(롬 6:1 이하).[95] 중생은 인간의 영과 육을 포함하여 온 우주와 사회와 만물이 모든 죄의 고통과 저주의 속박으로부터 해방되고 새로

---

93 또 다른 구절은 디도서 3장 5절이다.

94 Gaffin Jr., *The Centrality of the Resurrection*, 140-147. 개핀은 디도서 3장 5절이 신자 개인의 현재적 체험을 말하고 있는 반면, 마태복음 19장 28절은 미래적이며 우주적, 종말적 갱신을 말하고 있다고 주장한다.

95 김광열, 『그리스도 안에 있는 구원과 성화』, 49; Gaffin Jr., *The Centrality of the Resurrection*, 128-129. 개핀은 에베소서 2장이 전통적인 중생의 개념과 정확히 일치하지 않는다고 지적하면서도, 신자 처음의 갱신의 개념이 포함될 수 있다고 본다.

워지는 종말론적 회복을 바라보는 사건이다(롬 8:19-23).

그러므로 우리는 중생으로 인한 변화를 설명하면서 중생한 사람의 변화 뿐만 아니라 외적 관계의 변화도 포함하여 설명해야 한다.[96] 일차적으로 중생으로 말미암는 변화는 영적 차원의 근본적인 존재변화(새 생명의 탄생)이다. 그러나 그러한 인간 존재의 근본적 변화는 소위 "영적" 영역에서만 머물지 않고, 그의 전인에서 나타난다. 이는 지적 영역에 드리워졌던 죄의 영향(noetic effect of sin)의 제거되는 것(롬 3:11a), 양심을 깨끗하게 하는 것(딛 3:5), 죄의 노예가 되었던 의지까지도 새롭게 되는 것(롬 3:11b) 등이 포함된 전인적인 변화이다.[97]

그런데, 이 변화는 그가 속한 공동체와 이웃 혹은 사회와의 관계의 변화로 확장된다. 중생한 사람은 죄의 통치에서 벗어나 의의 통치로 옮겨졌으므로, 악한 자가 더 이상 넘보지 못하는 존재가 되었다. 그러므로 죄의 요구를 거절할 수 있다. 또한 중생한 사람은 하나님의 교회와 세상과의 관계에서도 새로운 변화(요일 4:7; 5:4)를 경험한다.[98]

이와 같이 성경은 중생을 단순히 개인적인 혹은 영적인 차원을 포함한 우주적 차원의 변화라고 말한다. 이와 같은 포괄성은 또한 회심에 대한 성경의 가르침에서 더욱 분명히 드러난다. 회심이 중생이라는 성령님의 주권적인 역사가 주어진 사람에게서 일어나는 반응이므로,[99] 중생의

---

96 김광열, 『그리스도 안에 있는 구원과 성화』, 53-54.
97 김광열, 『그리스도 안에 있는 구원과 성화』, 51-52. 달라스 윌라드(Dallas Willard)의 *Renovation of the Heart* (Colorado Springs, CO: NavPress, 2005)도 이와 같은 관점을 제시하고 있다. 복음으로 주어진 신자의 변화란 영혼의 회복 뿐만 아니라, 사고, 감정, 몸, 그리고 사회적 관계에 이르기까지 변화를 일으키는 포괄성을 갖고 있음을 드러내준다. 이 책의 한국어판은 윤종석이 옮긴 『마음의 혁신』(서울: 복있는 사람, 2006)이다.
98 김광열, 『그리스도 안에 있는 구원과 성화』, 53.
99 안토니 후크마도 회심을 "중생의 외형적 증거"라고 설명한다. Anthony A. Hoekema, 『개혁주의 구원론』, 류호준 역 (서울: CLC, 1990), 187.

총체적 성격은 회심에서도 그대로 드러난다.

회심의 총체적 성격

회심에 대한 성경의 가르침을 하나님 나라의 관점과 주되심의 관점에서 바라볼 때, 그 총체적 성격이 드러난다. 만일 우리가 성경이 말하는 총체적 성격을 놓칠 때, 회심을 단지 자신과 하나님과의 수직적인 관계에서 주어지는 죄의 용서와 영원한 삶에 대한 확신의 차원에서만 이해하게 될 것이다. 성경이 말하는 회심은 하나님과의 수직적인 관계의 변화가 중심이긴 하지만, 거기에서 머물지 않고 자신이 속한 가정과 사회에서의 모든 삶의 영역의 돌이킴까지 포함한다. 이는 세속적인 관점, 즉 세속적 가치관이나 삶의 원리 등을 버리고 하나님 나라의 가치와 정신과 삶의 원리를 받아들일 것을 요구한다.

단지 사회구조를 변화시키고, 좋은 교육제도를 도입하고, 정치와 경제 환경 등을 개선시키면 새로운 사람들을 창조할 수 있다고 보는 세속적 자유주의자들의 접근은 문제가 있다. 왜냐하면 그들은 더 중요한 영적 차원의 변화를 놓치고 있기 때문이다. 반대로 성경이 말하는 회심의 역사를 단지 하나님과의 수직적인 관계에서의 연결로만 간주하고, 그 외의 삶의 다른 영역에서 하나님 나라의 가치와 정신을 실현하는 삶으로의 변화를 간과하는 것도 또 다른 치우침이다.

회개를 의미하는 신약성경의 단어는 일반적으로 세 가지다.[100] 그 중의 하나는 "μεταμελομαι"(메타멜로마이)이다. 이는 가룟 유다의 회개를 말할 때 사용되었는데, 그는 자신의 잘못을 인식했으나 죄에서 돌이켜 자신의 죄를 고백하고 용서를 받는 회개는 없었다. 이 단어는 단지 "자책에 사로잡혀있었음"을 의미한다.[101] 그러한 회개는 참된 회개가 아니다.

성경이 사용하는 참 회개는 나머지 두 단어의 의미에서 발견된다. 그 중 하나는 "μετανοια(메타노이아)"인데, LXX(칠십인역)에서 이 단어는 히브리어 "נחם(니함)"을 번역한 것이다. 니함은 "유감스럽게 여기다", "불쌍히 여기다", 혹은 "잘못에 대해 회개하다"와 같은 뜻이다. 인간이 자신의 죄를 돌이키는 내적인 변화를 의미한다. 그런데 여기서 마음의 내적 변화는 단순히 지적인 변화 또는 죄에 대한 슬픈 심정 정도의 변화를 의미하지 않는다. 그것은 한 인간의 전인격적인 변화를 의미한다. 이와 같은 회개는 마음의 근본적인 변화를 통해 회개한 사람의 모든 삶의 영역에서 구체적으로 표현되는 복종의 삶으로 나아가는 것이다.

그러한 의미를 분명히 드러내는 단어가 바로 "επιστρεψο(에피스트레포)" 이다. LXX에서 이 단어는 히브리어 "שׁוּב(슈브)"를 번역한 것이다. 슈브는 "돌이킨다" 혹은 "반대방향으로 가다"라는 의미이다. 다시 말해 잘못된 길에서 올바른 길로 방향을 바꾸어 돌이킴을 의미한다. 즉, 이 단어는 메타노이아와 함께 모두 회개를 가리키나 구별된다. 즉, 전자가 회개의 과정

---

100 Frame, *Salvation Belongs to the Lord: An Introduction to Systematic Theology*, 188. 조직신학적으로 회개란 믿음과 함께 회심(Conversion)의 사건 안에 포함되어 설명한다. 그러나 본서에서는 편의상 회개와 회심을 특별한 구분 없이 불신자의 상태에서 하나님의 백성으로의 "돌이킴"의 의미로 사용하려 한다.
101 Hoekema, 『개혁주의 구원론』, 200-201.

중 회개자의 내적인 변화를 가리키고 있다면, 후자는 그 내면적 변화가 외적으로 표출되어 삶에서의 변화까지 나아간다는 의미를 더욱 강조해주고 있다.[102]

정리하면 자신의 죄악에 대해 죄책에 사로 잡혀있는 상태는 참 회개가 아니다. 참 회개는 근본적으로 옛사람의 마음에서 새사람의 마음으로 전인격적인 변화를 의미한다. 이는 더 나아가 마음과 생각의 근본적인 변화가 실제적인 돌이킴으로 삶에서 구체화되는 것까지 가리킨다. 결국, 성경적인 참 회개는 옛 사람의 관점과 세속적인 가치관이나 사고방식으로부터 돌이켜 하나님 나라의 가치, 정신, 삶의 원리로 나아가는 것이다.[103] 삶에서 돌이킴과 변화가 없다면 명목상의 회개가 될 뿐이다.

예수님을 영접하여 회심한 자의 "돌이킴"의 총체적 성격의 측면을 분명하게 제시해주는 성경의 사례들 중의 하나가 누가복음 19장에 나오는 삭개오의 회심 사건이다. 그는 당시 로마의 세금제도를 활용하여 백성들의 혈세를 끌어 모으며 부를 축적해온 그 시대의 악한 관료였다. 그런데 그가 예수님을 만나고 영접했을 때 변화가 일어났다. 그 때 삭개오는 만일 누구를 속여 세금을 걷었다면 그것의 4배를 갚을 것이고, 자기 재산의 절반을 가난한 자들에게 나누어주겠다고 했다(눅 19:8). 여기서 누가가 삭개오의 회심을 기록한 이유는 죄인의 참된 회개가 폭넓은 변화를 가져오

---

102 Hoekema, 『개혁주의 구원론』, 204 이하.
103 Hoekema, 『개혁주의 구원론』, 207. 후크마는 이러한 전인격적인 인생관의 변화를 가져오는 "돌이킴"의 회개를 설명하기 위해서, 마태복음 4장 7절을 인용하면서 그 의미를 분명히 드러내주는 필립스(Phillips) 역(譯)을 사용한다. "여러분은 마음과 가슴을 바꾸어야 한다. 하나님의 나라가 이미 도착하고 있기 때문이다". 이처럼, 필립스역은 "회개한다는 것"을 "마음과 가슴을 바꾸는 것"이라고 번역했다.
* 필립스역은 존 버트램 필립스(John B. Phillips) 목사가 그리스어 성경을 현대 영어로 번역한 것이다. 필립스는 성경을 읽어본 적이 없거나 이해하기 어려워하는 회중과 청년들을 위해 성경을 번역했다(편집자 주).

게 되는지 드러내기 위함이었을 것이다. 즉, 회심이 단지 죄에서 돌이켜 하나님과의 수직적인 관계를 회복하는 영적 변화에만 국한되는 것이 아니라, 이웃과의 수평적인 관계회복, 즉 사회-경제적인 죄악을 포함한 모든 죄악에서 돌이키는 것, 자기중심적이었던 삶의 방식에서 하나님 나라의 삶의 원리인 나눔과 섬김의 삶으로 돌이키는 것임을 말하려 했던 것으로 볼 수 있다.

이처럼, 성경적인 참 회개 혹은 회심은 모든 죄악에서 돌이키는 것을 의미한다. 물론, 회심의 의미를 사회-경제적인 영역에서의 변화로 주장하는 것도 성경적인 접근이 아니다.[104] 그러나 그 반대편의 치우침도 성경적이지 않다. 결국 회심은 성경에서 회심한 사람의 총체적 변화를 의미한다. 이는 하나님과의 올바른 관계회복이 이웃과의 올바른 관계회복과 불가분의 관계에 있다는 성경의 가르침에 기초한다.

성경이 전체적으로 제시하는 교훈

하나님과의 올바른 관계회복과 이웃과의 올바른 관계회복이 연결되어있다는 가르침은 사실상 성경 전체 내용에 있는 기본적인 교훈이다. 이는 몇 가지로 정리할 수 있다.[105] 첫째, 성경은 하나님의 용서와 사람 사이

---

104 Ronald Sider, *One Sided Christianity?: Uniting the Church to Heal a Lost and Broken World* (Grand Rapids: Zondervan, 1993), 107. 또 다른 편의 치우친 관점은 하나님과의 관계회복의 차원을 간과한 채로 사회정의와 평화를 추구하는 삶의 방식으로 돌이킴을 회개라고 보는 입장이다.
105 Sider, *One Sided Christianity?: Uniting the Church to Heal a Lost and Broken World*, 105-106.

의 용서가 긴밀히 연관되어 있다고 계속 가르친다. 마태복음 6장 14-15절에서 주님은 우리가 서로 용서하는 삶이 하나님이 우리를 용서하신 것과 밀접히 연관되어 있음을 가르치셨다.[106] 이는 주님의 기도에서 명시한다. "우리가 우리에게 죄지은 자를 사하여준 것 같이, 우리 죄를 사하여 주시옵고"(마6:12)

여기서 주님은 죄 용서가 우리의 행위에 기초한다고 말씀하지 않으셨다.[107] 이는 죄 용서와 구원의 복은 오직 하나님의 은혜로 말미암는 믿음에 의한 것이나, 하나님 앞에서 죄 용서 받은 회개한 사람은 그 은혜에 감격해서 자신에게 잘못한 형제를 용서하는 것이 마땅하다는 가르침이다. 이 가르침은 일 만 달란트 탕감 받은 자가 자기에게 일 백 데나리온 빚진 자를 용서하지 않았다는 내용의 비유(마 18장)에서 재확인된다.

성경은 또한 하나님을 아는 참된 지식은 이웃, 특히 가난한 사람들이나 소외된 사람들에 대해 관심을 가지고 도와주는 삶과 밀접히 연관되어 있음을 가르친다. 예레미야는 북 이스라엘이 멸망한 후에 유다의 멸망을 바라보며 사역한 선지자로 당시 요시야의 개혁에도 불구하고 유다는 여전히 우상을 숭배했다. 이와 함께 여러 패역한 행위로 말미암아 유다도 하나님의 심판을 받게 된다고 예레미야는 외쳤다. 그가 지적한 패역한 행위는 고아의 권리를 무시하고 가난한 자들을 억압하는 죄를 포함한다

---

106 너희가 사람의 잘못을 용서하면 너희 하늘 아버지께서도 너희 잘못을 용서하시려니와 너희가 사람의 잘못을 용서하지 아니하면, 너희 아버지께서도 너희 잘못을 용서하지 아니하시리라
107 Millard J. Erickson, 『구원론』, 김광열 역 (서울: CLC, 2001), 294-298. 여기에서의 구절은 마태복음 25장 31-46절, 누가복음 7장 36-50절, 야고보서 2장 18-26절과 같이, 칭의 혹은 구원을 얻기 위해서는 인간의 행위가 필요하다고 주장하는 것처럼 보이는 구절들 중의 하나이다. 그러나 위의 다른 구절들과 마찬가지로 이 구절도 우리의 용서나 어떤 다른 행위들이 하나님의 용서를 받는 수단이 된다는 의미로 이해될 수 없다. 단지 참 믿음의 소유자 혹은 참 회개자는 그와 같은 행동의 열매를 맺게 된다는 성경전체의 가르침의 빛 아래서 이해해야할 것이다.

(렘5:26-29). 이는 고아와 가난한 자를 돕고 살피는 것은 하나님의 언약백성이 해야 할 인데, 당시 유다 백성은 이들을 오히려 억압했기 때문이었다.[108]

예레미야는 요아스 사후 왕이 된 여호야김의 죄악에 대해 지적하며 그에 대한 하나님의 심판을 선언한다(렘 22:13). 여호야김은 이기적이고 타락한 통치자로 자신의 궁전을 짓기 위해 강제로 시민을 동원하면서 품삯도 제대로 지급하지 않았다. 예레미야는 하나님을 아는 참된 지식을 가진 요시야가 공평을 행하고 가난한 자와 궁핍한 자를 돌아보았으나, 여호야김은 가난한 자들을 위해 정의를 행하지 못한 것으로 보아 그에게 하나님을 아는 참된 지식이 없다고 말했다.[109]

여기서 신자는 "하나님을 아는 참된 지식"으로 가난한 이웃과 소외된 사람들을 돌보며 도와주는 삶아야 한다는 가르침이 제시되고 있다. 신약성경의 요한서신도 동일하게 말한다. "누가 이세상의 재물을 가지고 형제의 궁핍함을 보고도 도와줄 마음을 막으면, 하나님의 사랑이 어찌 그 속에 거할까보냐?"(요일 3:17)

하나님과의 관계회복과 이웃과의 올바른 관계회복이 연결 되어있음을 가르치는 성경은 회개한 참 신자의 예배와 기도, 금식과 같은 종교행위들도 그것이 이웃과 가난한 자들의 희생이나 그들에 대한 무시 속에서 이뤄질 때, 하나님이 기뻐 받으시지 않는다고 가르친다. 이는 이사야의 외침에서 분명히 제시된다. 이사야는 하나님의 백성들이 드렸던 무수한

---

108 김광열, 『이웃을 품에 안고 거듭나는 한국교회』, 88-89.
109 김광열, 『이웃을 품에 안고 거듭나는 한국교회』, 105-106.

제물들, 즉 수양, 수송아지, 숫염소의 제물들은 다 헛된 제물들이라고 했다(사 1:10-17). 하나님은 그들이 아무리 큰 소리로 하나님께 기도드린다고 하더라도 전혀 듣지 않겠다고 선언하셨다(15절). 왜 이렇게 말씀하셨는가? 그들이 행하는 악행 때문이다. 17절은 그들이 선행을 하지 않고, 학대받는 자를 도와주지 않고, 고아와 과부를 위해 행동하지 않았기 때문이라고 구체적으로 말씀하셨다. 즉, 참된 회개는 종교행위들로만 판단되지 않고, 이웃과 가난한 자들에 대한 배려와 관심, 그리고 나눔의 행동으로 나타남을 지적하신 것이다.

이 관점은 58장에서도 반복해서 나타난다. 이스라엘 백성들은 자신이 금식하면서 기도하는데도 왜 하나님이 돌아보지 않느냐고 질문한다. 하나님은 그들이 금식하기는 했지만 서로 다투며 악한 주먹으로 치는 삶을 살았기 때문에 돌아보지 않았다고 하셨다. 이어서 이사야를 통해 참된 금식을 제시하셨다. "내가 기뻐하는 금식은 흉악의 결박을 풀어 주며 멍에의 줄을 끌러 주며 압제 당하는 자를 자유하게 하며 모든 멍에를 꺾는 것이 아니겠느냐 또 주린 자에게 네 양식을 나누어 주며 유리하는 빈민을 집에 들이며 헐벗은 자를 보면 입히며 또 네 골육을 피하여 스스로 숨지 아니하는 것이 아니겠느냐"(사 58:6-7)

아모스 5장 21-24절도 같은 관점에서 이해할 수 있다. 그는 정의를 굽게 하면서 성회에서 드려지는 번제와 소제, 그리고 화목제물은 하나님께 합당하지 않다고 했다. 마태복음 25장 31의 결론도 이와 같은 관점에서 접근해야 한다. 마지막 날 예수님의 심판의 기준이 가난한 자들을 먹이고, 헐벗은 자들을 입히며, 감옥에 갇힌 자들을 돌보는 것에서 발견된다. 하지만, 그 행위가 구원의 기초가 된다는 의미로 이해해서는 된다. 단지, 주님은 가난한 자들과 헐벗은 자들을 돌보는 삶이 참 신자의 신앙생활에 매우 중요한 것을 가르치고자 하셨다.

출애굽은 하나님이 그의 백성들을 애굽의 바로의 통치로부터 불러내어, 하나님의 언약백성으로 세우신 사건이다. 그들은 애굽에서 살았던 불신세계의 삶의 방식에서 돌이켜 하나님의 언약백성의 삶의 방식으로 새로운 출발을 했어야 했다. 그래서 하나님이 시내산에서 그러한 새로운 삶의 출발을 위한 지침으로 율법과 규례를 모세를 통해 주셨다. 율법에는 하나님과의 영적인 혹은 종교의식적인 규례와 모든 삶의 영역에서 어떻게 살아야 할 것인가에 대한 지침들도 포함되어 있다.

특히 하나님의 언약백성인 이스라엘에게 주신 규례를 통해 하나님은 그의 백성들이 연약하고 힘없는 이들에게 관심을 갖고 배려할 것을 가르치셨다. 십일조, 추수 규례, 다른 많은 법적 제도와 경제활동에서 고아와 과부 같은 약자들을 돌아보는 조치를 율법에 포함하셨다.[110]

또한 구약의 선지서에서 하나님은 가난한 자를 변호하시며 압제자들을 심판하시는 분으로 제시된다. 대표적으로 예레미야 5장 26-29절과 에스겔 22장 23-31절을 들 수 있다. 예레미야서의 앞부분에는 6개의 설교가 기록되어 있는데, 5장은 유다가 패역한 행위로 멸망당할 것을 선포한다. 그런데, 그러한 패역한 행위에는 "가난한 자들을 억압한 부자들"의 죄악이 포함된다. 유다는 그러한 경고를 무시했고, 결국 주전 587년에 멸망

---

110 십일조에 대한 규례에서(신 14:22-29; 26:12-13), 안식년 제도에서(레 25:1-7; 신15:1-15), 안식일 제도에서(출 23:12; 신 5:12-15), 희년제도에서(레 25:8-17; 23-28; 35-55), 그리고 추수 규례나 이자 제도에서(신 24:19-22; 출 22:25-27) 하나님은 고아와 과부와 객들을 위한 배려를 율법으로 제도화하셨다. 그밖에 야곱의 두령들과 이스라엘의 치리자들에 대한 경고의 말씀이나, 법적제도와 경제활동 속에서 추구해야할 공의로운 삶의 자세를 가르치는 구절에 대해서는 김광열, 『이웃을 품에 안고 거듭나는 한국교회』, 102-113을 보라.

하여 바벨론에 포로로 잡혀갔다.

그런데, 여기서 한 가지 주의해야 할 것은 성경적인 관점은 해방신학자들의 관점과는 다르다는 사실이다.[111] 이스라엘이 가난한 자들을 억압한 것이 하나님이 그들을 심판한 유일한 이유가 아니다. 하나님이 이스라엘을 심판하시는 이유 중에 "가난한 자들을 돌아보지 못하고 그들을 압제하는 행위"가 포함된 것이 사실이지만, 하나님이 그러한 죄 이외의 다른 영적 범죄들은 중요하게 여기시지 않거나 혹은 심판의 이유로 삼지 않으셨다고 해석해서는 안 된다. 단지 하나님은 그의 백성들에게 가난한 자를 돌볼 것을 요구하셨다.

그러므로 예수님을 영접하고 회개한 신자가 그의 "영적" 생활을 이분법적 틀에서 이해하여 하나님과의 관계만 중요하게 여기고 이웃과의 관계를 중요하게 여기기 않는다면, 그의 회개는 한 쪽으로 치우친 회개이다.

"주되심"의 관점에서 바라본 회개

이러한 회개에 대한 포괄적인 관점은, 예수 그리스도의 "주되심"에서 더욱 분명하게 드러난다. 예수님은 복음 안에서 그의 자녀들을 구원해주신 구세주이실 뿐만 아니라 부활하신 후 하늘과 땅의 모든 권세를 받으시고 하늘 보좌에 앉으심으로 만왕의 왕, 만주의 주로서 온 세상을 통치하

---

111 해방신학의 관점에 대한 개혁주의적 비판을 위해서는 스탠리 건드리(Stanley N. Gundry)와 앨런 존슨 (Alan F. Johnson)이 편집한 *Tensions in Contemporary Theology* (Chicago: Moody Press, 1976)에 수록된 간하배의 논문을 참고하라.

시는 주님으로 제시되고 있다.[112] 주되심은 교회 안은 물론이고 교회 밖의 모든 영역에서도 인정되어야 한다.

그렇다면, 한 사람이 돌이켜 그리스도를 주로 영접하고 죄와 사망의 통치에서 벗어나 그의 백성이 되었다면, 이제 그는 자신의 삶의 모든 영역에서 그의 나라의 삶의 원리와 가치를 실현해야 한다. 진정으로 회개하고 회심한 자는 하나님과의 관계의 변화와 아울러 이웃이나 사업상의 관계들 즉 고용인과 고용주 사이의 관계 등과 같은 모든 사람과의 관계에서, 과거와는 다른 새로운 가치관과 삶의 원리를 구현하는 삶으로 변화되어야 한다. 물론, 여기서 우리는 개인적인 회심을 통한 하나님과의 관계 변화의 중요성을 간과하고 단지 사회정의나 인류평화만을 추구하는 "사회적 회심"에 빠지는 것은 주의해야 한다.[113] 그러나 회개는 하나님의 뜻에 거스르는 죄로부터의 돌이킴이다. 따라서 회개의 중심요소는 반드시 하나님과의 용서와 화해에 있다. 그러나 거기에서만 머무를 수 없다. 오히려 "주되심"의 총체적 관점에서 이 세상을 다스리고 계시는 주님의 뜻을 따라 불의와 죄악이 남아있는 모든 영역에서도 진정한 "돌이킴"의 회개를 해야 한다.

그러한 점에서 소위 "값싼 복음"의 문제를 극복하고 참된 제자도의 삶

---

112 신약에서 예수님은 "구원자"로 16회 언급되지만, 주님으로는 420번 언급된다. Brian Hathaway, *Beyond Renewal: The Kingdom of God* (Milton Keynes England: Word, 1990), 102. Frame, *Salvation Belongs to the Lord: An Introduction to Systematic Theology*, 158. 프레임도 우리의 복음에 대한 이해가 자기중심적인 이해(예를 들어 이신칭의와 같은 영적 축복을 받는 것에만 관심하는)를 넘어서, 하나님 중심, 즉 메시아적 통치와 주되심에 관점에서 복음을 이해할 것을 강조했다.

113 Boff Leonardo & Clodovis의 *Salvation and Liberation* (trans. Robert R.Barr. Maryknoll: Orbis, 1984)는 그러한 경향을 띄고있는 저서들 중의 하나이다. 그러나 성경적으로 볼 때, 사회는 인격체가 아니므로 회심의 주체가 될 수 없다. 그러나 중요한 것은, 사회가 회심할 수는 없지만 회심한 사람들이 하나님의 나라의 삶의 가치와 원리대로 살아갈 때, 그가 속한 사회에 변화를 가져오게 된다는 점이다. Sider, Olson, Unruh, *Church That Make a Difference: Reaching Your Community with Good News and Good Works*, 52.

을 추구해야 할 것이다. 예수님을 만나 그분을 "주님"으로 받아들이고, 주님을 따르는 삶을 사는 신자가 되기 위해서는 비싼 대가를 지불해야한다. 왜냐하면 참된 "돌이킴"은 삶에서 새로운 결단과 실천이기 때문이다. 마가복음 10장에 나오는 재물이 많은 한 부자의 이야기는 총체적 회심의 구체적 성격을 잘 드러내주고 있다. 영생의 문제를 가지고 주님께 나아온 그 부자는 예수님으로부터 영생을 얻기 위해 하나님이 모세에게 주셨던 십계명을 잘 지키는 것 뿐 아니라, 참으로 주님을 따르는 자가 되어야 한다는 말씀을 들었다. 그리고 예수님은 그의 삶의 영역에서 가장 먼저 "주되심"을 인정해야하는 영역이 바로 물질영역이고, 그가 물질 숭배에서 돌이키는 삶까지 이르러야 참된 회개임을 지적하셨다.[114]

이러한 참 회개의 총체적 성격은 또한 주님과 사마리아여인과의 대화에서도 확인된다(요 4:15-18). 그 여인에게 영생하는 물이 되신 예수님과의 만남은 놀라운 복이었고, 새로운 인생의 출발점이 되었다. 그러나 예수님은 그에게로 나아오는 자에게 무엇이 요구되는지를 정확히 지적하셨다. 그것은 모든 죄로부터의 돌이킴, 특히 이 여인에게 그것은 남편과의 관계, 결혼생활에서의 "돌이킴"의 문제였다. 주님은 참된 회심에 비싼 대가가 요구됨을 가르치셨다.

자신이 회개했다고 하면서, 또 하나님의 자녀가 되었다고 하면서, 삶에서 "돌이킴"이 없을 때 하나님은 책망하셨다. 누가복음 3장에 나오는

---

114 물론, 여기에서 우리는 "이신칭의"의 근본적인 원리와 상충되는 주장으로 오해해서는 안 된다. 오히려, 주의 백성이 될 때 요구되는 것은 오직 믿음 뿐이지만, 그 믿음이 참된 믿음이라면 그것은 또한 참된 돌이킴의 회개를 가져올 수밖에 없음을 말하려는 것이다. Frame, *Salvation Belongs to the Lord: An Introduction to Systematic Theology*, 191-193.

세례 요한의 메시지는 바로 그러한 내용을 담고 있다. 세례 요한은 구약의 마지막 선지자로서, 요단강에 세례 받으러 나오는 유대인들, 특히 바리새인과 사두개인들에게[115] 자신들이 아브라함의 자손이라고 함부로 생각하지 말라고 경고했다. 그들은 자신들이 당시의 어떤 신앙인보다도 더 종교적이고 열심 있는 언약의 백성들이라고 생각했었을 것이다. 그렇지만 세례요한은 그들에게 종교적 행위는 있었는지 모르나, 이웃과의 관계에서 나눔과 정직한 생활에로의 "돌이킴"이 없었기 때문에, 그들의 회개는 문제가 있다고 지적했다(11절 이하).[116]

이와 같은 관점에서 볼 때, 성경적 회개의 의미를 두 가지로 나누어, 하나는 회개의 출발로 그리고 또 다른 하나는 일생에 걸쳐 하는 회개로 구분하는 것은 적절한 설명이다. 전자가 예수님을 구주로 고백하는 순간에 이루어지는 회개의 출발이라면, 후자는 그가 고백한 회개의 온전한 의미를 일생동안 삶에 적용시키기 위한 새로운 결단과 지속적인 훈련과 영적 싸움으로 이루어지는 회개이다.[117]

---

115 마태는 같은 사건을 기록하면서, 요단강에 세례 받으러 나아온 자들이 바리새인과 사두개인들이었음을 밝혀주었다(마 3:7).

116 "그러면 우리가 무엇을 하리이까?"라고 묻는 무리들에게, 세례요한은 "옷 두 벌 있는 자는 옷 없는 자에게 나눠 줄 것이요 먹을 것이 있는 자도 그렇게 할 것이니라 라고 말했다. 그리고 그 이하의 말씀에 의하면 세리와 군인들에게는 그들의 일터에서 정직하고 성실한 임무를 수행해야 참 회개자, 참 아브라함의 자손이라고 말할 수 있음을 가르치셨다.

117 Frame, *Salvation Belongs to the Lord: An Introduction to Systematic Theology*, 198-199. 물론, 여기에서의 회개의 의미를 두 가지로 구분하여, 처음에 주께로 나아올 때의 일회적인 "돌이킴"과 그 이후의 신자의 삶 속에서 이뤄지는 지속적인 "돌이킴"으로 설명할 때, 한 가지 주의할 점이 있다. 그것은 후자가 다 이루어진 다음에 주께로 나아올 수 있다고 말해서는 안 된다. 그것은 율법주의에 빠지는 것이고 주님의 복음의 은혜성을 간과하는 것이 되기 때문이다. 동시에 전자의 돌이킴에서만 멈추면, 또 다른 오류 즉, 반율법주의의 오류에 떨어져 명목상의 신자(nominal christian)로 남는다는 사실이다. 전자의 돌이킴은 주로 입술의 고백형태로 시작되지만, 후자의 돌이킴은 일상에서의 삶의 모습과 태도 속에서 표현되는 것이다. 전자의 회개가 그리스도와의 연합을 통한 진정한 회개였을 때, 그 회개자는 후자의 회개들 속에서 "돌이킴"의 문제들을 성령 안에서 이뤄갈 수 있을 것이나, 그렇지 않을 경우 전자의 회개의 진정성을 의심해볼 수 있다.

결국, 실제적인 삶에서의 돌이킴을 가리키는 후자의 회개는 2장에서 지적했던 "죄의 총체성"에서 기인하고 있다.[118] 아담의 타락으로 말미암아 인류에게 들어온 죄는 하나님과의 관계에서 문제를 가져왔고, 또한 그 죄는 왜곡된 자아상을 갖게 했고 더 나아가 모든 영역에 영향을 미쳤다. 즉, 영적, 육신적, 정신적, 사회적 문제들은 근본적으로 죄로 말미암아 인류에게 일어난 문제다. 이를 깨닫는 것이 총체적 돌이킴의 시작이다.

죄의 성격이 포괄적인 만큼, 그 죄로부터의 회복을 가져오는 구원의 역사도, 그 구원역사에서 경험하는 "회심"도 포괄적이다. 주님의 십자가 사건은 하나님과의 수직적 차원에서 범했던 죄악에서의 돌이킴과 인간 사이의 수평적 차원의 죄악에서의 돌이킴 모두를 위한 사건이다. 그러므로 회심하는 순간에 사람은 하나님과의 영적 차원에서의 돌이킴으로서 회심의 경험을 시작한다. 그런데, 그 돌이킴의 실체는 그의 전 생애를 통해 삶의 영역에서 총체적인 "돌이킴"으로 구체화되고, 또 구현된다.

"총체적 회개(돌이킴)"의 삶

어린 아이들이 편식하면 건강한 모습으로 자라나지 못하듯이, 오늘날 그리스도인들의 편향된 구원이해, 그리고 이에 기초한 신앙생활은 성숙한 그리스도인으로 자라지 못하게 한다. 인간적인 복만을 요구하고 있는

---

118 총체적 복음에 대한 이해는 아담의 타락이 인류에게 가져온 죄의 총체성에 대한 이해로부터 주어진다고 볼 수 있다. 김광열, '제1장 총체적 복음사역의 신학적 접근', 『총체적 복음의 신학과 실천』 창간호 (2004): 26-27.

어린 신자의 모습에서 자신의 삶 전체를 하나님의 통치 아래 서게 하는 하나님 중심의 성숙한 신앙인의 모습이 되려면 복음의 총체성을 이해하고 적용, 실천할 수 있어야 한다.

현대 그리스도인들에게 요구되는 "신앙과 삶의 일치"는[119] 복음의 메시지에 대한 신자의 전인적인 응답, 그리고 총체적인 응답으로 가능하다. 우리를 복음의 나라로 부르시는 그 분은 만왕의 왕이고, 역사의 주인이시며, 우주의 통치자이시므로 그 분은 모든 영역에서 우리에게 새로운 결단, 그리고 새로운 가치관과 태도와 삶의 변화를 요구하신다.

이제 우리는 복음이 요구하는 그러한 총체적인 부름에 응답하는 신학을 정립해야한다. 그리고 우리의 삶에서 복음의 총체적 요구를 수용하고 실천할 수 있어야 한다. 그러한 차원에서 우리는 이제까지 주님께서 우리에게 전해주신 복음이 총체적 복음임을 다시 한 번 확인했고, 그 안에 제시된 구원도 총체적이며, 특히 그 구원의 중요한 요소인 중생과 회심도 총체적임을 성경을 통해 확인했다. 중생은 하나님의 우주적인 회복의 역사 속에 개개인이 참여하는 사건이라는 의미에서, 그리고 회심이나 회개도 처음 예수님께 나아올 때 "영적" 돌이킴을 넘어 신자의 삶 전체를 통해 모든 영역에서 이루어지는 총체적인 "돌이킴"이라는 의미에서 포괄적인 성격을 지니고 있음을 살펴보았다.

오늘날 자칫 잘못하면, 교회는 단지 사람들이 예수님을 만나 자신의 필요를 채우기 위해 가는 곳으로만, 그래서 교회는 그러한 인간의 욕구를

---

119 임성빈, '한국교회의 사회적 책임', 「기독교의 사회적 책임」 (서울: CLC, 2005), 187-188. 임성빈은 현대 세속화 사회를 살아가는 신앙인들에게 그들의 회개와 구원을 개인적인 차원의 의미로만 남기지 않고, 사회적인 차원과 우주적인 차원으로 확장하는 작업이 신학자들의 과제임을 지적한다.

채워주면서 교회성장을 유도하는 집단으로만 인식되기 쉽다. 물론, 주님은 자신에게 나아오는 자에게 선물과 복을 주시는 분이시다. 그렇지만 교회는 또한 주님이 그들에게 요구하는 "고통스러운 돌이킴"에 대해서도 말해야 한다. 진정으로 회개한 사람이 지불해야할 비싼 대가, 회심의 돌이킴의 사건에서 드러나게 될 자신의 여러 영역에 숨겨진 죄악들을 버려야하는 고통이 요구된다는 사실에 대해서도 지적해 주어야 한다. 하나님 나라의 새로운 삶의 원리로 살아가는 과제가 회개의 삶에서 구체화되어야 함을 분명히 가르쳐야 한다.

그러므로 우리의 회심과 회개가 입술에 그치는 것이 아니라 구체적인 삶에서 "돌이킴"으로 표현되어야 한다. 아담의 타락으로 말미암아 인류에게 미친 죄의 영향력이 총체적이므로, 인류의 죄의 문제를 해결하기 위해 이 땅에 오신 주님이 베푸신 구원도 총체적이다. 그렇다면, 구원의 중요한 요소들 중의 하나인 회개도 총체적이어야 한다. 다시 말해, 죄에서의 "돌이킴"은 하나님과의 영적 관계에 있어서의 돌이킴 뿐만 아니라, 우리의 물질관과 재물에 대한 삶의 방식과 태도, 소외된 이웃에 대한 섬김, 오늘날 사회 속에 만연되어 있는 성적 타락의 문화적 세속화의 현장에서, 사회—정치적인 죄악의 현장에서, 모든 영역에서 나만 알고 있는, 하나님 나라의 삶의 가치와 원리에 어긋나는 모든 삶의 방식과 태도에서 돌이키는 것을 의미한다. 오늘날 우리의 회개는 과연 "영적" 영역 또는 어느 일부분의 영역에만 한정된 돌이킴은 아닌가? 총체적 복음의 의미를 기억하면서, 우리의 회개의 모습이 과연 성경이 말하는 "총체적 돌이킴"인지 다시 점검할 필요가 있다.

4장

"성화론"에 담긴 총체적 복음의 의미
: 구원론 연구 II

앞 장에서 총체적 복음의 관점에서 바라본 중생과 회심의 의미를 살펴보았다. 신자의 회심 혹은 회개는 그의 삶의 전 영역에서의 "돌이킴"이어야 함을 확인했다(총체적 회개). 총체적 중생과 회개와 함께 시작된 신자의 삶은 중생 이후에 계속되는 성화의 삶에서도 총체적 복음의 관점을 견지한다. 그리하여 총체적 성화의 삶을 추구하며 구원의 총체성을 드러낸다. 본 장에서는 총체적 복음의 관점을 성화론에서 정리하면서 총체적 성화의 의미가 어떻게 신자의 삶에서 표현되어야 할지 살펴보려 한다.

"죽은 정통(dead orthodoxy)"과 총체적 복음

보수적 정통신학을 추구하는 신학교와 교회에 속한 신학생과 교역자, 그리고 평신도 모두가 안고 있는 고민 중 하나는, "왜 우리가 가장 성경적이라고 배우고 또 믿고 있는 정통보수신학이 이 사회에서 참된 빛과 소금의 역할을 하지도 못하고, 또 그렇게 인정받지도 못하는가?"에 관한 것이다.

한 조직신학자는 그의 책에서 자신이 신앙생활을 시작하던 초기에 가졌던 고민을 토로했다. 처음 예수 믿고 보수적인 정통개혁주의 교회에서 신앙생활을 시작했 때 품었던 의문점에서 논점을 이끌어내는데, 그것은 바른 교리를 믿는다고 주장하는 정통보수주의자들이 "자신이 믿는 교리대로 살고 있는지 항상 자신을 두려운 마음으로 돌아보지 않고" 있으며, 오히려 "자신의 부족하고 더러운 삶을 바른 교리를 믿고 있다는 자부심의 보자기로 덮어 씌워서 감추려"하고 있는 것이 아닌가라는 물음이다.[120]

그는 소위 "죽은 정통(dead orthodoxy)"의 문제를 제기했다. 죽은 정통의 문제는 오늘날 신정통주의와 오순절교회가 현대교회에 미치는 영향을 통해 입증될 수 있다고 했다. 바른 교리를 가졌다고 자부하고 있는 정통주의자들이 자신의 삶에서, 자신들이 주장하는 바른 교리대로 살아가지 못하고 있으므로, 과거의 많은 정통주의 신학자들이 신정통주의 신학에 빠졌고, 또 많은 정통주의 신자들이 오순절파 교회로 옮겨갔을 것이라고 평가했다.[121] "죽은 정통"의 문제점에 대한 모든 지적을 그대로 다 받아들이지는 못한다 하더라도[122] 분명한 지적은 피할 수 없다. 정통신학의 가르

---

120 조대준, 『크리스챤의 성화: 영혼 속에 새겨진 신의 성품』 (서울: 쿰란출판사, 2004), 20–24.
121 저자는 정통주의를 "죽은 사자"나 "얼어붙은 폭포수"에 비유했던 에밀 브루너의 지적과 함께 신정통주의가 옳은 신학은 아니지만 현대교회에 많은 영향력을 미치는 것은 "현대인들이 죽은 사자 대신 살아있는 개를 택하려하기 때문"이라고 말한 러브레이스의 말을 인용한다. 조대준, 『크리스챤의 성화: 영혼 속에 새겨진 신의 성품』, 33. 물론, 여기에서 저자는 "죽은 정통"을 문제 삼을 뿐 그가 회복하려는 있는 "성경적" 바른 정통까지 버리고자 함이 아님을 인식해야 한다.
122 저자는 "죽은 정통"의 문제점을 다음과 같이 분석했다. 1. 교리위주로 흘러버렸다. 2. 그 교리로 인해 교만에 빠졌다. 3. 성령의 인도하심에 대해 덜 열려있다. 4. 기도가 약하다. 5. 자신들의 주장과 다른 삶을 사는

90 총체적 복음 1부

침을 가르치고 배우는 자들이 정통신학의 가르침이 바른 것만큼, 그 가르침대로 살기 위해 헌신하지 못한다는 것이다. 정통교리를 바로 아는 것도 중요하지만, 그보다 더 중요한 것은 그대로 살기 위해 얼마나 생명을 바쳐서 피와 눈물을 흘리며 희생하고 있는가이다. 왜냐하면 바른 성경적 교리를 믿는 것이 그 신학의 내용을 암기하는 것으로 결정되는 것이 아니라 그 믿는 바대로 살아가는 실천적 삶의 태도와 헌신에 의해서 확인되기 때문이다.[123]

그런데, 교리 중에 이러한 실천적 헌신의 삶의 문제와 가장 밀접한 관련이 있는 주요 가르침 중의 하나는 성화론이다. 사실 지난 기독교 2000년의 역사에서 성화론에 관한 논의들이 어떤 의미에서는 주로 이 문제를 극복하기 위한 노력의 역사였다. 특히, 종교개혁이 중세의 공로주의적 구원론을 극복하기 위해 "이신칭의"의 주제에 초점을 맞추었었다면, 그 이후에 개신교회의 성화론 논의는 그리스도인의 칭의 이후의 성화에 대해에 초점을 맞추어 전개되었다.

진정한 회심을 강조했던 영국 청교도들, 그 뒤를 이어 18세기 "완전성화교리"를 강조했던 웨슬리, 그리고 명목상의 신자를 경건한 성도로 변화하도록 하기 위해 노력했던 독일의 경건주의 운동은 모두 신자의 생활에서 성화를 강조했던 시도였다.[124] 사실 복음주의 안에서 제시된 다양한 성

이들에 대한 사랑과 포용력이 약하다. 6. 분열주의. 조대준, 『크리스챤의 성화: 영혼 속에 새겨진 신의 성품』, 33-39.

123 김광열, 『장로교 기본교리』, 206. 물론, 성경적 교리에 대한 바른 이해나 지식이 없이 무분별하게 수행되는 헌신이나 희생도 하나님과는 무관한 헌신일 수 있다. 그러나 정통교리를 알고 있다는 것만으로 성경적 신앙에 이르렀다고 볼 수 없다.

124 물론, 그 각각의 가르침의 방법이나 내용에 대한 신학적 평가는 별도로 취급해야 한다. 그러한 신학적 분석과 평가에 대해 김광열, 『그리스도 안에 있는 구원과 성화』의 2부를 참고하라.

화론 논의는 −관점과 신학적 전제가 서로 다를 수 있겠지만− 근본적으로 주님을 영접한 신자가 자기에게 주어진 칭의의 복을 넘어 어떻게 성화의 삶을 살아갈 것인가에대한 답을 찾기 위한 시도다.[125]

그러나 "죽은 정통"의 문제를 근본적으로 극복하려 한다면, 그저 칭의의 복에서 성화의 삶으로 어떻게 갈 것인지에 대해 머물러서는 안 되고 성화를 어떻게 실질적으로 자신의 구체적인 삶의 영역에서 이뤄갈 것인지에 대해 논의해야 한다. 그리스도와 연합한 신자들도 그리스도 안에서 주어지는 칭의와 성화가 분리될 수 없는 관계에 있다는 칼뱅의 말[126]은 우리가 깨달아야할 중요한 성경적 가르침이다. 그런데, 그 관계에 대한 논의는 개인적인 영성의 차원에서만 머물러서는 안 된다. "죽은 정통"의 문제를 좀 더 진지하게 고민하고 그 문제를 실질적으로 극복하고자 한다면, 칭의와 성화가 참 믿음 안에서 하나라는 사실에 머물지 말고, 그것을 개인적이고 영적 차원에서만 바라보는 한계를 넘어, 이제 성화를 이웃과의 삶에서 구체적으로 어떻게 이루어 갈 것인지, 이를 오늘의 사회, 국가적 현실에서 어떻게 적용해야 하는지 성경적으로 논의해야 한다.

여기서 필요한 개념이 "총체적 복음의 관점"이다. 복음의 역사는 모든 영역에서 모든 죄의 영향을 걷어낸다. 이런 의미에서 성화는 개인적인 성

---

125 김광열, 『그리스도 안에 있는 구원과 성화』, 97. 복음주의 성화관은 3가지로 분류될 수 있다. 첫째는 루터교회의 성화관으로 "오직 하나님의 은혜"의 원리를 강조하는 방식이고, 둘째는 성령님의 제2의 특별역사를 강조하는 방식, 그리고 셋째는 그리스도와의 연합 속에서 주어진 구원의 능력과 복을 깨닫고 살아가는 점을 강조하는 방식들이다. 그런데 이 모든 성화관은 신자가 하나님을 기쁘시게 할 마음이 있지만 그것을 행동으로 옮기지 못하며 고민하고 있을 때, 그에게 주어지는 답에 의해 분류된다. 즉, 신자가 "어떻게 중생자로서의 참된 경건과 변화된 성화의 삶으로 나아갈 수 있는가?" 라는 달리 표현하면 "칭의의 복을 넘어 어떻게 성화의 삶으로 들어갈 수 있는가?"의 문제를 해결하기 위한 시도라고 볼 수 있다.
126 칼뱅은 구원의 풍성한 축복들은 모두 그리스도 안에 있고, 따라서 그리스도와의 연합을 통해서 주어진다는 점을 강조했다. John Calvin, *Institute of Christian Religion* (1559), ed. John T. McNeil, trans. Ford Lewis Battles, 2 vols. (Philadelphia: Westminster Press, 1960) Vol. II. 16. 19.

품이 하나님의 거룩한 형상의 회복을 향한 변화는 물론 육체적, 공동체적, 사회-경제적, 더 나아가 우주적 회복까지 포함한다.

종교개혁자들이 외쳤던 "오직 믿음"(Sola Fide)라는 원리는 중세의 교회-예전적 신앙에서 개인적-인격적 신앙으로 돌아설 것을 가르쳤다. 그런데, 많은 현대교인은 개혁자들이 가르쳤던 "개인적 신앙"을 "개인주의적 신앙"으로 이해한다. 하나님 앞에서 의롭다는 선언을 받는 것은 개인적으로 주어지지만, 그 복을 받은 신자가 하나님의 자녀로서 거룩한 삶을 개인주의적인 차원으로만 이해해서는 안 된다. 물론, 성화는 일차적으로 신자 개인의 성품이 거룩한 하나님의 품성을 닮아가기 위한 끊임없는 영적 훈련의 과정이다. 그러나, 그 개인적 삶에서의 거룩한 변화(성화의 내용)는 개인적 차원을 넘어 사회적, 문화적, 경제적, 정치적, 그리고 우주적 차원에서의 변화를 지향하는 것으로 봐야한다.[127]

"죽은 정통"이라는 시대적 과제를 풀어가기 위한 대안을 여러 방향에서 제시할 수 있다. 대안 중의 하나를 총체적 복음의 관점에서 찾을 수 있다고 전제하면서 이 장에서는 성화론에 담긴 총체적 복음의 의미를 제시해보려 한다. 먼저 총체적 복음의 관점에서 제시하는 성화의 출발점 혹은 그 기초는 무엇인지를 살펴보려 한다. 그리고 총체적 성화의 변화의 영향의 범위는 어디까지인지를 몇 가지의 항목으로 나누어 차례로 논의한 후, 결론을 내리려 한다. 이러한 작업을 통해 총체적 성화에 대한 성경적 이해를 확립한다면 죽은 정통"이 내포하는 불균형의 문제를 완전히 극복하

---

127 김광열, 『이웃을 품에 안고 거듭나는 한국교회』, 156-158. 이 부분에 대한 구체적인 토의는 다음 항목에서 다룰 것이다.

지 못해도 극복하는 발판은 확보할 수 있을 것이다.

총체적 성화의 기초(출발점): 그리스도의 죽음과 부활

지난 기독교회의 역사에서 "총체적 성화"를 추구했던 이들을 찾을 수 있다. 18세기 영국 부흥운동의 주역이었던 존 웨슬리(John Wesley)가 완전성화교리에서[128] 이 문제를 직접적으로 다루지 않았지만, 존 웨슬리 브레디(John Wesley Bready)에 의하면 웨슬리의 성화운동이 개인적인 영역 뿐만 아니라, 사회적 영역의 거룩을 향한 운동이었다.

또한 19세기 미국에서 제2차 대각성운동을 이끌었던 찰스 피니(Charles Finney)를 빼놓을 수 없다. 그가 선택교리를 인간의 노력을 약화한다고 거부하면서 아르미니우스주의 성향을 드러내고 성화론에서 완전주의적 오류를 범했던 것은 아쉬운 부분이다. 그렇지만 본고의 주제와 연관해서 보면 그는 참된 신자의 믿음은 선행으로 증명되어야 한다는 원칙에서 완전주의적 성화의 실체는 사회적 변화의 원동력으로 나타나야 한다는 점을 강조했다.[129]

본서에서는 감리교회의 창시자 웨슬리의 완전주의 교리나, 정통칼빈

---

[128] 웨슬리의 완전성화교리는 그의 책 *A Plaint Account of Christian Perfection*를 참고하라. 웨슬리의 성화론에 대한 개혁주의의 평가를 위해 김광열, 「그리스도 안에 있는 구원과 성화」 6장을 참고하라.

[129] Donald W. Dayton, *Discovering An Evangelical Heritage* (Peabody, MA: Hendrickson, 1976) 2장을 참고하라. 당시의 시대적 이슈는 "노예제도 폐지"와 관련된 문제였다. 피니는 회심의 역사가 개인적인 차원에서 "금주"의 열매를 가져왔다면, 또한 "노예제도 폐지"의 열매도 맺어야한다고 보았다. 그는 노예제도라는 사회적 죄도 신자의 회심이나 성화의 역사 속에서 주어져야 하는 변화들 중의 하나라고 여겼다.

주의와 다른 방향성을 가진 신학파(New School)에 속한 피니의 성화론이 아니라, 개혁주의 전통에서 제시된 성화론 안에서 –특히 개혁주의 신학자 존 머레이의 성화론을 중심으로– "총체적 성화"의 신학적 기초와 의미를 찾아서 정리하고 제시하려 한다.

성경은 성화의 복이 어디로부터 오는 것이라고 가르치는가? 개혁주의 성화관은 먼저, 신자의 성화가 그리스도 안에 있다고 말한다.[130] 성경은 바로 그리스도가 우리의 성화라고 말하기 때문이다(고전 1:30). 싱클레어 퍼거슨(Sinclair B. Ferguson)은 히브리서 2장 10절과 12장 2절을 근거로 예수님이 우리의 구원과 성화의 선구자(pioneer)이시며, 그 창시자(author)가 되신다고 했다. 전자는 그가 인간의 몸을 입고 이 땅위에서 살았던 존재 중에서 처음으로 온전한 성화의 삶을 사셨다는 의미이고, 후자는 그의 거룩한 삶은 바로 그의 백성을 위한 것이었다고 하는 요한복음 17장 19절에 근거한 것이다.[131] 결국, 이러한 개혁주의 성화관은 신자의 성화가 인간 스스로 만들어내는 어떠한 도덕적인 노력이나 수행의 결과가 아니고, 오히려 성자 예수님을 통해서 주어지는 것임을 말하고 있다.

신자의 성화가 예수님 안에서 먼저 성취되었다면 어떻게 그 성화를 우리의 것으로 삼을 수 있겠는가? 그것은 바로 그리스도와의 연합을 통해서 가능하다. 성화가 성령님의 역사를 통해 언약의 대표인 그리스도 안에서 성취되었으므로, 이제 그 분과 연합한 신자들도 같은 성령의 역사를

---

130 김광열, 『그리스도 안에 있는 구원과 성화』, 154이하

131 "또 그들을 위하여 내가 나를 거룩하게 하오니 이는 그들도 진리로 거룩함을 얻게 하려 함이니이다". Sinclair B. Ferguson, 'The Reformed View', *Christian Spirituality* ed. by Donald L. Alexander (Downers Grove, IL: IVP, 1988), 47이하.

통해 그리스도 안에서 성화의 복을 받아 누리게 된다.

이러한 개념을 바울서신에서 확인할 수 있다. 사도 바울은 성화의 삶에 대한 권면을 제시할 때, "그리스도와의 연합"을 근거로 한다. 예를 들면, 골로새서 3장에서 "위에 있는 것을 찾으라"고 권면했는데 이는 바로 성화의 삶에 대한 교훈이다. 여기서 "위에 있는 것을 찾는 삶"의 전제와 근거는 3장 1절에서 말하는 "그리스도와 함께 다시 살리심을 받았다"는 사실이다. 즉, 그리스도와의 연합을 의미하는 관용구인 "그리스도와 함께"(συν Χριστω)라는 표현을 통해 오직 그리스도와 연합한 자라야 성화의 삶이 가능함을 말하고 있다.

여기서 중요한 것은 그리스도와의 연합의 내용이 무엇인가에 관한 것이다. 성화의 역사와 관련해 성경은 그리스도와의 연합을 그리스도의 죽음과 부활의 관점에서 설명한다. 즉, 신자가 그리스도와의 연합에서 성화를 이루어간다는 것은 그리스도의 죽음과 부활에 기초해 주님이 성취한 구원의 복이 주님과 연합한 신자들에게 주어짐을 의미한다.[132] 바로 여기에 성경적 성화의 핵심적인 근거와 원리가 있다. 바로 그리스도의 죽음과 부활이다. 이는 또한 "총체적 성화"의 기초 즉, 그 성화의 가장 기본적인 출발점이 된다.

그렇다면 그리스도의 죽음과 부활이 어떻게 "총체적 성화"의 기초가 되는가? 그리스도의 죽음과 부활의 성화론적 의미를 잘 드러낸 존 머레

---

132 이러한 내용을 웨스트민스터 신앙고백서 13장 1항이 언급한다. "효력있는 부르심을 받고, 중생한 자들 곧 그들 안에 창조된 새 마음과 새 영을 가진 자들은, 그리스도의 죽으심과 부활의 효력으로 말미암아 그의 말씀과 그들 속에 내주하시는 성령에 의해 실제적으로 또는 인격적으로 더욱 거룩해진다."

이(John Murray)는 그에 대한 성경적 가르침을 제공해준다.[133] 특히, 그가 제시했던 "결정적 성화교리"(Doctrine of Definitive Sanctification)를 통해 그리스도의 죽음과 부활이 그 분과 연합한 신자가 어떻게 성화의 삶으로 나아가도록 역사하는지 성경의 가르침을 근거로 제시하면서 잘 설명했다. 신약 성경의 여러 본문들에 대한 연구를 근거로 하여[134] 머레이는 "결정적 성화"를 "그리스도인의 삶의 초기에 하나님의 백성이라는 자신의 정체성의 특징을 이루는 어떤 결정적인 역사"라고 정의했다.[135] 신자의 구원과정에서 순간적인 은혜의 역사로 이해하는 칭의나 중생과는 달리, 성화는 전통적으로 점진적인 변화로 설명했는데 머레이에 의하면, 그것만으로는 성화에 대한 성경의 가르침들을 온전히 반영해주지 못하게 된다는 것이다. 성경은 한 순간에 주어지는 결정적인 성화의 역사에 대해서도 말해주고 있으므로, 성화의 점진성과 "결정적 성화"의 측면도 함께 제시해야 한다고 주장했다.[136]

머레이는 칭의의 복을 받은 신자는 그리스도와 연합한 자로서 이미 죄에 대하여 죽은 자임을 강조한다.[137] 그런데, 여기에서 "죄에 대해 죽었

---

133 John Murray, *Collected Writings of John Murray* Vol. II (Carlisle, PA.: The Banner of Truth Trust, 1977), 285-286. 머레이는 그동안 개신교회에서 예수님의 죽음과 부활의 중요성은 주로 칭의론과 연관해서 강조되어 왔으며, 상대적으로 성화론적 의의는 소홀히 취급되어졌음을 지적하면서 결정적 성화론을 제시하는데, 그의 성화론은 바로 예수님의 죽음과 부활의 성화론적 의의를 잘 드러냈다.

134 머레이는 결정적 성화교리의 근거성구들을 신약성경에서 다양하게 찾아내고 있다. 로마서 6장을 비롯해서, 고린도전서 1장 2절, 6장 11절, 에베소서 5장 25, 26절, 데살로니가후서 2장 13, 14절 뿐만 아니라, 베드로서신과 요한서신에 이르기까지 다양한 본문들을 분석하며 결정적 성화론의 성경적 근거를 제시했다.

135 Murray, *Collected Writings of John Murray*, 278.

136 Murray, *Collected Writings of John Murray*, 277. 머레이의 성화론은 결코 "점진적 성화"를 배제하지 않는다. 오히려 점진적 성화와 결정적 성화 사이의 밀접한 연관성을 제시한다. 김광열, 『그리스도 안에 있는 구원과 성화』, 201-203.

137 로마서 6장 1절에서 바울이 던지는 가상적인 질문, "은혜를 더하게 하려고 죄에 거하겠는가?"에 대해, "결코 그럴 수 없다"라는 답변이 주어질 수 있는 근거는, 바로 그가 그리스도와 연합하여, 그리스도의 죽음과 함께 "죄에 대해 죽은 자"가 되었으므로 죄에 거할 수 없다는 사실에 있음을 강조한다.

다"는 말의 의미는 무엇인가? 이는 그리스도와 연합한 신자가 그리스도의 죽음과 연합함으로 "죄와의 결정적인 단절"하게 되었음을 의미한다.

여기서 중요한 것은 로마서 6장 2절이 말하는 "죄에 대해 죽는 죽음"의 의미이다. 이대 대한 개혁신학은 —로마서 5장과 6장의 문맥에서 제시되는 개념을 근거로 하여[138]— "우주적인 죄의 통치 세력의 무너짐"의 관점으로 해석한다. 로마서 6장 2절은 신자가 그리스도와 연합하여 그리스도와 함께 죄에 대해 죽은 자가 되었으므로, 아담의 타락 이후 죄의 통치 아래 노예와 같이 신음하며 살아갔던 "우주적인 죄의 세력"에서 단절된 존재가 되었음을 말하고 있다. 즉, 아담 안에서 범죄한 모든 인류를 지배하고 다스려왔던 "죄의 통치가 무너지는" 우주적인 사건인 "죄에 대한 죽음"을 말하고 있다.

바로 여기서 "죄에 대해 죽는 죽음"을 통해 주어진 "우주적인 죄의 통치의 무너짐"이라는 개념을 총체적 성화론의 중요한 근거로 해석할 근거를 얻는다. 물론, 머레이는 바울서신 뿐 아니라 베드로서신, 요한서신을 연구하면서 바울서신에서 드러난 개념을 다시 확증함으로 이 개념의 성경적 근거를 확고히 했다. 총체적 복음의 관점에서 이 개념을 다시 이렇게 정리해 할 수 있다. 신자에게 "죄에 대하여 죽는 죽음"은 우주적인 죄의 세력의 붕괴를 의미하는데, 주님과 연합한 신자들은 곧 예수님의 죽음

---

138 김광열, 『그리스도 안에 있는 구원과 성화』, 159. "죄에 대한 죽음"에 대한 웨슬리적 해석은 중생한 사람에게는 아직 주어지지 않은 것(중생 이후에 제2의 축복을 받을 때 주어지는 사건)으로 간주한다. 하지만, 개혁신학은 그것을 "우주적인 죄의 세력에서 벗어남"의 의미로 보고 그것이 이미 중생한 사람에게 주어진 것으로 해석한다. 사실 사도 바울은 로마서 5장에서 "우주적인 죄의 세력"에 대해 언급한다. 5장 21절과 6장 12절 에서 그것은 "통치하는 왕"의 개념으로 제시되었고, 6장 17절과 20절에서는 죄가 하나의 "인격화된 죄의 세력"으로 묘사되어 인간을 그것의 노예로 삼고 지배하고 있었음을 말하는데 결국, 그 구절들은 바로 그리스도와 연합하기 전의 "아담 안의 인류"의 상황 (우주적인 죄의 통치 아래 놓인 상황)을 묘사하고 있다.

과 부활과 연합한 자들이므로 – 주님의 죽음과 부활과 함께 – "우주적으로, 포괄적으로, 총체적으로" 죄의 권세와 통치의 영역에서 의의 권세와 통치의 영역으로 옮겨졌다.

이 개념은 총체적 복음에서 강조하는 "하나님 나라의 현재적 통치"에 대한 중요한 토대를 제공하며 그 통치 아래에서 전개되는 복음의 포괄적인 회복의 역사가 무엇에 기초한 것인지를 잘 제시하고 있다.

총체적 성화의 영역

지금까지 우리는 하나님의 백성들의 성화적 삶이 포괄적이고 총체적이어야 하는 이유에 대해 살펴보았다. 이는 "죄에 대해 죽은 죽음"이 주와 연합한 신자들에게 우주적인 죄의 통치와의 포괄적인 결별을 가져왔음을 성경이 가르치고 있기 때문이다. 이러한 가르침의 신학적 기초가 되는 개념을 머레이의 결정적 성화에서 찾아보았다. 그렇다면, 그리스도의 포괄적인 통치 아래서 추구해야 할 성화의 범위는 어디까지인가?

물론, 성화는 일차적으로 죄로 물들은 인간의 내적 성품을 하나님의 말씀과 성령님의 역사를 통해 거룩하신 하나님의 성품을 닮은 존재로 변화하는 하나님의 은총의 역사다. 혹은 죄인이 성령님의 역사를 통해 자신 안에 거룩한 하나님의 형상을 회복해가는 영적 성숙의 과정이라고도 말할 수 있겠다. 그런데, 그러한 영적 성숙을 향한 성화는 일차적으로는 영적 차원에서의 개인의 내적 성품의 변화로 이해하고 추구하지만 또한 더 나아가 형제와의 관계에서, 이웃과의 삶에서, 그리고 사회의 변화를 추구해야 한다는 것을 간과해서는 안 된다.

따라서, 본 항목에서는 총체적 성화의 영역으로 먼저 신자 개인의 내적 성화를 말하고, 이어서 교회 공동체에서의 성화, 그리고 사회-우주적 차원에서 추구해야 할 성화가 무엇인지 제시하려 한다.

신자 개인의 내적 성화, 그리고 그 다음

일반적으로 성화를 주로 "신자의 내부적인 영적 싸움이나 영적 훈련"의 의미로 이해한다.[139] 거듭난 신자도 여전히 부패한 성품의 소유자이므로, 옛 사람의 습성을 끊어버리기 위한 노력을 끊임없이 해야 한다. 신자는 중생한 자이지만 원하는 선한 일들을 하지 못하고 오히려 원하지 않았던 일들을 하고서 괴로워하는 중에 영적 훈련이나 영적 싸움의 과정을 통과하면서 그리스도 안에서 승리와 기쁨을 누린다(롬 7:24-25).

이러한 신자의 내부적인 성화의 훈련은 옛 사람의 삶의 방식을 죽이는 것과 새사람의 삶의 모습을 회복하는 것이다.[140] 죄의 통치에서 벗어났지만 여전히 죄의 유혹과 도전이 있는 이 세상에 발을 딛고 서있는 신자는 영적 훈련과 영적 싸움을 통해 그리스도의 의의 통치 안에서 주어진 새 사람에 합당한 삶을 살기 위해 성화에 힘써야 한다.

그런데, 여기서 중요한 것은 이러한 내부적인 영적 훈련은 조용한 골

---

139 김광열, 『그리스도 안에 있는 구원과 성화』, 165-168.

140 John Calvin, Institute of Christian Religion (1559), ed. John T. McNeil, trans. Ford Lewis Battles, 2 vols. (Philadelphia: Westminster Press, 1960) Vol. III. 3, 595. 칼뱅은 회개를 성화의 관점에서 설명하면서, 육신을 쳐 복종하는 것(Mortification), 영적 삶을 고양하는 것(Vivification)으로 나누어 설명하였다. 이러한 관점은 청교도 신학자 존 오웬(John Owen)에게서도 발견되는데, 그와 관련된 책이 랜들 글리슨(Randall C. Gleason)의 *John Calvin and John Owen on Mortification: A Comparative Study in Reformed Spirituality* (New York: Peter Lang, 1995)이다.

방에서의 기도나 수도원에서의 고행과 같은 내적 훈련에서 시작될 수 있지만, 그 훈련은 골방에서만 끝나지 않고, 삶의 현장으로 연장해서 추진해야 한다. 영적 훈련은 옛사람을 벗어 던지는 것과 새 사람을 입는 것으로 나눌 수 있는데 후자에서 중요한 개념은 "주를 본받는 삶"이다.

그런데, "주를 본받는 삶"에는 그 분의 마음을 갖는 것(고전 2:16)과 같은 내적 성품의 변화와 제자들의 발을 씻는 것(요 13:14-15)과 고난의 길을 걸어가는 것(벧전 2:21)을 포함한다. 즉, 일상생활에서 주를 본받는 것을 포함한다.[141]

신자의 성화가 진정으로 하나님의 성품을 닮아가는 삶, 예수님의 본을 따르는 삶의 회복이라면, 우리는 인간에 대한 하나님과 예수님의 총체적인 관심을 놓쳐서는 안 된다.[142] 이 관심은 대표적으로 그 분의 사랑과 자비의 속성을 통해 나타난다.

성화는 "주님을 본받는 일"이다. 우리가 본받아야 할 주님은 복음의 진리를 가르치셨을 뿐만 아니라, 병자를 고치시고 소외된 자들의 삶 가까이 다가가 그들의 친구가 되셨다. 우리가 정말로 주님을 본받는 성화를 이루고자 한다면 주님이 이 세상에 오셔서 하신 일을 총체적 관점에서 이해해야 한다.

요한복음 13장 14-15절의 교훈은 주를 본받는 자의 기본적인 자세를 가르치고 있다. 주님은 제자들의 발을 씻기면서 그들에게 "섬기는 자"의

---

141 내가 주와 또는 선생이 되어 너희 발을 씻겼으니 너희도 서로 발을 씻어주는 것이 옳으니라 내가 너희에게 행한 것같이 너희도 행하게 하려 하여 본을 보였노라(요 13:14-15) 이를 위하여 너희가 부르심을 입었으니 그리스도도 너희를 위하여 고난을 받으사 너희에게 본을 끼쳐 그 자취를 따라오게 하려 하셨느니라(벧전 2:21)
142 김광열, '총체적 복음사역의 신학적 기초와 그 방법론', 「총체적 복음의 신학과 실천」 창간호 (2004): 18.

모습을 보여주셨다. 다시 말해 주를 본받는 자는 섬기는 자다. 기도와 성령이 충만한 사람은 교만하지 않고 남을 지배하지 않는다. 성령 충만한 자는 모든 영역에서 "피차 복종하는" 자이다(엡 5:18 이하). 이 목표를 온전히 이루기 위한 성화적 훈련을 계속할 때, 우리는 섬기기 위해 이 땅에 오신 주님을 본받는 자가 될 수 있다.

교회 공동체적 차원에서의 성화

성화의 일차적 적용영역은 교회 공동체이다. 성화는 개인 기도의 골방에서 이루어지는 내적 영성운동의 차원에서 끝나지 않는다. 성화는 사람과의 관계에서, 무엇보다도 그가 속한 그리스도의 몸 된 교회에서 만나는 형제들과의 관계에서 실천하는 가운데 이루어져야 한다.[143]

이러한 의미에서 "성도의 교제"는 성화를 이루어가기 위해 하나님이 허락하신 효과적인 수단이다.[144] 교회 안에서 이루어지는 성도의 생활과 교제 속에서 성화의 훈련이 이루어지기 때문이다. 성령충만한 자는 "피차 복종하는 삶"을 사는 자다. 이는 일차적으로 교회에서 적용해야 한다(엡 5:19 이하). 성령의 역사를 체험한 그리스도인들은 함께 모여 "시와 찬미와 신령한 노래들로 서로 화답하며 너희의 마음으로 주께 노래하며 찬송하며", "범사에…. 아버지 하나님께 감사"할 뿐 아니라, "그리스도를 경외함

---

143 성화는 여러 성경적 가르침을 포함하지만, 지면관계상 여기서는 '섬김, 거룩, 그리고 구제'와 같은 성화의 훈련을 중심으로 제시하려 한다.
144 김광열, 『그리스도 안에 있는 구원과 성화』, 168-170. 점진적인 성화를 이루기 위해 하나님께서 사용하는 성화의 효과적인 수단 중에는 하나님의 말씀, 성례의 시행과 아울러 성도의 교제를 들 수 있다. 신자의 영적 훈련은 기도원에서만 이루어지는 것이 아니라, 다른 사람들과의 관계 속에서 이루어져가기 때문이다. 예를 들면 자기애를 극복하고 사랑의 사람이 되는 훈련과 같은 성화는, 자기 혼자 골방에 앉아있으면서 이룰 수 없다. 그러므로 사랑하고 섬기는 자로 변화되는 성화의 훈련은 다른 사람들과의 만남에서 훈련되어야 한다.

으로 피차 복종"하는 삶을 교회 공동체의 삶 속에서 서로 실천하는 가운데, 개인적인 성화와 아울러 교회적 성화를 이루는 것이다. 아무리 "거룩, 거룩, 거룩"을 외치며 기도하고, 개인적인 내적 성화를 위해 신령하게 살아간다 할지라도 성화의 일차적 적용영역인 교회공동체의 생활에서 함께 모여 주께 찬송하고 감사하며, 피차 복종하고 섬기는 삶을 살아가지 못한다면, 그의 성화는 반쪽 성화에 불과하다.[145]

교회적 차원에서의 성화를 이해하는데 도움이 되는 성경적 가르침은 "그리스도의 몸으로서의 교회"다(엡 1:23; 골 1:18; 고전 12:27). 개인적인 차원에서 성화의 삶을 살아가는 지체들이 함께 모여 이루어진 그리스도의 몸으로서의 교회는 하나의 유기체적 공동체로[146] 당연히 교회적 차원에서의 성화의 열매를 맺어야 한다. 요한계시록에는 그리스도의 몸 된 아시아의 일곱 교회들에게 칭찬과 아울러 성화를 촉구하는 권면과 책망이 교회적 차원에서 주어졌다. 처음 사랑을 잃어버렸던 에베소교회에는 사랑의 삶을 회복하라는 권면하셨고, 우상제물과 행음의 유혹에 빠져있었던 버가모교회에는 발람의 교훈과 니골라당의 교훈을 지키는 자들에 대해 책망하셨다(계 2:4, 14-15). 부와 번영을 누렸던 사데교회에는 부와 번영이 가져왔던 도덕적 부패와 사치스러운 삶에서 벗어나라고 권면하셨으며, 차지도 않고 덥지도 않는 신앙을 가졌던 라오디게아 교회에는 회개하고

---

145 조대준, 『크리스챤의 성화: 영혼 속에 새겨진 신의 성품』, 393. 조대준은 신자의 개인적 성화는 단체적 성화의 열매로 나타나야 함을 강조하면서, 개인적인 성화의 삶을 사는 신자들의 모임인 교회가 거룩하지 않다면 성경적 성화의 삶으로 아직 나아가지 못한 것이라고 지적한다.
146 바울은 그의 서신에서 교회를 하나의 건물로 묘사할 뿐 아니라 하나의 유기체적 한 몸으로 제시한다(엡 2장). 단순히 여러 부분을 모아놓은 정도의 모습이 아니라 생명적 연합의 관계로 서로 연결된 그리스도의 지체로서의 유기체적 존재임을 가르치고 있다(고전 12:12-13; 엡5:31).

열심을 내라고 책망(계 3:2, 14-19)하셨다.

교회를 구성하는 그리스도의 몸 된 지체들은 개인적인 차원 뿐만 아니라, 공동체적 차원에서도 머리되신 그리스도의 의와 사랑과 거룩의 성품을 이루어가며 교회의 삶과 사역에서도 그 분의 모습을 본받는 자세와 행동들로 교회 안팎에서 모든 이에게 인정받아야 한다. "교회가 세상의 단체처럼 편법이나 위법을 행하면서 정결하고 의롭고 거룩한 그리스도의 몸이라고 말할 수는 없는 것이다. 교회가 숫자에 취해버린 세상의 기업처럼 물량주의나 물질주의에 빠져 있으면서 하늘의 사상으로 가득 찬 그리스도의 몸이라고 말할 수는 없는 것이다."[147] 교회가 거짓을 눈감아주고, 위선자들을 인정하며, 세속적인 단체의 모습을 그대로 따라가고 있다면, 교회는 아직도 주님의 뜻을 이루지 못한 것이다.

주님의 몸 된 교회는 머리되신 주님의 거룩을 추구하고 적용하는 성화의 훈련이 필요할 뿐만 아니라 하나님의 언약공동체로서 언약의 하나님의 사랑과 자비를 교회적 삶과 사역에서 실천해야 한다. 하나님은 이스라엘 백성을 하나님과의 언약공동체로 세우시고 그들이 자신의 자비와 사랑의 삶을 실천하기를 원하셨다(신 15:1-11).

하나님의 언약공동체 안에서 실천해야 할 자비와 사랑의 구제도 하나님의 사랑과 자비의 성품을 이루어가기 위한 훈련이다. 개인적으로 하나님의 형상을 회복해야 하지만, 하나님은 언약공동체도 그러한 모습으로 세워지기를 원하셨다. 이는 신약에서 유기체적인 한 몸으로 제시되는 새 언약의 공동체인 교회에서 적용해야 할 덕목이요 과제다. 왜냐하면 자비

---

147 조대준, 『크리스챤의 성화: 영혼 속에 새겨진 신의 성품』, 394.

와 구제를 실천하는 것은 자기에게 주어진 모든 물질과 재능이 다 하나님에게서 온 것이라는 청지기적 삶을 실천하는 훈련이 되기 때문이다.

이는 신자 개인적인 성화적 훈련인 동시에 교회 공동체를 건강하게 만드는 성화적 훈련이다. 개교회주의의 문제를 극복하기 위해 교회는 농어촌이나 주변의 연약한 교회들을 돌아보고 그 짐을 나누기 위한 훈련이 필요하다.[148] 우주적인 그리스도의 몸 된 교회는 모두 하나님을 경배하고 섬기는 유기체적인 한 몸이다. 그러므로 그리스도의 교회는 연약한 지체들을 돌아보는 섬김의 훈련을 통해 이 땅에서 거룩한 공동체를 세워가야 한다. 신약에 의하면 새 언약 공동체는 일곱 집사들을 세워서 어려운 이들을 돌아보는 일을 맡겼고(행 6:1-4), 바울도 예루살렘 교회의 궁핍한 형편을 돕기 위해 마케도니아에 있는 교회들의 구제헌금을 거두는 일에 앞장섰다(고후 8:1).

바울은 하나님이 인정할 만한 참된 일꾼에 대해 선한 행실과 "나그네를 대접하며 혹은 성도들의 발을 씻기며 혹은 환난당한 자들을 구제하며 혹은 모든 선한 일을" 추구하는 삶을 사는 자들이어야 한다고 가르쳤다(딤전 5:10). 이와 같이 먼저 교회 안에서 하나님의 사랑과 자비를 실천해야 한다. 더 나아가 이 실천이 이웃과 사회의 소외된 이웃에게 확장되도록 끊임없는 자기희생의 훈련을 계속해야 한다(갈 6:10).

---

148 김광열, 『이웃을 품에 안고 거듭나는 한국교회』, 15, 261이하.

사회적 · 우주적 차원에서의 성화

이제 마지막으로 우리는 사회적, 우주적 성화의 차원을 살펴보려 한다. 여기서 주의할 점은 사회나 우주가 인격체가 아니므로 하나님의 형상을 지닌 인격체와 같은 차원에서 성화적 회복을 말할 수는 없다는 점이다. 그러므로 여기서 고찰하려는 사회적, 우주적 성화는 이를 전제하고 접근해야 한다. 그렇다면 사회적, 우주적 성화는 무엇인가?

사회적, 우주적 성화는 그리스도와의 연합을 통해 성화되는 하나님의 백성과 교회 안에서 시작된 그리스도의 의의 통치의 영향력이 사회와 우주만물에 미칠 수 있도록 노력할 때 이루어진다.

이것이 이스라엘의 역사에서 나타난다.[149] 언약의 하나님을 신실하게 의지했던 히스기야는 자기 자신이 먼저 정직하고 신실한 성화의 삶을 살아갔고, 자신의 삶을 통해 우상으로 가득한 유다를 하나님의 말씀으로 깨끗하게 하는 사회적 성화를 이루었다.[150] 마음과 성품과 힘을 다하여 여호와만을 섬겼던 요시야의 개인적 성화는 유다와 예루살렘에 있는 모든 우상과 가증한 것들을 제하는 사회적 성화를 가져오는 직접적인 동력이 되었다.[151]

---

149 조대준은 "국가적 성화"라는 용어를 사용했지만, 또한 그것은 사회적 변화를 가져왔다는 점에서 사회적 성화로 표현될 수도 있다고 본다. 조대준, 『크리스챤의 성화: 영혼 속에 새겨진 신의 성품』, 406-407.
150 "히스기야가 그 조상 다윗의 모든 행위와 같이 여호와 보시기에 정직히 행하여[개인적 성화] 여러 산당을 제하며 주상을 깨뜨리며 아세라 목상을 찍으며 모세가 만들었던 놋뱀을 이스라엘 자손이 이 때까지 향하여 분향하므로 그것을 부수고…"[사회적 성화](왕하 18:3-7).
151 요시야가 또 유다 땅과 예루살렘에 보이는 신접한 자와 박수와 드라빔과 우상과 모든 가증한 것을 다 제하였으니[사회적 성화] 이는 대제사장 힐기야가 여호와의 전에서 발견한 책에 기록된 율법 말씀을 이루려 함이라. 요시야와 같이 마음을 다하며 뜻을 다하며 힘을 다하여 모세의 모든 율법을 따라 여호와께로 돌이킨[개인적 성화] 왕은 요시야 전에도 없었고 후에도 그와 같은 자가 없었더라(왕하 23:24-25)

이러한 사회적 성화는 신자가 하나님 나라의 삶을 시작하는 첫 단계인 중생과 회심에 그 뿌리가 있다. 신자의 성화는 사실상 중생에서 시작되기 때문이다.[152] 그런데, 성경은 중생을 단지 개인적인 차원의 변화가 아닌 포괄적인 우주적 변화로 제시한다.[153] 그렇다면, 새 생명이 자라는 과정인 성화도 이러한 관점으로 이해할 수 있다. 이는 중생과 회심이 개인적인 차원 뿐만 아니라 사회적, 우주적 차원까지 포함한 총체적인 의미를 지닌 사건이고,[154] 성화도 중생에서 시작된 총체적 변화의 완성을 향해 점진적으로 나아가도록 이끄는 하나님의 은총의 역사이기 때문이다.

누가복음 19장의 삭개오의 회심은 "총체적 중생(회심)" 즉, "총체적 성화의 출발"을 경험했던 한 사람에 대한 대표적인 사례다.[155] 세리 삭개오는 주님을 영접하고 하나님과 깨어진 관계를 회복하는 회심을 경험했을 뿐만 아니라, 이웃과의 사회-경제적 삶에서의 깨어진 관계를 회복하는 회심도 경험했다. 주님을 만나 죄의 권세에서 벗어났을 때, 그는 자신의 악한 삶의 중심에 있던 물질적 영역에서 죄의 통치에서 단절했다. "주여 보시옵소서 내 소유의 절반을 가난한 자들에게 주겠사오며 만일 뉘 것을 토색한 일이 있으면 사 배나 갚겠나이다"(눅 19:8)라는 고백이 그 증거다. 그런데, 이는 새로운 삶의 출발일 뿐이다. 이제 삭개오는 자신이 받아

---

152 Frame, *Salvation Belongs to the Lord: An Introduction to Systematic Theology*, 215.
153 김광열, '총체적 복음과 구원, 그리고 총체적 회심', 『신학지남』 제72권 3호 (2005): 138. 본서의 3장 "중생의 총체적 성격"을 참고하라. 성경에서 중생의 이미지는 창조의 이미지(고후 5:17; 마 19:28))와 부활의 이미지(엡 2:1-10)로서 제시되고 있는데, 그러한 성경구절들, 특히 전자의 구절들은 중생이 단지 중생한 사람 자신의 개인적인 차원에서의 변화일 뿐 아니라, 더 나아가 하나님의 우주적인 회복의 역사 속에서 주어지는 변화의 한 국면임을 드러내준다. 김광열, 『그리스도 안에 있는 구원과 성화』, 48-49; Sinclair B. Ferguson, *The Holy Spirit* (Downers Grove, IL: IVP, 1996), 117-118.
154 Ferguson, *The Holy Spirit*, 139-142.
155 Ferguson, *The Holy Spirit*, 143.

들이고 결단한 새로운 의의 통치의 삶을 꾸준히 또 성실하게 살아가야 한다. 성화의 길이 그에 앞에 있다. 이와 같이, 삭개오의 총체적 회심은 그의 모든 생애를 통해 이루어야 할 총체적 성화의 출발이 된다.

이처럼, 성경적인 참 중생과 회개가 사회-경제적 죄악까지 포함하는 모든 죄악에서의 돌이킴의 출발로 보면, 성경적인 참 성화도 영적 영역뿐만 아니라 신자가 속한 사회적, 경제적 삶의 모든 영역에서 하나님 나라의 가치와 삶의 원리를 구현하는 변화가 일어나는 하나님의 은총의 역사라고 할 수 있다.[156]

성화의 사회적 의의와 중요성에 대한 성경의 가르침은 구약의 이스라엘 백성들에 대한 이사야 선지자 책망에서도 나타난다. 이사야 1장과 58장의 책망의 핵심은 이스라엘 백성들이 행하는 금식과 기도와 같은 종교행위에 관한 것이다. 금식과 기도는 성화의 훈련을 위한 중요한 수단이 될 수 있다. 그러나, 그러한 행위가 성화에 도움이 되지 못하고 하나님 앞에서 문제가 되었던 것은 이스라엘이 이웃과 가난한 자들을 희생하면서 또는 그들을 무시하고 악한 일을 하면서 금식과 기도와 같은 종교행위들을 수행했기 때문이었다.[157] 그들이 아무리 큰 소리로 기도를 많이 하고

---

156 물론, 여기서 중생과 성화가 모두 신자의 내적 존재의 변화를 가리킨다는 점에서는 연속성이 있으나, 전자가 하나님의 단독적이고 주권적인 역사인 반면에, 후자는 인간의 참여가 포함된다는 점에서 불연속성을 지적할 수 있다. Frame, *Salvation Belongs to the Lord: An Introduction to Systematic Theology*Frame, *Salvation Belongs to the Lord: An Introduction to Systematic Theology*, 215.

157 여호와께서 말씀하시되 너희의 무수한 제물이 내게 무엇이 유익하뇨 나는 숫양의 번제와 살진 짐승의 기름에 배불렀고 나는 수송아지나 어린 양이나 숫염소의 피를 기뻐하지 아니하노라 너희가 내 앞에 보이려 오니 그것을 누가 너희에게 요구하였느뇨 내 마당만 밟을 뿐이니라 헛된 제물을 다시 가져오지 말라 분향은 나의 가증히 여기는 바요 월삭과 안식일과 대회로 모이는 것도 그러하니 성회와 아울러 악을 행하는 것을 내가 견디지 못하겠노라 내 마음이 너희의 월삭과 정한 절기를 싫어하나니 그것이 내게 무거운 짐이라 내가 지기에 곤비하였느니라 너희가 손을 펼 때에 내가 눈을 가리고 너희가 많이 기도할지라도 내가 듣지 아니하리니 이는 너희의 손에 피가 가득함이니라 너희는 스스로 씻으며 스스로 깨끗케 하여 내 목전에서 너희 악업을 버리며 악행을 그치고 선행을 배우며 공의를 구하며 학대받는 자를 도와 주며 고아를 위하여 신원하며 과부를 위하여 변

여러 번 금식[158] 했다고 하더라도, 이를 통해 변화는 일어나지 않았다. 이는 하나님이 기뻐하는 기도나 금식이 아니었기 때문이다.

아무리 많은 제물과 제사를 드리고 기도하거나 금식했을지라도, 그러한 행위가 정말로 하나님께서 기뻐하시는 참된 성화의 삶이 되기 위해서는 "흉악의 결박을 풀어 주며 멍에의 줄을 끌러 주며 압제당하는 자를 자유케 하며 모든 멍에를 꺾는 삶", 그리고 또 "주린 자에게 네 식물을 나눠 주며 유리하는 빈민을 네 집에 들이며 벗은 자를 보면 입히며 또 네 골육을 피하여 스스로 숨지 아니하는" 삶과 더불어 이루어져야한다.

그렇다면 성경이 제시하는 성화는 하나님과의 수직적인 관계에서 개인적 영성의 차원에서 뿐만 아니라, 신자가 처한 이웃과 사회에서 소외된 이웃을 돌아보며, 그들이 처한 사회적 영역에 드리운 죄의 영향력을 걷어내는 사회적 성화도 포함해야 한다. 신자는 이웃과 사회라는 수평적 관계 차원에서도 하나님 나라의 가치와 원리를 실천하고 구현해 나가야 한다.

18-19세기 미국에서 전개되었던 1, 2차 대각성운동은 진정한 성경적 성화가 개인적 회심의 변화에서 출발한 사회적 성화의 좋은 사례다. 1차 대각성운동에서 조나단 에드워즈(Jonathan Edwards)는 복음의 변화하는 능력으로 하나님의 나라가 이 땅에 세워질 수 있다는 확신으로 사역했고,

---

호하라 하셨느니라(사 1:11-17) 내가 기뻐하는 금식은 흉악의 결박을 풀어 주며 멍에의 줄을 끌러 주며 압제당하는 자를 자유하게 하며 모든 멍에를 꺾는 것이 아니겠느냐 또 주린 자에게 네 식물을 나눠 주며 유리하는 빈민을 집에 들이며 헐벗은 자를 보면 입히며 또 네 골육을 피하여 스스로 숨지 아니하는 것이 아니겠느냐(사 58:6-7)

158 김광열, 『이웃을 품에 안고 거듭나는 한국교회』, 125. 사실 당시의 유대인들은 대속죄일의 금식 외에도 여러 종류의 금식들을 만들어서 열심히 수행해왔다. 예루살렘 포위의 시작을 기념하는 금식(Tebeth), 그 함락을 기념하는 Tammuz, 성전파괴에 대한 금식(Abib), 그리고 그달랴의 살해를 기념하는 금식(Tizri) 등이 있었다. 그런데, 문제는 그들의 그 모든 금식행위들을 하나님은 기뻐하지 않으셨다는 것이다.

사회봉사와 섬김의 사역들을 통한 사회적 성화를 강조했다.[159] 또한 제2차 대각성운동의 주역이었던 피니도 일생동안 100만 명을 전도하고 회심시켰을 뿐만 아니라, 다양한 방면의 사회정화운동을 전개하며 사회적 성화를 이루어 나갔다.[160] 사실 종교개혁자 칼뱅도 사회적 성화의 중요성을 인식했다. 칼뱅은 그리스도인의 임무가 개인적 삶의 훈련과 동시에 성화된 사회를 이룩해내는 것(creating a sanctified society)이라고 믿었다.[161] 즉, 개인적인 성화와 사회적 성화가 밀접하게 연관되어 있다는 것이다. 그는 실제로 제네바에서 사회적 성화를 위해 노력했다. 성경적 원리를 정치와 사회 전반에 걸쳐 적용하고 구현하도록 노력했다. 이후 칼뱅의 정신을 따르는 많은 개혁자들도 하나님의 말씀의 원리를 따라 사회를 바르게 세우려는 "사회변혁적 사고"를 지향하게 되었다.[162]

그런데, 성경은 사회적 성화 뿐만 아니라 우주적 성화도 바라보고 있다. 마태복음 19장 28절에서 우주 만물이 새롭게 되는 우주적 성화의 개념을 찾아볼 수 있지만, 로마서 8장에서 더 직접적으로 언급하고 있다. "피조물이 고대하는 바는 하나님의 아들들이 나타나는 것이니 피조물이 허무한 데 굴복하는 것은 자기 뜻이 아니요 오직 굴복하게 하시는 이로 말미암음이라 그 바라는 것은 피조물도 썩어짐의 종노릇 한 데서 해방되어 하나님의 자녀들의 영광의 자유에 이르는 것이니라 피조물이 다 이

---

159 Bong Rin Ro, 'The Perspective of Church History From New Testament Times to 1960', in *In Word & Deed: Evangelism and Social Responsibility* ed. by Bruce Nicholls (Exeter: Paternoster Press, 1985), 28-29.
160 콜(C. C. Cole)은 *The Social Ideas of the Northern Evangelists*에서, 2차 대각성운동을 통하여 전개되었던 사회적 성화를 다음의 5가지로 정리했다. 1) 국내외적인 선교기관의 조직, 2) 기독교문서사역의 확대, 3) 교회 교육기관들의 확장 및 갱신, 4) 생활의 개혁, 5) 사회악들에 대해서 항거하는 개혁운동의 추진.
161 R. H. Tawney, *Religion and the Rise of Capitalism* (London: John Murray, 1926), 109. Stanley J. Grenz, *The Moral Quest* (Downers Grove, IL: IVP, 1977), 163에서 재인용.
162 Grenz, *The Moral Quest*, 163.

제까지 함께 탄식하며 함께 고통을 겪고 있는 것을 우리가 아느니라"(롬 8:19-22) 우주 만물까지 죄의 영향이 미쳤고, 그 모든 피조물은 "썩어짐의 종노릇" 하는 상황에서 "탄식하며 함께 고통을 겪고" 있다. 그런데, 그러한 고통에서 벗어나는 길은 바로 성화된 "하나님의 아들들"의 나타남인데, 이는 바로 그들에게 주어진 총체적 성화를 통해서 주어진다. 즉, 하나님의 자녀들의 개인적인 성화의 삶은 우주만물의 성화를 이끌어내며 마침내 모든 피조물이 "하나님의 자녀들의 영광의 자유"에 이르게 될 것이다.

아담의 타락으로 말미암아 이 땅에 드리운 죄의 영향은 신자의 영혼에만 있는 것이 아니라 이 사회에 그리고 우주 만물에도 남아있다. 이와 같은 차원에서 죄의 통치를 무너뜨리기 위해 오신 우리 주님의 복음도 사회와 만물을 포함한 모든 영역에서 죄의 잔재를 걷어내는 총체적 복음이다. 이러한 그리스도의 구원역사의 차원에서 "우주적 성화"의 관점을 말할 수 있다.[163]

지금까지 정통보수신학의 "죽은 정통"의 문제를 염두에 두면서, 이 문제를 극복하기 위해 "총체적 성화론"을 제시했다. "죽은 사자"나 "얼어붙은 폭포수"를 방치하지 말고 그것에 다시 주의 복음의 생명력을 불어넣는 것이 오늘을 사는 "정통개혁신학"의 후예들이 감당해야 할 시대적 과제이다.

성화론에서 그 과제를 풀어가는 첫 단추는 개인적인 삶에서 그리스도의 구속사역의 적용으로 칭의와 성화가 참 믿음 안에서 하나라는 가르침에 기초하여 개인적 성화의 삶이 어떻게 이웃과 사회에서의 성화 추구로

---

163 요한계시록은 어린 양의 통치와 능력으로 인해 공중권세 잡은 짐승과 음녀가 결박되고 멸망하여 우주적인 회복의 역사가 이루어짐을 말한다. 박윤선, 『성경주석 요한계시록』 (서울: 영음사, 1976), 348-349.

전개할 수 있을지 고민해야 한다. 이 문제의 해결은 결국 주님이 우리에게 주신 복음이 "총체적 복음"임을 인식하는데서 출발한다. 이 복음 안에 들어온 신자는 그 능력을 자신의 영적 영역에 제한해서는 안 되고, 개인적인 성화를 위한 신실한 추구와 함께 이 사회와 우주에 드리운 모든 죄의 잔재들을 걷어내는 "총체적 성화"까지 나아갈 수 있도록 성령님께 간구해야 한다. 그리스도의 죽음와 부활에 기초한 "결정적 성화"의 핵심은 신자가 그리스도와 연합함으로 말미암아 죄의 권세와 통치에서 벗어나 이제 그리스도의 의의 권세와 통치를 받고 있다는 사실에 있다. 바로 이러한 관점에서 "총체적 성화"를 제안한다.

21세기 한국교회는 이제 "복음의 현재적 의의와 중요성"을 드러내는 성화에 관심을 가져야 한다. 그러나 WCC나 해방신학과 같이 복음의 사회화나 정치화를 추구하는 사회복음적 관점과 다른 의미로서 이해해야 한다.[164] 복음이 주님의 재림에 가야 그 진가를 발휘할 수 있는 능력이 아니라 오늘날 그리스도인들의 삶의 모든 영역에서 "성화적 변화"를 일으키는 능력으로 이해해야 한다. 주님의 복음의 능력은, 그리고 성령님의 역사는 하나님의 자녀들의 개인적인 삶 뿐만 아니라, 모든 영역에 있는 죄의 잔영을 걷어내는 능력이다. 이 복음에 의의 통치자가 새로운 주권자로서 이 땅을 다스리고 있다는 성경적 진리가 나타난다.

---

164 김광열, 『그리스도 안에 있는 구원과 성화』, 307-312.

HOLISTIC GOSPEL

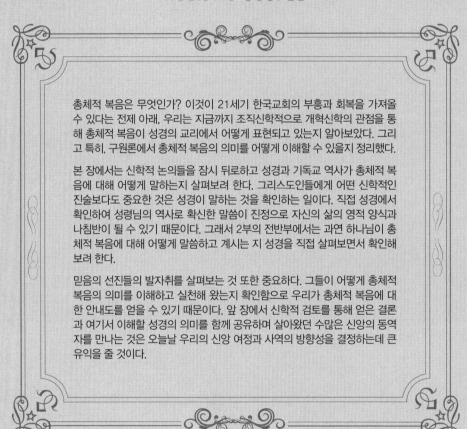

총체적 복음은 무엇인가? 이것이 21세기 한국교회의 부흥과 회복을 가져올 수 있다는 전제 아래, 우리는 지금까지 조직신학적으로 개혁신학의 관점을 통해 총체적 복음이 성경의 교리에서 어떻게 표현되고 있는지 알아보았다. 그리고 특히, 구원론에서 총체적 복음의 의미를 어떻게 이해할 수 있을지 정리했다.

본 장에서는 신학적 논의들을 잠시 뒤로하고 성경과 기독교 역사가 총체적 복음에 대해 어떻게 말하는지 살펴보려 한다. 그리스도인들에게 어떤 신학적인 진술보다도 중요한 것은 성경이 말하는 것을 확인하는 일이다. 직접 성경에서 확인하여 성령님의 역사로 확신한 말씀이 진정으로 자신의 삶의 영적 양식과 나침반이 될 수 있기 때문이다. 그래서 2부의 전반부에서는 과연 하나님이 총체적 복음에 대해 어떻게 말씀하고 계시는 지 성경을 직접 살펴보면서 확인해 보려 한다.

믿음의 선진들의 발자취를 살펴보는 것 또한 중요하다. 그들이 어떻게 총체적 복음의 의미를 이해하고 실천해 왔는지 확인함으로 우리가 총체적 복음에 대한 안내도를 얻을 수 있기 때문이다. 앞 장에서 신학적 검토를 통해 얻은 결론과 여기서 이해할 성경의 의미를 함께 공유하며 살아왔던 수많은 신앙의 동역자를 만나는 것은 오늘날 우리의 신앙 여정과 사역의 방향성을 결정하는데 큰 유익을 줄 것이다.

1장
성경 속의 "총체적 복음"

❧

총체적 복음에 대한 성경구절들은 아주 많다. 그러므로 그 본문을 전부 인용할 수 없다. 하지만 그 중에서 중요한 구절들에 관해서는 가능하면 본문을 그대로 인용하려고 했다.

본 장에서 제시되는 몇 가지의 주제와 관련하여 성경에 기록된 하나님의 말씀을 읽는 동안 우리는 소외되고 가난한 이들에 대한 하나님의 마음을 느끼고 섬김과 봉사에 대한 하나님의 교훈을 깨달을 수 있을 것이다. 이는 다른 신학적 이론들을 배우는 것보다 더 강력한 가르침이 될 수 있으므로[165] 각 주제와 관련된 구절 중에서 일부 주요 구절은 본문을 직접 인용했고, 그 중에서 중요한 몇몇 구절은 이해를 돕기 위해 간단한 해설을 첨가했다.

---

[165] Frame, *Salvation Belongs to the Lord: An Introduction to Systematic Theology*, 44–48. 하나님의 말씀은 어떤 신학적인 논증보다 더 강력하게 역사하는 능력의 말씀이다. 우리가 하나님의 말씀을 접할 때, 우리는 사실상 그 분의 존전 앞에 서 있는 것이다. 인간의 어떠한 말보다 권위 있는 능력의 말씀으로 우리를 강력하게 가르치게 될 것이다. Wayne Grudem, *Bible Doctrine*, ed. by Jeff Purswell (Grand Rapids: Zondervan, 1999), 12.

본 장에서 성경구절의 구분은 책별 분류 또는 주제별 분류를 따르지 않았다. 그보다 성경 전체가 제시하는 구속사적 흐름을 따라 관련구절을 정리하는 방식을 택했다. 이것이 성경 전체에 흐르고 있는 하나님의 관심과 마음을 한 쪽으로 치우침 없이, 그러면서 핵심적으로 파악할 수 있다고 판단했기 때문이다.

성경이 제시하는 구속역사의 전개는 하나님의 창조부터 시작한다. 하나님의 창조사역에 창조 이후 계속되는 섭리와 하나님의 통치의 포괄성이 드러난다. 하나님은 온 세상을 자신의 권위와 통치 아래 존재하도록 창조했으며, 그 이후에 모든 피조물이 보존되고 살아가도록 섭리하신다. 그러나, 아담의 타락으로 인해 인간과 온 세상은 죄의 통치 아래 놓이게 되었다. 죄와 죽음의 권세 아래 신음하며 고통 받는 인간에게 하나님은 은혜언약에 따라 하나님의 사랑을 총체적으로 나타내셨다. 그리고 하나님은 은혜언약을 이루시기 위해 이 땅에 예수님을 보내어 인류를 회복하셨다. 이제 신약의 성도들은 이 복음의 회복의 능력을 성령님의 역사로 말미암아 자신 안에 적용하고. 이 땅에서 회복의 능력을 드러내는 일꾼으로 부름 받았다.

이러한 성경의 전체적인 구속사의 흐름에서 먼저 1) 하나님의 창조와 섭리에 관한 성경구절들을 살펴볼 것이다. 그 구절에서 우리는 하나님의 통치의 포괄성(총체성)을 깨닫게 될 것이다. 다음으로 아담의 타락 이후 2) 죄 아래서 고통 받는 인간에 대한 하나님의 관심을 담고 있는 구절을 정리했다. 그리고 하나님의 자녀들의 회복을 위해 이 땅에 오신 3) 예수님의 메시아 사역에 나타나는 죄인들에 대한 주님의 총체적 관심에 관한 구절을 정리했다. 마지막으로 예수님의 복음을 통해 회복된 4) 신약의 교회와 그리스도인들의 모습에서 드러나는 복음사역의 총체적 성격에 관한 구절을 정리했다.

이제 총체적 복음과 관련된 성경본문을 살펴보기 전에 그와 관련된 몇 가지 주의할 점을 간단히 언급한다.

먼저, 여기에 제시하는 성경본문은 세상에 대한 교회의 "증거"의 사명, 특히 자비와 섬김의 사역과 관련되지만, 사회적 책임과 참여에 관한 구절도 포함한다. 따라서 아래의 구절을 통해 우리는 총체적 복음에 대한 성경의 가르침을 더 명확하게 느끼고 인식할 것이다.

그런데 이것이 오늘날 그리스도인들 위해 주어진 유일하게 중요한 성경의 메시지라거나 교회의 사명에서 중요한 것임을 의미하는 것은 아니다. 교회의 3중 사명 중 하나로 인해 다른 사명의 중요성을 간과해서는 안 된다. 예배, 양육, 증거의 교회의 3가지 사명은 모두 중요하며 그 어느 하나라도 무시해서는 안 된다.[166] 이는 세 번째 사명인 세상에 대한 "증거"의 사역에 해당하는 복음전도와 자비의 사역이 다른 두 사명과 함께 균형을 이루어야 함을 의미한다. 지난 세기 "사도적 복음의 순수성을 간과한 교회연합운동"처럼 진정한 복음전도의 사역을 극단적 사회참여로 희생하는 것 또는 그 반대도 우리가 경계해야 한다. 후자를 염두에 두고 이 구절을 바라봐야 한다. 즉, 역사적 기독교회의 복음적 신앙을 견지하는 이들이 복음전도의 사역과 함께, 자비와 사회적 책임의 사명 또한 감당해야한

---

166 여기서 교회의 사명과 그리스도인 개개인들의 사명은 서로 구별할 필요가 있다. 그리스도인 각자는 교회의 여러 사명 중에서 자신의 달란트와 소명을 따라 그 어느 하나에 우선권을 두고 행동하며 사역할 수 있는 것이다. Grudem, *Bible Doctrine*, 374.

다는 관점에서 그 구절을 정리했다는 점을 기억해야 한다.[167]

마지막으로 사회적 책임에 관한 성경적 개념이나 그 근거구절을 제시할 때 좀 더 신중해야 한다. 로잔 언약과 그랜드 래피즈 보고서와 같은 복음주의자들의 선언은 과거에 자신이 사회적 책임을 충분히 감당하지 못했다는 반성의 소리였다. 그러나, 그러한 부담으로 적법한 성경의 해석방식을 무시하면서 혹은 지나치게 그 부분에 대해 강조해서는 안 된다. 헨리 홀로만(Henry Holloman)이 말했듯이 사회적 책임에 대해 올바른 성경적 답변을 하도록 노력해야 하는데, 이는 본문을 역사-문법적으로 해석하여 사회적 책임에 대한 근거를 제시해야 하며, 또한 사회윤리와 같은 영역에서 논의하는 개념도 적법한 성경적 가르침에 근거해야 한다.[168]

예를 들면, 누가복음 4장 18-19절로 그리스도인의 사회적 책임이나 사회윤리의 근거성구를 삼는 것은 문제 있다. 이는 이 구절에서 언급하는 "가난한 자"나 "포로된 자"를 사회-경제적인 의미에서의 가난이나 포로됨을 의미한다고 해석하는데 문제가 있기 때문이다. 그 중 하나는 이 해석이 "이 글이 오늘날 너희 귀에 응하였느니라"(21절)는 말씀과 조화되지 않는다는 사실이다. 당시 나사렛에도 분명히 옥에 갇힌 자들이 있었을 것인데, 그들이 옥에서 풀려나거나 예수님에 의해 옥문이 열리는 사건이 발

---

167 예를 들면, 아래의 항목 중 "가난한 자를 변호하시며, 압제자를 심판하시는 하나님"이라는 주제 아래 에스겔 22장 23-31절이 포함되었다. 하나님께서는 부자들의 속임과 탈취에 대해서 심판하신다는 의미에서 수록된 것이다. 그러나 그 본문은 선지자들이나 제사장들을 비롯하여 백성들이 하나님께 범한 다른 많은 영적 범죄들에 대해서도 언급하고 있는 것을 간과해서는 안 된다. 즉, 본서에서 에스겔 22장을 참고하는 것은, 하나님이 심판하시는 이유들 중에 "가난한 자들에 대한 압제"도 고려하고 계신다는 것을 말하기 위함일 뿐, "가난한 자들에 대한 압제의 죄" 이외의 다른 영적 범죄들은 하나님께서 중요하게 여기시지 않거나 심판의 이유로 삼지 않는다는 것을 의미하지 않는다.
168 Henry W. Holloman, 'Guidelines for a Biblical Approach to Christian Social Responsibility', *Evangelical Theological Society Papers*, (Portland, Oregon: Theological Research Exchange Network, 1987): 19.

생하지 않았기 때문이다.[169]

누가복음 4장에서 예수님은 이사야서를 인용하셨다. 헨리는 예수님이 그리스도의 재림을 가리키는 이사야 61장 2절 하반절("우리 하나님의 신원의 날")을 언급하기 전에 인용을 멈춘 사실을 지적하면서, 이는 예수님의 초림에서 주어지고 성취될 은혜의 역사들을 말하려하셨던 것임을 암시해준다고 주장한다. 즉, 육체적, 사회-경제적 차원의 성취는 재림에 가서 성취되는 것이므로, 여기서는 예수님의 초림에서 분명히 주어지는 영적 차원의 성취를 말하려했다는 것이다.

클라우스 보크무엘(Klaus Bockmühl)도 누가복음의 본문은 우선적으로 영적으로 이해해야 하며, 병과 마귀에게 사로잡힌 경우에 대해서만 육체적, 사회-경제적으로 적용할 수 있다고 주장했다.[170] 물론, 그러한 경우 예수님의 사역이 육신적 고통과 가난 혹은 질병의 문제를 해결했으므로 이 구절을 다르게 해석하려는 시도를 배제할 필요는 없다. 그렇지만 본문의 요점이 영적 차원의 은혜의 역사에 초점을 맞추고 있다는 점을 주의해야 한다.[171]

이 외에도 예수님과 사도들에 의해 전해지거나 실행되지도 않았던 원리를 조심없이 제시하는 경우를 주의해야 한다. 예를 들면 사회봉사와 자비의 사역에 대해 "영적 구원의 필요를 채우려하기 전에, 반드시 먼저 육

---

169   Klaus Bockmühl, *Evangelical and Social Ethics: A Commentary on Article 5 of Lausanne Covenant*, trans. by David T. Priestly (Downers Grove, IL: IVP, 1979), 20-21. 보크무엘은 "포로된 자에게 자유를, 갇힌 자에게 놓임을 선포하라(사61:1, 눅4:18)"라는 로잔대회의 모토는 적절한 것이 아니라고 지적한다.

170   Bockmühl, *Evangelical and Social Ethics: A Commentary on Article 5 of Lausanne Covenant*, 21.

171   Holloman, 'Guidelines for a Biblical Approach to Christian Social Responsibility', 6-7. 누가복음 4장 18-19절의 해석에 대한 헨리의 좀 더 자세한 분석은 이 본문의 해설부분에서 다시 상술할 것이다.

적 필요를 채워주어야 한다"고 주장한다. 물론, 성경에은 나면서 소경된 자의 경우와 같이(요 9:1-34), 영적 필요가 주어지기 전에 육적 필요가 채워졌던 사례도 찾아볼 수 있다. 그렇지만 성경에는 마가복음 2장에 나오는 중풍병자의 경우처럼, 병을 치료하기 전에 먼저 죄의 문제를 해결한 경우도 있다.

그 외에도 그리스도인이 불신자가 아니라 성도들에게 먼저 관심과 사랑을 베풀어야 한다는 원리를 진지하게 검토해야 한다(갈 6:10; 롬 12:13; 롬 15:26; 행 11:29).[172] 또한 복음과[173] 로잔 언약에서 사용한 "해방(liberation)"의 의미를 성경적으로 명확하게 정립해야 한다.[174] 이것이 역사적 기독교회의 복음적 신앙을 견지하는 그리스도인들이 사회적 책임을 감당함에 있어 주의해야 할 점이다.

---

[172] 이와 관련되어 진행되는 논의 중의 하나는 야고보서 2장 15-16절이나 요한일서 3장 16-18절과 같은 구절에서 나오는 "형제"라는 단어를 그리스도 안에서의 형제로 볼 것인가 아니면 불신자들을 포함한 개념으로 볼 것인가에 대한 문제이다. 스토트, 존 위트머(John A. Witmer), 사이더는 후자의 입장에 서있는 반면 헨리, 폰 소덴(Hans Freiherr von Soden)은 전자의 입장이었다. John R. W. Stott, *The Epistles of John* Tyndale New Testament Commentaries (Grand rapids: Eerdmans, 1964), 190; John A. Witmer, 'Who is My Brother?' *BSAC* 126 (1969): 156-157; Sider, *One Sided Christianity?: Uniting the Church to Heal a Lost and Broken World* (Grand Rapids: Zondervan, 1993), 71; Henry, 14-15; Hans Freiherr von Soden, 'adelpos, adelpee, et al.', *TDNT* 1 (1964): 144를 참고하라. 그러나 전자에 입장에 서있는 학자들도 불신자들에 대한 섬김과 봉사의 사역의 중요성을 배제하지는 않는다. 단지 그 우선적인 관심을 지적할 뿐이다.
[173] Holloman, 'Guidelines for a Biblical Approach to Christian Social Responsibility', 17-19.
[174] 보크무엘은 로잔 언약 제5항에서 사용된 "해방"의 의미를 성경적으로 분석하면서, 이사야 61장 1절과 누가복음 4장 18절을 그리스도인의 사회적 책임이나 사회윤리를 위한 근거로 제시하는 것은 적절하지 못하며, 오히려 이사야 58장 6절이나 마태복음 25장 1-46절, 혹은 빌레몬서 16절이 더 적합하다고 했다. Bockmühl, *Evangelical and Social Ethics: A Commentary on Article 5 of Lausanne Covenant*, 21-23.

하나님의 창조와 섭리

온 세상의 창조주이시며, 만유와 역사의 주되신 하나님

성경에서 하나님은 먼저 온 세상을 창조하신 분으로 소개한다. 하나님은 이 세상 모든 만물과 그 안에 존재하는 생명을 창조하셔서, 자신의 권위와 통치 아래 있게 하셨다. 이처럼 하나님은 자신이 창조한 모든 만물의 주인으로, 또 그 이후 인류의 역사에서 존재하는 모든 것을 다스리시고 보존하시는 분이시다.

창 1:1

태초에 하나님이 천지를 창조하시니라

출 20:1-3, 13, 15, 17

하나님이 이 모든 말씀으로 말씀하여 이르시되 나는 너를 애굽 땅, 종 되었던 집에서 인도하여 낸 네 하나님 여호와니라 너는 나 외에는 다른 신들을 네게 두지 말라 … 살인하지 말라 … 도적질하지 말라 … 네 이웃의 집을 탐내지 말라 네 이웃의 아내나 그의 남종이나 그의 여종이나 그의 소나 그의 나귀나 무릇 네 이웃의 소유를 탐내지 말라[175]

레 25:23

토지를 영구히 팔지 말 것은 토지는 다 내 것임이니라 너희는 거류민이요 동거하는 자로서 나와 함께 있느니라

175　십계명은 생명과 만물의 주인인 하나님을 말한다. 6계명과 8계명은 하나님이 모든 생명과 재물의 주인이 되신다는 사상을 함축한다. 이종윤, 『십계명 강해』 (서울: 도서출판 엠마오, 1983), 77, 107.

신 10:14

하늘과 모든 하늘의 하늘과 땅과 그 위의 만물은 본래 네 하나님 여호와께 속한 것이로되

삼상 2:2-8

여호와와 같이 거룩하신 이가 없으시니 이는 주 밖에 다른 이가 없고 우리 하나님 같은 반석도 없으심이니이다 심히 교만한 말을 다시 하지 말 것이며 오만한 말을 너희의 입에서 내지 말지어다 여호와는 지식의 하나님이시라 행동을 달아 보시느니라 용사의 활은 꺾이고 넘어진 자는 힘으로 띠를 띠도다 풍족하던 자들은 양식을 위하여 품을 팔고 주리던 자들은 다시 주리지 아니하도다 전에 임신하지 못하던 자는 일곱을 낳았고 많은 자녀를 둔 자는 쇠약하도다 여호와는 죽이기도 하시고 살리기도 하시며 스올에 내리게도 하시고 거기에서 올리기도 하시는도다 여호와는 가난하게도 하시고 부하게도 하시며 낮추기도 하시고 높이기도 하시는도다 가난한 자를 진토에서 일으키시며 빈궁한 자를 거름더미에서 올리사 귀족들과 함께 앉게 하시며 영광의 자리를 차지하게 하시는도다 땅의 기둥들은 여호와의 것이라 여호와께서 세계를 그것들 위에 세우셨도다

대상 29:10-14

다윗이 온 회중 앞에서 여호와를 송축하여 이르되 우리 조상 이스라엘의 하나님 여호와여 주는 영원부터 영원까지 송축을 받으시옵소서 여호와여 위대하심과 권능과 영광과 승리와 위엄이 다 주께 속하였사오니 천지에 있는 것이 다 주의 것이로소이다 여호와여 주권도 주께 속하였사오니 주는 높으사 만물의 머리이심이니이다 부와 귀가 주께로 말미암고 또 주는 만물의 주재가 되사 손에 권세와 능력이 있사오니 모든 사람을 크게 하심과 강하게 하심이 주의 손에 있나이다 우리 하나님이여 이제 우리가 주께 감사하오며 주의 영화로운 이름을 찬양하나이다 나와 내 백성이 무엇이기에 이처럼 즐거운 마음으로 드릴 힘이 있었나이까 모든 것이 주께로 말미암았사오니 우리가 주의 손에서 받은 것으로 주께 드렸을 뿐이니이다

선하게 지음 받은 피조계

하나님은 온 세상을 창조하시고 그 모든 것들을 그 분의 통치 아래 두셨을 뿐만 아니라, 또한 그 모든 만물들을 "선하게"(good) 창조하셨다고 성경은 말해준다. 하나님이 창조하신 모든 피조물들, 그리고 그 중에서 특히 인간은 그 분의 영광을 드러낼 수 있는 "하나님의 형상"을 지닌 선한 존재로 지음 받았다. 그러므로 인간은 모든 만물들에 대한 하나님의 포괄적 통치를 대행하는 청지기적 사명을 부여받았고, 그 일을 수행하는 가운데 하나님께 영광을 돌리는 삶을 살아야 한다.[176]

① 선하게 창조된 만물

창 1:11-12, 20-21, 25

하나님이 이르시되 땅은 풀과 씨 맺는 채소와 각기 종류대로 씨 가진 열매 맺는 나무를 내라 하시니 그대로 되어 땅이 풀과 각기 종류대로 씨 맺는 채소와 각기 종류대로 씨 가진 열매 맺는 나무를 내니 하나님이 보시기에 좋았더라 … 하나님이 이르시되 물들은 생물을 번성하게 하라 땅 위 하늘의 궁창에는 새가 날으라 하시고 하나님이 큰 바다 짐승들과 물에서 번성하여 움직이는 모든 생물을 그 종류대로, 날개 있는 모든 새를 그 종류대로 창조하시니 하나님이 보시기에 좋았더라 … 하나님이 땅의 짐승을 그 종류대로, 가축을 그 종류대로, 땅에 기는 모든 것을 그 종류대로 만드시니 하나님이 보시기에 좋았더라

---

176 Grudem, *Bible Doctrine*, 130-131. 그루뎀은 모든 피조물이 선하게 지음 받은 사실을, 만물을 창조하신 하나님의 목적 즉 하나님의 영광을 드러내기 위함이라고 설명한다. 즉, 하나님의 영광을 드러내는 목적을 이루기 위해 모든 피조물을 선하게 지으셨다는 것이다. 따라서 복음으로 회복된 그리스도인들에게는 개인적인 삶 뿐만 아니라, 모든 영역에서 그 분의 영광을 드러내는 사명이 주어졌다.

딤전 4:4-5

하나님께서 지으신 모든 것이 선하매 감사함으로 받으면 버릴 것이 없나니 하나님의 말씀과 기도로 거룩하여짐이라

② 하나님의 형상으로 선하게 창조된 인간

창 1:26-27; 31

하나님이 이르시되 우리의 형상을 따라 우리의 모양대로 우리가 사람을 만들고 그들로 바다의 물고기와 하늘의 새와 가축과 온 땅과 땅에 기는 모든 것을 다스리게 하자 하시고 하나님이 자기 형상 곧 하나님의 형상대로 사람을 창조하시되 남자와 여자를 창조하시고 … 하나님이 지으신 그 모든 것을 보시니 보시기에 심히 좋았더라 저녁이 되고 아침이 되니 이는 여섯째 날이니라

③ 타락 후에 남아있는 하나님의 형상

창 9:5-6

내가 반드시 너희의 피 곧 너희의 생명의 피를 찾으리니 짐승이면 그 짐승에게서, 사람이나 사람의 형제면 그에게서 그의 생명을 찾으리라 다른 사람의 피를 흘리면 그 사람의 피도 흘릴 것이니 이는 하나님이 자기 형상대로 사람을 지으셨음이니라

약 3:9-10

이것으로 우리가 주 아버지를 찬송하고 또 이것으로 하나님의 형상대로 지음을 받은 사람을 저주하나니 한 입에서 찬송과 저주가 나오는도다 내 형제들아 이것이 마땅하지 아니하니라

④ 피조계에 대한 청지기적 사명을 부여받은 인간

창 1:28-30

하나님이 그들에게 복을 주시며 하나님이 그들에게 이르시되 생육하고 번
성하여 땅에 충만하라, 땅을 정복하라, 바다의 물고기와 하늘의 새와 땅에
움직이는 모든 생물을 다스리라 하시니라 하나님이 이르시되 내가 온 지면
의 씨 맺는 모든 채소와 씨 가진 열매 맺는 모든 나무를 너희에게 주노니 너
희의 먹을 거리가 되리라 또 땅의 모든 짐승과 하늘의 모든 새와 생명이 있
어 땅에 기는 모든 것에게는 내가 모든 푸른 풀을 먹을 거리로 주노라 하시
니 그대로 되니라

창 2:15

여호와 하나님이 그 사람을 이끌어 에덴 동산에 두어 그것을 경작하며 지
키게 하시고

타락 이후 죄의 통치 아래에서 고통 받는 인간에 대한 하나님의 총체적 관심

하나님의 다스리심을 거부한 인류의 선조 아담의 타락으로 말미암아
인간은 죄와 사망의 통치 아래 질병, 가난, 굶주림, 자연재해, 사회적 불
의, 전쟁, 죽음으로 신음하게 되었다. 그런데, 하나님은 그러한 고통 가운
데 살아가는 인류에게 다가오셔서 그들의 총체적 회복을 위해 일하셨다.

아담의 타락 이후부터 율법시대 이전까지

타락 이후 아담에게 찾아오신 하나님은 그의 영적 필요 뿐만 아니라, 육
적 필요까지도 돌보셨으며, 욥도 하나님이 요구하시는 의란 가난한 자에게
음식과 의복과 거처를 제공하는 것임을 깨닫고, 그러한 삶을 실천했다.

창 3:21

여호와 하나님이 아담과 그의 아내를 위하여 가죽옷을 지어 입히시니라[177]

욥 24:1-22

어찌하여 전능자는 때를 정해 놓지 아니하셨는고 그를 아는 자들이 그의 날을 보지 못하는고어떤 사람은 땅의 경계표를 옮기며 양 떼를 빼앗아 기르며 고아의 나귀를 몰아 가며 과부의 소를 볼모 잡으며 가난한 자를 길에서 몰아내나니 세상에서 학대 받는 자가 다 스스로 숨는구나 그들은 거친 광야의 들나귀 같아서 나가서 일하며 먹을 것을 부지런히 구하니 빈 들이 그들의 자식을 위하여 그에게 음식을 내는구나 밭에서 남의 꼴을 베며 악인이 남겨 둔 포도를 따며 의복이 없어 벗은 몸으로 밤을 지내며 추위도 덮을 것이 없으며 산중에서 만난 소나기에 젖으며 가릴 것이 없어 바위를 안고 있느니라 어떤 사람은 고아를 어머니의 품에서 빼앗으며 가난한 자의 옷을 볼모 잡으므로 그들이 옷이 없어 벌거벗고 다니며 곡식 이삭을 나르나 굶주리고 그 사람들의 담 사이에서 기름을 짜며 목말라 하면서 술 틀을 밟느니라 성 중에서 죽어가는 사람들이 신음하며 상한 자가 부르짖으나 하나님이 그들의 참상을 보지 아니하시느니라또 광명을 배반하는 사람들은 이러하니 그들은 그 도리를 알지 못하며 그 길에 머물지 아니하는 자라 사람을 죽이는 자는 밝을 때에 일어나서 학대 받는 자나 가난한 자를 죽이고 밤에는 도둑 같이 되며 간음하는 자의 눈은 저물기를 바라며 아무 눈도 나를 보지 못하리라 하고 얼굴을 가리며 어둠을 틈타 집을 뚫는 자는 낮에는 잠그고 있으므로 광명을 알지 못하나니 그들은 아침을 죽음의 그늘 같이 여기니 죽음의 그늘의 두려움을 앎이니라 그들은 물 위에 빨리 흘러가고 그들의 소유는 세상에서 저주를 받나니 그들이 다시는 포도원 길로 다니

---

177 Keller, *Ministries of Mercy: The Call of the Jericho Road*, 41. 타락 이후 인간에 대한 하나님의 관심은 영적 회복에만 머물지 않았다. 하나님은 아담과 하와에게 짐승의 가죽으로 옷을 만들어 입혀주셨다. 이 말씀은 예수 그리스도의 사역을 예표하는 구절로 이해할 수 있다. 그러나 그것만이 하나님의 행동의 유일한 이유는 아니었다. 인간은 타락 이후의 왜곡된 환경에서 보호받을 필요 아래 있었기 때문이었다. 이는 아담과 하와의 육적 필요에 대한 하나님의 사랑의 조치였다. 데렉 키드너(Derek Kidner)의 창세기 주석을 참고하라. Derek Kidner, *Genesis: An Introduction and Commentary* (Downers Grove, IL: IVP, 1973), 161.

지 못할 것이라 가뭄과 더위가 눈 녹은 물을 곧 빼앗나니 스올이 범죄자에게도 그와 같이 하느니라 모태가 그를 잊어버리고 구더기가 그를 달게 먹을 것이라 그는 다시 기억되지 않을 것이니 불의가 나무처럼 꺾이리라 그는 임신하지 못하는 여자를 박대하며 과부를 선대하지 아니하는도다 그러나 하나님이 그의 능력으로 강포한 자들을 끌어내시나니 일어나는 자는 있어도 살아남을 확신은 없으리라

욥 29:15-17
나는 맹인의 눈도 되고 다리 저는 사람의 발도 되고 빈궁한 자의 아버지도 되며 내가 모르는 사람의 송사를 돌보아 주었으며 불의한 자의 턱뼈를 부수고 노획한 물건을 그 잇새에서 빼내었느니라

욥 31:16-23
내가 언제 가난한 자의 소원을 막았거나 과부의 눈으로 하여금 실망하게 하였던가 나만 혼자 내 떡덩이를 먹고 고아에게 그 조각을 먹이지 아니하였던가 실상은 내가 젊었을 때부터 고아 기르기를 그의 아비처럼 하였으며 내가 어렸을 때부터 과부를 인도하였노라 만일 내가 사람이 의복이 없이 죽어가는 것이나 가난한 자가 덮을 것이 없는 것을 못본 체 했다면 만일 나의 양털로 그의 몸을 따뜻하게 입혀서 그의 허리가 나를 위하여 복을 빌게 하지 아니하였다면 만일 나를 도와 주는 자가 성문에 있음을 보고 내가 주먹을 들어 고아를 향해 휘둘렀다면 내 팔이 어깨 뼈에서 떨어지고 내 팔 뼈가 그 자리에서 부스러지기를 바라노라 나는 하나님의 재앙을 심히 두려워하고 그의 위엄으로 말미암아 그런 일을 할 수 없느니라

시가서(지혜문서)에 나타난 하나님의 총체적 관심

시가서에서 죄와 사망의 권세아래 고통 받는 이들에 대한 하나님의 관심을 볼 수 있다. 특히, 시편에서 가난한 자들에 대한 하나님의 마음이 풍부하게 제시되고 있다. 시편을 비롯하여 시가서에서 제시되는 하나님의 마음은 아래에서 살펴볼 구약의 율법과 선지자들의 메시지에서 또 다시 구체적으로 표현된다.

시편에는 가난한 자들의 애통과 간구가 두드러지게 나타나고 있는데 하나님은 바로 그러한 자들에 대한 보호자로 소개된다. 이는 크게 두 가지로 요약할 수 있다. 하나는 가난한 자를 돌보시는 하나님, 다른 하나는 약자를 보호하는 왕(세상의 왕과 메시야 왕)이다.

"시편의 가난한 자가 누구인가?"라는 질문은 19세기부터 구약신학자들의 논쟁의 주제였다. 이를 두 해석학적 모델로 요약할 수 있다. 하나는 "사회−경제적(socio−economic) 가난"으로, 그리고 다른 하나는 "도덕적−영적(moral−spiritual) 가난"으로 보는 관점이다. 한국 신학계 안에서도 전자는 민중신학자들이, 후자는 주로 보수신학자들이 지지했다.

특히, 그 두 개의 해석학적 모델의 근거는 시편에서 사용하는 "가난"에 대한 히브리어 '아니(עָנִי)'와 '아나브(עָנָו)'에 대한 해석에 기초한다. 대체적으로 아니(עָנִי)는 부자에 의해 사회−경제적으로 핍박받는 자, 아나브(עָנָו)는 도덕적−종교적인 성격을 띤 "경건한 자의 무리로 하나님을 섬기기로 서원한 자로 보는 경향이 있었다. 그러나 김정우는 두 단어는 시편 안에서 서로 상호 교체적으로 사용되고 있으며, 그 단어들을 서로 대칭적인 개념으로 이해하는 것은 해석자가 단어의 개념들을 미리 고정시킨 후 그 본문에 주입시켜 해석했기(read into; eisegesis) 때문인 것

같다고 보았다.[178]

그는 "시편의 가난한 자"에 대한 학자들의 논의를 정리하면서, 아니와 아나브를 "경제적" 혹은 "종교적"의 의미들로 구분하는 것은 근거가 없다고 주장했다. 시편의 가난한 자는 때로는 물질적인 어려움을 통해 고난받는 자로, 어떤 경우에는 자신의 경건과 의 때문에 어려움을 겪고 있는 자로 다양하게 이해되고 있다는 것이다. 시편에는 민중신학이 말하는 "계급투쟁적인 요소"는 없다고 보았다. 오히려 "시편이 기록되었던 원래의 역사적 배경은 시 언어의 배후로 사라지고, 정경화되면서 예배의식 속에서 가난한 자는 믿음의 공동체와 동일시되고 있다"는 것이다.[179] 후대의 신앙공동체는 시편의 가난한 자의 고통과 탄식을 자신의 신앙적 고민에서 나오는 아픔으로 이해하고 표현했다는 것이다. 포로기와 포로후기의 신앙공동체들도 자신들의 상황적 고통을 시편의 가난한 자의 표현 속에 담아 하나님 앞에서 고백했는데, 그것은 신약성경에서 시편의 애가를 예수 그리스도의 고난을 고백하는 의미로(시 22편) 이해하는 것과 같다고 보았다.

결국, 시편의 가난한 자를 "사회-경제적" 가난의 관점에서만 해석하는 것은 문제다. 그러나 동시에 시편에서 모든 형태의 가난한 자들이 등장하고 있으므로 하나님이 그 모든 가난한 자들의 부르짖음을 들으시고 응답하신다는 사실을 인정하는 것이 중요하다. 시편은 병들고 약한 자들을 믿음의 공동체에서 소외시키지 않고 오히려 그들을 드러낸다. 김정우에 의하면 시편의 가난한 자를 해석할 때 그 "양면성"을 견지해야 한다.[180] 다시 말해 시편에서 사회-경제적으로 가난한 자를 돌보는 하나님을 찬양하고, 왕과 재판장과 사회가 그들을 돌보고, 가난한 심령을 갖고 하나님 앞에서 경건하게 살아야한다는 메시지를 들어야 한다.

---

178 김정우, '시편의 가난한 자와 총체적 복음', 『총체적 복음의 신학과 실천』 창간호 (2004): 50. 김정우는 지난 19세기 이후 계속된 수십 명의 구약신학자들의 논의들을 소개하고 검토하여 이 결론을 내었다.
179 김정우, '시편의 가난한 자와 총체적 복음', 56.
180 김정우, '시편의 가난한 자와 총체적 복음', 67.

가난한 자들에게 관심을 갖고 돌보시는 하나님

시 68:5-6

그의 거룩한 처소에 계신 하나님은 고아의 아버지시며 과부의 재판장이시
라 하나님이 고독한 자들은 가족과 함께 살게 하시며 갇힌 자들은 이끌어
내사 형통하게 하시느니라 오직 거역하는 자들의 거처는 메마른 땅이로다

시 113:1-9

할렐루야, 여호와의 종들아 찬양하라 여호와의 이름을 찬양하라 이제부터
영원까지 여호와의 이름을 찬송할지로다 해 돋는 데에서부터 해 지는 데에
까지 여호와의 이름이 찬양을 받으시리로다 여호와는 모든 나라보다 높으
시며 그의 영광은 하늘보다 높으시도다 여호와 우리 하나님과 같은 이가
누구리요 높은 곳에 앉으셨으나 스스로 낮추사 천지를 살피시고 가난한 자
를 먼지 더미에서 일으키시며 궁핍한 자를 거름 더미에서 들어 세워 지도
자들 곧 그의 백성의 지도자들과 함께 세우시며 또 임신하지 못하던 여자
를 집에 살게 하사 자녀들을 즐겁게 하는 어머니가 되게 하시는도다 할렐
루야 여호와를 찬송하라[181]

시 146:6-10

여호와는 천지와 바다와 그 중의 만물을 지으시며 영원히 진실함을 지키시
며 억눌린 사람들을 위해 정의로 심판하시며 주린 자들에게 먹을 것을 주
시는 이시로다 여호와께서는 갇힌 자들에게 자유를 주시는도다 여호와께
서 맹인들의 눈을 여시며 여호와께서 비굴한 자들을 일으키시며 여호와께

---

181 시편 113편은 세 부분으로 나누어진다. 1-3절은 찬양을 권면하고, 4-6절은 비교할 수 없는 하나님의 성
품을 노래한다. 그리고 마지막 부분(7-9절)에서 가난한 자와 궁핍한 자, 그리고 아이를 낳지 못한 여인과 같은
약자의 운명을 역전하시는 하나님을 소개한다. 김정우는 이 시편 이전의 역사를 한나의 노래(삼상 2:1-10)에
서, 이후의 역사를 마리아의 송가(눅 1:46-55)에서 찾고 있다. 그는 이 세 노래가 모두 "가난한 자들"을 진토에
서 일으켜 세우시며, 새로운 회복의 역사를 일으키시는 하나님을 찬양한다고 보았다. 김정우, '시편의 가난한
자와 총체적 복음', 57-58.

서 의인들을 사랑하시며 여호와께서 나그네들을 보호하시며 고아와 과부를 붙드시고 악인들의 길은 굽게 하시는도다 시온아 여호와는 영원히 다스리시고 네 하나님은 대대로 통치하시리로다 할렐루야[182]

욥 5:11-16

낮은 자를 높이 드시고 애곡하는 자를 일으키사 구원에 이르게 하시느니라 하나님은 교활한 자의 계교를 꺾으사 그들의 손이 성공하지 못하게 하시며 지혜로운 자가 자기의 계략에 빠지게 하시며 간교한 자의 계략을 무너뜨리시므로 그들은 낮에도 어두움을 만나고 대낮에도 더듬기를 밤과 같이 하느니라 하나님은 가난한 자를 강한 자의 칼과 그 입에서, 또한 그들의 손에서 구출하여 주시나니 그러므로 가난한 자가 희망이 있고 악행이 스스로 입을 다무느니라

잠 17:5

가난한 자를 조롱하는 자는 그를 지으신 주를 멸시하는 자요 사람의 재앙을 기뻐하는 자는 형벌을 면하지 못할 자니라

잠 19:17

가난한 자를 불쌍히 여기는 것은 여호와께 꾸어 드리는 것이니 그의 선행을 그에게 갚아 주시리라

이 주제와 관련하여 다음 구절도 참고할 수 있다.
시 10:9-14; 10:17,18; 12:5; 35:10; 109:30-31, 140:12,

---

182 시편 146편은 4개의 부분들로 구성되어있다. 1-2절은 찬양의 부름, 3-5절은 경고와 축복사다. 6-9절에서 하나님은 약자의 해방자로 소개되며, 10절에서는 시온의 하나님에 대한 송영이 나온다. 특히 이 시편에서 모든 종류의 약자가 등장한다. 억눌린 사람, 굶주린 사람, 감옥에 갇힌 죄수, 시각장애인, 비천한 자들, 나그네, 고아와 과부. 오직 이 시편에서 사회적으로 소외된 자들이 이렇게 등장한다. 결국 시편 146편에서 하나님은 사회적 현실들을 간과하지 않으시고 개입하실 뿐만 아니라, 종말론적으로 시온에서 자신의 통치를 완성하신다는 사실이 나타난다. 김정우, '시편의 가난한 자와 총체적 복음', 59-61.

약자의 보호자로서의 왕의 책임에 관한 성구들

또한 시가서에는 가난한 자들의 부르짖음을 잊지 않고 그들을 위해 공의로 심판하시는 하나님을 소개한다. 특히 시편에 가난한 자들의 애통과 간구와 부르짖음이 있는데, 하나님은 그것을 듣고 그들을 괴롭게 하는 세상의 지도자와 왕들을 물리치시고, 그들을 대신하여 참된 재판장으로 정의를 세우시는 메시아 왕의 모습으로 나타나고 있다.

시 9:7-12

여호와께서 영원히 앉으심이여 심판을 위하여 보좌를 준비하셨도다 공의로 세계를 심판하심이여 정직으로 만민에게 판결을 내리시리로다 여호와는 압제를 당하는 자의 요새이시요 환난 때의 요새이시로다 여호와여 주의 이름을 아는 자는 주를 의지하오리니 이는 주를 찾는 자들을 버리지 아니하심이니이다 너희는 시온에 계신 여호와를 찬송하며 그의 행사를 백성 중에 선포할지어다 피 흘림을 심문하시는 이가 그들을 기억하심이여 가난한 자의 부르짖음을 잊지 아니하시도다

시 72:1-20

하나님이여 주의 판단력을 왕에게 주시고 주의 공의를 왕의 아들에게 주소서 그가 주의 백성을 공의로 재판하며 주의 가난한 자를 정의로 재판하게 하소서 의로 말미암아 산들이 백성에게 평강을 주며 작은 산들도 그리하리로다 그가 가난한 백성의 억울함을 풀어 주며 궁핍한 자의 자손을 구원하며 압박하는 자를 꺾으리로다 그들이 해가 있을 동안에도 주를 두려워하며 달이 있을 동안에도 대대로 그리하리로다 그는 벤 풀 위에 내리는 비 같이, 땅을 적시는 소낙비 같이 내리리니 그의 날에 의인이 흥왕하여 평강의 풍

성함이 달이 다할 때까지 이르리로다 그가 바다에서부터 바다까지와 강에서부터 땅 끝까지 다스리리니 광야에 사는 자는 그 앞에 굽히며 그의 원수들은 티끌을 핥을 것이며 다시스와 섬의 왕들이 조공을 바치며 스바와 시바 왕들이 예물을 드리리로다 모든 왕이 그의 앞에 부복하며 모든 민족이 다 그를 섬기리로다 그는 궁핍한 자가 부르짖을 때에 건지며 도움이 없는 가난한 자도 건지며 그는 가난한 자와 궁핍한 자를 불쌍히 여기며 궁핍한 자의 생명을 구원하며 그들의 생명을 압박과 강포에서 구원하리니 그들의 피가 그의 눈 앞에서 존귀히 여김을 받으리로다 그들이 생존하여 스바의 금을 그에게 드리며 사람들이 그를 위하여 항상 기도하고 종일 찬송하리로다 산 꼭대기의 땅에도 곡식이 풍성하고 그것의 열매가 레바논 같이 흔들리며 성에 있는 자가 땅의 풀 같이 왕성하리로다 그의 이름이 영구함이여 그의 이름이 해와 같이 장구하리로다 사람들이 그로 말미암아 복을 받으리니 모든 민족이 다 그를 복되다 하리로다 홀로 기이한 일들을 행하시는 여호와 하나님 곧 이스라엘의 하나님을 찬송하며 그 영화로운 이름을 영원히 찬송할지어다 온 땅에 그의 영광이 충만할지어다 아멘 아멘 이새의 아들 다윗의 기도가 끝나니라[183]

시 82:1-8

하나님은 신들의 모임 가운데에 서시며 하나님은 그들 가운데에서 재판하시느니라 너희가 불공평한 판단을 하며 악인의 낯 보기를 언제까지 하려느냐 (셀라) 가난한 자와 고아를 위하여 판단하며 곤란한 자와 빈궁한 자에게 공의를 베풀지며 가난한 자와 궁핍한 자를 구원하여 악인들의 손에서 건질지니라 하시는도다 그들은 알지도 못하고 깨닫지도 못하여 흑암 중에 왕래하니 땅의 모든 터가 흔들리도다 내가 말하기를 너희는 신들이며 다 지존

---

183   시편 72편은 메시야 왕의 사회적 관심과 정의로운 통치를 말하고 있는데, 크게 5개의 부분들로 구성되어 있다. 1-4절은 메시야 왕의 덕성을 위한 기원, 5-10절은 메시야 왕의 통치, 12-14절은 메시야 왕의 사회정의의 실현, 15-17절은 메시야 왕의 영광, 그리고 18-19절에서 송영이 나온다. 이 시편의 중요한 모티프는 하나님의 창조와 구속인데, 결국 "하나님의 공의와 정의"는 창조 질서에서 이미 세워진 것이며, 이는 메시야 왕의 의로운 통치를 통하여 실현되어야 함을 말하고 있다. 김정우, '시편의 가난한 자와 총체적 복음', 64-65.

자의 아들들이라 하였으나 그러나 너희는 사람처럼 죽으며 고관의 하나 같이 넘어지리로다 하나님이여 일어나사 세상을 심판하소서 모든 나라가 주의 소유이기 때문이니이다[184]

시 89:14

공의와 정의가 주의 보좌의 기초라 인자함과 진실함이 주 앞에 있나이다

시 94:1-15

여호와여 복수하시는 하나님이여 복수하시는 하나님이여 빛을 비추어 주소서 세계를 심판하시는 주여 일어나사 교만한 자들에게 마땅한 벌을 주소서 여호와여 악인이 언제까지, 악인이 언제까지 개가를 부르리이까 그들이 마구 지껄이며 오만하게 떠들며 죄악을 행하는 자들이 다 자만하나이다 여호와여 그들이 주의 백성을 짓밟으며 주의 소유를 곤고하게 하며 과부와 나그네를 죽이며 고아들을 살해하며 말하기를 여호와가 보지 못하며 야곱의 하나님이 알아차리지 못하리라 하나이다 백성 중의 어리석은 자들아 너희는 생각하라 무지한 자들아 너희가 언제나 지혜로울까 귀를 지으신 이가 듣지 아니하시랴 눈을 만드신 이가 보지 아니하시랴 뭇 백성을 징벌하시는 이 곧 지식으로 사람을 교훈하시는 이가 징벌하지 아니하시랴 여호와께서는 사람의 생각이 허무함을 아시느니라 여호와여 주로부터 징벌을 받으며 주의 법으로 교훈하심을 받는 자가 복이 있나니 이런 사람에게는 환난의 날을 피하게 하사 악인을 위하여 구덩이를 팔 때까지 평안을 주시리이다 여호와께서는 자기 백성을 버리지 아니하시며 자기의 소유를 외면하지 아니하시리로다 심판이 의로 돌아가리니 마음이 정직한 자가 다 따르리로다

시 94:20-23

율례를 빙자하고 재난을 꾸미는 악한 재판장이 어찌 주와 어울리리이까 그

---

184 이 세상의 지도자, 왕들이 약자들을 괴롭히고 약탈하므로 하나님께서 참된 재판장으로 서셔서 그들을 물리치시고 이 땅에 정의를 세우실 것을 노래하는 시편이다.

들이 모여 의인의 영혼을 치려 하며 무죄한 자를 정죄하여 피를 흘리려 하
나 여호와는 나의 요새이시요 나의 하나님은 내가 피할 반석이시라 그들의
죄악을 그들에게로 되돌리시며 그들의 악으로 말미암아 그들을 끊으시리
니 여호와 우리 하나님이 그들을 끊으시리로다

잠 16:11-12
공평한 저울과 접시 저울은 여호와의 것이요 주머니 속의 저울추도 다 그
가 지으신 것이니라 악을 행하는 것은 왕들이 미워할 바니 이는 그 보좌가
공의로 말미암아 굳게 섬이니라

> 이 주제와 관련하여 다음 구절도 참고할 수 있다.
> 욥 34:18-19; 시 96:10-13; 잠 11:1; 20:10; 28:21; 29:4, 14; 전
> 5:8;

애 3:34-36
나그네와 타국인을 돌보시는 하나님

출 3:7-10
여호와께서 이르시되 내가 애굽에 있는 내 백성의 고통을 분명히 보고 그
들이 그들의 감독자로 말미암아 부르짖음을 듣고 그 근심을 알고 내가 내
려가서 그들을 애굽인의 손에서 건져내고 그들을 그 땅에서 인도하여 아름
답고 광대한 땅, 젖과 꿀이 흐르는 땅 곧 가나안 족속, 헷 족속, 아모리 족
속, 브리스 족속, 히위 족속, 여부스 족속의 지방에 데려가려 하노라 이제
가라 이스라엘 자손의 부르짖음이 내게 달하고 애굽 사람이 그들을 괴롭히
는 학대도 내가 보았으니 이제 내가 너를 바로에게 보내어 너에게 내 백성
이스라엘 자손을 애굽에서 인도하여 내게 하리라

출 22:21-24
너는 이방 나그네를 압제하지 말며 그들을 학대하지 말라 너희도 애굽 땅

에서 나그네였음이라 너는 과부나 고아를 해롭게 하지 말라 네가 만일 그들을 해롭게 하므로 그들이 내게 부르짖으면 내가 반드시 그 부르짖음을 들으리라 나의 노가 맹렬하므로 내가 칼로 너희를 죽이리니 너희의 아내는 과부가 되고 너희 자녀는 고아가 되리라

출 23:9

너는 이방 나그네를 압제하지 말라 너희가 애굽 땅에서 나그네 되었었은즉 나그네의 사정을 아느니라

해설

하나님은 자신을 애굽에서 종살이했던 이스라엘 백성에게 자신을 나그네와 타국인을 돌보는 자로 소개했다. 모세를 부르시는 장면에서(출 3:7-10) 하나님은 애굽 땅에서 나그네와 같은 인생을 살아가고 있는 이스라엘 백성들의 고통을 보고 내려와서 그들을 건지는 자로 자신을 알리셨다. 아래에서 제시할 신명기 26장 5-11절은 맥추절에 이스라엘 백성이 과거에 자신들의 가난하고 압제당한 애굽에서 나그네로 살았던 자신들을 돌보아 주시고 인도해주신 하나님을 기억하면서 그들 가운데 거하는 나그네들을 돌볼 것을 가르치고 있다.

출애굽에 나타난 "나그네를 돌보시는 하나님"을 이해할 때 우리는 "양면성"을 견지해야 한다. 먼저 출애굽의 역사에서 이스라엘을 구원하는 하나님의 구속사적 의의를 놓치지 않고 바라볼 수 있어야 한다. 그 사건은 언약의 하나님이 아브라함과 맺은 언약을 성취한 사건이고, 궁극적으로 인류를 죄와 사망의 권세로부터 구원하는 메시아의 사역의 예표이다. 그러므로 우리는 출애굽의 하나님을 단지 노예들을 해방하고 가난한 자의 편에 서 있는 하나님으로 해석하려는 해방신학의 입장을 분명히 거부해야 한다. 그렇지만 동시에 하나님의 구속사적 사건에는 이스라엘 백성을 고통스러운 삶에서 건지시려는 뜻이 포함되어 있음을 간과해서는 안 된다. 본 항목에서 제시할 구절에서 "너희도 나그네

되었을 때 하나님의 도우심을 받았으니, 이제 너희 가운데 거하는 객과 나그네들을 사랑으로 섬기라"는 주제가 반복된다. 우리는 그 말씀을 단지 영적 구원으로 이해할 수 없다. 이스라엘 백성에게 주어진 하나님의 말씀은 그들 가운데 거하는 약자인 나그네와 타국인을 압제하지 말고, 사랑으로 보살피라는 것이다.

그런데 총체적 복음의 관점과 해방신학의 관점에서 '가난한 자와 사회적 약자를 돌보시는 하나님'을 바로 이해해야 한다. 로날드 사이더는 그 차이점에 대해 이와 같이 구별한다. 먼저, "하나님이 가난한 자들을 돌보신다"는 말은 결코 하나님은 불공평하시다는 것을 의미하지 않는다. 성경은 물질적인 가난을 이상적인 목표나 가난한 자들이 언약백성이 될 수 있다거나 구원의 반열에 들 수 있다고 말하지 않는다. 가난한 자들도 죄를 짓고 하나님께 불순종하면 회개하고 하나님의 은혜로 구원받아야 한다. 마찬가지로 하나님은 부자들을 가난한 자보다 무시하거나. 그들에게 무관심한 것도 아니다. 그러나 하나님이 빈부의 편견에 사로잡히지 않는다는 말이 결코 이 땅에 정의를 세우시는 하나님이 중립적임을 의미하지 않는다. 즉, 하나님은 가난한 자들의 편에 서시는데, 그것은 편견이 아니라 그들이 연약하기에 더 관심을 갖는 것으로 봐야한다[185]

여기에 하나님의 사랑의 총체성이 있다. 성경이 말하는 하나님의 사랑은 선택받은 백성을 죄에서 건지는 구속적 사랑과 하나님의 형상을 지닌 모든 인간의 가난하고 지친 삶을 돌아보는 보편적 사랑을 포함한다.

신 10:17-19

너희의 하나님 여호와는 신 가운데 신이시며 주 가운데 주시요 크고 능하

---

185 Ronald J. Sider, *Rich Christians in an Age of Hunger: A Biblical Study* (Downers Grove, IL: IVP, 1979), 83-85

시며 두려우신 하나님이시라 사람을 외모로 보지 아니하시며 뇌물을 받지 아니하시고 고아와 과부를 위하여 정의를 행하시며 나그네를 사랑하여 그에게 떡과 옷을 주시나니 너희는 나그네를 사랑하라 전에 너희도 애굽 땅에서 나그네 되었음이니라

신 26:5-11

너는 또 네 하나님 여호와 앞에 아뢰기를 내 조상은 방랑하는 아람 사람으로서 애굽에 내려가 거기에서 소수로 거류하였더니 거기에서 크고 강하고 번성한 민족이 되었는데 애굽 사람이 우리를 학대하며 우리를 괴롭히며 우리에게 중노동을 시키므로 우리가 우리 조상의 하나님 여호와께 부르짖었더니 여호와께서 우리 음성을 들으시고 우리의 고통과 신고와 압제를 보시고 여호와께서 강한 손과 편 팔과 큰 위엄과 이적과 기사로 우리를 애굽에서 인도하여 내시고 이곳으로 인도하사 이 땅 곧 젖과 꿀이 흐르는 땅을 주셨나이다 여호와여 이제 내가 주께서 내게 주신 토지 소산의 맏물을 가져왔나이다 하고 너는 그것을 네 하나님 여호와 앞에 두고 네 하나님 여호와 앞에 경배할 것이며 네 하나님 여호와께서 너와 네 집에 주신 모든 복으로 말미암아 너는 레위인과 너희 가운데에 거류하는 객과 함께 즐거워할지니라

이 주제와 관련하여 다음 구절도 참고할 수 있다.
창 15:12-14; 레19:32-34; 신 26:1-11; 신 27:19

율법의 여러 제도에 나타난 가난한 자들에 대한 하나님의 도우심

하나님은 이스라엘 백성을 시내광야에서 언약백성으로 삼으시며 그들에게 언약백성의 삶의 기준인 율법을 주셨다. 그런데, 그 율법에서 하나님은 자신의 백성이 개인적인 의와 도덕을 이루는 삶 뿐만 아니라 사회

적 의를 이루는 공동체로 살아가기를 원하셨다. 시가서에서 확인했던 가난한 자들과 약자들에 대한 하나님의 뜻, 나그네와 타국인에 대한 구절에 나타난 하나님의 마음은 이스라엘에게 주셨던 율법의 여러 제도에서도 다시 확인할 수 있다.

안식일 규례

출 23:12
너는 엿새 동안에 네 일을 하고 일곱째 날에는 쉬라 네 소와 나귀가 쉴 것이며 네 여종의 자식과 나그네가 숨을 돌리리라

신 5:12-15
네 하나님 여호와가 네게 명령한 대로 안식일을 지켜 거룩하게 하라 엿새 동안은 힘써 네 모든 일을 행할 것이나 일곱째 날은 네 하나님 여호와의 안식일인즉 너나 네 아들이나 네 딸이나 네 남종이나 네 여종이나 네 소나 네 나귀나 네 모든 가축이나 네 문 안에 유하는 객이라도 아무 일도 하지 못하게 하고 네 남종이나 네 여종에게 너 같이 안식하게 할지니라 너는 기억하라 네가 애굽 땅에서 종이 되었더니 네 하나님 여호와가 강한 손과 편 팔로 거기서 너를 인도하여 내었나니 그러므로 네 하나님 여호와가 네게 명령하여 안식일을 지키라 하느니라

안식년 규례

출 23:10-11
너는 여섯 해 동안은 너의 땅에 파종하여 그 소산을 거두고 일곱째 해에는 갈지 말고 묵혀두어서 네 백성의 가난한 자들이 먹게 하라 그 남은 것은 들짐승이 먹으리라 네 포도원과 감람원도 그리할지니라

레 25:1-7

여호와께서 시내 산에서 모세에게 말씀하여 이르시되 이스라엘 자손에게 말하여 이르라 너희는 내가 너희에게 주는 땅에 들어간 후에 그 땅으로 여호와 앞에 안식하게 하라 너는 육 년 동안 그 밭에 파종하며 육 년 동안 그 포도원을 가꾸어 그 소출을 거둘 것이나 일곱째 해에는 그 땅이 쉬어 안식하게 할지니 여호와께 대한 안식이라 너는 그 밭에 파종하거나 포도원을 가꾸지 말며 네가 거둔 후에 자라난 것을 거두지 말고 가꾸지 아니한 포도나무가 맺은 열매를 거두지 말라 이는 땅의 안식년임이니라 안식년의 소출은 너희가 먹을 것이니 너와 네 남종과 네 여종과 네 품꾼과 너와 함께 거류하는 자들과 네 가축과 네 땅에 있는 들짐승들이 다 그 소출로 먹을 것을 삼을지니라

신 15:1-11

매 칠 년 끝에는 면제하라 면제의 규례는 이러하니라 그의 이웃에게 꾸어 준 모든 채주는 그것을 면제하고 그의 이웃에게나 그 형제에게 독촉하지 말지니 이는 여호와를 위하여 면제를 선포하였음이라 이방인에게는 네가 독촉하려니와 네 형제에게 꾸어준 것은 네 손에서 면제하라 네가 만일 네 하나님 여호와의 말씀만 듣고 내가 오늘 네게 내리는 그 명령을 다 지켜 행하면 네 하나님 여호와께서 네게 기업으로 주신 땅에서 네가 반드시 복을 받으리니 너희 중에 가난한 자가 없으리라 네 하나님 여호와께서 네게 허락하신 대로 네게 복을 주시리니 네가 여러 나라에 꾸어 줄지라도 너는 꾸지 아니하겠고 네가 여러 나라를 통치할지라도 너는 통치를 당하지 아니하리라 네 하나님 여호와께서 네게 주신 땅 어느 성읍에서든지 가난한 형제가 너와 함께 거주하거든 그 가난한 형제에게 네 마음을 완악하게 하지 말며 네 손을 움켜 쥐지 말고 반드시 네 손을 그에게 펴서 그에게 필요한 대로 쓸 것을 넉넉히 꾸어주라 삼가 너는 마음에 악한 생각을 품지 말라 곧 이르기를 일곱째 해 면제년이 가까이 왔다 하고 네 궁핍한 형제를 악한 눈으로 바라보며 아무것도 주지 아니하면 그가 너를 여호와께 호소하리니 그것이 네게 죄가 되리라 너는 반드시 그에게 줄 것이요, 줄 때에는 아끼는 마음을 품지 말 것이니라 이로 말미암아 네 하나님 여호와께서 네가 하는 모든 일

과 네 손이 닿는 모든 일에 네게 복을 주시리라 땅에는 언제든지 가난한 자가 그치지 아니하겠으므로 내가 네게 명령하여 이르노니 너는 반드시 네 땅 안에 네 형제 중 곤란한 자와 궁핍한 자에게 네 손을 펼지니라

신 15:12-15

네 동족 히브리 남자나 히브리 여자가 네게 팔렸다 하자 만일 여섯 해 동안 너를 섬겼거든 일곱째 해에 너는 그를 놓아 자유롭게 할 것이요 그를 놓아 자유하게 할 때에는 빈 손으로 가게 하지 말고 네 양 무리 중에서와 타작 마당에서와 포도주 틀에서 그에게 후히 줄지니 곧 네 하나님 여호와께서 네게 복을 주신 대로 그에게 줄지니라 너는 애굽 땅에서 종 되었던 것과 네 하나님 여호와께서 너를 속량하셨음을 기억하라 그것으로 말미암아 내가 오늘 이같이 네게 명령하노라

> 이 주제와 관련하여 다음 구절도 참고할 수 있다.
> 출21:2; 렘34:8-17; 대하 36:17-21; 느 10:28-31

희년 규례

레 25:8-17

너는 일곱 안식년을 계수할지니 이는 칠 년이 일곱 번인즉 안식년 일곱 번 동안 곧 사십구 년이라 일곱째 달 열흘날은 속죄일이니 너는 뿔나팔 소리를 내되 전국에서 뿔나팔을 크게 불지며 너희는 오십 년째 해를 거룩하게 하여 그 땅에 있는 모든 주민을 위하여 자유를 공포하라 이 해는 너희에게 희년이니 너희는 각각 자기의 소유지로 돌아가며 각각 자기의 가족에게로 돌아갈지며 그 오십 년째 해는 너희의 희년이니 너희는 파종하지 말며 스스로 난 것을 거두지 말며 가꾸지 아니한 포도를 거두지 말라 이는 희년이니 너희에게 거룩함이니라 너희는 밭의 소출을 먹으리라 이 희년에는 너희가 각기 자기의 소유지로 돌아갈지라 네 이웃에게 팔든지 네 이웃의 손에

서 사거든 너희 각 사람은 그의 형제를 속이지 말라 그 희년 후의 연수를 따라서 너는 이웃에게서 살 것이요 그도 소출을 얻을 연수를 따라서 네게 팔 것인즉 연수가 많으면 너는 그것의 값을 많이 매기고 연수가 적으면 너는 그것의 값을 적게 매길지니 곧 그가 소출의 다소를 따라서 네게 팔 것이라 너희 각 사람은 자기 이웃을 속이지 말고 네 하나님을 경외하라 나는 너희의 하나님 여호와이니라

레 25:23-28

토지를 영구히 팔지 말 것은 토지는 다 내 것임이니라 너희는 거류민이요 동거하는 자로서 나와 함께 있느니라 너희 기업의 온 땅에서 그 토지 무르기를 허락할지니 만일 네 형제가 가난하여 그의 기업 중에서 얼마를 팔았으면 그에게 가까운 기업 무를 자가 와서 그의 형제가 판 것을 무를 것이요 만일 그것을 무를 사람이 없고 자기가 부유하게 되어 무를 힘이 있으면 그 판 해를 계수하여 그 남은 값을 산 자에게 주고 자기의 소유지로 돌릴 것이니라 그러나 자기가 무를 힘이 없으면 그 판 것이 희년에 이르기까지 산 자의 손에 있다가 희년에 이르러 돌아올지니 그것이 곧 그의 기업으로 돌아갈 것이니라

레 25:35-38

네 동족이 빈한하게 되어 빈손으로 네 곁에 있거든 너는 그를 도와 객이나 우거하는 자처럼 너와 함께 생활하게 하되 너는 그에게 이식을 취하지 말고 네 하나님을 경외하여 네 형제로 너와 함께 생활하게 할 것인즉 너는 그에게 이식을 위하여 돈을 꾸이지 말고 이익을 위하여 식물을 꾸이지 말라 나는 너희 하나님이 되려고 또는 가나안 땅으로 너희에게 주려고 애굽 땅에서 너희를 인도하여 낸 너희 하나님 여호와니라

레 25:39-55

너와 함께 있는 네 형제가 가난하게 되어 네게 몸이 팔리거든 너는 그를 종으로 부리지 말고 품꾼이나 동거인과 같이 함께 있게 하여 희년까지 너를

섬기게 하라 그 때에는 그와 그의 자녀가 함께 네게서 떠나 그의 가족과 그의 조상의 기업으로 돌아가게 하라 그들은 내가 애굽 땅에서 인도하여 낸 내 종들이니 종으로 팔지 말 것이라 너는 그를 엄하게 부리지 말고 네 하나님을 경외하라 네 종은 남녀를 막론하고 네 사방 이방인 중에서 취할지니 남녀 종은 이런 자 중에서 사올 것이며 또 너희 중에 거류하는 동거인들의 자녀 중에서도 너희가 사올 수 있고 또 그들이 너희와 함께 있어서 너희 땅에서 가정을 이룬 자들 중에서도 그리 할 수 있은즉 그들이 너희의 소유가 될지니라 너희는 그들을 너희 후손에게 기업으로 주어 소유가 되게 할 것이라 이방인 중에서는 너희가 영원한 종을 삼으려니와 너희 동족 이스라엘 자손은 너희가 피차 엄하게 부리지 말지니라 만일 너와 함께 있는 거류민이나 동거인은 부유하게 되고 그와 함께 있는 네 형제는 가난하게 되므로 그가 너와 함께 있는 거류민이나 동거인 또는 거류민의 가족의 후손에게 팔리면 그가 팔린 후에 그에게는 속량 받을 권리가 있나니 그의 형제 중 하나가 그를 속량하거나 또는 그의 삼촌이나 그의 삼촌의 아들이 그를 속량하거나 그의 가족 중 그의 살붙이 중에서 그를 속량할 것이요 그가 부유하게 되면 스스로 속량하되 자기 몸이 팔린 해로부터 희년까지를 그 산 자와 계산하여 그 연수를 따라서 그 몸의 값을 정할 때에 그 사람을 섬긴 날을 그 사람에게 고용된 날로 여길 것이라 만일 남은 해가 많으면 그 연수대로 팔린 값에서 속량하는 값을 그 사람에게 도로 주고 만일 희년까지 남은 해가 적으면 그 사람과 계산하여 그 연수대로 속량하는 그 값을 그에게 도로 줄지며 주인은 그를 매년의 삯꾼과 같이 여기고 네 목전에서 엄하게 부리지 말지니라 그가 이같이 속량되지 못하면 희년에 이르러는 그와 그의 자녀가 자유하리니 이스라엘 자손은 나의 종들이 됨이라 그들은 내가 애굽 땅에서 인도하여 낸 내 종이요 나는 너희의 하나님 여호와이니라

이 주제와 관련하여 다음 구절도 참고할 수 있다.
민 26:52-56

십일조 규례

신 14:22-29

너는 마땅히 매 년 토지 소산의 십일조를 드릴 것이며 네 하나님 여호와 앞
곧 여호와께서 그의 이름을 두시려고 택하신 곳에서 네 곡식과 포도주와
기름의 십일조를 먹으며 또 네 소와 양의 처음 난 것을 먹고 네 하나님 여
호와 경외하기를 항상 배울 것이니라 그러나 네 하나님 여호와께서 자기의
이름을 두시려고 택하신 곳이 네게서 너무 멀고 행로가 어려워서 네 하나
님 여호와께서 그 풍부히 주신 것을 가지고 갈 수 없거든 그것을 돈으로 바
꾸어 그 돈을 싸 가지고 네 하나님 여호와께서 택하신 곳으로 가서 네 마음
에 원하는 모든 것을 그 돈으로 사되 소나 양이나 포도주나 독주 등 네 마음
에 원하는 모든 것을 구하고 거기 네 하나님 여호와 앞에서 너와 네 권속이
함께 먹고 즐거워할 것이며 네 성읍에 거주하는 레위인은 너희 중에 분깃
이나 기업이 없는 자이니 또한 저버리지 말지니라 매 삼 년 끝에 그 해 소산
의 십분의 일을 다 내어 네 성읍에 저축하여 너희 중에 분깃이나 기업이 없
는 레위인과 네 성중에 거류하는 객과 및 고아와 과부들이 와서 먹고 배부
르게 하라 그리하면 네 하나님 여호와께서 네 손으로 하는 범사에 네게 복
을 주시리라

신 26:12-13

셋째 해 곧 십일조를 드리는 해에 네 모든 소산의 십일조 내기를 마친 후에
그것을 레위인과 객과 고아와 과부에게 주어 네 성읍 안에서 먹고 배부르
게 하라 그리 할 때에 네 하나님 여호와 앞에 아뢰기를 내가 성물을 내 집에
서 내어 레위인과 객과 고아와 과부에게 주기를 주께서 내게 명령하신 명
령대로 하였사오니 내가 주의 명령을 범하지도 아니하였고 잊지도 아니하
였나이다

이 주제와 관련하여 다음 구절도 참고할 수 있다.
창 28:20-22; 레 27:32-33; 눅 11:42

추수 규례

신 24:19-22

네가 밭에서 곡식을 벨 때에 그 한 뭇을 밭에 잊어버렸거든 다시 가서 가져오지 말고 나그네와 고아와 과부를 위하여 남겨두라 그리하면 네 하나님 여호와께서 네 손으로 하는 모든 일에 복을 내리시리라 네가 네 감람나무를 떤 후에 그 가지를 다시 살피지 말고 그 남은 것은 객과 고아와 과부를 위하여 남겨두며 네가 네 포도원의 포도를 딴 후에 그 남은 것을 다시 따지 말고 객과 고아와 과부를 위하여 남겨두라 너는 애굽 땅에서 종 되었던 것을 기억하라 이러므로 내가 네게 이 일을 행하라 명령하노라

> 이 주제와 관련하여 다음 구절도 참고할 수 있다.
> 레 19:9-10; 23:22; 룻 2:1-9

이자제도

출 22:25-27

네가 만일 너와 함께 한 내 백성 중에서 가난한 자에게 돈을 꾸어 주면 너는 그에게 채권자 같이 하지 말며 이자를 받지 말 것이며 네가 만일 이웃의 옷을 전당 잡거든 해가 지기 전에 그에게 돌려보내라 그것이 유일한 옷이라 그것이 그의 알몸을 가릴 옷인즉 그가 무엇을 입고 자겠느냐 그가 내게 부르짖으면 내가 들으리니 나는 자비로운 자임이니라

> 이 주제와 관련하여 다음 구절도 참고할 수 있다.
> 신 23:19-20 느 5:1-12

제사제도

레 5:7-11

만일 그의 힘이 어린 양을 바치는 데에 미치지 못하면 그가 지은 죄를 속죄하기 위하여 산비둘기 두 마리나 집비둘기 새끼 두 마리를 여호와께로 가져가되 하나는 속죄제물을 삼고 하나는 번제물을 삼아 제사장에게로 가져갈 것이요 제사장은 그 속죄제물을 먼저 드리되 그 머리를 목에서 비틀어 끊고 몸은 아주 쪼개지 말며 그 속죄제물의 피를 제단 곁에 뿌리고 그 남은 피는 제단 밑에 흘릴지니 이는 속죄제요 그 다음 것은 규례대로 번제를 드릴지니 제사장이 그의 잘못을 위하여 속죄한즉 그가 사함을 받으리라 만일 그의 손이 산비둘기 두 마리나 집비둘기 두 마리에도 미치지 못하면 그의 범죄로 말미암아 고운 가루 십분의 일 에바를 예물로 가져다가 속죄제물로 드리되 이는 속죄제인즉 그 위에 기름을 붓지 말며 유향을 놓지 말고

레 12:6-8

아들이나 딸이나 정결하게 되는 기한이 차면 그 여인은 번제를 위하여 일 년 된 어린 양을 가져가고 속죄제를 위하여 집비둘기 새끼나 산비둘기를 회막 문 제사장에게로 가져갈 것이요 제사장은 그것을 여호와 앞에 드려서 그 여인을 위하여 속죄할지니 그리하면 산혈이 깨끗하리라 이는 아들이나 딸을 생산한 여인에게 대한 규례니라 그 여인이 어린 양을 바치기에 힘이 미치지 못하면 산비둘기 두 마리나 집비둘기 새끼 두 마리를 가져다가 하나는 번제물로, 하나는 속죄제물로 삼을 것이요 제사장은 그를 위하여 속죄할지니 그가 정결하리라

이 주제와 관련하여 다음 구절도 참고할 수 있다.
레 14:1-2, 21-22

선지자들의 메시지에서: 메시아 왕의 공의로운 통치

타락 이후 죄와 사망의 권세 아래에서 고통 받으며 괴로움을 겪는 이들, 특히 가난한 자와 약자들에 대한 하나님의 관심과 사랑은 시편에서도 드러났을 뿐만 아니라, 나그네와 타국인을 돌보라는 출애굽기과 신명기에서의 말씀에서도, 구약의 여러 율법제도에서도 구체적으로 표현되었다. 그러나 이스라엘 백성은 하나님의 뜻을 따르지 않고 불순종의 길로 걸어갔다.

그들은 가난한 자들과 소외된 자들, 나그네들과 타국인들을 사랑으로 돌아보지 않을 뿐만 아니라 오히려 권력자들과 결탁하여 그들을 착취하며, 온갖 제도와 경제활동에서 불의한 삶을 살아갔다. 그러한 불순종한 이스라엘에게 하나님은 선지자들을 보내어 임박한 심판을 외치게 하셨고, 또 앞으로 메시아 왕의 공의로운 통치가 임하게 될 것이라고 하셨다. 본 항목에서 우리는 선지자 이사야, 예레미야, 에스겔, 아모스 등의 메시지를 살펴볼 것인데 먼저 이사야와 동시대 선지자인 미가의 외침을 들어보려 한다.

세상 두령들과 치리자들의 통치행위에서

미 3:1-4; 9-12
내가 또 이르노니 야곱의 우두머리들과 이스라엘 족속의 통치자들아 들으라 정의를 아는 것이 너희의 본분이 아니냐 너희가 선을 미워하고 악을 기뻐하여 내 백성의 가죽을 벗기고 그 뼈에서 살을 뜯어 그들의 살을 먹으며 그 가죽을 벗기며 그 뼈를 꺾어 다지기를 냄비와 솥 가운데에 담을 고기처럼 하는도다 그 때에 그들이 여호와께 부르짖을지라도 응답하지 아니하시고 그들의 행위가 악했던 만큼 그들 앞에 얼굴을 가리시리라 … 야곱 족속의 우두머리들과 이스라엘 족속의 통치자들 곧 정의를 미워하고 정직한 것을 굽게 하는 자들아 원하노니 이 말을 들을지어다 시온을 피로, 예루살렘을 죄악으로 건축하는도다 그들의 우두머리들은 뇌물을 위하여 재판하며 그들의 제사장은 삯을 위하여 교훈하며 그들의 선지자는 돈을 위하여 점을 치면서도 여호와를 의뢰하여 이르기를 여호와께서 우리 중에 계시지 아니하냐 재앙이 우리에게 임하지 아니하리라 하는도다 이러므로 너희로 말미암아 시온은 갈아엎은 밭이 되고 예루살렘은 무더기가 되고 성전의 산은 수풀의 높은 곳이 되리라

해설

미가는 예레미야 보다 먼저 유다의 멸망을 선포한 선지자였다. 그는 이사야와 동시대인 B.C. 8세기 후반부, 즉 유다 왕 요담, 아하스, 히스기야 시대에 예언했던 선지자로 유다의 두령들과 치리자들이 가난하고 힘없는 자들을 공의로 다스리지 못함을 지적하며 예루살렘의 완전한 멸망이라는 하나님의 심판을 외쳤던 최초의 선지자였다. 후에 예레미야가 그와 같은 메시지를 이어받아 예언하여 위험한 순간을 맞게 되었을 때, 미가의 예언과 활동이 예레미야를 변호하기 위해 인용되었다 (렘 26:17 이하).

미가서에 나오는 세편의 설교 중 3장은 나라의 관리들과 영적 지도자들의 부패를 지적하는 두 번째 설교의 시작부분이다. 그리고 미가는 백성의 치리자들인 선지자들과 제사장이 돈에 대한 탐욕에 빠져있었다고 지적했다. 선지자들은 율법의 교훈을 전하고 그 대가로 돈을 받았다. 또한 이스라엘에서 시행되었던 재판방식에 의하면 가장 곤란한 판결은 제사장에게 가져와 하나님의 판결을 받도록 되어있었는데, 제사장들은 권력자들이나 부요한 이들과의 관계 때문에 "정직한 것을 굽게하는" 일들을 자행했다.

이러한 부패행위는 가축같이 백성들을 취급하는 것으로 비유된다. 처음에 사람들이 가축의 가죽을 벗기고 뼈를 고른 후 고기를 산산조각내어 솥에 넣어서 삶아 먹는 것과 같이, 그들도 백성들의 생계수단을 빼앗을 뿐만 아니라 그들을 삼키기까지 했다. 가난한 자와 약자를 돌보라는 하나님의 말씀을 듣지 않고 오히려 그들을 약탈하며 그들의 삶과 가정까지 파괴되는 일들이 발생했다(미 2:8-9). 결국 유다 사회는 친구도, 가족도 아무도 믿지 못하는 소망없는 사회가 되고 말았다(미 7:5-6). 이러한 불순종과 불의한 삶 가운데에 빠진 유다를 향한 하나님의 심판은 그들의 삶의 영역에 미쳤다.[186]

또한 미가가 말하는 구원이 총체적임을 기억해야 한다. 그는 결코 유다 백성이 앗수르와 같은 강대국의 통치에서 벗어나 사회 경제적 안정을 누리는 것만을 구원이라고 말하지 않는다. 미가는 유다에게 주어질 구원이 오히려 바벨론에서 주어진다고 말하며(미 4:10), 유다가 당시에 거하고 있는 가나안 땅이 "너희의 쉴 곳"이 아니라고 지적한다(미 2:10). 다시 말해 미가가 외쳤던 구원은 근본적으로 하나님의 통치에서 주어지는 구원이다. 이스라엘을 다스릴 자의 오심으로(미 5:2), 죄와 사망의 권세 아래 신음하며 고통 받는 유다 백성에게 메시아의 의의 통치에서 참 샬롬과 회복이 주어진다고 했다(미 5:5). 그런데, 이러한 유다 백성들 개개인의 죄로부터의 영적 회복으로서의 구원은 유다의 민족과 사회에서 하나님의 공의와 사랑의 삶의 회복을 통해 사회적 의를 세우는 것을 배제하지 않는다. 미가는 메시아의 통치의 회복을 통한 구원을 말하면서 하나님 앞에서 죄의 고백과 돌이킴이 우선적이고 중요하지만, 그것은 사회에서 하나님의 공의를 이루고 그 분의 사랑을 실천하여 사회적 의를 세워가는 삶도 포함한다고 강조했다.

---

186 C. F. Keil, F. Delitzsch, 『카일 델리취 구약주석 아모스, 오바댜, 요나, 미가』 홍성현 역 (서울: 기독교문화사, 1984), 209-242.

미 4:1-4

끝날에 이르러는 여호와의 전의 산이 산들의 꼭대기에 굳게 시며 작은 산들 위에 뛰어나고 민족들이 그리로 몰려갈 것이라 곧 많은 이방 사람들이 가며 이르기를 오라 우리가 여호와의 산에 올라가서 야곱의 하나님의 전에 이르자 그가 그의 도를 가지고 우리에게 가르치실 것이니라 우리가 그의 길로 행하리라 하리니 이는 율법이 시온에서부터 나올 것이요 여호와의 말씀이 예루살렘에서부터 나올 것임이라 그가 많은 민족들 사이의 일을 심판하시며 먼 곳 강한 이방 사람을 판결하시리니 무리가 그 칼을 쳐서 보습을 만들고 창을 쳐서 낫을 만들 것이며 이 나라와 저 나라가 다시는 칼을 들고 서로 치지 아니하며 다시는 전쟁을 연습하지 아니하고 각 사람이 자기 포도나무 아래와 자기 무화과나무 아래에 앉을 것이라 그들을 두렵게 할 자가 없으리니 이는 만군의 여호와의 입이 이같이 말씀하셨음이라

렘 22:13-19

불의로 그 집을 세우며 부정하게 그 다락방을 지으며 자기의 이웃을 고용하고 그의 품삯을 주지 아니하는 자에게 화 있을진저 그가 이르기를 내가 나를 위하여 큰 집과 넓은 다락방을 지으리라 하고 자기를 위하여 창문을 만들고 그것에 백향목으로 입히고 붉은 빛으로 칠하도다 네가 백향목을 많이 사용하여 왕이 될 수 있겠느냐 네 아버지가 먹거나 마시지 아니하였으며 정의와 공의를 행하지 아니하였느냐 그 때에 그가 형통하였었느니라 그는 가난한 자와 궁핍한 자를 변호하고 형통하였나니 이것이 나를 앎이 아니냐 여호와의 말씀이니라 그러나 네 두 눈과 마음은 탐욕과 무죄한 피를 흘림과 압박과 포악을 행하려 할 뿐이니라 그러므로 여호와께서 유다의 왕 요시야의 아들 여호야김에게 대하여 이와 같이 말씀하시니라 무리가 그를 위하여 슬프다 내 형제여, 슬프다 내 자매여 하며 통곡하지 아니할 것이며 그를 위하여 슬프다 주여 슬프다 그 영광이여 하며 통곡하지도 아니할 것이라 그가 끌려 예루살렘 문 밖에 던져지고 나귀 같이 매장함을 당하리라

본문은 죄악과 불의를 행하는 유다에 대한 하나님의 심판의 메시지가
담겨있다. 특히, 본문은 구체적으로 유다 땅에 통치자로 세움을 입은
여호야김에게 초점을 맞추어서 하나님의 공의를 굽게 하는 일을 지적
하고 있다. 예레미야가 예언사역을 시작하기 몇 년 전부터 이미 유다
의 왕 요시야는 유다의 영적 개혁을 위해 열심을 다해 사역하였다. 그
러나, 그가 죽은 후 세움을 입은 그의 아들 여호아하스는 곧 애굽으로
포로로 잡혀갔고, 애굽의 파라오에 의해 요시야의 둘째아들 여호야김
이 왕위에 올랐다.

그런데, 여호야김은 이기적이고 타락한 통치자의 모습을 드러내었다.
그는 자신을 위한 웅장한 궁전을 짓기 위해 강제로 시민들을 노역하게
했고 그 품삯도 제대로 지급하지 않았다. "불의로 그 집을 세우며… 그
이웃을 고용하고 그 고가를 주지 아니"했던 여호야김은 예레미야가 본
문에서 지적하는 불의한 통치자이며, 하나님의 심판을 피할 수 없는
자였다. 15절에서 예레미야는 왕의 본분은 백성의 땀과 피로 웅장한
건물을 세우는 데 있는 것이 아니라, 공의와 정직을 행하는 데에 있다
고 했다.

여호야김에 대한 심판을 말하는 예레미야의 예언은 성취되었다. 열왕
기하 24장 6절 이하에서 여호야김이 "열조와 함께 잠들었다"는 언급이
있지만, 어느 곳에서도 그의 장례절차나 매장에 대한 언급을 발견할
수 없다. 델리취는 여호야김이 갈대아 수리아 군대와의 전쟁에서 죽
었고, 그 전쟁에서 예루살렘 성이 함락된 후, 예루살렘 밖에 장사되지
못하고 방치되어 있었다고 본다.[187]

---

187 C. F. Keil, F. Delitzsch, 『카일 델리취 구약주석 예레미야애가』, 송봉길 역 (서울: 기독교문화사, 1984),
363.

겔 45:9-10

주 여호와께서 이같이 말씀하셨느니라 이스라엘의 통치자들아 니희에게
만족하니라 너희는 포악과 겁탈을 제거하여 버리고 정의와 공의를 행하여
내 백성에게 속여 빼앗는 것을 그칠지니라 주 여호와의 말씀이니라 너희는
공정한 저울과 공정한 에바와 공정한 밧을 쓸지니

이 주제와 관련하여 다음 구절도 참고할 수 있다.
잠 29:4,14; 전 5:8; 사 1:21-26; 겔 22:6-12; 단 4:24-28

법적, 경제적 활동에서

신 1:16-17

내가 그 때에 너희의 재판장들에게 명하여 이르기를 너희가 너희의 형제
중에서 송사를 들을 때에 쌍방간에 공정히 판결할 것이며 그들 중에 있는
타국인에게도 그리 할 것이라 재판은 하나님께 속한 것인즉 너희는 재판할
때에 외모를 보지 말고 귀천을 차별 없이 듣고 사람의 낯을 두려워하지 말
것이며 스스로 결단하기 어려운 일이 있거든 내게로 돌리라 내가 들으리라
하였고

신 24:10-15

네 이웃에게 무엇을 꾸어줄 때에 너는 그의 집에 들어가서 전당물을 취하
지 말고 너는 밖에 서 있고 네게 꾸는 자가 전당물을 밖으로 가지고 나와서
네게 줄 것이며 그가 가난한 자이면 너는 그의 전당물을 가지고 자지 말고
해 질 때에 그 전당물을 반드시 그에게 돌려줄 것이라 그리하면 그가 그 옷
을 입고 자며 너를 위하여 축복하리니 그 일이 네 하나님 여호와 앞에서 네
공의로움이 되리라 곤궁하고 빈한한 품꾼은 너희 형제든지 네 땅 성문 안
에 우거하는 객이든지 그를 학대하지 말며 그 품삯을 당일에 주고 해 진 후
까지 미루지 말라 이는 그가 가난하므로 그 품삯을 간절히 바람이라 그가

너를 여호와께 호소하지 않게 하라 그렇지 않으면 그것이 네게 죄가 될 것임이라

잠 16:11-12
공평한 저울과 접시 저울은 여호와의 것이요 주머니 속의 저울추도 다 그가 지으신 것이니라 악을 행하는 것은 왕들이 미워할 바니 이는 그 보좌가 공의로 말미암아 굳게 섬이니라

사 10:1-4
불의한 법령을 만들며 불의한 말을 기록하며 가난한 자를 불공평하게 판결하여 가난한 내 백성의 권리를 박탈하며 과부에게 토색하고 고아의 것을 약탈하는 자는 화 있을진저 벌하시는 날과 멀리서 오는 환난 때에 너희가 어떻게 하려느냐 누구에게로 도망하여 도움을 구하겠으며 너희의 영화를 어느 곳에 두려느냐 포로 된 자 아래에 구푸리며 죽임을 당한 자 아래에 엎드러질 따름이니라 그럴지라도 여호와의 진노가 돌아서지 아니하며 그의 손이 여전히 펴져 있으리라

해설

이사야는 북 이스라엘과 남 유다가 모두 번영을 누리던 시기에 활동했다. 그럼에도 모든 백성이 그 번영을 누리며 살지 못했고, 여전히 불의한 관리들과 부자들에 의해 억압당하는 가난한 자들도 있었다. 이사야는 바로 이러한 문제들을 지적하고 있다. 특히, 이사야 10장은 불의한 법령을 제정하고, 공직을 이용해 가난한 자들을 억압하는 통치자들에 대한 하나님의 심판을 선포하는 내용이다. 이들은 자신의 이익을 확보하기에 유리한 법령을 제정하고서, 그 법령에 근거하여 힘없는 자들의 토지와 재물을 취해가는 불의를 행했다.[188]

---

188 Sider, *Rich Christians in an Age of Hunger: A Biblical Study*, 135-136

사 5:8-13, 15-16, 22-24.

가옥에 가옥을 이으며 전토에 전토를 너하여 빈 틈이 없도록 하고 이 땅 가운데에서 홀로 거주하려 하는 자들은 화 있을진저 만군의 여호와께서 내 귀에 말씀하시되 정녕히 허다한 가옥이 황폐하리니 크고 아름다울지라도 거주할 자가 없을 것이며 열흘 갈이 포도원에 겨우 포도주 한 바트가 나겠고 한 호멜의 종자를 뿌려도 간신히 한 에바가 나리라 하시도다 아침에 일찍이 일어나 독주를 마시며 밤이 깊도록 포도주에 취하는 자들은 화 있을진저 그들이 연회에는 수금과 비파와 소고와 피리와 포도주를 갖추었어도 여호와께서 행하시는 일에 관심을 두지 아니하며 그의 손으로 하신 일을 보지 아니하는도다 그러므로 내 백성이 무지함으로 말미암아 사로잡힐 것이요 그들의 귀한 자는 굶주릴 것이요 무리는 목마를 것이라 … 여느 사람은 구푸리고 존귀한 자는 낮아지고 오만한 자의 눈도 낮아질 것이로되 오직 만군의 여호와는 정의로우시므로 높임을 받으시며 거룩하신 하나님은 공의로우시므로 거룩하다 일컬음을 받으시리니 … 포도주를 마시기에 용감하며 독주를 잘 빚는 자들은 화 있을진저 그들은 뇌물로 말미암아 악인을 의롭다 하고 의인에게서 그 공의를 빼앗는도다 이로 말미암아 불꽃이 그루터기를 삼킴 같이, 마른 풀이 불 속에 떨어짐 같이 그들의 뿌리가 썩겠고 꽃이 티끌처럼 날리리니 그들이 만군의 여호와의 율법을 버리며 이스라엘의 거룩하신 이의 말씀을 멸시하였음이라

겔 18:5-9

사람이 만일 의로워서 정의와 공의를 따라 행하며 산 위에서 제물을 먹지 아니하며 이스라엘 족속의 우상에게 눈을 들지 아니하며 이웃의 아내를 더럽히지 아니하며 월경 중에 있는 여인을 가까이 하지 아니하며 사람을 학대하지 아니하며 빚진 자의 저당물을 돌려 주며 강탈하지 아니하며 주린 자에게 음식물을 주며 벗은 자에게 옷을 입히며 변리를 위하여 꾸어 주지 아니하며 이자를 받지 아니하며 스스로 손을 금하여 죄를 짓지 아니하며 사람과 사람 사이에 진실하게 판단하며 내 율례를 따르며 내 규례를 지켜 진실하게 행할진대 그는 의인이니 반드시 살리라 주 여호와의 말씀이니라

암 5:10-15

무리가 성문에서 책망하는 자를 미워하며 정직히 말하는 자를 싫어하는도다 너희가 힘없는 자를 밟고 그에게서 밀의 부당한 세를 거두었은즉 너희가 비록 다듬은 돌로 집을 건축하였으나 거기 거주하지 못할 것이요 아름다운 포도원을 가꾸었으나 그 포도주를 마시지 못하리라 너희의 허물이 많고 죄악이 무거움을 내가 아노라 너희는 의인을 학대하며 뇌물을 받고 성문에서 가난한 자를 억울하게 하는 자로다 그러므로 이런 때에 지혜자가 잠잠하나니 이는 악한 때임이니라 너희는 살려면 선을 구하고 악을 구하지 말지어다 만군의 하나님 여호와께서 너희의 말과 같이 너희와 함께 하시리라 너희는 악을 미워하고 선을 사랑하며 성문에서 정의를 세울지어다 만군의 하나님 여호와께서 혹시 요셉의 남은 자를 불쌍히 여기시리라

> 이 주제와 관련하여 다음 구절도 참고할 수 있다.
> 출 23:6-8; 레 19:35-36; 신 16:18-20; 25:13-16; 왕상 21:1-19; 시 94:20-23;잠 11:1, 20:10; 28:21; 호 12:7-9; 암 2:6-9; 8:4-8; 미 6:9-15; 합 2:5-12; 슥 7:8-14; 8:14-17; 약 5:1-6

종교생활에서

사 1:10-17

너희 소돔의 관원들아 여호와의 말씀을 들을지어다 너희 고모라의 백성아 우리 하나님의 법에 귀를 기울일지어다 여호와께서 말씀하시되 너희의 무수한 제물이 내게 무엇이 유익하뇨 나는 숫양의 번제와 살진 짐승의 기름에 배불렀고 나는 수송아지나 어린 양이나 숫염소의 피를 기뻐하지 아니하노라 너희가 내 앞에 보이러 오니 이것을 누가 너희에게 요구하였느냐 내 마당만 밟을 뿐이니라 헛된 제물을 다시 가져오지 말라 분향은 내가 가증히 여기는 바요 월삭과 안식일과 대회로 모이는 것도 그러하니 성회와 아울러 악을 행하는 것을 내가 견디지 못하겠노라 내 마음이 너희의 월삭과

정한 절기를 싫어하나니 그것이 내게 무거운 짐이라 내가 지기에 곤비하였느니라 너희가 손을 펼 때에 내가 내 눈을 너희에게서 가리고 너희가 많이 기도할지라도 내가 듣지 아니하리니 이는 너희의 손에 피가 가득함이라 너희는 스스로 씻으며 스스로 깨끗하게 하여 내 목전에서 너희 악한 행실을 버리며 행악을 그치고 선행을 배우며 정의를 구하며 학대 받는 자를 도와주며 고아를 위하여 신원하며 과부를 위하여 변호하라 하셨느니라

사 58:1-10

크게 외치라 목소리를 아끼지 말라 네 목소리를 나팔 같이 높여 내 백성에게 그들의 허물을, 야곱의 집에 그들의 죄를 알리라 그들이 날마다 나를 찾아 나의 길 알기를 즐거워함이 마치 공의를 행하여 그의 하나님의 규례를 저버리지 아니하는 나라 같아서 의로운 판단을 내게 구하며 하나님과 가까이 하기를 즐거워하는도다 우리가 금식하되 어찌하여 주께서 보지 아니하시오며 우리가 마음을 괴롭게 하되 어찌하여 주께서 알아 주지 아니하시나이까 보라 너희가 금식하는 날에 오락을 구하며 온갖 일을 시키는도다 보라 너희가 금식하면서 논쟁하며 다투며 악한 주먹으로 치는도다 너희가 오늘 금식하는 것은 너희의 목소리를 상달하게 하려는 것이 아니니라 이것이 어찌 내가 기뻐하는 금식이 되겠으며 이것이 어찌 사람이 자기의 마음을 괴롭게 하는 날이 되겠느냐 그의 머리를 갈대 같이 숙이고 굵은 베와 재를 펴는 것을 어찌 금식이라 하겠으며 여호와께 열납될 날이라 하겠느냐 내가 기뻐하는 금식은 흉악의 결박을 풀어 주며 멍에의 줄을 끌러 주며 압제 당하는 자를 자유하게 하며 모든 멍에를 꺾는 것이 아니겠느냐 또 주린 자에게 네 양식을 나누어 주며 유리하는 빈민을 집에 들이며 헐벗은 자를 보면 입히며 또 네 골육을 피하여 스스로 숨지 아니하는 것이 아니겠느냐 그리하면 네 빛이 새벽 같이 비칠 것이며 네 치유가 급속할 것이며 네 공의가 네 앞에 행하고 여호와의 영광이 네 뒤에 호위하리니 네가 부를 때에는 나 여호와가 응답하겠고 네가 부르짖을 때에는 내가 여기 있다 하리라 만일 네가 너희 중에서 멍에와 손가락질과 허망한 말을 제하여 버리고 주린 자에게 네 심정이 동하며 괴로워하는 자의 심정을 만족하게 하면 네 빛이 흑암 중에서 떠올라 네 어둠이 낮과 같이 될 것이며

암 5:20-24

여호와의 날은 빛 없는 어둠이 아니며 빛남 없는 캄캄함이 아니냐 내가 너희 절기들을 미워하여 멸시하며 너희 성회들을 기뻐하지 아니하나니 너희가 내게 번제나 소제를 드릴지라도 내가 받지 아니할 것이요 너희의 살진 희생의 화목제도 내가 돌아보지 아니하리라 네 노랫소리를 내 앞에서 그칠지어다 네 비파 소리도 내가 듣지 아니하리라 오직 정의를 물 같이, 공의를 마르지 않는 강 같이 흐르게 할지어다

미 6:6-8

내가 무엇을 가지고 여호와 앞에 나아가며 높으신 하나님께 경배할까 내가 번제물로 일 년 된 송아지를 가지고 그 앞에 나아갈까 여호와께서 천천의 숫양이나 만만의 강물 같은 기름을 기뻐하실까 내 허물을 위하여 내 맏아들을, 내 영혼의 죄로 말미암아 내 몸의 열매를 드릴까 사람아 주께서 선한 것이 무엇임을 네게 보이셨나니 여호와께서 네게 구하시는 것은 오직 정의를 행하며 인자를 사랑하며 겸손하게 네 하나님과 함께 행하는 것이 아니냐

이 주제와 관련하여 다음 구절도 참고할 수 있다.
마 25:31-46; 막 12:40; 눅 20:45-47; 렘 7:1-15

이스라엘의 죄악과 불의에 대한 하나님의 심판

사 3:1, 13-25

보라 주 만군의 여호와께서 예루살렘과 유다가 의뢰하며 의지하는 것을 제하여 버리시되 곧 그가 의지하는 모든 양식과 그가 의지하는 모든 물과 … 여호와께서 변론하러 일어나시며 백성들을 심판하려고 서시도다 여호와께서 자기 백성의 장로들과 고관들을 심문하러 오시리니 포도원을 삼킨 자는 너희이며 가난한 자에게서 탈취한 물건이 너희의 집에 있도다 어찌하여 너희가 내 백성을 짓밟으며 가난한 자의 얼굴에 맷돌질하느냐 주 만군의 여호와 내가 말하였느니라 하시도다 여호와께서 또 말씀하시되 시온의 딸들

이 교만하여 늘인 목, 정을 통하는 눈으로 다니며 아기작거려 걸으며 발로 는 쟁쟁한 소리를 낸다 하시도다 그러므로 주께서 시온의 딸들의 정수리에 딱지가 생기게 하시며 여호와께서 그들의 하체가 드러나게 하시리라 주께 서 그 날에 그들이 장식한 발목 고리와 머리의 망사와 반달 장식과 귀 고리 와 팔목 고리와 얼굴 가리개와 화관과 발목 사슬과 띠와 향합과 호신부와 반지와 코 고리와 예복과 겉옷과 목도리와 손 주머니와 손 거울과 세마포 옷과 머리 수건과 너울을 제하시리니 그 때에 썩은 냄새가 향기를 대신하 고 노끈이 띠를 대신하고 대머리가 숱한 머리털을 대신하고 굵은 베 옷이 화려한 옷을 대신하고 수치스러운 흔적이 아름다움을 대신할 것이며 너희 의 장정은 칼에, 너희의 용사는 전란에 망할 것이며

해설

B.C. 8세기 전반기에 북 이스라엘과 남 유다가 누렸었던 안정과 번영 의 시절은 더 이상 계속되지 않았다. 아니, 계속될 수 없었다. 아모스 (2:4-3:2)와 호세아(5:1-15)가 예언했던대로, 그들은 하나님의 심판을 피할 수가 없었다. 북 이스라엘은 B.C. 721년에 멸망했고, 남 유다도 외세의 침략으로 인하여 황폐해갔다.

이사야는 B.C. 8세기 초에 주어졌던 번영의 결과가 모든 백성들에게 공의롭게 분배되지 않았음을 고발한다. 이사야는 오히려 그들이 가난 한 자들을 속이고 억압함으로 부자가 되었음을 지적하면서, 그로 인해 유다가 멸망하게 될 것이라고 예언했다. 특히, 15절에서 포악한 지도 자들의 행위를 강한 어조로 표현한다. "짓밟는다", "맷돌질한다"는 표 현은 성경의 다른 어느 곳에서도 찾아볼 수 없는 강한 은유이다. 이 말 은 이미 굴복한 사람들을 무자비하게 다루어서 그들의 얼굴을 맷돌로 갈듯이 착취하는 모습을 의미한다. 그리고 그 대가로 자신들은 값비싼 장식물들로 치장하고 살았다(18-23절). 이사야는 당시의 부유층의 이 와 같은 죄를 고발한 것이다.[189]

189   C. F. Keil, F. Delitzsch, 『카일 델리취 구약주석 이사야서(상)』, 최성도 역 (서울: 기독교문화사, 1983), 160.

렘 5:26-29

내 백성 가운데 악인이 있어서 새 사냥꾼이 매복함 같이 지키며 덫을 놓아 사람을 잡으며 새장에 새들이 가득함 같이 너희 집들에 속임이 가득하도 다 그러므로 너희가 번창하고 거부가 되어 살지고 윤택하며 또 행위가 심 히 악하여 자기 이익을 얻으려고 송사 곧 고아의 송사를 공정하게 하지 아 니하며 빈민의 재판을 공정하게 판결하지 아니하니 내가 이 일들에 대하여 벌하지 아니하겠으며 내 마음이 이같은 나라에 보복하지 아니하겠느냐 여 호와의 말씀이니라

해설

예레미야는 요시야의 치세 13년이 되는 B.C. 626년에 선지자의 사역 을 시작했다. 북쪽 이스라엘은 이미 앗시리아에 의해 멸망당한 상태였 다. 그런데, 예레미야는 이제 유다도 곧 멸망할 것을 예상하고 있었다. 물론, 요시야가 우상 숭배 근절과 성전의 예배회복을 위해 혼신의 힘 을 다하고 있었다. 그러나, 하나님의 진노를 돌이키기에는 역부족이었 다(왕하 23:26). 예레미야는 유다의 성읍의 수효만큼 많아진 우상제단 에 대해 통탄하며(렘 2:28; 11:13), 예루살렘 거리의 수효만큼이나 많은 바알제단을 쌓았다고 지적했다.

예레미야 5장은 예레미야의 설교 중 두 번째(3:6-6:30)에 해당한다. 그 중에서 유다가 패역한 행위를 계속할 때 그 땅이 유린되고 멸망할 것 을 말하는 부분에 있다(4:3-6:30). 여기서 예레미야는 "가난한 자들을 억압한 부자들"의 죄악을 지적한다. 이를 무시한 예루살렘 주민들은 결국 B.C. 587년에 멸망하여 바벨론에 포로로 잡혀갔다. 하나님은 이 죄악을 멸망의 중요한 원인으로 간주했다.[190]

---

190 해방신학의 관점에 대한 개혁주의적 비판을 위해서는 Gundry와 Johnson이 편집한 *Tensions in Contemporary Theology* 에 수록된 간하배(Harvie Conn)의 논문을 참고하라.

겔 22:23-31

여호와의 말씀이 내게 임하여 이르시되 인자야 너는 그에게 이르기를 너는 정결함을 얻지 못한 땅이요 진노의 날에 비를 얻지 못한 땅이로다 하라 그 가운데에서 선지자들의 반역함이 우는 사자가 음식물을 움킴 같았도다 그들이 사람의 영혼을 삼켰으며 재산과 보물을 탈취하며 과부를 그 가운데에 많게 하였으며 그 제사장들은 내 율법을 범하였으며 나의 성물을 더럽혔으며 거룩함과 속된 것을 구별하지 아니하였으며 부정함과 정한 것을 사람이 구별하게 하지 아니하였으며 그의 눈을 가리어 나의 안식일을 보지 아니하였으므로 내가 그들 가운데에서 더럽힘을 받았느니라 그 가운데에 그 고관들은 음식물을 삼키는 이리 같아서 불의한 이익을 얻으려고 피를 흘려 영혼을 멸하거늘 그 선지자들이 그들을 위하여 회를 칠하고 스스로 허탄한 이상을 보며 거짓 복술을 행하며 여호와가 말하지 아니하였어도 주 여호와께서 이같이 말씀하셨느니라 하였으며 이 땅 백성은 포악하고 강탈을 일삼고 가난하고 궁핍한 자를 압제하고 나그네를 부당하게 학대하였으므로 이 땅을 위하여 성을 쌓으며 성 무너진 데를 막아 서서 나로 하여금 멸하지 못하게 할 사람을 내가 그 가운데에서 찾다가 찾지 못하였으므로 내가 내 분노를 그들 위에 쏟으며 내 진노의 불로 멸하여 그들 행위대로 그들 머리에 보응하였느니라 주 여호와의 말씀이니라

암 4:1-3

사마리아의 산에 있는 바산의 암소들아 이 말을 들으라 너희는 힘 없는 자를 학대하며 가난한 자를 압제하며 가장에게 이르기를 술을 가져다가 우리로 마시게 하라 하는도다 주 여호와께서 자기의 거룩함을 두고 맹세하시되 때가 너희에게 이를지라 사람이 갈고리로 너희를 끌어 가며 낚시로 너희의 남은 자들도 그리하리라 너희가 성 무너진 데를 통하여 각기 앞으로 바로 나가서 하르몬에 던져지리라 여호와의 말씀이니라

8세기 중엽에 아모스는 예언 사역을 시작했다. 당시 이스라엘은 솔로
몬 시대 이후로 유례없는 정치적 안정과 경제적 번영을 누리던 시기였
다. 하지만 빈부 격차가 크게 벌어졌고, "빈익빈 부익부"의 현상이 나
타났다. 고고학자의 발굴에 의하면 B.C. 10세기까지 집들이 거의 비슷
한 크기였으나, 8세기 경에 이르러 더 크고 잘 지은 집들이 있는 지역
과 가난한 형태의 집들이 있는 지역이 구별되었다.

아모스는 서두에서 "바산의 암소들"을 언급한다. 이는 당시 방탕했던
사마리아 여인들을 가리킨다. 그는 이스라엘의 경제적 성장 이면에 가
난한 자들을 억압하는 부요한 자들의 포악을 지적했다. 힘 있고 부요
한 이들은 높은 이자를 받고 돈을 빌려주며, 대여금을 상환하지 못할
경우 그들은 재산까지도 빼앗았다. 가난한 자들의 머리에 있는 티끌을
탐내는 부자들(2:7), 가난한 자들을 억압하여 부유하게 살고 있는 부자
들(6:1-7), 위의 본문은 부유한 여자들을 고발한다. 그들은 하나님의
심판을 피할 수 없다.[191]

> 이 주제와 관련하여 다음 구절도 참고할 수 있다.
> 욥 24:1-24; 31:16-23; 시 72:1-4, 12-14; 41:1-2; 82:1-5; 렘
> 21:11-12; 22:1-5; 겔 16:48-50; 암 8:4-8; 미 2:1-10; 눅 16:19-31

예수님의 메시야 사역과 교훈에서의 총체적 관심

구약의 선지자들의 메시지는 죄악과 불의에 가득 찬 이스라엘 백성들

---

191 Sider, *Rich Christians in an Age of Hunger: A Biblical Study*, 63; Delitzsch, 『카일 델리취 구약주석 아모스,
오바댜, 요나, 미가』, 45-46.

에게 임할 하나님의 심판의 주제로만 끝나지 않는다. 하나님은 선지자들을 통해 메시아가 통치하는 나라가 임할 것을 예언하셨다. 그 예언의 약속을 따라 이 땅위에 오신 주님은 자신의 사역과 교훈을 통해 이 땅 위에 하나님의 사랑이 풍성한 나눔과 섬김의 공동체를 세우시고, 그들을 통해 죄와 사망의 통치 아래 신음하는 모든 이들에게 복음과 사랑을 실천하는 총체적 복음사역을 행하게 하셨다. 이러한 예수님의 메시아 사역의 성격은 복음서에서 발견된다.

예수님의 사역

마 11:2-5
요한이 옥에서 그리스도께서 하신 일을 듣고 제자들을 보내어 예수께 여짜오되 오실 그이가 당신이오니이까 우리가 다른 이를 기다리오리이까 예수께서 대답하여 이르시되 너희가 가서 듣고 보는 것을 요한에게 알리되 맹인이 보며 못 걷는 사람이 걸으며 나병환자가 깨끗함을 받으며 못 듣는 자가 들으며 죽은 자가 살아나며 가난한 자에게 복음이 전파된다 하라

마 9:35
예수께서 모든 도시와 마을에 두루 다니사 그들의 회당에서 가르치시며 천국 복음을 전파하시며 모든 병과 모든 약한 것을 고치시니라

눅 4:16-21
예수께서 그 자라나신 곳 나사렛에 이르사 안식일에 늘 하시던 대로 회당에 들어가사 성경을 읽으려고 서시매 선지자 이사야의 글을 드리거늘 책을 펴서 이렇게 기록된 데를 찾으시니 곧 주의 성령이 내게 임하셨으니 이는 가난한 자에게 복음을 전하게 하시려고 내게 기름을 부으시고 나를 보내사

포로 된 자에게 자유를, 눈 먼 자에게 다시 보게 함을 전파하며 눌린 자를 자유롭게 하고 주의 은혜의 해를 전파하게 하려 하심이라 하였더라 책을 덮어 그 맡은 자에게 주시고 앉으시니 회당에 있는 자들이 다 주목하여 보더라 이에 예수께서 그들에게 말씀하시되 이 글이 오늘 너희 귀에 응하였느니라 하시니

해설

본문에 대한 복음주의자들 사이의 입장 차이는 로날드 사이더와 헨리 홀로만(Henry Holloman)에게서도 드러난다. 사이더는 19절이 종말론적 희년을 가리킨다고 보는 로버트 슬론(Robert Sloan)과 같은 학자들의 견해를 근거로 예수님의 선교사역의 핵심이 사회-경제적 변화를 가리키는 것이라고 말한다.[192] *Rich Christians in an Age of Hunger*에서 이 본문을 영해하려는 시도를 비판하면서 예수님이 우리의 영적 죄의 문제를 해결하러 오신 것은 사실이지만 본문은 분명히 문자 그대로 물질적, 육체적 문제를 가리키는 의미에서 이해해야 한다고 주장한다. 그 이유로 본문이 인용되는 이사야의 배경은 물리적 억압과 포로상태를 가리키고 있으며, 본문과 직접적으로 연결되는 누가복음 7장 18-23절도 분명히 물질적, 육체적 문제를 언급하고 있고, 또한 예수님의 사역도 이 해석과 일치된다고 설명했다.

반면에, 홀로만은 다음 몇 가지의 이유를 들면서 본문이 영적 죄로부터의 해방을 의미하는 구절로 본다. 1) 본문에서 예수님이 말한 "가난한 자들"은 결코 경제적으로 가난한 자들만을 가리킨다고 할 수 없다. 2) "포로된 자에게 자유를" 전파한다(18절)고 하셨는데, 예수님은 감옥에 처했던 죄수를 실제적으로 자유롭게 하는 일을 행하시지 않았다. 오히려, 성경은 죄에 노예가 된 이들을 영적으로 해방하는 것을 복음의 의미로서 제시하고 있다(요 8:31-32, 34, 36; 롬 6:17-22; 갈 3:13-14;

---

192 Ronald J. Sider, *Cry Justice* (Downers Grove, IL: IVP, 1980), 34, 66-67.

엡 1:7; 골 1:13-14; 딛 2:14; 벧전 1:1-19) 3) "눈먼 자에게 다시 보게함을"(18절) 전파한다는 것은 예수님이 실제 맹인을 치료하신 경우도 많이 있지만, 동시에 영적 시력의 회복을 의미하는 구절도 있다(행 26:18; 계 3:17-18; 요 9:39-41; 엡 4:18). 4) "눌린 자를 자유롭게 하고"라는 표현은 정치-경제적 차원의 자유로 보기 어렵다. 이는 당시의 로마의 통치 아래서 억압받았던 이들은 그대로 눌린 상태로 남았었기 때문이다 (눅 21:24).

결론적으로 홀로만은 누가복음 4장 18-19절이 언급하는 "가난한 자에 주어진 복음"은 영적인 의미에서 이해해야 하며, 이를 우선적으로 경제적 가난함을 해결하려는 의미로만 해석해서는 안 된다고 주장했다.

이처럼 누가복음 4장 18절 이하의 말씀을 문자적으로만 해석해서는 안 된다. 그러나, 본문을 영적인 차원에서 해석하는 것에 주님의 복음 사역에 눈먼 자들의 시력을 회복시켜주며 가난하고 굶주린 자들을 돌보는 사역이 포함된다. 따라서 이 해석에는 재고의 여지가 있다. 그러므로 본문은 그리스도인의 사회적 책임을 위한 근거로 적절하지 못하나, 동시에 복음의 대사회적 의미를 드러내는 구절의 범주에서 완전히 배제시킬 필요는 없다.

눅 7:18-23

요한의 제자들이 이 모든 일을 그에게 알리니 요한이 그 제자 중 둘을 불러 주께 보내어 이르되 오실 그이가 당신이오니이까 우리가 다른 이를 기다리오리이까 하라 하매 그들이 예수께 나아가 이르되 세례 요한이 우리를 보내어 당신께 여쭈어 보라고 하기를 오실 그이가 당신이오니이까 우리가 다른 이를 기다리오리이까 하더이다 하니 마침 그 때에 예수께서 질병과 고통과 및 악귀 들린 자를 많이 고치시며 또 많은 맹인을 보게 하신지라 예수께서 대답하여 이르시되 너희가 가서 보고 들은 것을 요한에게 알리되 맹인이 보며 못 걷는 사람이 걸으며 나병환자가 깨끗함을 받으며 귀먹은 사람이 들으며 죽은 자가 살아나며 가난한 자에게 복음이 전파된다 하라 누

구든지 나로 말미암아 실족하지 아니하는 자는 복이 있도다 하시니라

행 10:38
하나님이 나사렛 예수에게 성령과 능력을 기름 붓듯 하셨으매 그가 두루 다니시며 선한 일을 행하시고 마귀에게 눌린 모든 사람을 고치셨으니 이는 하나님이 함께 하셨음이라

사 61:1
주 여호와의 영이 내게 내리셨으니 이는 여호와께서 내게 기름을 부으사 가난한 자에게 아름다운 소식을 전하게 하려 하심이라 나를 보내사 마음이 상한 자를 고치며 포로된 자에게 자유를, 갇힌 자에게 놓임을 선포하며

> 이 주제와 관련하여 다음 구절도 참고할 수 있다.
> 마 12:15-21; 막 6:6; 눅 1:51-53; 사 11:1-4

예수님의 가르침

마 19:20-22
그 청년이 이르되 이 모든 것을 내가 지키었사온대 아직도 무엇이 부족하니이까 예수께서 이르시되 네가 온전하고자 할진대 가서 네 소유를 팔아 가난한 자들에게 주라 그리하면 하늘에서 보화가 네게 있으리라 그리고 와서 나를 따르라 하시니 그 청년이 재물이 많으므로 이 말씀을 듣고 근심하며 가니라

마 22:34-40
예수께서 사두개인들로 대답할 수 없게 하셨다 함을 바리새인들이 듣고 모였는데 그 중의 한 율법사가 예수를 시험하여 묻되 선생님 율법 중에서 어

느 계명이 크니이까 예수께서 이르시되네 마음을 다하고 목숨을 다하고 뜻을 다하여 주 너의 하나님을 사랑하라 하셨으니 이것이 크고 첫째 되는 계명이요 둘째도 그와 같으니 네 이웃을 네 자신 같이 사랑하라 하셨으니 이 두 계명이 온 율법과 선지자의 강령이니라

마 25:31-46

인자가 자기 영광으로 모든 천사와 함께 올 때에 자기 영광의 보좌에 앉으리니 모든 민족을 그 앞에 모으고 각각 구분하기를 목자가 양과 염소를 구분하는 것 같이 하여 양은 그 오른편에 염소는 왼편에 두리라 그 때에 임금이 그 오른편에 있는 자들에게 이르시되 내 아버지께 복 받을 자들이여 나아와 창세로부터 너희를 위하여 예비된 나라를 상속받으라 내가 주릴 때에 너희가 먹을 것을 주었고 목마를 때에 마시게 하였고 나그네 되었을 때에 영접하였고 헐벗었을 때에 옷을 입혔고 병들었을 때에 돌보았고 옥에 갇혔을 때에 와서 보았느니라 이에 의인들이 대답하여 이르되 주여 우리가 어느 때에 주께서 주리신 것을 보고 음식을 대접하였으며 목마르신 것을 보고 마시게 하였나이까 어느 때에 나그네 되신 것을 보고 영접하였으며 헐벗으신 것을 보고 옷 입혔나이까 어느 때에 병드신 것이나 옥에 갇히신 것을 보고 가서 뵈었나이까 하리니 임금이 대답하여 이르시되 내가 진실로 너희에게 이르노니 너희가 여기 내 형제 중에 지극히 작은 자 하나에게 한 것이 곧 내게 한 것이니라 하시고 또 왼편에 있는 자들에게 이르시되 저주를 받은 자들아 나를 떠나 마귀와 그 사자들을 위하여 예비된 영원한 불에 들어가라 내가 주릴 때에 너희가 먹을 것을 주지 아니하였고 목마를 때에 마시게 하지 아니하였고 나그네 되었을 때에 영접하지 아니하였고 헐벗었을 때에 옷 입히지 아니하였고 병들었을 때와 옥에 갇혔을 때에 돌보지 아니하였느니라 하시니 그들도 대답하여 이르되 주여 우리가 어느 때에 주께서 주리신 것이나 목마르신 것이나 나그네 되신 것이나 헐벗으신 것이나 병드신 것이나 옥에 갇히신 것을 보고 공양하지 아니하더이까 이에 임금이 대답하여 이르시되 내가 진실로 너희에게 이르노니 이 지극히 작은 자 하나에게 하지 아니한 것이 곧 내게 하지 아니한 것이니라 하시리니 그들은 영벌에, 의인들은 영생에 들어가리라 하시니라

막 10:35-45

세베대의 아들 야고보와 요한이 주께 나아와 여짜오되 선생님이여 무엇이
든지 우리의 구하는 바를 우리에게 하여 주시기를 원하옵나이다 이르시되
너희에게 무엇을 하여주기를 원하느냐 여짜오되 주의 영광 중에서 우리를
하나는 주의 우편에 하나는 좌편에 앉게 하여 주옵소서 예수께서 가라사대
너희 구하는 것을 너희가 알지 못하는도다 너희가 나의 마시는 잔을 마시
며 나의 받는 세례를 받을 수 있느냐 저희가 말하되 할 수 있나이다 예수께
서 이르시되 너희가 나의 마시는 잔을 마시며 나의 받는 세례를 받으려니
와 내 좌우 편에 앉는 것은 나의 줄 것이 아니라 누구를 위하여 준비되었든
지 그들이 얻을 것이니라 열 제자가 듣고 야고보와 요한에 대하여 화를 내
거늘 예수께서 불러다가 이르시되 이방인의 집권자들이 그들을 임의로 주
관하고 그 고관들이 그들에게 권세를 부리는 줄을 너희가 알거니와 너희
중에는 그렇지 않을지니 너희 중에 누구든지 크고자 하는 자는 너희를 섬
기는 자가 되고 너희 중에 누구든지 으뜸이 되고자 하는 자는 모든 사람의
종이 되어야 하리라 인자가 온 것은 섬김을 받으려 함이 아니라 도리어 섬
기려 하고 자기 목숨을 많은 사람의 대속물로 주려 함이니라

눅 10:25-37

어떤 율법교사가 일어나 예수를 시험하여 이르되 선생님 내가 무엇을 하여
야 영생을 얻으리이까 예수께서 이르시되 율법에 무엇이라 기록되었으며
네가 어떻게 읽느냐 대답하여 이르되 네 마음을 다하며 목숨을 다하며 힘
을 다하며 뜻을 다하여 주 너의 하나님을 사랑하고 또한 네 이웃을 네 자신
같이 사랑하라 하였나이다 예수께서 이르시되 네 대답이 옳도다 이를 행하
라 그러면 살리라 하시니 그 사람이 자기를 옳게 보이려고 예수께 여짜오
되 그러면 내 이웃이 누구니이까 예수께서 대답하여 이르시되 어떤 사람이
예루살렘에서 여리고로 내려가다가 강도를 만나매 강도들이 그 옷을 벗기
고 때려 거의 죽은 것을 버리고 갔더라 마침 한 제사장이 그 길로 내려가다
가 그를 보고 피하여 지나가고 또 이와 같이 한 레위인도 그 곳에 이르러 그
를 보고 피하여 지나가되 어떤 사마리아 사람은 여행하는 중 거기 이르러
그를 보고 불쌍히 여겨 가까이 가서 기름과 포도주를 그 상처에 붓고 싸매

고 자기 짐승에 태워 주막으로 데리고 가서 돌보아 주니라 그 이튿날 그가
주막 주인에게 데나리온 둘을 내어 주며 이르되 이 사람을 돌보아 주라 비
용이 더 들면 내가 돌아올 때에 갚으리라 하였으니 네 생각에는 이 세 사람
중에 누가 강도 만난 자의 이웃이 되겠느냐 이르되 자비를 베푼 자니이다
예수께서 이르시되 가서 너도 이와 같이 하라 하시니라

요 13:34-35
새 계명을 너희에게 주노니 서로 사랑하라 내가 너희를 사랑한 것같이 너
희도 서로 사랑하라 너희가 서로 사랑하면 이로써 모든 사람이 너희가 내
제자인줄 알리라

> 이 주제와 관련하여 다음 구절도 참고할 수 있다.
> 마 5:13-16; 막 10:28-31; 막 15:40-41; 눅 8:1-3; 요 13:1-17;
> 13:29-30

복음으로 회복된 그리스도인과 교회의 모습들 속에 나타난
총체적 복음사역

나눔과 섬김의 공동체 (초대교회 성도들 안에서)

눅 8:1-3
그 후에 예수께서 각 성과 마을에 두루 다니시며 하나님의 나라를 선포하
시며 그 복음을 전하실새 열두 제자가 함께 하였고 또한 악귀를 쫓아내심
과 병 고침을 받은 어떤 여자들 곧 일곱 귀신이 나간 자 막달라인이라 하는
마리아와헤롯의 청지기 구사의 아내 요안나와 수산나와 다른 여러 여자가
함께 하여 자기들의 소유로 그들을 섬기더라

행 2:41-47

그 말을 받은 사람들은 세례를 받으매 이 날에 신도의 수가 삼천이나 더하더라 그들이 사도의 가르침을 받아 서로 교제하고 떡을 떼며 오로지 기도하기를 힘쓰니라 사람마다 두려워하는데 사도들로 말미암아 기사와 표적이 많이 나타나니 믿는 사람이 다 함께 있어 모든 물건을 서로 통용하고 또 재산과 소유를 팔아 각 사람의 필요를 따라 나눠 주며 날마다 마음을 같이하여 성전에 모이기를 힘쓰고 집에서 떡을 떼며 기쁨과 순전한 마음으로 음식을 먹고 하나님을 찬미하며 또 온 백성에게 칭송을 받으니 주께서 구원 받는 사람을 날마다 더하게 하시니라

행 4:32-37

믿는 무리가 한마음과 한 뜻이 되어 모든 물건을 서로 통용하고 자기 재물을 조금이라도 자기 것이라 하는 이가 하나도 없더라 사도들이 큰 권능으로 주 예수의 부활을 증언하니 무리가 큰 은혜를 받아 그 중에 가난한 사람이 없으니 이는 밭과 집 있는 자는 팔아 그 판 것의 값을 가져다가 사도들의 발 앞에 두매 그들이 각 사람의 필요를 따라 나누어 줌이라 구브로에서 난 레위족 사람이 있으니 이름은 요셉이라 사도들이 일컬어 바나바라(번역하면 위로의 아들이라) 하니 그가 밭이 있으매 팔아 그 값을 가지고 사도들의 발 앞에 두니라

해설

본문과 사도행전의 앞부분의 여러 구절은(행 2:43-47; 5:1-11; 6:1-7) 초대교회가 서로 나누는 삶을 살았다는 사실을 말해준다. 그러나 여기서 제시되는 경제적인 나눔의 삶은 공산주의적 생활을 의미하는 것도 아니고, 어떤 절대적인 경제적 평등을 의미하는 것도 아니다. 초대교회는 사유재산 제도를 폐지하지도 않았고, 그렇다고 모든 사람들이 즉시로 자신의 재산을 모두 팔았던 것도 아니기 때문이다. 사이더는 34절의 주동사가 미완료시제로 사용된 것을 근거로 그들 모두가 한 순간에 재산을 다 판 것이 아니라, 자주 반복해서 소유물들을 각 사람의 필

요에 따라 팔았던 것을 말하고 있다고 주장한다.[193]

오히려, 그들은 그리스도의 메시아적 공동체의 생활을 살아가고 있는
것이다. 그들은 진정으로 메시아 왕국 백성들의 "교제"를 시작했던 것
이다. 교제라는 의미의 헬라어 "koinonia"는 "함께 한다"는 의미다. 신
약에서 이 단어는 도움이 필요한 성도들을 위해 드리는 헌금을 가리킬
때 사용되었다(고후 8:4; 빌 1:5).[194] 초대교회 성도들은 자신들이 모두
그리스도에게 속한 한 몸이라고 인식하며 "교제"했다. 그들은 먼저 마
음과 뜻을 함께 나누었다. 그리고 함께 말씀과 기도로 주님께 나아갔
고 예배와 떡의 나눔이 있었다. 그리고 이러한 영적 나눔은 또한 물질
적 나눔으로 이어졌다.

사실, 예수님께서 그의 제자들과 함께 이루셨던 공동체의 모습에서부터
메시아 왕국의 새로운 가치가 경제적 영역에서도 실현되었다. 이들은
돈주머니를 공유했고(요 12:6), 공동체의 필요를 따라 물건들을 사거나
혹은 예수님의 지시를 따라 가난한 자들에게 도움을 베풀었다(요 13:29).
이는 일찍이 구약의 제도에서 혹은 선지자들이 예언했던 메시아 왕국에
관한 말씀에서 예견되었던 모습이었다. 사도행전에 나타나는 초대교회
의 경제적 나눔의 모습 속에서도 우리는 바로 그러한 하나님 나라의 가
치를 따라 삶을 살아가는 이들을 만날 수 있다. 그들은 어떤 정치적인 이
념이나 강제에 의해서 나눔의 삶을 산 것이 아니라 그리스도 안에서 한
몸 된 지체를 위해 그리고 그 지체의 필요를 따라 자발적으로 자기 자신
의 재물에 대한 법적 권리를 포기하는 삶을 살았다.[195]

이 주제와 관련하여 다음 구절도 참고할 수 있다.
막 15:40-41; 행 5:1-11; 6:1-7; 11:27-30

---

193 Sider, *Rich Christians in an Age of Hunger: A Biblical Study*, 97-98.
194 Frame, *Salvation Belongs to the Lord: An Introduction to Systematic Theology*, 263.
195 Sider, *Rich Christians in an Age of Hunger: A Biblical Study*, 98-103.

나눔과 섬김의 공동체 (지역교회 사이에서)

롬 15:25-29

그러나 이제는 내가 성도를 섬기는 일로 예루살렘에 가노니 이는 마게도냐와 아가야 사람들이 예루살렘 성도 중 가난한 자들을 위하여 기쁘게 얼마를 연보하였음이라 저희가 기뻐서 하였거니와 또한 저희는 그들에게 빚진 자니 만일 이방인들이 그들의 영적인 것을 나눠 가졌으면 육적인 것으로 그들을 섬기는 것이 마땅하니라 그러므로 내가 이 일을 마치고 이 열매를 그들에게 확증한 후에 너희에게 들렀다가 서바나로 가리라 내가 너희에게 나아갈 때에 그리스도의 충만한 복을 가지고 갈 줄을 아노라

고후 8:1-15

형제들아 하나님께서 마게도냐 교회들에게 주신 은혜를 우리가 너희에게 알리노니 환난의 많은 시련 가운데서 그들의 넘치는 기쁨과 극심한 가난이 그들의 풍성한 연보를 넘치도록 하게 하였느니라 내가 증언하노니 그들이 힘대로 할 뿐 아니라 힘에 지나도록 자원하여 이 은혜와 성도 섬기는 일에 참여함에 대하여 우리에게 간절히 구하니 우리가 바라던 것뿐 아니라 그들이 먼저 자신을 주께 드리고 또 하나님의 뜻을 따라 우리에게 주었도다 그러므로 우리가 디도를 권하여 그가 이미 너희 가운데서 시작하였은즉 이 은혜를 그대로 성취하게 하라 하였노라 오직 너희는 믿음과 말과 지식과 모든 간절함과 우리를 사랑하는 이 모든 일에 풍성한 것 같이 이 은혜에도 풍성하게 할지니라 내가 명령으로 하는 말이 아니요 오직 다른 이들의 간절함을 가지고 너희의 사랑의 진실함을 증명하고자 함이로라 우리 주 예수 그리스도의 은혜를 너희가 알거니와 부요하신 이로서 너희를 위하여 가난하게 되심은 그의 가난함으로 말미암아 너희를 부요하게 하려 하심이라 이 일에 관하여 나의 뜻을 알리노니 이 일은 너희에게 유익함이라 너희가 일 년 전에 행하기를 먼저 시작할 뿐 아니라 원하기도 하였은즉 이제는 하던 일을 성취할지니 마음에 원하던 것과 같이 완성하되 있는 대로 하라 할 마음만 있으면 있는 대로 받으실 터이요 없는 것은 받지 아니하시리라 이는

다른 사람들은 평안하게 하고 너희는 곤고하게 하려는 것이 아니요 균등하게 하려 함이니 이제 너희의 넉넉한 것으로 그들의 부족한 것을 보충함은 후에 그들의 넉넉한 것으로 너희의 부족한 것을 보충하여 균등하게 하려 함이라 기록된 것 같이 많이 거둔 자도 남지 아니하였고 적게 거둔 자도 모자라지 아니하였느니라

사도행전에 나타나는 초대교회의 모습이 교회 안의 나눔의 삶을 보여주었다면, 바울서신에서의 "성도들을 위한 연보"의 모습은 타 지역 교회(여기에서는 예루살렘 교회), 즉 인종과 지역을 초월하여 이루어진, 다른 그리스도인들과의 나눔의 삶을 보여주고 있다.

당시 예루살렘 교회의 경제적 어려움의 원인은 크게 두 가지였다.[196] 하나는 1세기 중엽의 자연재해다. 이에 대해 로마의 모든 역사가가 증언하고 있으며, 또한 성경에도 당시에 유다에 있었던 기근을 언급한다(행 11:27-30). 또 다른 이유는 예루살렘에 많은 거지들이 살고 있었다. 사도 바울은 마케도니아 교회 성도들이 예루살렘에 있는 교회가 그리스도 안에서 진정으로 자신들이 한 몸임을 깨닫고 그들을 위한 구제헌금에 동참했음을 말하며 이제 고린도교회의 성도들도 예루살렘 교회의 재정적 어려움을 돕기 위한 헌금을 통해 나눔의 삶을 실천할 것을 권면했다.

특히 바울은 마케도니아 교회 성도들이 "환난의 많은 시련 가운데서"도, 극한 가난 속에서도 "넘치는 기쁨"으로 "풍성한 연보"를 하였음을 지적한다. 그것은 메시아 왕국의 왕이신 주님도 "부요하신 자로서 너희를 위하여 가난하게 되신 것은 그의 가난함을 인하여 너희로 부요케 하려 하심"이라는 사실을 깨달을 때 실천가능한 일이었다.

---

196 Sider, *Cry Justice*, 101-102.

그런데, 13-14절에서 "균등하게 하려"고 성도를 위한 헌금을 추진한다는 언급이 있다. 이는 결코 교회나 사회의 절대적인 경제적 평등을 가리키는 것이 아니다(잠 6:6-11; 10:4-5). 사이더는 이러한 초대교회의 모습을 문자적으로 또는 율법적으로 모방하기보다는, 한 몸된 그리스도인들 사이에서 서로의 필요를 돌아보는 관대한 나눔의 삶을 말하는 성경의 근본적인 가르침으로 이해해야할 것을 강조한다.[197]

이 주제와 관련하여 다음 구절도 참고할 수 있다.
행 24:10-14, 17; 고전 16:1-4; 고후 9:1-15; 갈 2:7-10

참된 신앙의 내용으로

나눔과 섬김의 삶은 메시야 왕국의 백성들이 이 땅 위에서 지녀야할 삶의 자세일 뿐 아니라, 좀 더 근본적으로 그들이 하나님의 백성들로서 참된 믿음을 지니고 있다면 이 땅에서 마땅히 행해야할 참된 믿음의 내용임을 복음서는 가르치고 있다. 그런 관점에서 볼 때, 바로 앞의 "예수님의 교훈들" 항목에서 인용한 "양과 염소의 비유"(마 25:31-46)는 단지 사랑실천을 가르치는 교훈일 뿐 아니라, 근본적으로 하나님의 백성으로서의 참된 믿음의 정체성이 이 땅에서 "지극히 작은 자"를 돌보는 삶에서 확인될 수 있다는 가르침을 담고있다. 그와같은 메시지는 요단강에 세례받으러 나오던 사두개인들과 바리세인들에게 외쳤던 세례요한의 메시지(눅3:7-14)이나, 세리장이요 부자였던 삭게오의 회심사건이 기록된 눅19:1절 이

---

197 Sider, *Rich Christians in an Age of Hunger: A Biblical Study*, 110-111.

하의 말씀, 그리고 그 밖의 바울서신의 여러 본문들 속에서 확인된다.

눅 3:7-14

요한이 세례 받으러 나아오는 무리에게 이르되 독사의 자식들아 누가 너희에게 일러 장차 올 진노를 피하라 하더냐 그러므로 회개에 합당한 열매를 맺고 속으로 아브라함이 우리 조상이라 말하지 말라 내가 너희에게 이르노니 하나님이 능히 이 돌들로도 아브라함의 자손이 되게 하시리라 이미 도끼가 나무 뿌리에 놓였으니 좋은 열매 맺지 아니하는 나무마다 찍혀 불에 던져지리라 무리가 물어 이르되 그러면 우리가 무엇을 하리이까 대답하여 이르되 옷 두 벌 있는 자는 옷 없는 자에게 나눠 줄 것이요 먹을 것이 있는 자도 그렇게 할 것이니라 하고 세리들도 세례를 받고자 하여 와서 이르되 선생이여 우리는 무엇을 하리이까 하매 이르되 부과된 것 외에는 거두지 말라 하고 군인들도 물어 이르되 우리는 무엇을 하리이까 하매 이르되 사람에게서 강탈하지 말며 거짓으로 고발하지 말고 받는 급료를 족한 줄로 알라 하니라

눅 19:1-9

예수께서 여리고로 들어가 지나가시더라 삭개오라 이름하는 자가 있으니 세리장이요 또한 부자라 그가 예수께서 어떠한 사람인가 하여 보고자 하되 키가 작고 사람이 많아 할 수 없어 앞으로 달려가서 보기 위하여 돌무화과나무에 올라가니 이는 예수께서 그리로 지나가시게 됨이러라 예수께서 그 곳에 이르사 쳐다 보시고 이르시되 삭개오야 속히 내려오라 내가 오늘 네 집에 유하여야 하겠다 하시니 급히 내려와 즐거워하며 영접하거늘 뭇 사람이 보고 수군거려 이르되 저가 죄인의 집에 유하러 들어갔도다 하더라 삭개오가 서서 주께 여짜오되 주여 보시옵소서 내 소유의 절반을 가난한 자들에게 주겠사오며 만일 누구의 것을 속여 빼앗은 일이 있으면 네 갑절이나 갚겠나이다 예수께서 이르시되 오늘 구원이 이 집에 이르렀으니 이 사람도 아브라함의 자손임이로다

갈 6:9-10

우리가 선을 행하되 낙심하지 말지니 포기하지 아니하면 때가 이르매 거두리라 그러므로 우리는 기회 있는 대로 모든 이에게 착한 일을 하되 더욱 믿음의 가정들에게 할지니라

딤전 5:9-10

과부로 명부에 올릴 자는 나이가 육십이 덜 되지 아니하고 한 남편의 아내였던 자로서 선한 행실의 증거가 있어 혹은 자녀를 양육하며 혹은 나그네를 대접하며 혹은 성도들의 발을 씻으며 혹은 환난 당한 자들을 구제하며 혹은 모든 선한 일을 행한 자라야 할 것이요

약 1:27

하나님 아버지 앞에서 정결하고 더러움이 없는 경건은 곧 고아와 과부를 그 환난중에 돌보고 또 자기를 지켜 세속에 물들지 아니하는 그것이니라

약 2:14-17

내 형제들아 만일 사람이 믿음이 있노라 하고 행함이 없으면 무슨 유익이 있으리요 그 믿음이 능히 자기를 구원하겠느냐 만일 형제나 자매가 헐벗고 일용할 양식이 없는데 너희 중에 누구든지 그에게 이르되 평안히 가라, 덥게 하라, 배부르게 하라 하며 그 몸에 쓸 것을 주지 아니하면 무슨 유익이 있으리요 이와 같이 행함이 없는 믿음은 그 자체가 죽은 것이라

> 이 주제와 관련하여 다음 구절도 참고할 수 있다.
> 암 5:7-24; 마 5:43-48; 롬 12:9-13,16-17; 고후 1:3-7; 11:27-29;
> 약 2:1-9; 요일 3:16-18; 4:7-8

기타 주제

재물과 부요에 관한 가르침

메시아 왕국의 통치 아래 살아가는 이들이 세상과 다른 가치관과 물질관을 가지고 살아가야 함을 성경은 가르치고 있다. 한편으로 성경은 물질적인 탐욕이 얼마나 위험한지, 그리고 또한 헛된 것인지를 가르치고 있다. 또 다른 한편으로 성경은 결코 신자들에게 게으른 삶 또는 가난한 삶을 이상적인 신앙인의 모습으로 가르치지도 않는다. 오히려 하나님의 백성은 이 땅에서도 성실하게 일할 것을 가르치며, 성실한 노동을 통해 주어진 재물을 가지고 선한 사업에 부자가 될 것을 가르치고 있다.

① 부요와 탐욕의 위험성

신 8:12-20

네가 먹어서 배부르고 아름다운 집을 짓고 거주하게 되며 또 네 소와 양이 번성하며 네 은금이 증식되며 네 소유가 다 풍부하게 될 때에 네 마음이 교만하여 네 하나님 여호와를 잊어버릴까 염려하노라 여호와는 너를 애굽 땅 종 되었던 집에서 이끌어 내시고 너를 인도하여 그 광대하고 위험한 광야 곧 불뱀과 전갈이 있고 물이 없는 간조한 땅을 지나게 하셨으며 또 너를 위하여 단단한 반석에서 물을 내셨으며 네 조상들도 알지 못하던 만나를 광야에서 네게 먹이셨나니 이는 다 너를 낮추시며 너를 시험하사 마침내 네게 복을 주려 하심이었느니라 그러나 네가 마음에 이르기를 내 능력과 내 손의 힘으로 내가 이 재물을 얻었다 말할 것이라 네 하나님 여호와를 기억하라 그가 네게 재물 얻을 능력을 주셨음이라 이같이 하심은 네 조상들에게 맹세하신 언약을 오늘과 같이 이루려 하심이니라 네가 만일 네 하나님 여호와를 잊어버리고 다른 신들을 따라 그들을 섬기며 그들에게 절하면 내가 너희에게 증거하노니 너희가 반드시 멸망할 것이라 여호와께서 너희 앞에서 멸망시키신 민족들 같이 너희도 멸망하리니 이는 너희가 너희의 하나님 여호와의 소리를 청종하지 아니함이니라

잠 15:16-17

가산이 적어도 여호와를 경외하는 것이 크게 부하고 번뇌하는 것보다 나으니라 채소를 먹으며 서로 사랑하는 것이 살진 소를 먹으며 서로 미워하는 것보다 나으니라

잠 30:8-9

곧 헛된 것과 거짓말을 내게서 멀리 하옵시며 나를 가난하게도 마옵시고 부하게도 마옵시고 오직 필요한 양식으로 나를 먹이시옵소서 혹 내가 배불러서 하나님을 모른다 여호와가 누구냐 할까 하오며 혹 내가 가난하여 도둑질하고 내 하나님의 이름을 욕되게 할까 두려워함이니이다

눅 14:15-23

함께 먹는 사람 중의 하나가 이 말을 듣고 이르되 무릇 하나님의 나라에서 떡을 먹는 자는 복되도다 하니 이르시되 어떤 사람이 큰 잔치를 베풀고 많은 사람을 청하였더니 잔치할 시각에 그 청하였던 자들에게 종을 보내어 이르되 오소서 모든 것이 준비되었나이다 하매 다 일치하게 사양하여 한 사람은 이르되 나는 밭을 샀으매 아무래도 나가 보아야 하겠으니 청컨대 나를 양해하도록 하라 하고 또 한 사람은 이르되 나는 소 다섯 겨리를 샀으매 시험하러 가니 청컨대 나를 양해하도록 하라 하고 또 한 사람은 이르되 나는 장가 들었으니 그러므로 가지 못하겠노라 하는지라 종이 돌아와 주인에게 그대로 고하니 이에 집 주인이 노하여 그 종에게 이르되 빨리 시내의 거리와 골목으로 나가서 가난한 자들과 몸 불편한 자들과 맹인들과 저는 자들을 데려오라 하니라 종이 이르되 주인이여 명하신 대로 하였으되 아직도 자리가 있나이다 주인이 종에게 이르되 길과 산울타리 가로 나가서 사람을 강권하여 데려다가 내 집을 채우라

딤전 6:6-10

그러나 자족하는 마음이 있으면 경건은 큰 이익이 되느니라 우리가 세상에 아무 것도 가지고 온 것이 없으매 또한 아무 것도 가지고 가지 못하리니 우리가 먹을 것과 입을 것이 있은즉 족한 줄로 알 것이니라 부하려 하는 자들은 시험과 올무와 여러 가지 어리석고 해로운 욕심에 떨어지나니 곧 사람으로 파멸과 멸망에 빠지게 하는 것이라 돈을 사랑함이 일만 악의 뿌리가 되나니 이것을 탐내는 자들은 미혹을 받아 믿음에서 떠나 많은 근심으로써 자기를 찔렀도다

엡 5:3-5

음행과 온갖 더러운 것과 탐욕은 너희 중에서 그 이름조차도 부르지 말라 이는 성도에게 마땅한 바니라 누추함과 어리석은 말이나 희롱의 말이 마땅치 아니하니 오히려 감사하는 말을 하라 너희도 정녕 이것을 알거니와 음행하는 자나 더러운 자나 탐하는 자 곧 우상 숭배자는 다 그리스도와 하나님의 나라에서 기업을 얻지 못하리니

> 이 주제와 관련하여 다음 구절도 참고할 수 있다.
> 민 11:4-6; 21:4-9; 신 32:15, 호 10:1-2; 13:4-8; 마 4:1-10; 눅 12:13-21; 행 5:1-11; 딤후 3:1-2; 골 3:5-6; 약 4:1-2

② 헛된 소망, 헛된 능력

잠 20:17

속이고 취한 음식물은 사람에게 맛이 좋은 듯하나 후에는 그의 입에 모래가 가득하게 되리라

잠 23:4-8

부자 되기에 애쓰지 말고 네 사사로운 지혜를 버릴지어다 네가 어찌 허무한

것에 주목하겠느냐 정녕히 재물은 스스로 날개를 내어 하늘을 나는 독수리처럼 날아가리라 악한 눈이 있는 자의 음식을 먹지 말며 그의 맛있는 음식을 탐하지 말지어다 대저 그 마음의 생각이 어떠하면 그 위인도 그러한즉 그가 네게 먹고 마시라 할지라도 그의 마음은 너와 함께 하지 아니함이라 네가 조금 먹은 것도 토하겠고 네 아름다운 말도 헛된 데로 돌아가리라

전 5:10-12

은을 사랑하는 자는 은으로 만족하지 못하고 풍요를 사랑하는 자는 소득으로 만족하지 아니하나니 이것도 헛되도다 재산이 많아지면 먹는 자들도 많아지나니 그 소유주들은 눈으로 보는 것 외에 무엇이 유익하랴 노동자는 먹는 것이 많든지 적든지 잠을 달게 자거니와 부자는 그 부요함 때문에 자지 못하느니라

요일 2:15-17

이 세상이나 세상에 있는 것들을 사랑하지 말라 누구든지 세상을 사랑하면 아버지의 사랑이 그 안에 있지 아니하니 이는 세상에 있는 모든 것이 육신의 정욕과 안목의 정욕과 이생의 자랑이니 다 아버지께로부터 온 것이 아니요 세상으로부터 온 것이라 이 세상도, 그 정욕도 지나가되 오직 하나님의 뜻을 행하는 자는 영원히 거하느니라

계 3:14-18

라오디게아 교회의 사자에게 편지하라 아멘이시요 충성되고 참된 증인이시요 하나님의 창조의 근본이신 이가 이르시되 내가 네 행위를 아노니 네가 차지도 아니하고 뜨겁지도 아니하도다 네가 차든지 뜨겁든지 하기를 원하노라 네가 이같이 미지근하여 뜨겁지도 아니하고 차지도 아니하니 내 입에서 너를 토하여 버리리라 네가 말하기를 나는 부자라 부요하여 부족한 것이 없다 하나 네 곤고한 것과 가련한 것과 가난한 것과 눈 먼 것과 벌거벗은 것을 알지 못하는도다 내가 너를 권하노니 내게서 불로 연단한 금을 사서 부요하게 하고 흰 옷을 사서 입어 벌거벗은 수치를 보이지 않게 하고 안

약을 사서 눈에 발라 보게 하라

이 주제와 관련하여 다음 구절도 참고할 수 있다.
잠 18:10–11; 21:6; 22:16; 28:11; 요 2:13–16; 행 8:18–24; 1:10–11

③ 근면한 삶으로의 초대

잠 6:6–11

게으른 자여 개미에게 가서 그가 하는 것을 보고 지혜를 얻으라 개미는 두령
도 없고 감독자도 없고 통치자도 없으되 먹을 것을 여름 동안에 예비하며 추
수 때에 양식을 모으느니라 게으른 자여 네가 어느 때까지 누워 있겠느냐 네
가 어느 때에 잠이 깨어 일어나겠느냐 좀더 자자, 좀더 졸자, 손을 모으고 좀
더 누워 있자 하면 네 빈궁이 강도 같이 오며 네 곤핍이 군사 같이 이르리라

잠 13:4

게으른 자는 마음으로 원하여도 얻지 못하나 부지런한 자의 마음은 풍족함
을 얻느니라

잠 20:13

너는 잠자기를 좋아하지 말라 네가 빈궁하게 될까 두려우니라 네 눈을 뜨
라 그리하면 양식이 족하리라

이 주제와 관련하여 다음 구절도 참고할 수 있다.
시 128:2; 잠 11:16; 14:23; 23:21; 24:30–34; 28:19; 31:10, 13–25

④ 선한 사업에 부자가 되라

시 37:22-26
주의 복을 받은 자들은 땅을 차지하고 주의 저주를 받은 자들은 끊어지리로다 여호와께서 사람의 걸음을 정하시고 그의 길을 기뻐하시나니 그는 넘어지나 아주 엎드러지지 아니함은 여호와께서 그의 손으로 붙드심이로다 내가 어려서부터 늙기까지 의인이 버림을 당하거나 그의 자손이 걸식함을 보지 못하였도다 그는 종일토록 은혜를 베풀고 꾸어 주니 그의 자손이 복을 받는도다

잠 11:25-26
구제를 좋아하는 자는 풍족하여질 것이요 남을 윤택하게 하는 자는 자기도 윤택하여지리라 곡식을 내놓지 아니하는 자는 백성에게 저주를 받을 것이나 파는 자는 그의 머리에 복이 임하리라

행 20:32-35
지금 내가 여러분을 주와 및 그 은혜의 말씀에 부탁하노니 그 말씀이 여러분을 능히 든든히 세우사 거룩하게 하심을 입은 모든 자 가운데 기업이 있게 하시리라 내가 아무의 은이나 금이나 의복을 탐하지 아니하였고 여러분이 아는 바와 같이 이 손으로 나와 내 동행들이 쓰는 것을 충당하여 범사에 여러분에게 모본을 보여준 바와 같이 수고하여 약한 사람들을 돕고 또 주 예수께서 친히 말씀하신 바 주는 것이 받는 것보다 복이 있다 하심을 기억하여야 할지니라

빌 4:11-13
내가 궁핍하므로 말하는 것이 아니라 어떠한 형편에든지 내가 자족하기를 배웠노니 나는 비천에 처할 줄도 알고 풍부에 처할 줄도 알아 모든 일 곧 배부름과 배고픔과 풍부와 궁핍에도 처할 줄 아는 일체의 비결을 배웠노라 내게 능력 주시는 자 안에서 내가 모든 것을 할 수 있느니라

딤전 3:8

이와 같이 집사들도 정중하고 일구이언을 하지 아니하고 술에 인박히지 아니하고 더러운 이를 탐하지 아니하고

딤전 6:17-19

네가 이 세대에서 부한 자들을 명하여 마음을 높이지 말고 정함이 없는 재물에 소망을 두지 말고 오직 우리에게 모든 것을 후히 주사 누리게 하시는 하나님께 두며 선을 행하고 선한 사업을 많이 하고 나누어 주기를 좋아하며 너그러운 자가 되게 하라 이것이 장래에 자기를 위하여 좋은 터를 쌓아 참된 생명을 취하는 것이니라

딛 1:7

감독은 하나님의 청지기로서 책망할 것이 없고 제 고집대로 하지 아니하며 급히 분내지 아니하며 술을 즐기지 아니하며 구타하지 아니하며 더러운 이득을 탐하지 아니하며

> 이 주제와 관련하여 다음 구절도 참고할 수 있다.
> 신 6:10-12; 시 112:1-5,9; 잠 8:17-21; 10:22, 28:27; 마 6:24-33;
> 고후 6:8-10; 살후 3:6-13; 딤전 3:3; 히 10:32-34; 13:5

종말에 완성될 하나님의 통치 안에서의 총체적 회복의 비전

성경은 메시아 왕국의 통치가 온전히 성취되는 역사의 마지막에는 죄와 사망의 권세가 더 이상 주의 백성들을 짓누르지 못한다고 말한다. 특히, 요한계시록은 하나님의 통치 안에 있는 언약백성들의 삶에서 더 이상 사망이나 애통하는 것이나 곡하는 것이나 아픈 것이 있지 않고 총체적인

회복이 주어질 것을 말한다. 로마서는 더 나아가 하나님의 아들들의 삶의 회복에서 모든 자연 만물도 함께 그 회복에 동참하게 된다고 말한다.

미 4:1-4

끝날에 이르러는 여호와의 전의 산이 산들의 꼭대기에 굳게 서며 작은 산들 위에 뛰어나고 민족들이 그리로 몰려갈 것이라 곧 많은 이방 사람들이 가며 이르기를 오라 우리가 여호와의 산에 올라가서 야곱의 하나님의 전에 이르자 그가 그의 도를 가지고 우리에게 가르치실 것이니라 우리가 그의 길로 행하리라 하리니 이는 율법이 시온에서부터 나올 것이요 여호와의 말씀이 예루살렘에서부터 나올 것임이라 그가 많은 민족들 사이의 일을 심판하시며 먼 곳 강한 이방 사람을 판결하시리니 무리가 그 칼을 쳐서 보습을 만들고 창을 쳐서 낫을 만들 것이며 이 나라와 저 나라가 다시는 칼을 들고 서로 치지 아니하며 다시는 전쟁을 연습하지 아니하고 각 사람이 자기 포도나무 아래와 자기 무화과나무 아래에 앉을 것이라 그들을 두렵게 할 자가 없으리니 이는 만군의 여호와의 입이 이같이 말씀하셨음이라

롬 8:18-22

생각하건대 현재의 고난은 장차 우리에게 나타날 영광과 비교할 수 없도다 피조물이 고대하는 바는 하나님의 아들들이 나타나는 것이니 피조물이 허무한 데 굴복하는 것은 자기 뜻이 아니요 오직 굴복하게 하시는 이로 말미암음이라 그 바라는 것은 피조물도 썩어짐의 종 노릇 한 데서 해방되어 하나님의 자녀들의 영광의 자유에 이르는 것이니라 피조물이 다 이제까지 함께 탄식하며 함께 고통을 겪고 있는 것을 우리가 아느니라

고전 15:51-58

보라 내가 너희에게 비밀을 말하노니 우리가 다 잠 잘 것이 아니요 마지막 나팔에 순식간에 홀연히 다 변화되리니 나팔 소리가 나매 죽은 자들이 썩지 아니할 것으로 다시 살아나고 우리도 변화되리라 이 썩을 것이 반드시 썩지 아니할 것을 입겠고 이 죽을 것이 죽지 아니함을 입으리로다 이 썩을

것이 썩지 아니함을 입고 이 죽을 것이 죽지 아니함을 입을 때에는 사망을 삼키고 이기리라고 기록된 말씀이 이루어지리라 사망아 너의 승리가 어디 있느냐 사망아 네가 쏘는 것이 어디 있느냐 사망이 쏘는 것은 죄요 죄의 권능은 율법이라 우리 주 예수 그리스도로 말미암아 우리에게 승리를 주시는 하나님께 감사하노니 그러므로 내 사랑하는 형제들아 견실하며 흔들리지 말고 항상 주의 일에 더욱 힘쓰는 자들이 되라 이는 너희 수고가 주 안에서 헛되지 않은 줄 앎이라

계 7:15-17

그러므로 그들이 하나님의 보좌 앞에 있고 또 그의 성전에서 밤낮 하나님을 섬기매 보좌에 앉으신 이가 그들 위에 장막을 치시리니 그들이 다시는 주리지도 아니하며 목마르지도 아니하고 해나 아무 뜨거운 기운에 상하지도 아니하리니 이는 보좌 가운데에 계신 어린 양이 그들의 목자가 되사 생명수 샘으로 인도하시고 하나님께서 그들의 눈에서 모든 눈물을 씻어 주실 것임이라

계 21:1-6

또 내가 새 하늘과 새 땅을 보니 처음 하늘과 처음 땅이 없어졌고 바다도 다시 있지 않더라 또 내가 보매 거룩한 성 새 예루살렘이 하나님께로부터 하늘에서 내려오니 그 준비한 것이 신부가 남편을 위하여 단장한 것 같더라 내가 들으니 보좌에서 큰 음성이 나서 이르되 보라 하나님의 장막이 사람들과 함께 있으매 하나님이 그들과 함께 계시리니 그들은 하나님의 백성이 되고 하나님은 친히 그들과 함께 계셔서 모든 눈물을 그 눈에서 닦아 주시니 다시는 사망이 없고 애통하는 것이나 곡하는 것이나 아픈 것이 다시 있지 아니하리니 처음 것들이 다 지나갔음이러라 보좌에 앉으신 이가 이르시되 보라 내가 만물을 새롭게 하노라 하시고 또 이르시되 이 말은 신실하고 참되니 기록하라 하시고 또 내게 말씀하시되 이루었도다 나는 알파와 오메가요 처음과 마지막이라 내가 생명수 샘물을 목마른 자에게 값없이 주리니

2장

교회 역사 속의 총체적 복음 사역

⁘⸻⸻⸻⸻⸻⸻⸻⸻⸻⸻⸻⸻⸻⸻⸻⸻

앞 장에서 하나님의 말씀이 가장 확실하고 충분한 신학의 근거이며 또한 신앙의 근거가 된다는 개혁신학의 핵심 원리를 따라[198] 성경에 드러난 하나님의 마음과 뜻을 살펴보았다. 구약의 시편과 율법의 많은 제도들, 그리고 선지서에서 끊임없이 강조한 가난한 자들과 약자들에 대한 하나님의 총체적 관심은 또한 예수님의 복음사역에서도 그대로 표현되었고, 그 이후 초대교회와 성도들의 모습에서 계속 나타났다.

이제 본 장에서 초대교회 이후 현대에 이르기까지 지난 2000년 교회 역사에서 진리를 실천하는 삶을 살아온 이들의 발자취를 살펴볼 것이다. 이를 위해 기독교의 역사를 4개 시대로 구분한다. (1) 주님의 복음을 처음 받고 순수한 신앙으로 어려운 이들을 돌보며 살아갔던 초대교회부터, 교권주의 내지는 공로주의 신학 형태 아래에서 선행을 강조했던 중세교회

---

[198] 개혁신학의 가장 근간이 되는 원리는 "성경중심의 원리"이다. 종교개혁자들의 "Sola Scriptura"(오직 성경)의 외침을 따라 개혁신학은 성경이 신학과 신앙에서의 최고의 권위와 기준이 된다는 원리를 강조해왔다. Sproul, 『개혁주의 은혜론』의 2부를 참고하라.

까지다. (2) 16세기 종교개혁의 시대와 그 이후 17세기부터 19세기까지다. 여기서 종교개혁자들과 17세기 독일의 경건주의 운동, 영국의 웨슬리의 부흥운동을 다룬다. (3) 18세기부터 19세기 초까지 미국에서 전개되었던 대각성운동(Great Awakening)과 20세기 초 "대반전(Great Reversal)"[199]의 시대다. (4) 20세기 초의 대반전과 그 반전에서 다시 회복되는 과정이다.

초대교회부터 중세까지

신약시대의 성도들은 복음에 대한 열정과 사도들의 가르침을 따르는 단순한 믿음으로 살아갔다. 야고보는 고아와 과부들을 그 환란 중에서 돌아보는 것이 참된 경건이라고 가르쳤고(약 1:27), 요한은 형제나 자매가 궁핍한 것을 보고도 돕지 않는다면, 하나님의 사랑이 우리 안에 거하지 않는 것이며(요일 3:17), 말과 혀로만 사랑하지 말고 행함과 진실함으로 사랑하자고(요일 3:18) 권면했다. 이러한 사도들의 가르침은 이미 예루살렘교회가 소유를 팔고 도움이 필요한 형제들에게 나누어주는 삶을 시작했던 모습에서 실천되고 있었다(행 2, 4장). 주님께 대한 깊은 사랑 안에서 사도들의 가르침을 받은 신약교회의 성도들은 다른 이들을 위해 자신의 것들을 포기하고 희생했다.

---

199 대반전은 역사학자 티모시 L. 스미스(Timothy L. Smith)가 명명한 것이다. 복음주의자들이 17–19세기의 영광스러운 복음사역을 포기하고, 자유주의와 사회복음의 도전에 대한 반작용으로 영혼구원의 사역만 감당했던 움츠러들었던 시기를 가리킨다. John R. W. Stott, *Decisive Issues Facing Christian Today* (Grand Rapids: Fleming H. Revell, 1990), 6.

사도들의 뒤를 이은 속사도교부에서도 신약교회의 순수한 믿음의 전통이 계속되었다. 그 시기의 그리스도인들은 주님의 임박한 재림을 기다리면서 불신자에게 임할 하나님의 심판과 참 회개의 믿음을 전했다. 또한 그들에게는 복음의 열정과 신앙을 행함과 진실함으로 실천해야 한다는 사도 요한의 가르침이 있었다.

사도시대를 이어 활동했던 속사도 교부들의 글에서 그리스도인의 자비와 섬김의 사역에 대한 강조가 발견된다. 로마의 클레멘트(Clement of Rome)는 전능하신 하나님이 믿음을 통해 칭의를 베푸신다는 점을 언급하면서 그 복 안에 거하는 형제들에게 이렇게 권면했다. "그러면 형제들이여! 이제 우리는 어떻게 살 것인가? 하나님의 복을 받은 채로 그냥 게으르게 살아갈 것인가? 강한 자들은 약한 자들을 돌보며 그리고 약한 자들은 강한 자들을 존경하도록 하자. 부요한 이들은 가난한 이들에게 도움을 베풀어주고 가난한 이들은 하나님께 감사함으로, 이 모든 일들을 통해서 하나님이 그들의 필요들을 채워주시도록 하자."[200]

이는 구원의 복이 개인적으로 누리며 살라고 주어진 것이 아니라 그 복에 감사하며 주위의 연약한 이들을 돌보며 그들과 함께 나누기 위해 주어진 것이라는 의미이다. 이 나눔의 교훈은 『바나바 서신』(The Epistle of Barnabas)에서도 나타난다. 그 서신은 "두 개의 길들", 즉 "빛의 길"(19장)과 "어둠의 길"(20장)에 대해 말하는데, "이웃과 나누는 삶"을 빛을 비추는 방법으로 소개한다.

---

200 *1 Clement of Rome* 33:4; 34:1; 38:2. Ro, 'The Perspective of Church History From New Testament Times to 1960', in *In Word & Deed: Evangelism and Social Responsibility* ed. by Bruce Nicholls (Exeter: Paternoster, 1985), 14–15.

당신은 모든 것들을 당신의 이웃들과 함께 나누고, 그것들이 당신 자신의 소유물이라고 말하지 마십시오. 당신이 만일 썩어져버리지 않는 것들을 함께 나누는 사람이라면, 썩어질 것들에 대해서는 얼마나 더 그렇게 해야 하지 않겠습니까?[201]

그리스도인의 나눔의 삶에 대한 가르침은 헤르마스(Hermas)의 『목자』(The Shepherd)에도 있다. "그러므로 부요한 자들은 의심하지 말고 모든 것들을 가난한 이들을 돕는데 사용해야 합니다. 그러나 가난한 자들은 부자들의 도움을 받고 하나님께 기도하며 감사해야 합니다. … 그렇게 함으로서 그 두 사람은 함께 하나님의 일을 이루어갑니다."[202] 결국 부요한 이들과 가난한 이들은 함께 나누는 삶에서 하나님의 사랑을 경험하고, 그 사랑을 실천하는 가운데 그 둘 모두 함께 하나님의 자녀의 삶을 이루어감을 가르치고 있다.

2-3세기에 기독교회가 로마제국 안에서 더 확장되었다. 그런데, 성장과 함께 교회 내외적으로 문제가 나타났다. 외부에서 이교도들의 비판과 공격이, 내부에서는 잘못된 가르침들이 발생했다. 바로 이 때 변증가들이 활동했다. 이들은 이교도들이 제기하는 기독교에 대한 잘못된 비판들을 논박하면서 기독교 진리의 정당성을 변호하고 그리스도의 복음의 고귀함을 변호했다. 이들의 변호에서 초대교회 성도들이 나눔과 섬김의 삶을 살았음을 발견한다.

---

201 *The Epistle of Barnabas*, 19:8, Ro, 'The Perspective of Church History From New Testament Times to 1960'에서 재인용.
202 *The Shepherd of Hermas*, sim. II, 5-7 and sim. I, 6.

초기와 달리 자선 사역의 동기가 다소 변화되었다. 신약교회와 속사
도 교부들의 시기까지 그리스도인들의 나눔과 섬김의 삶은 영적 회심의
자연스런 결과로 단순히 이해되었다. 이는 참 믿음을 지닌 자가 자연스럽
게 살아가는 삶의 모습이었다. 그런데, 이 시기에는 미래의 상급을 기대
하면서 구제사역에 참여했다. 이 시기에도 그리스도인들은 왕성하게 이
웃을 돌보는 사역들에 참여했다.

순교자 유스티누스(Justinus Martyr)는 『제1 변증서』(The First Apology)에서
그리스도인들이 기금을 마련하여 물품과 음식으로서 어려운 처지에 있는
이웃에게 나누어 주었다는 사실에 근거하여 교회를 변호했다. 그는 당시
의 그리스도인들을 다음과 같이 묘사했다.

> 한 때 간음을 즐겼던 이들이 이제는 순결을 받아들이고 … 한 때 부와 재산을
> 축적하는 데 가장 큰 기쁨을 느꼈던 우리는 이제 … 도움이 필요한 사람들과
> 함께 나눈다. 서로 미워하고 죽였던 우리가, 관습이 다르다는 이유로 다른 종
> 족의 사람들과 어울리려고 하지 않았던 우리가 그리스도의 오심으로 이제 그
> 들과 함께 살아가면서 우리 원수들을 위해 기도한다.[203]

유스티누스는 당시 그리스도인이 사랑을 베푸는 삶을 살았을 뿐만 아
니라 사회적 범죄에 대해, 특히 당시에 공적으로 시행된 매춘에 대해서
강력하게 비판함으로 기독교 공동체의 순결함을 드러내었다. 테르툴리

---

[203] Justin Martyr, *First Apology*, trans. by Peter C. Phan, *Social Thought,* vol 20 of Message of the Father of the Church, ed. Thomas Halton (Wilmington: Michael Glazier, 1984), 56.

아누스(Tertullianus)도 그리스도인은 매월 어떤 특정한 날을 정해서 자신의 능력에 따라 가난한 자들을 돕기 위한 적은 양 기금을 준비했다고 말했다. 그 기금은 "가난한 자들의 장례나 후원을 위해, 부모가 없고 도움의 손길이 미치지 못하는 아이들을 위해, 집에서 나오지 못하시는 어르신들을 위해 ⋯ 탄광, 섬, 감옥에 있는 이들을 위해 사용되었다."[204] 다시 말해 당시 그리스도인들은 주변의 가난한 이들, 소년소녀가장들, 독거노인을 돌보았다.

결국 이러한 그리스도인의 사랑 실천은 이교도에게도 초대교회 공동체를 새로운 시각으로 바라보게 했다. 테르툴리아누스는 기독교에 대해 적대적인 이교도들에게도 그리스도인의 이러한 모습이 "독특한 특징"이 되었다고 했다. "버려진 이들에 대한 관심과 적극적인 사랑은 원수들에게 조차 우리의 독특한 특징이 되었다. ⋯ 그들은 '이들이 얼마나 서로 사랑하는지 보라. 서로를 위해 죽을 준비가 되어 있을 정도다'라고 말하기도 했다."[205]

아리스티데스(Aristides)도 당시의 그리스도인의 이웃사랑의 모습을 다음과 같이 묘사했다. "그들은 매사에 겸손과 친절이 넘치고 거짓을 전혀 찾아볼 수 없으며, 서로를 사랑한다. 과부를 경멸하지 않고, 고아의 마음을 아프게 하지 않는다. 물질을 소유한 이는 그렇지 못한 이에게 후하게 나누어 준다. 나그네를 보면 집으로 데려와 마치 자기 형제처럼 기뻐

---

204 Tertullian, *The Apology* 39:5-6., Ro, 'The Perspective of Church History From New Testament Times to 1960', 16에서 재인용.

205 Tertullian, *The Apology*, trans. by Peter C. Phan, *Social Thought*, vol 20 of Message of the Father of the Church, ed. Thomas Halton (Wilmington: Michael Glazier, 1984), 21.

한다. 이는 이들이 육체가 아니라 성령과 하나님을 따라서 그들을 자신의 형제로 여기기 때문이다. … 그들 중에 가난하고 궁핍한 사람이 있는데 도울 여력이 없다면, 이들은 2-3일을 굶고 자기 먹을 것을 아껴서 궁핍한 사람을 돕는다."[206]

4세기에 이르자, 콘스탄티누스 대제가 내린 밀라노 칙령(the Edict of Milan, A.D. 313)으로 기독교는 강한 힘을 얻었다. 그러다가 마침내 테오도시우스 1세 때 기독교는 로마제국의 국교가 되었고(A.D. 391), 이후 기독교는 경제적인 능력을 갖추게 되었고, 복음전도사역과 사회적 책임을 수행하면서 국가의 지원을 받을 수 있게 되었다. 반면, 교회에 명목상의 신자가 늘어나게 되어 교회의 사역이 복음의 정신이 상실된 형식적인 행위가 될 우려가 있었다.

이 시기에 히포의 아우구스티누스(Augustinus)가 활동했다. 그는 『고백록』(Confessiones)에서 암울했던 젊은 시절의 고통스러웠던 시간들을 회고하며, 자신의 과거와 같이 죄악에 붙잡혀 살아가는 불신영혼들을 향한 열정과 가난한 자들에 대한 관심을 보여주었다. 『하나님의 도성』(신국론, The City of God)에서 참된 하나님을 따르는 이들로 구성된 하나님의 도성과 자신을 섬기는 이들로 구성된 세상의 도성을 구분했다. 그에 의하면 그리스도인은 하나님의 도성의 시민들이면서도 세상의 도성에서 살아간다. 그 이유는 하나님의 사랑을 인간에게 보여주기 위함이다.[207] 그러나, 아우구

---

206 Martin Hengel, *Property and Riches in the Early Church: Aspects of a Social Historu of Early Christianity* (Philadelphia: Fortress Press, 1974), 42-43.
207 Augustine, *City of God*, 14:28 in George W. Forell, *History of Christian Ethics* (Minneapolis: Augsburg Pub. House, 1979), 172.

스티누스는 노예제도를 폐지하기보다는 복음 안에서 노예와 주인 사이에 올바른 관계를 유지할 것을 강조했다.[208]

같은 시기 동방교회를 대표했던 카파도키아의 바실레이오스(Basileios of Cappadocia)는 복음의 의미를 더욱 적극적으로 사회에 적용했다. 그는 빈부의 격차가 매우 심각했던 사실과 그로 인해 가난한 이들이 자기 자녀들을 노예로 팔아 생계를 유지했던 것을 알고 있었다. 그는 무책임한 부자들을 "도적들 그리고 강도들"이라고 정죄했다. 바실레이오스는 한 벌의 옷과 몇 권의 책만을 소유했던 것으로도 유명하다. 그는 기본적인 소유물 이외의 것들은 가난한 이들을 위해서 사용하라고 권면했다.[209] 그의 이웃 사랑의 실천은 여기에 머물지 않고 가난한 자들과 나그네들을 위한 병원과 거처를 세우는 일을 감당했다. 이러한 바실레이오스의 사역에 대해 포렐(Forel)은 "바실레이오스가 독특하게 이룩한 신학과 윤리학의 연합이요, 목회적 관심과 사회적 관심의 연합, 그리고 믿음과 사랑의 연합이다"라고 했다.[210]

중세로 넘어오면서 교권은 급속도로 강화되었다. 신성로마제국의 황제 하인리히(Heinrich) 4세가 교황 그레고리우스(Gregorius) 7세에게 카노사에서 굴복한 사건(A. D. 1077)이 이를 상징적으로 보여준다. 당시 교황청은 신성로마제국의 황제까지도 좌지우지할 정도로 강했다. 이 시기 교회

---

208 Ro, 'The Perspective of Church History From New Testament Times to 1960', 18. 물론, 그리스도인들이 노예들을 풀어주는 것이 '선한 일'이었으나 아우구스티누스는 노예해방을 위한 제도적인 변화를 자신의 저서 속에서 주장하지 않았다.

209 Ro, 'The Perspective of Church History From New Testament Times to 1960', 19. 윤리학의 결론에서 바실은 이렇게 묻고 답했다. "기독신자의 특징(mark)이 무엇인가?" "그리스도께서 당신을 사랑하신 것처럼, 서로 사랑하는 것이다"

210 George W. Forell, *History of Christian Ethics* (Minneapolis: Augsburg Pub. House, 1979) 128.

의 세속화로 인해 새로운 수도원운동이 일어났다. 당시에 활동했던 여러 수도회에 속한 수도사들은 기도와 연구를 비롯하여 사회봉사를 감당했다.[211] 그러나, 중세의 선행과 사회봉사는 금욕과 함께 구원을 위한 공덕(merit)의 차원에서 이루어졌다는 문제점이 있었다.

그럼에도 이 시대에 "사랑의 사도"로 유명한 아시시의 성자 프란치스코(Francesco of Assisi)를 빼놓을 수 없다. 그는 가난한 자들을 위한 사랑의 사도로 살았다. 프란치스코의 전기 작가인 첼라노의 토마스(Thomas of Celano)는 그에 대해 이렇게 묘사했다. "길거리를 지나가다가 만일 어떤 가난한 사람이 그의 도움을 요청하면, 그는 돈을 그에게 주었고, 돈이 없을 경우에는 자신의 모자나 벨트를 벗어서 주었다. 그는 어느 구석진 어두운 곳으로 가서 옷을 벗은 후, 그에게 하나님의 사랑으로 그 옷을 받으라고 말했다. 또한 아버지나 형제가 집에 없을 때 집에서 그들을 위한 음식까지 준비했다. … 여분의 음식은 가난한 형제들을 위해 사용되어야 한다고 말했다."[212]

---

211 중세의 대표적인 수도회로는 베네딕투스 수도회(529-), 클뤼니 수도회(910-1790), 시토 수도회 (1098-), 프란치스코 수도회 (1209-), 도미니쿠스 수도회 (1216-), 아우구스티누스 수도회(1256-)등이 있었다. Ro, 'The Perspective of Church History From New Testament Times to 1960', 19.
212 그가 중세와 현대에 걸쳐서 가난한 이들을 위한 사랑의 사도로 알려진 것은, 그가 가장 고귀하고 부요하며 또 가장 아름다운 소녀, 즉 그가 "가난의 여인"(Lady Poverty)라고 불렀던 이 (가난한 이들에 대한 그의 헌신을 상징적으로 표현한)과 결혼하기를 원했던 그의 소망에 관한 언급 때문이었다. Michael de Labedoyere, *St Francis* (Garden City, NY: Image Books, 1964), 52, Ro, 'The Perspective of Church History From New Testament Times to 1960', 21에서 재인용.

종교개혁 시대와 그 이후 유럽에서

종교개혁자들 (루터, 칼뱅, 츠빙글리)

마르틴 루터는 그리스도인의 선행의 개념에 대해 두 가지 공헌을 했다. 첫째, 중세의 공덕주의적 관점을 거부하여 그리스도인들이 사회적 책임을 지는 것은 하나님 앞에서 공로가 아니라고 주장했다. 둘째, 진정한 선행은 회심 이후에 가능하다. 그는 이렇게 말했다.

> 순수한 믿음이 바르게 가르쳐지는 곳에서 행동은 자연적으로 따라온다. 선행이 선한 사람을 만들어내는 것은 결코 아니다. 오히려 선한 사람에게서 선행을 기대할 수 있다. … 그러므로, 선행이 있기 전에 먼저 선한 사람이 있어야 한다. 선행은 선한 사람으로부터 주어지는 것이고, 선한 사람이 된 결과로 나타난다. … 믿음이 사람을 경건한 삶으로 인도하는 것과 마찬가지로, 믿음은 또한 선행을 실천하는 삶으로 인도한다.[213]

칼뱅은 제네바에서 성경의 신학적 도덕적 기준을 적용했다. 특히, 그는 당시 강력한 권력에 맞서 교회를 보호했다. 그는 세상의 권력을 대표하는 정부와, 영적 권위를 부여받은 교회를 구분하여, 이 두 기관이 모두 하나님으로부터 각각의 고유한 독립적인 권위를 받았다고 주장했다. 이는 하나님은 최고의 통치자로 세상의 영역과 영적인 영역 모두를 다스리

---

213 Martin Luther, *Works* (Weimar Edition) VII, 31ff. in Taylor, p.153. Ro, 'The Perspective of Church History From New Testament Times to 1960', 23에서 재인용.

고 그 안에서 자신의 선한 뜻을 이루기 때문이다.[214] 칼뱅은 하나님이 세우신 두 기관인 국가와 교회는 서로 협력하고 때로는 견제하면서 하나님의 선하신 뜻을 이루어가야 한다고 보았다.

이러한 국가와 교회와의 관계에 대한 견해는 제네바에서 가난한 자들과 약자들에 대한 하나님의 관심과 사랑을 실천하는 사역에 반영되어 추진되었다. 1536년의 제네바는 혼란스러웠다. 이는 중세의 제도와 신학을 제거했으나 그것을 대신할 체제나 대안을 준비하지 못했기 때문이다. 특히, 1540년대 중반부터 제네바로 몰려들기 시작한 프랑스 난민들은 도시의 기능을 마비시킬 정도였다.[215] 제네바는 이를 위한 기관을 세우고, 환자들과 가난한 시민들을 돌보는 일을 추진했다. 이때 칼뱅은 하나님의 사랑과 그리스도의 복음으로 그 사회를 회복하는 일을 담당했다.

제네바가 여러 문제에 봉착했을 때 칼뱅은 정부의 차원에서 종합구호원과 난민보호소를 설립하여 지원했고, 교회에서는 집사직에 대한 규정을 재정립하여 섬김과 봉사의 삶을 실천하게 함으로 두 기관이 서로 협력하면서 제네바가 새로운 모습으로 세워질 수 있도록 했다.

먼저, 칼뱅은 종합구호원(General Hospital)을 통해 제네바의 문제를 극복하려 했다. 종합구호원은 로마 가톨릭 교회의 박해를 피하기 위해 제네바로 몰려든 수많은 망명자들로 인해 발생한 가난과 질병을 해결하기 위해 세운 시설이다. 이 일은 제네바 시 정부가 감당해야 하는 일이다. 칼뱅

---

214 John Calvin, *Institutes of the Christian Religion* (1559), ed. John T. McNeil, trans. Ford Lewis Battles, 2 vols. (Philadelphia: Westminster Press, 1960) IV. 20: 4-8.
215 사실 1538년 한 해에 당시 인구가 12,000명에 불과했던 제네바에 10,657명의 피난민들과 가난한 사람들, 과부들과 고아들과 병자들이 도움을 받은 것으로 알려져 있다. 손병덕, '칼빈의 개혁주의 사회복지 실천과 현대 기독교 사회복지의 과제', 『신학지남』 제70권 4호 (2003): 166.

은 시편 82편 3절(가난한 자와 고아를 위하여 판단하며, 곤란한 자와 빈궁한 자에게 공의를 베풀지며)를 주해하면서 통치자에게 모든 사람을 위한 정의를 지켜야 할 의무가 있음을 강조했다. "부자들은 그들 서로 간에 불화가 생길 때를 제외하고는 통치자들에게 도움을 청하는 것이 드물"기에 가난하고 궁핍한 자들이 통치자들의 도움과 보호의 대상이 되어야 한다고 했다. 즉, 칼뱅은 사회의 약한 자들에 대한 정부의 역할에 의해 정부의 가치가 결정된다고 보았다.[216] 이 견해는 『기독교 강요』에서도 나타난다. "(시민들의) 재산을 안전하게 그리고 정당하게 보유할 수 있도록", "사람들 사이에 정직과 단아함이 유지되도록" 돌아보는 일이 정부가 해야 할 중요한 일이다.[217]

정부와 통치자의 역할에 대한 칼뱅의 생각은 제네바에서의 사역, 특히 종합구호원 사역에 반영되었다. 사실, 칼뱅이 제네바에 머물기 전부터 이미 시 정부는 복지시설인 병원을 운영하고 있었다. 그러나 칼뱅이 온 후에 적극적으로 확대되었다. 종합구호원은 환자를 돌보고, 빈곤에 처해 있는 여러 사람에게 진료, 일자리, 거처까지 제공해주었다. 다양한 종합구호원의 사역은 구호원 원장의 임무와 역할에서 어느 정도 드러난다. 원장은 모든 고아, 가난한 사람, 노인, 환자, 그리고 하룻밤 묵어가는 손님을 시 예산으로 수용하고 먹이고 교육하고 돌볼 책임이 있었다. 그 외에도 포도원, 농작지를 감독했고, 가축을 돌아봐야 했다. 그리고 구빈원의 직물사업과 도기업을 감독하는 업무도 수행했다.[218]

---

216 Fred Graham, 『건설적인 혁명가 칼빈』, 김영배 역 (서울: 생명의말씀사, 1995), 85.
217 Calvin, *Institutes of the Christian Religion* Vol. IV 20:3, 586-587.
218 Graham, 『건설적인 혁명가 칼빈』, 154.

종합구호원은 가난한 이들에게 물품과 음식과 거처를 제공해주는 일에 머물지 않았다. 칼뱅은 종합구호원을 통해 "일자리 창출"이 이루어지기를 원했다. 그는 종합구호원에서 의류제조업이나 직물업과 같은 사업을 운영하기 위해 노력했고, 시의회는 그러한 사업을 위해 시민을 임명했다. 이 사업은 가난한 사람들이 적절한 근로를 통해 자립할 수 있는 기반을 마련해주기 위한 것이었다. 교회의 집사들은 미성숙한 근로자들을 감독하며 돌아보는 일들을 감당했다.[219]

제네바를 위한 칼뱅의 헌신은 종합구호원 사역에서 멈추지 않았다. 그는 프랑스 난민 보호소(Bourse Francaise)를 통해 가난한 이들을 돌아보았다. 종합구호원이 제네바에서 운영하는 기관이라면, 난민 보호소는 사설 기관이었다. 이는 1545년 칼뱅이 한 부자의 유지를 전달받아 세운 기관이었다.[220] 일차적으로 프랑스 난민들을 수용하기 위한 기관이었지만 나중에는 스페인, 이탈리아, 영국 등에서 온 난민들까지 받아주었다. 이처럼, 보호소는 갑작스런 재난으로 제네바에 들어온 난민들, 특히 늙고 병들고 혹은 장애로 인해 자립할 수 없는 사람들을 평생 책임지고 돌아보는 기관이었다.[221]

여기서 한 가지 주목해야할 것은 종합구호원이나 난민보호소와 같은 공공기관에서 봉사하는 사람들이 교회의 집사들이었다는 사실이다. 이들은 칼뱅의 가르침에 근거하여 공공기관에서 하나님의 사랑의 실천자로 봉사했다. 칼뱅은 제네바의 난민을 위한 기관이 정부에 의해 설립될 수

---

219 Graham, 『건설적인 혁명가 칼빈』, 152.
220 손병덕, '칼빈의 개혁주의 사회복지 실천과 현대 기독교 사회복지의 과제', 167.
221 손병덕, '칼빈의 개혁주의 사회복지 실천과 현대 기독교 사회복지의 과제', 167.

있도록 노력하면서 기관의 운영과 업무를 위해 교회가 그리스도의 사랑을 실천하는 차원에서 집사들을 파송해서 인적 자원을 제공했다.[222]

칼뱅은 집사를 교회 내의 일만 하는 직분자로 제한하지 않았다. 로마 가톨릭의 집사는 성직자를 보조하거나 교회예식을 돕고 교회의 행정적인 업무들을 수행하는 것이었다. 그러나 칼뱅은 중세 로마 가톨릭과 달리 집사의 주요 업무가 가난한 자들을 돌아보는 것이라고 보았다. 칼뱅은 이 견해를 「제네바 교회법령」(Geneva Church Ordinances)[223]에 구체적으로 명시했다. 이 법령에서 칼뱅은 교회의 직제를 4가지로 구분하여, 이를 통해 복음의 진리가 순수하게 유지되고 교회의 질서가 확립되며 청소년 교육이 바르게 이루어지고, 빈곤한 사람을 위한 병원이 적절하게 운영되어야 한다고 했다. 그는 마지막 사항이 바로 집사가 할 일이라고 규정했다.

칼뱅은 집사를 관리집사와 봉사집사로 구분하여 설명했다. 관리집사는 재산뿐만 아니라 매일 구호금, 수당, 연금 등 가난한 자들을 위한 재물을 접수하고 분배하고 보관하는 일을 수행하는 집사이고, 봉사집사는 병자들을 돌보고 심방하는 집사이다. 관리집사는 종합구호원의 행정(hospital administrator)을 맡았고, 봉사집사는 가난한 자들을 돌아보는 일 뿐만 아니라 농작물과 가축을 돌보고 방직과 병원의 주물제작까지 담당했다. 관리집사들은 봉사자들의 사역에 대한 보고를 받아 필요한 물품을 검토하고 구입하여 봉사집사의 사역을 행정적으로 지원했다.

---

222 Andre Bieler, *The Social Humanism of Calvin* (Richmond: John Knox Press, 1959), 38.

223 제네바 교회법령은 크게 세 가지로 나누어진다. "제네바 교회의 조직과 예배에 관한 제의서"(1537), "제네바 교회의 법령"(1541), "제네바 교회의 법령"(1561) 집사직에 대해 규정하는 법령은 1541년의 법령으로 칼뱅이 스트라스부르에서 돌아온 후에 시의회에 제출한 것이다. Philip E. Huges ed. and trans., *The Register of the Company of Pastors of Geneva in the Times of Calvin* (Grand Rapids: Eerdmans, 1966), 35-49.

이와 같은 칼뱅의 이해는 로마서 12장 8절 해석에 기초한다. "가난한 자들을 돌보는 일은 집사들에게 맡겨졌다. 그러나 집사를 위한 두 종류의 일이 바울의 로마서에 다음과 같이 나타나있다. '혹 구제하는 자는 성실함으로 다스리는 자는 부지런함으로 긍휼을 베푸는 자는 즐거움으로 할 것이니라.' 바울이 교회의 공적인 직분에 대해 말하고 있는 것이 분명하기에, 이 부분을 통해 알 수 있는 것은 두 직위가 있다는 것이다. … 우리가 이 구절을 받아들인다면, 가난한 사람들에 대한 교회의 사역을 관여하고 집행하는 (관리)집사와 가난한 사람들을 직접 돌보는 일을 담당하는 (봉사)집사가 있어야 한다."[224]

제네바 법령에서 칼뱅은 집사는 환자들을 돌아볼 뿐만 아니라 "일할 수 없는 노인들, 과부, 고아, 그리고 다른 가난한 자들을" 돌아봐야 한다고 구체적으로 명시했다(60조). 병원에 나그네를 위한 병동을 준비하는 것(62조)과 노인과 환자 뿐만 아니라 가난 때문에 교육을 받을 수 없는 어린 아이들을 가르치는 일이 집사의 업무임을 규정했다(66조). 이처럼 칼뱅은 제네바 교회 법령에서 교회가 제네바의 가난과 무지와 질병의 문제를 위해 적극적으로 복음의 정신으로 헌신할 수 있도록 지도했다. 이처럼 집사는 단순히 교회 안에서의 행정만 수행하는 자가 아니라 고통 받는 이웃과 가난한 이들에 대한 하나님의 사랑을 실천하는 자였다.

울리히 츠빙글리(Ulrich Zwingli)도 칼뱅의 같은 관점에서의 개혁을 취리히(Zurich)에서 추진했다. 특히 1524년에는 거리에 구걸하는 사람이 없게 했고, 수도원을 가난한 사람들을 위한 식당, 학교, 병원, 고아원 등으

---

224 Calvin, *Institutes of the Christian Religion* Vol. IV 3:9, 69–70.

로 개조했으며, 병든 자와 임신부들에게 음식을 제공해주는 자선(慈善)국을 설립했다.[225]

독일 경건주의 운동과 영국의 청교도와 존 웨슬리

종교개혁 이후 기독교회의 역사에서 총체적 복음사역이 가장 활발히 전개되었던 시기는 17-19세기였다. 이 시기는 독일을 중심으로 경건주의 운동이 전개되고(17세기), 영국과 미국에서 부흥운동 또는 대각성운동이 있었던 시기(18-19세기)였다. 데이빗 J. 보쉬(David J. Bosch)에 의하면 이 시기에 경건주의자들과 복음주의자들이 사회적 약자를 위해 헌신한 것은 의미 있는 일이었다. 이는 유럽과 북미의 자유주의자들이 당시 이 일에 대해 무관심했기 때문이다.[226]

경건주의 운동은 필리프 슈페너(Philip Spener)에 의해 시작되었다. 경건주의자들은 복음의 능력이 성령의 임재하심에서 개인들을 변화하는 가운데 사회적 변화를 가져올 수 있다고 믿었다. 할레(Halle) 대학교를 세우고, 그 학교를 통해 후에 독일에서 수많은 지도자들이 배출되었다. 슈페너의 제자 아우구스트 프랑케(August Herman Francke)는 할레 대학교 교수로 일하면서 유흥업소로 가득찬 할레 근처의 글라우차(Glaucha)에서 설교했다. 이들을 위한 프랑케의 사역은 얼마 가지 않아 그 지역의 변화를 가져왔다. 또한 그는 고아원, 가난한 아이들을 위한 학교, 라틴어 학교, 출판사, 성

---

225 Ro, 'The Perspective of Church History From New Testament Times to 1960', 24-25.
226 David J. Bosch, 'In Search of a New Evangelical Understanding', *In Word & Deed: Evangelism and Social Responsibility* (Exeter: Paternoster Press, 1985), 68.

경 배포소 등을 설립했다.[227]

이 시기에 영국의 신앙을 이끌었던 이들은 청교도다. 영국 국교회의 정화(purification)를 위해 시작된 청교도 운동의 신학적 뿌리는 개혁주의 다.[228] 청교도는 선한 행위가 참 믿음의 열매임을 강조했다. 또한 선행이 개인적인 신앙생활에서 뿐만 아니라 하나님의 영광을 위한 사회를 건설하고자 하는 방향으로 표현되어야 한다고 가르쳤다. 진정한 믿음은 실천적인 믿음이고, 복음은 사람들을 삶의 전 영역에서 영향력을 발휘하여 노동, 교육, 결혼, 가정, 사회적 행동에서 복음의 열매를 드러내고 하나님께 영광을 돌릴 것을 강조했다.[229]

청교도들은 진정한 회심을 강조했다. 진정한 중생이 있을 때 참 경건이 시작되고, 야고보서 1장 27절이 가르치는 참된 경건의 열매인 선행과 사회적 관심이 나타난다고 보았다. 존 브릿지(John Bridge)는 진정한 회심은 개인적인 영역에서의 변화와 가난한 사람들을 위한 봉사와 섬김으로 표현된다고 보았다. "진정한 회심의 표지는 그리스도 안에서 부요한, 가난한 사람들을 대접하는 것이다."[230] 윌리엄 에임스(William Ames)도 참된 종교는 이웃을 섬기는 삶으로 표현되어야 한다고 말했다. "다른 사람을 유익하고 이롭게 하는 일은 모두가 힘써야 할 의무이고 … 하나님을 향한 사랑은 이웃을 향한 이러한 자선을 배제하고는 성립할 수 없으며 … 참된

---

227 Bosch, 'In Search of a New Evangelical Understanding', 27.

228 James I. Packer, *Worldly Saints- The Puritans As They Realy Were*, 김성웅 역, 『청교도: 이 세상의 성자들』 (서울: 생명의 말씀사, 1995)

229 James. I. Packer, *A Quest for Godliness: The Puritan Vision of the Christian Life* (Wheaton, IL: Crossway Books, 1990), 2장.

230 J. Sears McGee, *The Godly Man in Stuart England: Andglican, Puritans and Two Tables, 1620-1670* (New Haven: Yale University Press, 1976), 191.

종교라고 말할 수도 없다."[231]

토마스 리버(Thomas Lever)는 부자들이 가난한 사람에게 인색하지 않게 나누어주고 위로해야 하고, "부자들이 필요 이상으로 소유해서는 안 되고 가난한 자들에게 필요한 만큼 주어야 한다"고 했다.[232] 더 나아가 리차드 버나드(Richard Bernard)는 사회적, 정치적 영역에서 중요한 일이 가난한 사람들을 돌보는 일이라고 했다. "모든 시민활동, 정치적인 실력행사, 또는 어떤 소명을 이루려는 집합적인 노력 등은 가난한 사람을 위하는 데 큰 목적을 두고 있다."[233]

그런데, 청교도들은 가난한 이들을 그저 구제하는 것으로 그리스도인의 사회적 책임을 다하는 것이라고 이해하지 않았다. 그들은 가난한 이들을 내버려두는 것은 성경적인 자비가 아님을 알고 있었다(살후 3:10). 이러한 차원에서 윌리엄 퍼킨스(William Perkins)는 게으른 거지들을 가리켜 이렇게 말했다. "그들이야말로 저주받은 세대요, 교회와 국가에 병폐이며 독소다. … 일할 수 있는 사람의 구걸을 막는 우리나라의 법은 하나님의 법에 일치하는 아주 좋은 법이다"[234] 청교도들은 가난한 이들에게 음식과 의복을 나누어주는 일을 넘어서 그들에게 일자리를 찾아주는 일이 바른

---

231 Charles H. George and Katherine George, *The Protestant Mind of the England Reformation, 1570-1640* (Princeton: Princeton Uni. Press, 1961), 155−156.

232 Albert Hyma, *Christianity, Capitalism and Communism: A Historical Analysis* (Ann Arbor: George Wahr, 1937), 181−182.

233 Richard Bernard, *The ready way to good works, or, A treatise of charitie:wherein, besides many other things, is shewed how wee may bee alwayes readie, and prepared both in affection and action to give cheerefully to the poor and to pious uses never heretofore published. By Richard Bernard, rector of the Parish of Batcombe in Sommerset-shire.* (London : Printed by Felyx Kyngston, and are to be sold by Edward Blackmore, at the signe of the Angell in Pauls Church-yard, 1635), 352.

234 Christopher Hill, *Puritanism and Revoluton: Studies in Interpretation of the English Revolution of the seventeenth Century* (London: Secker and Warburg, 1958), 227−228.

접근임을 강조했다. "그러므로 가난한 사람을 일하게 하는 것이 가장 좋은 자선이다. 시혜자가 가난한 사람을 일하게 하니 좋고, 대중 전체를 볼 때 빈둥대며 노는 사람이 없어지니 좋고 또 게으름을 조장하지 않으니 좋다. 이것이 가난한 사람에게 진정 유익이 되는 구제이다."[235]

이와 같은 청교도들의 사상은 18세기 영국과 미국에서 전개되었던 부흥운동의 배경이 된다. 그 운동은 죄인들을 그리스도께로 인도하는 복음전도 운동이었으나 광범위한 이웃사랑실천 및 사회개혁 운동으로 확장되어 당시 영국과 미국에 큰 영향력을 미쳤다. 영국의 부흥운동의 핵심에 존 웨슬리(John Wesley)가 있다. 그의 복음전도사역을 통해 청중은 복음의 의미를 새롭게 이해하게 되었다. 이는 그들이 사회적 문제를 복음의 능력으로 극복할 수 있도록 하는데 큰 도움이 되었다. 이런 의미에서 웨슬리의 사역은 총체적 복음사역이다.[236]

존 웨슬리 브레디(John Wesley Bready)의 *England: Before and After Wesley*[237]는 웨슬리의 부흥운동이 영국사회에 미친 광범위한 사회적 영향력에 대해 잘 기술한 책이다. 전체내용은 3부로 구성되어 있다. 1부는 18세기 당시 야만스러웠던 영국의 상황을 묘사한다. 3부에서는 19세기의 변화를 언급한다. 노예제도 및 노예매매행위가 폐지되었고, 감옥의 환경이 개선되고, 공장과 탄광의 노동조건이 향상되고, 교육의 기회가 가난한 이들에게까지 확대된 변화 등을 언급한다. 그 변화의 원인이 부흥운동에

---

235 Hill, *Puritanism and Revoluton: Studies in Interpretation of the English Revolution of the seventeenth Century*, 227-228.
236 Stott, *Decisive Issues Facing Christian Today*, 2.
237 John Wesley Bready, *England: Before and After Wesley* (London: Hodder & Stoughton, 1939).

있었다는 것이 2부의 내용이다. 즉, 웨슬리를 중심으로 한 영국의 대부흥운동이 영국사회에 하나님의 사랑과 성경의 윤리를 기초로 한 사회적 양심을 회복하는 데 영향을 주었다는 것이다.

이와 같은 웨슬리의 사역에 대해 하워드 스나이더(Howard A. Snyder)는 이렇게 말했다.

> 웨슬리는 사회개혁에 대해서 단지 말하는 것 이상의 일을 했다. 그러한 일에는 감옥제도, 음주문화, 그리고 노동제도에 대한 개혁을 위한 노력들, 가난한 자를 위한 대출기금을 마련하는 일, 의무실을 개설하여 가난한 자들에게 약을 나눠주는 일, 실업문제를 해결하기 위한 노력들, 그리고 개인적으로도 궁핍한 자들에게 돈을 나누어주는 일 등이 포함된다.[238]

영국의 양심 윌리엄 윌버포스(William Wilberforce)

18세기에 영국에서 전개되었던 웨슬리의 사회개혁운동은 웨슬리에게 영향을 받았던 수많은 신앙인의 삶과 사역에 영향을 미쳤다. 그들은 바로 감옥제도의 개혁을 위해서 일했던 존 하워드(John Howard), 1844년과 1855년에 각각 YMCA와 YWCA를 창설한 조지 윌리엄스(George Williams), 1859년에 구세군(Salvation Armay)을 창설한 윌리엄 부스(William Booth),[239] 그리고 25세에 국회의원으로 당선되어, 제7대 샤프츠베리(Shaftesbury) 백작으로 하원과 상원에서 활동한 안토니 애슐리 쿠퍼(Anthony Ashley Cooper)

---

238 Howard A. Snyder, *The Problems of Wineskins* (Downers Grove, IL, IVP, 1975), 172.
239 윌리엄 부스(William Booth)의 총체적 사역에 관한 내용은 In Darkest England and the Way Out (Salvation Army, 1890)에 있다. Stott, 『현대를 사는 그리스도인』, 442-443.

등이다.[240]

여기서 누구보다도 노예제도 폐지를 위해 일생을 헌신했던 윌리엄 윌버포스(William Wilberforce)를 빼놓을 수 없다.[241] 그는 1784년에 국회의원으로 당선되었다. 윌버포스는 두 사람과의 만남을 통해 회심하고 "노예제도 폐지"라는 인생의 새로운 방향을 정하고 그 길로 성실히 걸어갔다. 첫번째 사람은 아이작 밀러(Issac Miller)로, 윌버포스는 그의 영향으로 회심했다. 둘째로 존 뉴턴(John Newton)이다. 뉴턴과의 만남을 통해 영국 상류층의 쾌락에서 떠나 영국사회의 도덕적 중생을 위해 노력하기로 결심했다.

당시 영국은 강력한 경제력을 바탕으로 전세계에 영향을 미치고 있었다. 이 강력한 경제력의 배후에는 비인간적인 노예무역이라는 어두운 모습이 있었다. 영국은 세계 최고의 해군과 상선으로 아프리카의 흑인들을 잡아 북미 대륙으로 수송하는 일에 핵심적인 역할을 수행했다. 그런데 열악한 항해 환경에서 비인간적인 처우를 받았던 노예들은 수송 중에 25% 정도 사망했다. 이러한 살인적인 노예수송이 진행되고 있음에도 불구하고 당시 150여 년 동안 약 2백만 명의 노예들이 수송되었고, 그로 인해 주어진 수익은 국가 전체 수익의 3분의 1을 차지했다. 그럼에도 그 이익과 관계된 모든 단체와 기득권세력은 이 일이 비인간적이고 비도덕적이어도 계속되기를 원했다.

이에 대해 윌버포스는 노예무역은 기독교 국가에서 도저히 허용될 수

---

240 Ro, 'The Perspective of Church History From New Testament Times to 1960', 27-28.
241 그의 삶과 사역에 관한 내용은 위에서 소개했던 존 웨슬리 브레디의 책 16장에도 있다. 이에 대한 한국어 번역서로는 Garth Lean, 『부패한 사회를 개혁한 영국의 양심』, 송준인 역 (서울: 두란노, 2001)이 있다. 이하의 내용은 주로 가트린의 저서에 의존한다.

없으며, 그리스도인의 양심으로도 도저히 용납할 수 없는 부도덕한, 비신앙적인 제도라고 보았다. "영국이 진정으로 위대한 나라가 되고자 한다면, 하나님의 법을 지켜야 하는데, 노예제도는 분명 하나님의 분노를 자극하는 일이다. 기독교 국가를 자처하는 영국이 황금에 눈이 멀어 노예제도를 갖고 있다니... 이러고도 오래 살아남은 제국은 역사에 없었다." 윌버포스는 그리스도인의 사회적 책임을 절감하며 영국사회를 하나님의 사랑과 공의의 정신으로 개혁하는 일을 준비했다. 곧 노예무역을 폐지하는 것과 타락한 사회 관습을 개혁하는 것이다. "전능하신 하나님이 내 앞에 두 가지 큰 목표를 두셨다. 하나는 노예무역을 금지하는 것이고, 다른 하나는 관습을 개혁하는 것이다."(1787년 10월 28일 일기 중)

특히, 윌버포스에게 노예무역 금지운동에 확신을 준 사람은 존 뉴턴이었다. 뉴턴은 당시 많은 지도자들이 영국의 사회적 양심을 깨우치기 위해 노력하고 있으나, 노예무역 폐지에 결정적인 영향을 줄 수 있는 사람은 정계에 있는 그와 같은 사람이라고 지적했다. 이에 윌버포스는 노예무역 폐지가 그리스도가 자신에게 준 소명이라고 생각했다. 이에 그는 1787년 노예무역 폐지 법안을 제출했다. 이 법안은 20년이 지난 1807년에 의회에서 통과되었다. 그때까지 윌버포스는 끊임없이 식민지 기득권자들, 변화를 두려워하는 의원, 왕족 및 내각의 반대에 부딪혔다. 그는 150번이나 되는 논쟁을 통해 노예무역폐지를 위한 노력을 지속했다. 웨슬리는 죽기 3일 전에 윌버포스에게 편지를 보내어 낙심하지 말고 영광스러운 일을 잘 감당하라고 격려했다.[242] 윌버포스를 중심으로 하여 그리스도인 정

---

242 Stott, *Decisive Issues Facing Christian Today*, 3-4.

치인들로 구성된 클래팜(Clapham) 당의 활발한 움직임을 통해 시에라리온(Sierra Leone)에서 최초로 자유노예제도가 정착되었고, 1807년 2월 23일 영국하원은 그에게 유례없는 열광과 존경을 보내는 가운데 노예무역폐지를 결정했으며, 1833년에 노예제도 자체를 종식시키는 법안이 국회의 승인을 받았다.

윌버포스는 멈추지 않았다. 사회 속에 만연한 결투, 도박, 폭음, 풍기문란, 잔인한 동물경기 등과 같은 비도덕적 사회 관습을 폐지하는 운동도 전개했다. 가난한 이들의 고혈을 빨아먹는 복권시스템을 20년에 걸친 국회 공방 끝에 폐지했고, 가난한 이들이 병이 들었을 때 무상으로 치료받을 수 있는 병원을 정부 예산으로 설립했다. 과도한 노동시간을 제한하고 어린이 노동 보호법이 시행되는데 큰 기여를 했다. 가난의 근본적인 원인을 타개하기 위해 무조건적인 구제보다는 직업 교육을 시행하고 일자리를 찾는 시스템을 정부가 더 구체적으로 실행하도록 했고, 가난한 이들을 위한 학교를 활성화하여 문맹퇴치에도 적극 앞장섰다. 야만적인 형벌을 대폭 개조했고, 결투제도폐지에도 앞장섰으며, 사치와 향락을 즐기는 상류층에 속한 부인들에게 복음을 전해 여가시간을 사회봉사에 헌신하도록 했다.

윌버포스는 그리스도의 복음의 의미를 모든 영역에 적용했던 총체적 복음사역자였다. 그의 영향을 받아 영국의 젊은 국회의원 3분의 1이 복음주의 기독교인이 되었으며, 그리스도의 복음전파를 위해 성서공회와 교회선교를 위한 기관을 설립했다.[243] 그는 복음전파와 사회적 책임을 함께

---

243 Garth Lean, 『부패한 사회를 개혁한 영국의 양심』, 16.

감당하는 총체적 복음사역의 관점을 가지고 헌신했던 주님의 일꾼이었다.

이와 같이 18-19세기에 영국에서 전개된 총체적 복음의 사역은 19세기 영국이 파송했던 선교사들의 선교사역에도 영향을 미쳤다. 윌리엄 캐리(William Carey), 데이빗 리빙스턴(David Libingstone), 로버트 모리슨(Robert Morrison), 허드슨 테일러(Hudson Taylor) 등의 선교사들은 아시아와 아프리카, 라틴 아메리카에 가서 열정적으로 복음을 증거했을 뿐만 아니라 그 지역의 사회개혁의 선구자로 활동했다.[244]

미국 역사에서(18-19세기 초)

영국에서 청교도들과 웨슬리, 윌버포스에 의해 총체적 복음사역이 활발하게 전개되는 중에 하나님은 미국에서 교회의 부흥의 역사와 함께 사회적 회복을 위한 일을 진행하셨다. 물론, 신대륙에 이주한 초기의 청교도들에게는 "거룩한 공동체"(Holy Commonwealth)에 대한 이상이 있었다. 그들은 영혼을 구원하는 전도의 열정 뿐만 아니라 모든 사회악을 제거하며 사회를 회복시키려는 총체적 비전을 갖고 있었다. 18세기와 19세기의 1, 2차 대각성운동(Great Awakenings)에서 이는 다양한 방식으로 전개되었다.

---

244 Bosch, 'In Search of a New Evangelical Understanding', 68. 윌리엄 캐리는 인도의 카스트제도에 항거했고, 노예들에 의해 재배된 설탕수입을 거부하는 운동을 전개했으며, 인도의 교육 및 농업 분야의 개선을 위해 많이 노력했다.

1차 대각성운동과 조나단 에드워즈(Jonathan Edwards)

18세기에 전개되었던[245] 1차 대각성운동의 핵심에 조나단 에드워즈가 있다. 그의 부흥운동도 단순한 회심의 차원을 넘어, 교회갱신과 사회개혁을 추구한 운동이라고 할 수 있다. 당시 아메리카 식민지는 초기의 청교도적 신앙을 잃어버리고 세속화되고 있었다. 1700년대 이후 인구 증가와 경제적 성장은 종교적 무관심 또는 형식적인 종교생활을 야기했다.[246]

"거룩한 공동체"에 대한 초기 청교도의 이상은 더 이상 찾아볼 수 없었고, 인간의 자유가 강조되면서 청교도의 엄격한 윤리는 점차 사라졌다. 이러한 세속화의 흐름은 교회 안의 문제를 야기했다. 교인에게 분명한 개인적 중생의 체험을 요구하던 교회의 입장이 약화되어 17세기 말에는 교회의 회원이 급감하게 될 것을 염려하여 중도언약(Half-Way covenant)을 도입했다. 이는 분명한 중생의 체험이 없어도 교회의 준회원의 자격을 주어 세례교인이 될 수 있는 제도였다. 이를 통해 교회가 더 많은 교인 수를 확보했지만, 이 제도로 인해 교회 안에 형식적인 신자가 늘어갔다.

이러한 영적, 도덕적 상황이 에드워즈가 1727년에 부임했던 노샘프턴(Northampton) 교회에 그대로 나타났다. 하나님은 이들의 영혼을 깨우기 위해 에드워즈의 설교를 통해 강력하게 역사하셨다. 그 지역과 주변의 많은 사람이 말씀을 통해 변화되고 회심했다. 이 부흥의 역사는 1734년부터 그 다음 해까지 계속되었다.[247] 그 후 1740년부터 1742년까지 뉴잉글랜드

---

245 1차 대각성운동이 있기 전에 1726년에 네덜란드 개혁파에 속한 테오도르 프렐링하위젠(Theodore Frelinghuysen)이 이끈 부흥운동이 있었다. Ro, 'The Perspective of Church History From New Testament Times to 1960', 28.

246 김광채, 『근세교회사』 (서울: CLC, 1992), 229-230.

247 John Woodbridge 외 2인, 『기독교와 미국』, 박용규 역 (서울: 총신대학교 출판부, 1992), 201.

(New England)에 부흥이 일어났다. 이것이 1차 대각성운동이다.

당시 메시지의 핵심은 성결이었다. 에드워즈의 설교를 듣고 회심한 사람들은 죄의 결박을 끊고, 성경읽기, 기도, 묵상 등을 통해 성결한 삶을 추구했다.[248] 회심한 사람들의 내면적이고 영적인 변화는 그들의 삶과 사회의 변화로 확장되었다. 이는 에드워즈의 설교가 단순히 개인의 회개에 국한되지 않고, 사회적 죄악과 부도덕에 대한 지적을 포함하기 때문이었다. 그 결과 1742년 성도들은 정직하고 참되게 경제생활을 영위하겠다는 언약에 서명했다.[249]

에드워즈의 외침은 청교도의 후천년설에 기초한다. 그는 *Pressing into the Kingdom of God*에서 하나님 나라의 궁극적인 완성이 예수 그리스도의 재림으로 이루어지지만, 그 때까지 성도들은 이 땅에서 교회와 사회를 변화시키고 정결하게 하는 사역을 수행함으로 하나님 나라를 세워 주님을 맞을 준비를 해야 한다고 가르쳤다. 이러한 역사관은 「사보이 선언」(The Savoy Declaration, 1658)과 「케임브리지 헌장」(The Cambridge Platform, 1688)등에서 드러난다.[250] 에드워즈는 그리스도의 영적 통치가 역사에서 확장된다는 낙관주의적 역사관을 따라 교회와 사회의 개혁을 외쳤다.

그는 사회와 역사에서 도피하는 이원론적 태도를 벗어나 역사와 사회에 적극적으로 참여하면서 개인과 사회가 하나님의 복음의 능력으로 거룩한 모습으로 거듭날 것을 외쳤다. 에드워즈는 *Obligations to Charity*에서 이렇게 말했다. "하나님의 백성들이 반드시 감당해야할 절대적인 의무

---

248 정준기, 「청교도 인물사」 (서울: 생명의말씀사, 1996), 266.
249 정준기, 「청교도 인물사」, 276.
250 정준기, 「청교도 인물사」, 266.

는 도움이 필요한 이들에게 풍성하게 나누어주는 일에 자발적으로 참여하는 것이라."[251] 그는 성도들의 선행과 섬김을 통해 이 땅에서 거룩한 나라를 실현하기 위해 노력했다.[252]

2차 대각성운동과 찰스 피니(Charles Finney)

찰스 피니는 1792년에 코네티컷(Connecticut)에서 태어나 복음사역자로 살아갔다. 에드워즈와는 달리 피니는 처음에 변호사로 활동했다. 그러던 중, 1821년에 성령체험을 경험하고 복음전도자로 살아갔다. 그는 주로 미국의 동부지역을 순회하면서 부흥의 역사를 일으켰는데, 그를 통해 한 지역에서 무려 5000여 명이 회심할 정도의 놀라운 역사가 일어났고, 일생 동안 50여만 명을 회심시킨 것으로 알려졌다.[253] 나중에 오벌린(Oberline) 대학교의 교수와 교장으로 헌신했고, 1875년 83세의 일기로 생을 마쳤다.

복음전도와 사회적 책임이 함께하는 총체적 복음사역은 피니가 이끌었던 2차 영적 대각성운동에서 더욱 풍성하게 전개되었다. 티모시 L. 스미스는 *Revivalism and Social Reform*에서 진실하게 회심한 사람은 사회적 책임을 지는 일에 참여한다고 했다. 이는 2차 대각성운동의 총체적 성격을 잘 표현한다.[254]

---

251 Ro, 'The Perspective of Church History From New Testament Times to 1960', 29.
252 대각성운동의 지도자들에 대한 비판적 시각도 있다. 마크 A. 놀(Mark A. Noll)에 의하면, 그들에게 "거룩한 공동체"와 같은 청교도적 사회구현에 대한 방향성은 있었지만, 청교도적 사회건설을 위한 구체적인 대안을 제시하지 못했다. 즉, 청교도적 사회건설의 이상을 반영하는 구체적인 방안을 모색하는데 실패했다는 것이다. Mark A. Noll, 'The Great Awakening and the American Revolution', in *The Search for Christian America* eds. Mark A. Noll, Nathan O. Hatch, George M. Marsden (Colorado Springs: Helmers & Howard, 1989), 60–61.
253 찰스 피니의 생애에 관해서는 다음 책을 참고하라. Basil Miller, 『찰스 피니의 생애』, 유양숙 역 (서울, 생명의말씀사, 1977).
254 티모시 스미스는 *Revivalism and Social Reform* (New York: Abington, 1955) 10, 11장에서 19세기 미국의

뉴욕에서 법률을 공부하다 복음사역자로 소명을 받은 피니는 1차 대각성운동의 중심에 있었던 에드워즈의 외손자 티모시 드와이트(Timothy Dwight)의 사역의 열매였다. 드와이트가 예일 대학교의 학장이 되면서 전개했던 순수신앙회복운동의 결과 1802년에 부흥운동이 일어났었는데, 피니가 바로 그 때 영향을 받아 변화되었다. 피니는 복음을 접한 후에 성령의 강력한 역사를 체험했고, 이후에 그를 통해 여러 지역에 강력한 부흥의 역사가 나타났다.

그는 오벌린 대학교의 교수로 초빙을 받아 사역하면서, *Oberlin Evangelist*를 통해 부흥 역사를 이루어갔다. 그를 중심으로 전개되었던 2차 대각성운동은 영혼 구원을 넘어 각종 대학의 설립과 사회정화운동 등으로 전개되었다. 이 운동으로 사회의 도덕성이 향상되었고, 이를 통해 사람들이 감옥제도, 공공교육제도, 세계평화, 노예제도 폐지와 같은 문제들에 대해서도 관심을 갖게 했다.[255]

그렇다면 피니의 신학적 관점은 무엇인가? 그것은 완전주의적 부흥운동에서 제시되는 "회심과 개혁의 불가분성의 원리"다. 피니의 성화관은 완전주의(Perfectionism)의 흐름에 있다. 이는 웨슬리에서 시작된 제2의 축복의 신학(2nd Blessing Theology)에 영향을 받은 19세기 성결운동 중의 하나다.[256] 그런데, 피니는 완전주의적 성화론을 가르치면서 영적 변화를 사

부흥운동이 어떻게 사회적 관심을 갖게 되고, 가난한 이들에게 다가갈 수 있었는지 설명한다.
255 피니의 총체적 복음사역운동에 대해서는 Dayton, *Discovering An Evangelical Heritage* 2장을 참고하라.
256 19세기 미국의 성결운동은 웨슬리의 완전성화교리를 직접적으로 전수했던 미국의 감리교회 성결운동, 장로교회와 퀘이커교도 또는 영국교회서 전개된 "The Higher Life 운동, 피니를 중심으로 전개했던 오벌린(Oberline) 성결운동을 들 수 있다. 이 운동들은 서로 방식과 정도의 차이는 있으나, 모두 웨슬리의 제2 축복의 교리에 기초한 완전성화의 범주 안에 있다. 김광열, 「그리스도 안에 있는 구원과 성화」, 172-176.

회개혁과 연결했다. 즉, 중생한 사람은 참 믿음을 가지고 선한 일을 추구해야 한다는 것이다.

결국 피니가 이해한 회심은 이웃을 위한 선행과 사회개혁 또는 사회적 책임을 위한 사역과 불가분의 관계에 있는 "총체적 회심"이다. 그는 죄의 핵심은 이기적인 마음(selfishness)인데, 회심은 그러한 이기적인 죄성을 극복하고 하나님의 자비의 품성(attribute of benevolence)을 회복하는 사건이라고 확신했다.[257] 그러므로 회심한 사람은 다른 이들의 유익을 위한 삶(선행)을 살아간다. 즉, 부흥을 통해 회심한 사람이 (개인적인 차원에서) "금주"하게 되었다면, 또한 (사회적 차원에서) 악한 "노예제도"를 폐지하기 위해 노력해야 한다는 것이다.[258] 이러한 사회적 죄악에 대해 침묵하는 것은 부흥을 방해하는 것이며, 만일 교회가 그러한 죄악에 대해서 침묵한다면, 성령님은 교회를 떠날 것이라고 강력하게 주장했다.

피니의 신학이 선택교리를 거부하고, 인간의 자유의지를 강조하는 아르미니우스주의에 근거하는 것은 개혁신학의 관점에서 받아들일 수 없다.[259] 그럼에도 성화를 개인적인 차원과 사회적 차원에서 이해하고 가르침으로 부흥의 의미를 개인적, 영적 차원의 사건으로만 보지 않고 사회적 죄악에서 돌이키는 "총체적 회개" 또는 "총체적 성화"로 보게 한 것은 의미가 있다.

결국, 피니가 이끈 2차 대각성운동은 "개인영혼을 구원하려는 영적인

---

257 Dayton, *Discovering an Evangelical Heritage*, 17–18.
258 Dayton, *Discovering an Evangelical Heritage*, 18.
259 김광열, 『그리스도 안에 있는 구원과 성화』, 178–179. 피니는 완전성화를 강조한 나머지 성화를 칭의의 조건으로 간주했다. 완전성화를 없이 참된 칭의가 주어지지 않는다고 보았다. Charles G. Finney, *Lectures on Systematic Theology* (Oberline, Ohio: James M. Fitch, 1878), 439, 470–482; B. B. Warfield, *Studies on Perfectionism* (New York; Oxford University Press, 1937), 146–147.

자극이 수많은 신자들을 감동하여 도시의 빈민에게 음식과 의복을 제공하고, 새로 이주한 이민자의 취업을 도와주며, 가난한 자들에게 의료혜택을 베푸는 등"의 사회봉사(social service)로 나아갔다.[260] 또한 그 결과 그리스도인들은 복음선포와 사회봉사 사역에 열심을 내었을 뿐만 아니라, 노예제도 폐지, 여성인권, 교육, 감옥과 병원제도의 개혁 등과 같은 사회적 행동(social action)에도 관심을 가지고 노력하게 되었다.[261]

C. C. 콜(C. C. Cole)은 *The Social Ideas of the Northern Evangelists*에서 2차 영적 대각성운동 중에 전개된 총체적 복음사역을 다음과 같이 정리했다. 1) 국내외 선교기관의 조직, 2) 기독교문서사역의 확대 3) 교회교육기관들의 확장 및 갱신 4) 생활의 개혁, 5) 사회악을 개혁하는 운동의 전개[262]

그 밖의 교단들과 선교단체들의 사역들

사회에 대한 기독교의 적극적인 태도는 당시 새롭게 세워진 신흥교단의 성격에서 드러난다. 구세군(Salvation Army)과 나사렛 교회(Church of Nazarene)는 가난한 자들을 위한 사역을 목표로 세워졌다. 그들은 복음전

---

260 Richard V. Pierald, *The Unequal Yoke* (Philadelphia: J. B. Lippincott, 1970), 28.
261 Nathan O. Hatch, 'The Search for a Worthy Past in the Early United States and the Search Today', in *The Search for Christian America* (Colorado Springs: Helmers & Howard, 1989), 115.
262 Richard R. Lovelace, 'Completing an Awakening', *The Christian Century* 98:9 (1981): 297. 테오도르 웰드(Theodore Weld)는 피니의 부흥운동을 통해 변화된 회심자들 중의 하나였다. 그가 일생동안 노예제도 폐지를 위해 헌신한 이야기는 Dayton의 *Discovering an Evangelical Heritage* 3장에 있다. 그가 피니의 사역으로 회심했고, 얼마 동안 그의 조력자로서 사역했다는 사실은 피니의 사역이 사회에 폭 넓은 영향력을 미쳤는지 알 수 있다. 특히, 웰드는 레인 신학교(Lane Theological Seminary)에 다닐 때부터 흑인들의 권익을 위해 열심히 활동했다. 노예폐지협회를 구성했고, 학생들과 함께 흑인들의 집에 함께 거하며, 길거리를 함께 활보하는 등 흑인들의 사회적 동등권 확보를 위한 행동을 주도했다. 하나님의 형상을 지닌 흑인들을 위한 운동을 계속하다가 결국 40여명의 학생들과 함께 레인 신학교 건너편에 새로운 학교를 시작했다. 그 학교가 바로 오벌린 대학(Oberline College)였다. 오벌린 대학에 많은 학생이 모여들었다. 방학 중에 학생과 교수 모두 부흥집회에 참여했으며 선교에도 열심을 냈다.

도와 자비사역에 열심을 내었다.

나사렛 교회는 피니어스 F. 브레시(Phineas F. Bresee)에 의해 시작되었는데, 그는 원래 켈리포니아의 한 감리교회 목서였다. 1890년대에 캘리포니아 빈민지역 사역에 대해 감리교 총회와 의논했으나 거절당하자 1895년에 나사렛 교회를 시작했다. 교회의 이름인 "나사렛"은 '그리스도의 고통스럽고 비천했던 사역'을 상징한다. 나사렛 교회는 사역의 범위를 신앙조례에 "도시의 소외된 지역들"로 규정했다. 다음 고백은 이 교회의 사역 방향을 말하고 있다.

우리는 모든 사람들이 가장 가난한 사람들도 환영할 수 있는 지극히 평범한 장소를 원한다. 우리는 부유한 사람들 없이 이 일을 할 수 없다. 물론 가난한 사람에게 복음을 전파하지 않아도 할 수 없는 건 마찬가지다. 이 사명에 진실하도록 하자. 그래서 웅장하고 고상한 교회 건물 없이 배고픈 사람들을 먹이고, 헐벗은 이들에게 옷을 입히며, 슬픔의 눈물을 닦아주자. 그렇게 하여 그리스도의 왕관을 위한 보석을 수집하자.[263]

이 외에도 많은 선교단체가 총체적 복음사역에 헌신했다. 그 중 하나가 시카고 평화정원 선교회(Pacific Garden Mission in Chicago)다. 이 선교회는 우범지대에 위치하여 폐인이 된 알코올 중독자들에게 복음을 전하고 음식과 숙소, 의복, 의학적 치료 등을 제공하여 새로운 삶을 시작하도록 도왔다. 이 사역의 기원은 뉴욕 맨해튼에서 감리교 여성도에 의해 시작되었던 한 작은 선교회다.[264] 피비 팔머(Phoebe Palmer)가 주도한 이 선교회는 기

---

263 Donald W. Dayton, 『다시보는 복음주의 유산』, 배덕만 역 (서울: 요단출판사, 2003), 189.
264 Dayton, 『다시보는 복음주의 유산』, 191.

금을 모아 옛 양조장 부지를 매입하여 선교회 건물을 세웠다. 선교회는 성인뿐만 아니라 어린이들을 위한 사역을 시작했고, 금주협회를 조직하고, 실업을 해결하기 위해 노력했다. 주택건설, 병원건립 및 고용창출을 위한 노력 등을 통해 지역의 필요를 채우는 사역에 초점을 맞추었다.

이 외에도, 남성만을 위한 사역, 그리고 여성만을 위한 선교회도 활발히 사역했다. 제리 맥올리(Jerry McAuley)에 의해 1872년에 설립된 Water Street Mission를 통해 75,000명 정도의 사람이 회심했는데 이들을 통해 당시 복음주의권은 술과의 전쟁을 적극적으로 수행할 수 있었다.

여성들을 위한 단체들로는 엠마 위트모어(Emma Whittemore)에 의해 1890년에 설립된 Door of Hope를 들 수 있다. 그녀는 살아있을 때 100개의 Door of Hope를 설립했다. 또한 찰스 크리튼턴(Charles N. Crittenton)은 1882년에 Florence Crittenton Home을 설립하여 매춘여성들을 위해 사역했다. 이 사역으로 여성들이 경제적 문제로 매춘을 할 수 밖에 없었다는 것과 아무도 그들을 돕지 않았다는 것을 많은 사람이 깨닫게 되었다.[265]

이 시기에 탄생했던 교단 중에 구세군을 빼놓을 수 없다. 1860년 윌리엄 부스에 의해 영국에서 설립되었던 Christian Mission이 그 기원이다. 구세군은 1880년 미국에 들어와 구제와 복음전도에 헌신했다. 초기에는 기존 교회와 사회의 문제점을 비판하여 심한 핍박을 받았다.[266] 그럼에도 구세군은 가난한 자들에게 복음을 전했고, 이 사역은 점차 음식, 의복, 쉼터를 제공하는 자비사역으로 확장되었다. 빈민은행(a poor man's bank)을 설

---

265 Dayton, 『다시보는 복음주의 유산』, 192.
266 1880년 한 해에 56개의 구세군 건물이 습격을 받았고, 86명의 구세군 교인들이 구속되었으며, 669명의 구세군 교인들이 구타와 공격을 받았다. Dayton, 『다시보는 복음주의 유산』, 193.

립하고, 탁아소를 운영했으며, 변호사를 고용할 수 없는 이들을 위해 무료 법률상담을 시작했다.

구세군은 감옥의 죄수를 위해서도 사역했다. 당시 형무소는 죄인들을 회복하지 못하고 오히려 더욱 악한 범죄자로 만들었다. 이에 구세군은 초범 죄수들을 보호했다. 이 사역을 통해 구세군 본영에 소속된 48명 중 47명이 전과자이기도 했었다. 다시 말해 구세군의 사역은 죄수를 하나님 나라의 사역자로 바꾸었다. 이와 함께 구세군은 매춘여성에게 관심을 보였다. 부스는 그들이 타고난 악함이 아니라 사회적 환경 때문에 그러한 일들을 하게 되었다고 보았다. 이와 같은 "백인노예무역"(매춘)의 문제를 사회적 이슈로 만드는 일에 협력한 윌리엄 T. 스테드(William T. Stead)는 신문지상에 어린 여자아이의 사례를 폭로하여 당시에 뜨거운 논쟁을 일으켰다. 이후 미국에서 발행된 *If Christ came to Chicago*라는 보고서(1894)는 관련된 인물을 언급하고 충격적인 사실과 통계를 제시하여 시카고 전체를 흔들었다.[267]

대반전(퇴보)과 재도약: 19세기 후반부터 20세기까지

19세기 미국의 부흥운동을 통해 활발히 전개되었던 여러 교단과 선교단체를 통한 총체적 복음사역은 1861년에 발생한 남북전쟁 이후 새로운 국면에 직면했다. 대체적으로 19세기 중엽 이후부터 남북전쟁 이전에 복

---

267 Dayton, 『다시보는 복음주의 유산』, 195.

음주의자들이 수행했던 사회적 책임 사역이 급감하게 되었다. 이는 남북전쟁의 상처로 인해 신대륙 이주 초기부터 간직해왔던 청교도적 사회건설의 꿈과 이상이 무너졌고, 그 밖에도 다양한 요인들이 복합적으로 작용했기 때문이었다.[268]

대반전과 그 원인 (19세기 후반/ 1861년 남북전쟁 이후로)

역사학자 티모시 L. 스미스(Timothy L. Smith)는 복음주의자들이 17-19세기의 영광스러운 총체적 복음사역을 포기하고, 자유주의와 사회복음의 도전에 대한 반작용으로 영혼구원의 사역만 감당했던 시기를 "대반전"이라고 명명했다. 데이빗 O. 모베르그는 이 현상을 *The Great Reversal* [269]에서 집중적으로 연구했다.

대반전의 사례를 먼저 살펴보고, 그 이유를 분석해보자.

19세기 부흥운동의 영향으로 세워진 나사렛 교회와 구세군도 19세기 후반에 접어들자 자비사역을 축소했다. 나사렛 교회의 지도자들은 점차 자비사역에 관심을 갖지 않았다. 사회적 문제가 제기되었을 때, 그들은 이 문제를 교인들의 개인적 신앙의 차원으로만 간주하여 축소하려는 경향을 보였다. 자비사역의 주된 인적자원인 여집사들의 수도 감소했고, 알코올 중독에 대해서도 사회적 차원에서 접근하기보다는 개인적인 경건 차원에서 접근했다.

Christian Missionary Alliance를 비롯한 다른 복음적 교단도 정치적, 경

---

268 John Woodbridge, Mark A. Noll, Nathan O. Hatch, *The Gospel in America: Themes in the Story of America's Evangelicals* (Grand Rapids: Zondervan, 1979), 236 f.
269 David O. Moberg, *The Great Reversal* (Philadelphia: J. B. Lippincott, 1972)

제적 문제에 대해 관심을 갖지 않았다. 이는 미국 성공회(Episcopal Church)도 마찬가지였다. 19세기 후반 미국 성공회는 많은 주택을 건축하여 이민자와 노동자를 위한 교육을 비롯하여 사회적 필요를 채우기 위한 공간으로 사용했다. 각 교구에 세워진 주택을 교실, 부엌, 체육관, 오락실 등으로 지정하여 먼저 다른 이들의 필요를 채워주기 위한 공간으로 사용하였고, 그 다음에 교구 성도를 위한 용도로 사용했다. 그러나, 20세기 초에 이르러 다른 이들을 위한 용도가 퇴색되어 교구 성도가 이 공간을 사용하게 되었다.[270]

이러한 변화는 특히 세계대전으로 인해 역사의 진보에 대한 비관적 태도가 크게 확산된 것에서 비롯되었다. 이는 종말론에 영향을 주어 비관주의적 역사관과 연관된 전천년설이 힘을 얻었다. 이로 인해 "대반전"이 가속화되었다. 이 현상은 당시의 복음주의 지도자들의 태도에서 더 분명히 나타난다. 당시 대표적인 인물로 암지 C. 딕슨(Amzi C. Dixon), 드와이트 L. 무디(Dwight L. Moody), 빌리 선데이(Billy Sunday)를 들 수 있다.

(1) 암지 C. 딕슨은 12권으로 된 *The Fundamentals*를 편집하여 근본주의 운동의 토대를 놓았던 침례교회 목사다. 그는 1901년 보스턴에서 목회할 때 100만 달러의 기부금을 음식과 주택을 제공하고 의료봉사에 사용했다. 그런데, 3년 정도 이 사역을 수행하면서 육신적인 봉사로는 영혼구원의 열매를 맺을 수 없다는 결론에 이르렀고, 결국 모든 봉사를 중단했다.

딕슨은 박애주의 정신으로 인도주의적 봉사로 사회를 구원하려는 것은 잘못된 전도방식이라고 판단하고, 그런 복음사역을 비판했다. 이 땅의

---

270 Moberg, *The Great Reversal*, 30-31.

진정한 회복은 참된 복음전도 사역, 즉 성도를 만들어가는 하나님의 역사를 통해서 가능한 것이라고 여겼다.[271]

(2) 드와이트 L. 무디는 딕슨과 마찬가지로 직접적인 사회봉사나 사회참여로 진정한 사회회복이 어려울 뿐만 아니라, 오히려 이 때문에 복음전도에 대한 궁극적인 관심이 줄어들게 될 것을 염려했다. 사회참여는 진정한 영혼구원사역을 약화시키고 시간낭비라고 여기며, 영혼구원의 사역만이 사회를 변화시키는 최상의 도구라고 강조했다.[272]

그는 후천년설적인 역사관을 거부하고 현(現) 세계는 "파선된 배"와 같다고 보면서, 하나님이 그리스도인들을 이 세상에 보낸 것은 바로 이 세상에서 바다에 빠져 멸망으로 향하고 있는 사람을 생명선으로 구원하기 위함이라고 가르쳤다. 그는 세대주의적 전천년설의 입장에서 이 세상이 예수님의 재림 때까지 더욱 악화된 후에 이 땅에 하나님의 나라가 세워질 것이라고 보았다. 그러므로 성도들은 "위엣 것"만을 추구해야 하며 하나님의 나라와 의를 먼저 구해야 한다고 강조했다.

물론 무디도 빈민가의 오염, 가난, 술 취함, 질병 등의 문제를 알고 있었고 가난한 자들에 관심을 가졌다. 그러나 그들에게 줄 수 있는 최상의 선물과 봉사는 영원한 생명을 얻게하는 것이라고 보았다. 그러므로 그들은 단지 그리스도에게 나오기만 하면 된다. 무디에게 사회적 문제를 해결하기 위한 장기적인 대안과 계획은 없었다. 이런 태도는 그의 신학에서 나오는 것이기도 하나, 이는 당시 그가 부유한 사업가로부터 재정적인 지

---

271 Moberg, *The Great Reversal*, 31

272 Moberg, *The Great Reversal*, 32.

원을 받게 된 것과 무관하지 않을 것이다.[273]

무디는 세대주의적 전천년설의 신학적 틀에서, 영혼구원을 위한 전도 사역에 강력한 원동력을 제공하고 추진력을 발휘했다. 따라서 그의 설교의 내용은 죄와 심판, 그리스도의 구속, 성령에 의한 중생의 주제들에 집중되었다. 그는 난파선과 같은 세상에서 파멸로 향하는 영혼을 주께로 인도하는 일만을 복음사역의 전부로 이해하고 살아간 복음전도자였다.[274]

(3) 빌리 선데이는 무디의 전도운동을 계승했다. 무디의 가르침을 따라 사람들을 집단으로 개혁하는 것은 불가능하다고 보았고, 오히려 사회개혁은 개인에게서 시작되는 것이라고 주장했다. 그리고 기독교의 목표는 영혼을 구원하는 것이지 사회를 변혁시키는 것은 아니라고 보았다. 사회복음주의는 단지 사회주의에서 온 것일 뿐이라고 평가했다.

선데이는 빈민가의 고통을 줄이기 위한 입법운동을 시도하거나 그 일에 참여하지 않았다. 빈민들에게 교육의 기회를 제공하고 섬기는 것보다 그들을 예수님에게 인도하는 것만이 그들을 돕는 일이라고 보았다. 그리고 복음을 거부하는 이들에게는 고통과 심판이 따르는 것이 당연하다고 생각했다. 이와 같은 선데이의 개인주의적이고 근본주의적인 태도는 미국사회의 환영을 받지 못했다.[275]

그렇다면 복음주의 교회에서 대반전이 발생한 이유는 무엇인가? 몇 가지 원인을 다음과 같이 분석할 수 있다.

---

273 Moberg, *The Great Reversal*, 33.
274 박응규, '미국 복음주의와 총체적 복음사역', 『총체적 복음사역의 신학과 실천』 제2호 (2005): 44; 박응규, '복음전도와 사회참여에 대한 미국복음주의의 입장', 『역사신학논총』 제10권 (2005): 188-189.
275 박응규, '복음전도와 사회참여에 대한 미국복음주의의 입장', 189.

로봉린은 사회적 책임을 감당하던 복음주의자들의 연합전선이 무너지게 된 원인으로 금주(temperance)의 의미를 재정의하는 문제, 노예제도, 종말론 등과 같은 주제들에 대한 복음주의자들 사이의 견해 차이가 그 원인이라고 본다.

(1) 복음주의자들은 노예제도의 즉각적 폐지, 점진적 폐지, 폐지반대론으로 나누어졌다. 이런 과정에서 복음주의자들은 그리스도인들이 영적 문제들에만 관여해야하고 사회정치적 문제에 관심을 갖지 않게 되었다는 것이다.[276]

(2) 종말론은 대반전에 지대한 영향을 미친던 신학적인 요인이었다. 1850년대까지 해전천년론자들과 후천년론자들, 무천년론자들은 모두 힘을 합해 문화적, 사회적 발전을 위해 노력해왔다. 남북전쟁 이전까지 대체로 그리스도의 재림 이전에 이 땅에서 천년왕국의 영광을 누린다는 후천년설을 따라 교회가 사역해왔다. 피니를 비롯하여 사회적 책임에 열심을 냈던 이들은 사회변혁을 통해 천년왕국의 영광을 미국에 실현하고자 했다.

그러나 남북전쟁 이후 전체적인 흐름이 전천년설 쪽으로 기울었다. 복음주의자들은 이 땅의 사역은 의미가 없다고 보면서 주님의 재림 때 있을 "휴거"를 기다리며 주님의 구원만을 기다리는 소극적 자세를 취했다. 이 세상에는 아무 희망이 없고 결국 악화일로를 걸을 뿐이라는 전천년설적 종말론이 지배적인 신학으로 자리잡았다.[277] 이러한 전천년설적 종말

---

276 Ro, 'The Perspective of Church History From New Testament Times to 1960', 30.
277 심지어 어떤 이들은 사회적 참여와 봉사의 사역들을 통해 전천년설이 말하는 역사의 퇴보 과정이 지연되기에 그리스도의 재림과 함께 주어질 복된 소망까지 지연되고 있다는 생각을 갖고 있었다. Dayton, 『다시보

론은 무디를 비롯한 당시 복음전도자의 사역에 영향을 미쳤다. 조나단 블랜차드(Jonathan Blanchard)이 세운 휘튼 대학(Weaton College)도 이러한 종말관의 시대적 변화의 영향을 받아 1920년대에 대학의 신학강령에 전천년설의 입장을 삽입했고, 지금도 교수들은 매년 이 헌장에 서명하고 있다.[278]

후천년설적인 입장을 따랐던 복음전도자들에게는 하나님의 은총으로 말미암아 이 땅에서 사역의 풍성한 열매가 나타날 것이고, 이를 통해 역사의 진보가 이루어진다는 확신이 있었다. 교육시설과 의료시설 등의 확장과 섬김의 사역들을 통해 이 땅에 천년왕국을 세울 수 있을 것이라고 보았던 것이다. 그렇지만 이 비전은 전천년설의 우세로 사라졌다. 이 땅에서 계속되는 악의 세력, 남북전쟁 이후 더 악화된 사회적 문제는 영광의 나라를 세우는 비전을 포기하게 했다.

결국, 종말론의 변화는 그리스도인의 삶과 사고 뿐만 아니라 사회적 활동과 봉사사역에도 영향을 주었다. 그리스도의 임박학 재림에 대한 신앙이 도시의 빈민에게 다가가고, 해외 선교사역에 박차를 가하게 하는 계기가 되었다. 하지만, 장기적인 사회변화를 추구하는 것에 소극적 자세를 취했다. 주님의 재림을 앞두고 전력해야할 것이 타락한 세상에서 멸망으로 향하는 영혼을 구원하는 일이라고 여겼다. 이제 곧 재림하실 주님을 공중에서 맞기 위해 할 수 있는 일은 장기적인 계획을 따라 교육기관을 세우고 사회개선을 위한 방안을 강구하는 것이 아니라고 보았다. 데이턴

는 복음주의 유산』, 206.
278 Dayton, 『다시보는 복음주의 유산』, 207.

은 남북전쟁 이전의 복음전도자들이 인문대학을 세웠지만, 남북전쟁 이후 복음전도자들이 성경학교를 세우는 데 집중했던 것이 그 증거라고 했다. 즉, 인문대학이 세상의 문화적 가치에 집중하게 하므로, 주님의 재림 이전에 긴박히 감당해야 할 사역을 위해 최소한의 성경지식을 배우는 데 필요한 시간을 낭비하게 된다는 것이다.[279]

(3) 대반전의 중요한 원인은 신학적 양극화 현상이었다. 이는 단순히 후천년설에서 전천년설로 이동한 것보다 더 중요한 현상이었다. 19세기 후반, 후천년설을 따르는 자들에게서 세속화가 일어났다. 이들은 성령님의 역사 대신 인간의 노력으로 세상을 바꿀 수 있다고 보았다. 그리스도인의 사회적 참여에서 초자연적 차원의 상실로 인해 복음주의자들은 사회개혁의 추구가 복음과는 상관없는 세속적 운동이라고 여겼고, 결국 이러한 사역에 대해 흥미를 잃게 했다. 그리하여 에큐메니컬 운동의 방향에서 사회개혁을 주창하는 자들과 역사적 기독교회의 정통신앙 안에서 복음전도만을 강조하는 자들로 양분화되기 시작했다.[280]

19세기 이후로 미국과 유럽에 영향을 미쳤던 자유주의 신학과 사회복음주의 운동은 이러한 신학적 양극화의 결정적인 요인이었다. 남북전쟁 이후 복음주의자들이 사회적 책임의 사역에서 잠시 자리를 비우는 동안, 사회의 악한 구조를 개혁하는 것이 복음임을 강조하는 사회복음(social gospel) 운동이 일어났다. 19세기 후반에 나타난 사회복음 운동의 대표자는 뉴욕 로체스터(Rochester) 신학교 역사신학 교수 월터 라우쉔부쉬(Walter

---

279 Dayton, 『다시보는 복음주의 유산』, 208.
280 Bosch, 'In Search of a New Evangelical Understanding', 69.

Rauschenbusch)였다. 그는 *Christianity and Social Crisis*(1907), *A Theology for the Social Gospel*(1917)를 통해 사회복음을 주장했다.

자유주의 신학과 사회복음주의는 특히 지난 세기 세계선교운동의 역사에서 에큐메니컬 선교신학을 형성하면서 신학적 좌경화를 주도했다. 1910년에 개최되었던 에든버러 세계선교대회는 여러 교파의 불필요한 선교 경쟁을 극복하기 위한 좋은 취지를 가지고 모였지만, 결과적으로 20세기 전반기의 세계선교운동에서 "무교리적 입장"(doctrinal indifference) 혹은 최소교리적인 입장이 나타났다.[281]

이때 나타난 세계선교운동의 무교리적 혹은 최소교리적 입장은 결국 그 이후에 전개되었던 여러 모임과 세계선교대회가 사도적 복음의 순수성을 간과한 선교운동 혹은 교회연합운동이 되게 했다. 이런 모습이 초기에 분명히 드러나지 않았으나 그 이후의 세계선교 또는 교회연합운동에서 점차 그 모습을 드러내기 시작했다.[282] 그리하여 1948년에 여러 선교운동기구들이 연합하여 세계교회협의회(World Council of Church)를 발족했다. 사도적 복음의 순수성을 타협한 선교운동의 문제점은 다음과 같이 정리할 수 있다.

첫째, 선교사역이 혼합주의적인 경향을 띠게 되었다. 1910년 에든버러 대회에서부터 무교리적 입장을 취한 세계선교운동은 WCC의 혼합주의적 성향으로 나아갔다. 이는 결국 타종교와의 대화도 가능하다는데 까

---

281 김광열, 『이웃을 품에 안고 거듭나는 한국교회』, 25, 28.
282 1910년 이후 전개된 세계선교운동은 크게 3개의 그룹으로 나누어볼 수 있다. 생활과 사역에 관한 범기독교협의회(Universal Christian Council of Life & Work), 신앙과 직제에 관한 세계대회(World Conference on Faith & Order), 그리고 국제선교협의회(Interantional Missionary Council).

지 나아갔다. 여기서 타종교와의 대화는 일반적인 의미의 대화가 아니라 타종교의 입장을 수용한다는 것을 의미한다.[283]

둘째, 역사적 기독교회의 신앙에서 벗어난 선교운동은 또한 사회화 또는 세속화로 나아갔다. WCC의 세속화 신학은 1948년 암스테르담 총회에서 시작하여 1954년 에반스톤 총회(2회), 1961년 뉴델리 총회(3회), 1968년 웁살라 총회(4회)로 이어졌다.[284] 이러한 선교운동은 복음전도나 회심보다 사회정의, 인권, 인간복지, 교육 등과 같은 인간이 인간답게 살아가도록 노력하는 일이 교회의 사명이라고 주장했다. 이는 곧 교회를 사회적 단체 또는 사회봉사기관으로 여겼기 때문이다.[285]

마지막으로 이 선교운동은 정치화되는 모습으로 나아갔다. WCC의 세속화와 맞물려서 정치적 경향을 띠게 되었다. 사회적 문제에 적극적인 참여를 강조하는 것은 자연스럽게 정치적 문제로 연결된다. WCC 운동은 전세계 교회가 세속적인 국가권력과의 투쟁해야 한다고 주장했다.[286]

복음주의자들은 이와 같은 WCC 에큐메니컬 선교운동을 보고 우려했다. 물질적 빈곤을 영적 빈곤보다 더 강조하고, 선교의 수직적인 차원보다 수평적인 차원을 더 강조하는 선교는 이미 성경이 가르치는 선교에서

---

283 1961년 뉴델리에서 개최된 WCC 3차 대회에서 대화를 효과적인 전도 형태 중 하나로 간주했다. 전호진에 의하면, 뉴델리 대회에서 타종교라는 말은 다른 신앙(other faiths)으로, '무신앙 (no faith)'도 하나의 신앙으로 간주되었다. IMC 2차 대회에서 수용되었던 입장, 즉 기독교는 타종교의 선한 요소의 완성이며, 기독교와 타종교와의 차이는 우월과 열등의 차이일 뿐, 진리와 거짓의 차이는 아니라는 태도가 WCC 운동에 나타났다. 전호진, '현대교회론과 선교사상', 「교회문제연구」 제1집 (1987): 55-56.
284 이 기조는 2013년 부산 총회(10회)에서도 변하지 않았다. 자세한 사항은 WCC 부산총회(2013) 홈페이지 (http://www.wcc2013.kr)의 자료마당을 참고하라.
285 전호진, '현대교회론과 선교사상', 48-50. 전호진은 WCC의 세속화의 경향을 "인간화(humanization)로서의 선교"라고 했다. WCC는 웁살라 대회에서 본훼퍼의 사상에 영향을 받아 "타자를 위한 교회"(The Church for Others)라는 개념을 구체화했고 선교의 사명을 "새 인간성 창조"라는 방향에 초점을 맞추게 되었다.
286 전호진, '현대교회론과 선교사상', 32.

이탈했기 때문이다. 신앙과 직제운동의 의장이었던 존 미이엔도르프(John Meydendorff)는 "사회적 문제에 대한 시끄러운 소리 때문에 인간의 궁극적이고 영원한 구원의 문제가 정당하게 취급되지 못했다"고 했고, 스토트도 "웁살라 총회가 기근, 가난, 부정 등의 문제에 몰두하여, 수천만 인간의 영적 기아상태에 대한 동정이나 관심을 표명하지 못했다"고 비판했다. 페터 바이어하우스(Peter Beyerhaus)도 "이와 같이 인간과 인간적 상황에 초점을 둔 것은 … 필연적으로 반기독교적인 증세를 조성하여 점차 반 하나님적인 방향으로 전향하게 될 것"이라고 비판했다.[287]

이처럼 20세기 초에 전개되었던 세계선교운동에 신학적 자유주의와 사회복음주의 진영에서 주도한 사회적 책임 사역이 혼합주의, 세속화, 사회화, 정치화되면서 복음주의자들은 "사회적 책임사역 = 자유주의 혹은 사회복음주의"라고 여기게 되었다.[288] 그 결과 점차 복음주의자들은 모든 형태의 사회적 책임 사역을 부정적인 시각으로 바라보게 되었다.

이러한 신학적 양극화의 상황은 17세기부터 강력히 전개된 복음주의자들의 총체적 복음사역의 역사를 둘로 쪼개는 "대반전"을 더욱 가속화하는 요인으로 작용했다. 복음주의자면서 동시에 사회적 책임을 위한 사역을 감당하는 것은 불가능하다고 보았다. 이 잘못된 딜레마는 당시 양극화의 시대를 살아갔던 그리스도인들의 고민이었다.[289]

---

287 김명혁, 『현대교회의 동향: 선교신학을 중심으로』, 127-128.
288 사회복음주의 운동이 처음에는 자유주의와 직접적인 연관 없이, 단지 기독교적 미국을 건설하려는 복음주의자들의 일반적인 비전과 일치되는 것 같았다. 그러나, 점차 자유주의 신학의 영향을 받아 복음이 말하는 영원한 구원의 메시지와 복음전도의 중요성을 간과하고 사회개혁과 사회악에 대한 문제만 집중했다. 결국 그들은 복음의 본질적인 내용을 간과하고 영혼구원에 대한 성경적 관점을 배제했다. 박응규, '미국 복음주의와 총체적 복음사역', 41-47.
289 Moberg, *The Great Reversal*, 34.

칼 헨리(Carl F. H. Henry)는 대반전의 원인을 다음과 같이 분석했다. 첫째, 사회복음주의자들이 구원의 복음을 무시하여 복음주의자들이 성경적 선교와 복음전도에 대한 부담을 갖고 그것에 더 집중하게 되었다. 둘째, 자유주의자들은 교육기관과 사회기관을 더욱 폭넓게 관장하여 복음주의자들의 영역이 축소되었다. 셋째, 하나님의 초자연적인 구원역사의 개념을 배제하고 정치, 경제적 변혁으로 이 땅위에 그 나라를 성취하려는 자유주의자들에 대한 반작용으로 대반전이 일어났다.

이 외에도 대반전의 다른 요인을 들 수 있다. (1) 대반전이 도시화와 산업화의 결과라는 주장이다. 이는 두 가지로 구분되는데, 하나는 산업이 발달하고 인구가 도시로 집중되고, 점점 복잡해지는 사회에서 그리스도인이 자비를 실천하기 어렵게 되어, 결국 기도와 전도에 집중했다는 것이다. 다른 하나는 그리스도인이 부유하게 되어 교외로 이주하면서 더 이상 도시 빈민의 어려운 삶을 알지 못하게 되었다는 것이다. (2) 보수적인 성경문자주의자들이 성경에서 사회문제에 대한 가르침을 찾을 수 없다고 보고 이를 등한히 했다는 주장이 있다.

존 워윅 몽고메리(John Warwick Montgomery)는 복음주의자들이 사회적 책임에 대해 무관심하게 된 것이 "일관성의 문제"에 있다고 본다. 성경을 이해하고 실천하면서 복음주의자들이 성경의 '모든' 내용을 치우침 없이 실천하지 않고 자신들이 원하는 내용만 실천했기 때문에 이런 일이 일어났다고 보았다. 이는 자유주의자와 마찬가지로 복음주의자들도 부담되는 성경을 충분히 가르치거나 설교하지 않았기 때문이다. "그러나, 왜 우리는 우리 자신의 지적을 따르지 않는가? 자유주의자들은 파괴적인 성경 비평이라는 가시적인 가위와 풀을 사용하는 반면에, 우리는 선택적인 해석이라는 보이지 않는 가위와 풀을 사용하고 있는 것이 아닌가? 우리는 우리를 불편하게 하는 본문들을 제외한 나머지 부분으로만 설교한다."[290]

재도약의 역사: 비판과 반성, 그리고 회복을 향하여

그렇지만 총체적 복음사역의 역사는 여기서 끝나지 않았다. 20세기 중반부터 복음주의자들 중에 성경이 "개인적이고 영적으로 편중된" 복음을 가르치고 있지 않는다는 사실을 주장하는 이들이 나타나기 시작했다. 이들은 대반전을 다시 역전하려고 노력했다. 그 대표적인 사람이 칼 헨리(Carl F. H. Henry)다. 그는 The Uneasy Conscience of Modern fundamentalism 에서 복음주의자들이 사회에 적극적으로 참여해야 한다고 주장했다.[291]

이 책은 원래 1947년 초에 잡지에 기고한 일련의 논문을 책으로 발간한 것이다. 셔우드 워트(Sherwood Wirt)의 표현을 빌려 말하면 이 책은 "전후(戰後) 성경집회를 진행한 평화로운 복음주의자들의 모임에 던져진 폭탄"이었다. 워트는 이 책을 통해 복음주의 지도자들이 사회에 대한 성경의 가르침과 인간의 결핍에 대한 예수님의 관심을 잊고 있었음을 깨닫게 되었다고 평가했다.[292]

물론, 헨리는 복음전도의 중요성을 간과하지 않았다. 오히려 그는 "복음주의자들의 주된 과제"가 "하나님의 신적 구원이 우리 인간의 개인적이며 사회적인 문제들에 대한 최선의 해결책임을 보여주면서 하나님의

---

290 John Warwick Montgomery, 'Evangelical Social Responsibility in Theological Perspective', Chap. 1 in Gary R. Collins, ed., *Our Society in Turmoil* (Carol Stream, IL: Creation House, 1970), 22. Moberg, *The Great Reversal*, 36에서 재인용.
291 Carl F. H. Henry, *The Uneasy Conscience of Modern Fundamentalism* (Grand Rapids: Eerdmans, 1947).
292 Sherwood Wirt, *The Social Conscience of Evangelical* (New York: Harper & Row, 1968), 47-48.

초자연적인 은혜로 인한 중생에 중점을 두는 복음선포"에 이있다고 말했다.[293]

그런데, 여기서 다시 확인해야 할 것은 이러한 기독교의 사회적 책임에 대한 이해와 실천이 사회복음운동에서 시작되었거나, 그 운동에 영향을 받은 것이 아니라 이미 복음주의 유산에 있었다는 사실이다.[294] 총체적 복음사역이 이미 하나님의 교회에 있었고, 역사적 기독교회의 소중한 유산임을 기억해야 한다. 그러므로 20세기 중반에 나타났던 일을 새로운 사역이 추가된 것이 아니라 이미 성경과 역사적 기독교회의 소중한 유산인 총체적 복음사역의 흐름에서 벗어났던 모습을 반성하고 역사적 기독교회의 본연의 모습을 회복한 역사로 이해해야 한다.

복음주의자들은 사회참여가 복음의 영역임을 확인하고, 이를 무시했던 과거를 반성했다. 이런 차원에서 1966년 미국 휘튼(Wheaton)에서 열린 "교회와 선교대회"는 WCC의 혼합주의적 신학을 비판하면서 그리스도인의사회적 책임을 강조했다. 같은 해 독일 베를린에서 여열린 "복음화를 위한 세계선교대회"(World Congress on Evangelism)도 모든 사람에게 성경이 가르치는 복음을 온 힘을 다해 전해야 한다는 관점을 견지했다.[295]

이 모임은 전통적인 복음주의적 관점을 따르면서 사회적 책임의 사명을 언급했다. 이를 충분하게 다루지 못했다는 지적도 있으나,[296] 복음의 사회적 관련성(implication)을 언급했다. 1967년에 영국의 킬(Keele) 대학

---

293 Henry, *The Uneasy Conscience of Modern Fundamentalism*, 88.
294 박응규, '미국 복음주의와 총체적 복음사역', 41; Bosch, 'In Search of a New Evangelical Understanding', 68.
295 조종남 편저, 『전도와 사회참여』, 27.
296 조종남 편저, 『전도와 사회참여』, 28.

교에서 "전국복음주의 성공회 연합회(National Evangelical Anglican Congress)"
가 개최되었다. 여기서 복음주의자들은 그 동안 사회적 문제에 대해 무관
심했던 것을 반성하고, 복음을 사회에 어떻게 적용할 것인지 관심을 갖기
시작했다.[297]

　이와 같이 복음주의 진영의 반성의 목소리는 반성에서 머물지 않
고 새로운 대안을 향해 나아갔다. 이를 위한 원칙은 복음주의 진영에
서 개최되었던 공식적인 세계선교대회에서 체계적으로 정리되었다. 그
대회는 (1) 1974년 스위스 로잔(Lausanne)에서 모인 "세계복음화 국제대
회"(International congress on World Evangelization), (2) 1982년 미국 그랜드 래피
즈(Grand Rapids)에서 모인 "복음전도와 사회적 책임의 관계 협의회"(Council
on Relationship between Evangelism and Social Responsibility) (3) 1989년 필리핀 마
닐라(Manila)에서 모인 "로잔 II"(Lausanne Ⅱ)이다.

　로잔대회의 목적 중 하나는 WCC의 왜곡된 복음에 대한 복음주의자
들의 강력한 비판과 도전을 제기하는 것이었다.[298] 로잔 대회는 WCC가
"세상을 위한 교회"를 말할 수는 있지만, 이는 복음전도자를 파송하여 그
들을 복음화하는 사명으로 이해해야 한다고 주장했다. 스토트는 사회정
치적 해방은 구원이 아니며 사회참여는 복음전도가 아니라고 지적했고,
구원이 일차적으로 죄로부터의 개인적인 해방이자 하나님의 진노와 심판
으로부터의 구원임을 강조했으며, 세상의 모든 악에서의 구원은 미래적

---

297 Stott, *Decisive Issues Facing Christians Today*, 9.
298 1974년 8월 5일자 타임(Time)지는, 로잔 대회가 "30여 마일 떨어진 곳에 본부를 두고 있는 WCC의 주도
적 철학에 대한 정면적 도전이었다"고 했고, 빌리 그래함(Billy Graham)도 WCC가 1948년 창립당시와 상당히
다른 모습으로 변질 되었는데, 로잔 대회가 그 문제에 대해 복음주의적으로 대응했다고 보았다. 김명혁, 『현대
교회의 동향: 선교신학을 중심으로』, 97.

인 것이라고 주장했다. 즉, WCC의 치우친 선교관은 성경의 복음적 가르침에서 이탈했다는 것이다.

로잔 대회 참석자들은 급진적인 선교신학에 분명한 비판과 정치, 사회적 책임을 등한히 했던 것을 회개해야한다고 역설했다.[299] 로잔 선언의 5항은 인간화, 복지, 해방, 정의를 위해 복음주의자들이 적극적으로 참여해야 한다고 선언했다.[300] 이와 동시에 교회의 모든 임무 중 복음전파가 가장 중요한 사명이라고 했다. 또한 성경의 구원이 항상 하나님의 자녀들에게 육체적, 경제적 차원의 평안과 안식을 주지 않고, 때로는 정치적, 경제적 압제와 고통 중에 머물게 한다는 것도 인정해야 한다고 말했다.

1982년에 그랜드 래피즈에서 개최되었던 "복음전도와 사회적 책임 사이의 관계에 관한 협의회"는 복음전파와 사회활동의 관계 혹은 불가분성의 의미를 "로잔 선언"보다 더 구체적으로 제시했다.

그 내용에서 주목할 것은 두 가지다. 그 중 하나는 복음전도가 논리적 우선한다는 사실이다. 이는 진정한 사회참여가 사회적으로 책임있는 그리스도인을 전제로 하기 때문이다. 사회참여는 단순한 세상의 사회운동이 아닌 하나님 나라의 사역이므로 그 전에 자신이 먼저 하나님 나라의 백성이 되어야 한다는 것이다. 다른 하나는 육체적 문제해결과 영혼구원의 과제는 분리될 수 없지만 만일 굳이 선택을 해야 하는 상황이라면, 인

---

299 Padilla ed., *The New Face of Evangelicalism: An International Symposium on the Lausanne Covenant*, 13-14. 회개하는 마음은, 복음전도와 사회적 관심을 상호 배타적으로 간주한 것을 반성하는 5항뿐만 아니라 1항, 7항, 9항에서도 발견된다.

300 로잔 언약의 강조점은 7가지다. 1) 유일하게 기록된 하나님의 무오한 말씀(without error)으로서의 성경의 권위(2장), 2) 복음 선포에 대한 성경적 개념의 정립(4장), 3) 그리스도인의 사회적 책임에 대한 근거제시(5장), 4) 이를 위해 치러야할 대가들(6장, 7장, 9장), 5) 복음사역의 시급성(8장, 9장) 6) 문화에 의해 제기된 문제들을 인식해야한다는 사실에 대한 강조(10, 11장), 7) 복음사역이 영적 전쟁과 관련있다는 강조(12-15장).

간에게 궁극적으로 필요한 것이 영적 구원이라는 사실을 인정해야 한다는 것이다.[301]

그런데, 무엇보다도 복음전도와 사회적 책임이 불가분의 관계가 있다는 사실을 강조했다. 이를 다음과 같이 설명할 수 있다. 첫째, 사회활동은 복음 전도의 결과다. 복음전도를 통해 변화된 그리스도인은 그가 속한 사회에서 빛과 소금으로서 살아가게 된다. 둘째, 사회활동은 복음전도의 교량역할을 할 수 있다. 변화된 그리스도인들이 그가 속한 지역사회에서 빛과 소금이 되어 봉사와 희생의 삶을 살아갈 때, 복음이 사회에 전해질 수 있기 때문이다. 셋째, 복음전도와 사회적 책임은 함께 한다. 이는 복음을 선포하실 뿐만 아니라 주린 자들을 먹이시고 병든 자들을 고치셨던 예수님의 사역과 초대교회의 모습에서 발견된다. 성경은 말씀전파의 사명을 받은 자들(사도들)과 사회봉사의 사명을 가진 자들(일곱 집사들)이 모두 하나님 나라를 이루어가는 일에 참여했다고 말한다.[302]

이후 1989년에 필리핀 마닐라에서 개최된 "로잔 II"는 이전 대회를 계승했다.[303] 2004년에 "로잔 Forum"이 태국 파타야(Pattaya)에서 개최되었고, 2010년에는 "로잔 III"가 남아공 cape town에서 "new vision, new heart, renewed call"이라는 주제로 개최되어 198개국에서 4,200여 명이 참

---

301 복음전도는 사람들의 영원한 운명과 관련되는데, 구원의 복음을 전할 때 그리스도인은 아무도 할 수 없는 일 하고 있다. 우리의 이웃을 위한 진정한 사랑은 우리가 그들을 전인(全人)으로 섬기는 것이다. 육체적 굶주림과 영적 굶주림을 만족하는 것 또는 육체를 치유하는 것과 영혼을 구원하는 것 중 하나를 선택해야하는 경우는 거의 없다. 그럼에도 불구하고 우리는 모든 인간의 최고 및 궁극적 필요가 예수 그리스도의 구원의 은혜이며, 영원한 구원이 물질적인 복지보다 훨씬 중요하다고 말해야 한다. Stott, 『복음전도와 사회적 책임: 그랜드 래피즈드 보고서』, 35.
302 Stott, 『복음전도와 사회적 책임: 그랜드 래피즈드 보고서』, 31-34.
303 김광열, 『이웃을 품에 안고 거듭나는 한국교회』, 64.

여하였다.[304] 이와 같은 세계적인 복음주의 대회들이 계속되는 동안 복음주의 교회와 그리스도인들은 점차 복음전도와 사회적 책임을 위한 사역이 상호보완적이며, 유기적으로 하나의 총체적인 복음사역으로 세워진다는 확신을 갖게 되었다.

이와 같이 20세기 중반부터 시작된 회복의 역사는 이제 서서히 열매를 거두고 있다. 보수 교단인 대한예수교장로회 합동 교단의 총회는 2003년에 총회사회복지 위원회를 상설기구로 설립하여 총체적 복음사역을 추진하고 있고, 총회 사회부는 2008년부터 장애인, 노인복지시설, 한센인 등의 사회빈곤층을 위한 사업을 계획, 추진하고 있다. 더 나아가 이웃 섬김의 사역은 한 교단의 범위를 넘어 한국교회의 전반적인 흐름으로 자리잡고 있다. 지금 우리는 주님이 허락한 새로운 시대의 장을 열어갈 요청을 받고 있다.

---

304 I차~III차까지의 로잔선언문 전문은 다음을 참고하라.
http://worldmission.tistory.com/entry/%EB%A1%9C%EC%9E%94%EC%84%A0%EC%96%B8%EB%AC%B8
23%EC%B0%A8-%EC%A0%84%EB%AC%B8 (2020년 7월 30일 접속)

HOLISTIC GOSPEL

총체적 복음사역의 실천을 위한 성경적 원리와 그 현장

지금까지 우리는 개혁신학 안에서 총체적 복음의 의미들을 정리했고(1부), 또 성경과 역사에서 나타난 총체적 복음에 대한 하나님의 말씀과 그 사역의 발자취들 살펴보았다(2부). 이제 우리에게 남은 과제는 성경과 개혁신학이 가르치고, 역사적 기독교회에서 고귀한 유산으로 전해진 총체적 복음사역을 사역의 현장에서 전개하는 것이다.

서언에서 언급했듯이 1부와 2부의 내용은 3부를 향하고 있다. 총체적 복음의 신학적 의미와 성경과 그리고 역사적 발자취에 대해 살펴봄으로 우리는 총체적 복음사역의 실천적 당위성을 깨닫게 되기 때문이다. 이에 3부에서는 그러한 신학적, 성경적, 역사적 당위성을 지닌 총체적 복음사역을 어떻게 구체적인 삶에서 적용할 것인가에 관한 실천적 고민과 총체적 복음 사역이 이루어지고 있는 구체적인 사역의 현장을 살펴보려 한다.

먼저 1장에서는 총체적 복음사역을 교회현장이나 구체적인 사역 현장에서 적용하고자 할 때 가장 많이 고민하는 "균형잡기"의 문제를 살펴보려 한다. 어떻게 영혼구원의 사역과 사회적 책임의 사역 사이의 균형을 잡을 것인가? 전자를 무시하면 단순한 세상의 인본주의적인 자선사업과 다를 바 없고, 후자를 간과하면 하나님 나라의 사역을 총체적으로 진행하지 못하는 축소주의의 오류에 빠지기 때문이다.

2장에서는 총체적 복음사역에서 특히 신자의 자비사역에 초점을 맞추어 성경적인 원리들을 검토해보려 한다. 오늘날 한국교회가 과거보다 더 많이 관심 갖고 애쓰고 있는 "이웃을 섬기며 그들에게 그리스도의 사랑을 베푸는 사역"을 실천하면서 반드시 확인해야할 내용 중 하나는 하나님의 백성의 "정체성"을 유지하는 것이다. 왜냐하면 우리는 단지 어려운 사람을 돕는 일을 하는 것이 아니라 궁극적으로 하나님 나라의 사역을 하고 있기 때문이다.

그러므로 그리스도인의 자비사역은 그 출발과 동기 그리고 사역의 방법과 최종 목표 등은 단순한 세속적 사회봉사와는 분명히 구별된다. 그러한 "정체성"에 대한 올바른 정립을 하지 못하고 참여할 때, 이 사역 하나님 나라와는 상관없는 자기 선행의 노력이 되는 것이다. 따라서 우리는 자비사역의 성경적 원리를 바로 이해하고, 우리의 자비사역이 성경적 원리들 아래서 바르게 자리 잡을 수 있도록 노력해야 한다.

마지막으로 한국과 세계의 총체적 복음사역의 현장을 살펴보려 한다. 이를 통해 신선한 도전과 감동을 받게 될 것이다.[305]

---

305 3장에서 소개할 사례는 김광열, 『이웃을 품에 안고 거듭나는 한국교회』에서 소개한 내용을 보완하여 정리했으며, 또 거기에서 누락된 사례를 추가했다.

1장

총체적 복음사역에서의 "균형잡기"의 문제

1부에서 우리는 총체적 복음사역의 의미를 하나님 나라의 관점 또는 주되심의 관점에서 이해한 복음사역으로서 정의했다. 또한 그러한 복음 사역의 당위성과 신학적 근거를 성경의 교리에서 확인했다. 신자의 복음 사역이 개인의 영혼을 구원하는 문제와 아울러, 그 사람의 육신적인 문제, 그리고 가정과 사회에 남아있는 모든 죄의 영향력과 결과들을 걷어내는 총체적 사역이어야 함을 신론, 인간론, 기독론 등 성경의 여러 교리들에서 확인할 수 있었다.

이제 본 항목에서는 총체적 복음사역을 수행할 때 나타나는 "균형잡기"의 문제를 검토해보려 한다. 총체적 복음의 구체적인 사역은 크게 복음전도를 위한 사역과 사회적 책임을 위한 사역으로 구분할 수 있는데, 그 사이의 적절한 균형을 유지하는 문제가 현실적인 고민으로 다가오는 경우가 많기 때문이다. 먼저 그 두 사역 사이의 관계에서 성경적 균형을 이루지 못하는 유형을 몇 가지 소개한 후, 끝으로 성경적으로 균형 잡힌 바람직한 형태를 총체적 복음사역을 위한 성경적 모델로 제시하려 한다.

아래의 설명에서 제시할 "동일화 유형"이나 "분리적 사역유형" 등은 균형 잡히지 못한 모델이지만 마지막으로 제시할 "유기적 통합유형"은 성경적 균형 잡힌 모델이다.[306]

균형을 잃은 사역유형

복음전도와 사회적 책임의 사역을 수행하면서 범하기 쉬운 불균형한 사역의 첫 번째 형태는 "동일화 유형"이라고 부를 수 있다. 이는 사회봉사에 해당하는 사역은 곧 복음전도 사역과 동일한 것이라고 간주하여 교회 사역에서 구체적이고 분명한 영혼구원을 강조하지 않는 사역의 형태를 가리킨다. 이러한 방식으로 사역하는 이들은 고아와 과부를 돌아보며, 주님의 이름으로 가난한 이들에게 구제사역을 수행하지만, 그 사역의 대상을 그리스도께로 인도하려는 분명한 행동을 하지 않는다. 복음의 정신으로 그 사역을 시작했어도 그 초점은 대상의 사회적 필요를 채워주는 정도에 머물고 있을 뿐, 그들을 믿음으로 초대하며 그 안에서 양육하는 것에 대해서는 관심이 없다.

총체적 복음사역을 수행할 때 복음전도와 사회적 책임을 분리해서는 안 되고 분명히 구별해야 한다. 신자의 총체적 복음사역에 사회적 책임의 사역을 포함하는 일이 중요하지만, 그렇다고 사회적 책임을 수행하는 사

---

306 이하의 설명이 제시하는 "동일화 유형"이나 "분리적 사역유형"이라는 용어는 필자가 명명했지만, 그 용어는 대체로 다음 책을 기본적으로 따른다. Sider, Olson, Unruh, *Church That Make a Difference: Reaching Your Community with Good News and Good Works*.

역으로 그들의 영혼을 구원하는 사역을 대신할 수 없다. 그 두 사역은 분명히 구별 되어야 한다. 그 두 영역을 제대로 구별하지 못하고 전자의 사역을 간과할 때, 그것은 단지 세상의 복지사역이나 인권운동으로 전락할 위험성이 있다. 이런 점에서 1974년 스위스 로잔에서 개최되된 대회에서 스토트가 한 말은 의미가 있다. 그는 선교를 경제, 사회, 정치적 해방만으로 이해했던 WCC(세계교회 협의회)의 오류를 지적하면서, 사회─정치적 해방은 구원이 아니며, 사회참여는 복음전도를 대신할 수 없다고 강조했다. 이는 구원은 일차적으로 죄로부터의 개인적인 해방이며, 하나님의 진노와 심판으로부터의 구원이기 때문이기 때문이다.[307] 즉 영혼구원의 사역을 분명히 구별해야 하며, 그 사역만의 고유한 영역을 인정하고 추진해야 한다는 것이다.

다시 말해 이러한 "동일화 유형"은 그리스도인의 복음전도사역을 사회적 변화를 위한 사역과 분명히 구별하지 못하게 하여 복음전도를 간과하는 사역으로 축소될 위험성이 있다. 심지어 사회적 변화를 위해 개인적인 회심이 필요하지 않다는 주장까지 나아갈 수 있다. 이러한 유형을 따르는 사역자들은 종교적인 분위기 속에서 여러 사회복지사업에 참여할 수 있겠지만, 영적 중생을 경험하지 못한 채로 "사역"에 열심을 내는 봉사자라고 볼 수 있다. 그들은 아직 그리스도를 따르는 제자들이 아니라고 볼 수 있다. 그러나 총체적 복음사역이 하나님 나라의 사역이기에 하나님 나라의 백성들만이 수행할 수 있다. 이러한 유형에 속한 교회는 교회의 3중적 사명을 균형 있게 이해하지 못하고 있는 것인지도 모른다. 교회는

---

307 본서 2부 2장 교회 역사 속의 총체적 복음사역 중 "대반전과 재도약"을 참고하라.

하나님께 대한 예배의 사명, 성도들에 대한 양육의 사명, 그리고 이웃에 대한 증거의 사명 중에서 어느 하나도 소홀히 해서는 안 된다. 특히 마지막 증거의 사명을 수행하면서 복음전도와 사회적 책임 사이에 균형을 유지해야 한다.

총체적 복음사역에서 사회적 책임이 사역이 중요하지만, 그것 때문에 영혼구원이라는 또 다른 필수적 사역의 중요성을 간과해서는 안 된다. 더 나아가 사역자나 사역의 대상을 영적으로 양육하고 훈련하여 그리스도의 제자로 삼는 사역을 소홀히 해서도 안 된다. 이는 책임 있는 사회적 섬김의 사역을 가능하게 하는 원동력이 되기 때문이다.

두 번째로 주의할 균형 잃은 사역유형("동일화유형"의 또 다른 쪽의 불균형)은 복음전도나 제자양육만이 총체적 복음사역의 유일한 대안이라고 보는 입장이다. 동일화 유형의 형태는 복음전도의 사역이 사회봉사사역에 의해서 가려지는 위험이 있었다면, 이 유형은 그 반대적 오류를 범하고 있다. 즉, 사회적 책임의 사역이 복음전도의 사역에 잠식당하는 것이다. 물론, 사회적 문제를 치유하는 일에 대해 관심을 가질 수 있다. 그러나 사회적 문제도 근본적으로 또는 대체적으로 영적 문제일 뿐이라고 간주함으로 가난과 같은 사회적 문제 속에 있는 이웃에 대해 회심이나 제자훈련을 통해 그 문제가 해결될 것이라고 보는 관점이다.

즉, 이러한 형태의 접근방식을 따르는 입장은 사회적 변화가 사람이 개인적으로 영적, 도덕적 변화를 경험하도록 하는 사역만으로 이루어질 수 있다고 본다. 이는 마치 19세기 하반기에 미국의 복음주의 역사에 나타난 "대반전"에서 무디와 같은 복음전도자들이 취했던 태도와 같다. 복음전도를 통해 한 영혼을 구원하는 방식만을 사회를 변화시키는 방법이라고 보는 것이다. 이러한 유형의 접근방식은 구제와 봉사와 같은 사역을 제공한다 하더라도, 그것은 단지 복음전도의 수단에 불과하다. 그러나, 자비와 구제의 사역은 복음전도의 수단 차원에서 이해해서는 안 된다. 그것은 복음전도의 말씀사역과 함께, 하나님 나라의 관점과 주되심의 관점 안에서 수행되어야하는 동등한 하나님 나라의 사역이다.[308]

그러한 유형은 흔히 영혼구원을 조건으로 자비사역을 행하려고 한다. 즉, 영혼구원이라는 목적을 성취하기 위해 자비사역을 추진해야 한다고 생각하는 것이다. 그러나 성경은 자비의 사역도 은혜의 원리 아래서 어떠한 조건도 내세우지 않고 수행하는 "비공로적 베풂"이 되어야 할 것을 가르친다(눅 6:32-36; 요일 3:17). 복음의 진리를 모르는 이들이 있다면, 그들에게 그리스도의 복음을 "은혜의 정신으로" 나누어야 하듯이, 의료적, 경제적 도움을 필요로 하는 이들에게도, 조건없이 "은혜의 정신으로" 베풀어 주어야 한다. "네 이웃을 내 몸같이 사랑"하는 것은 현실적으로 자비와 구제의 사역을 뺀 복음전도사역으로는 불가능하다.[309]

이러한 두 번째 유형의 문제점은 인간에 대한 하나님과 예수님의 총체적 관심을 영적 차원의 문제로만 축소시킨다는 사실에 있다. 하나님의 구원의 대상인 인간은 영적 차원의 존재인 동시에 육적 차원의 존재이다. 그 삶에 대해 하나님이 관심을 갖고 구원하기를 원한다. 사람의 영혼 구원을 위해 말씀사역을 수행하는 것만으로 그의 가난이나 다른 사회적 문제들을 해결할 수 없기 때문이다. 성경적 관점에서 오직 영혼의 문제에만

---

308 Keller, *Ministries of Mercy: The Call of the Jericho Road*, 109.
309 간하배, 『복음전도와 사회정의』 3장을 보라.

초점을 맞추는 복음사역은 육신의 문제에만 초점을 맞추는 세속적 사회사업과 마찬가지로 한쪽으로 치우친 사역이다.[310]

균형 잃은 사역유형의 마지막 형태는 "분리적 사역유형"이다. 이는 동일화 유형의 두 불균형한 형태에서 발견되는 문제, 즉 복음전도와 사회적 책임 중 어느 한 쪽에 대한 강조로 인해 다른 한 쪽을 간과하는 문제를 극복하려는 것이다. 그래서 그 두 영역의 중요성을 모두 강조하기는 하지만, 그 두 영역의 사역이 서로 분리된 채로 독립적으로 추진하는 경우이다. 두 영역이 각자의 목표를 이루기 위해 사역하는 것이다. 즉 사회봉사팀은 개인적인 복음전도 프로그램을 포함하지 않고, 반대로 복음전도팀은 물질적인 필요를 나누는 일을 포함하지 않는 것이다. 이러한 형태는 이미 제시한 두 균형 잃은 형태를 한데 모아놓은 것이다.

그러나 복음전도와 사회적 책임은 결코 독립적인 사역이 아니다. 그 두 사역은 구별되어야 하지만 분리되어서는 안 된다. 사회적 책임의 사역이 복음전도에서 분리되어 수행된다면, 그 사역은 하나님 나라를 위한 사역이 되지 못할 위험이 있다. 반대로 복음전도가 자비사역과 분리되어 수행된다면, 그 복음사역도 하나님 나라의 관점을 상실하게 된다. 즉, 복음사역의 목표를 단지 "개인적인 결단"의 문제로 축소함으로 모든 삶의 영역에서 하나님 나라를 이루어가는 그리스도의 주되심의 관점에서 수행하는 복음사역이 되지 못할 위험이 있다.[311]

310　물론 "그랜드 래피즈 보고서"에서 영혼구원의 문제가 그 사람의 영원한 운명의 문제를 취급하는 것이라는 점에서 그 논리적 우선성을 확보하고 있지만, 사회적 책임을 간과하는 복음사역은 결국 하나님 나라의 관점과 그리스도의 주되심의 관점 아래 이해되는 하나님과 예수님의 총체적 관심을 균형 있게 반영하지 못하는 사역이 될 것이다.

311　Keller, *Ministries of Mercy: The Call of the Jericho Road*, 122. 누가복음 6장 20절(팔복에서 "심령이 가난한

총체적 복음사역을 위한 성경적 균형잡기: 유기적 통합유형

총체적 복음사역의 성경적인 모델유형은 이미 앞에서 제시된 불균형한 유형에 대한 분석에서 이미 암시적으로 제시되었다. 즉, 앞의 논의에서 확인된 기본원리는 총체적 복음 사역을 성경적인 균형 속에서 이루어가기 위해 복음전도사역과 사회적 책임사역을 서로 구별해야 하지만, 분리할 수 없다는 원리를 전제해야 한다는 것이다. 총체적 복음사역의 올바른 형태는 사회적 책임사역을 추진하는 가운데, 믿음의 헌신이 이루어질 수 있도록 노력하는 것이며, 또 그 반대로 영혼구원의 사역을 추진하면서 어려움에 처한 이웃의 고통을 함께 나눌 수 있는 방식이어야 한다. 어떠한 방식으로든 그들에게 기독교로 나아올 수는 기회를 주제공해야 한다. 여기서 견지해야 할 기본적 원칙은 그 두 사역은 서로 분리되지 않고 유기적으로 연결되어 있다는 사실이다.

야마모리는 이러한 관계를 "공생적 관계"라고 불렀다. 두 생물이 서로 결합하여 존재할 때 어느 한쪽만 득을 보고, 다른 쪽은 손해를 보는 관계를 기생적 관계라고 한다면, 공생적 관계는 서로 전적으로 의존하여 생존하는 관계를 의미한다. 복음전도와 사회적 책임의 사역이 공생적 관계라는 말은 두 사역이 혼동되거나 동일시되어서는 안 되지만, 동시에 그 어

자")이나 누가복음 4장 18절(가난한 자에게 복음을!)에서 언급되는 가난함에 대해 사회적 책임을 강조하려는 이들은 그것을 혁명운동을 통해 부의 재분배를 이루려는 방향(materialize)에 초점을 맞추려하고, 영혼구원만을 강조하려는 이들은 영적 가난함에만 초점을 맞추려는 경향(Spiritualize)이 있다. 그러나, 개혁신학자인 헤르만 리델보스는 그 "가난"의 의미를 사회적인 차원과 영적-윤리적인 차원을 함께 포함하여 이해해야 한다고 했다. Ridderbos, *The Coming of the Kingdom*, 189. 가난, 질병, 불의, 사회적 문제, 범죄 등을 모두 죄의 열매라고 볼 때, 그리고 그리스도의 복음을 그러한 죄의 모든 문제에 대한 해결이라고 믿는다면, 복음사역은 그 모두를 대상으로 하기 때문이다. 영혼구원의 사역과 사회적 책임의 사역은 모두 하나님 나라 확장이라는 목표를 위한, 동등하게 필요한 수단이다.

느 하나만을 택할 수 없음을 의미한다. 이는 두 사역이 하나님 나라 안에서 각각 고유한 의의와 역할을 지니고 있기 때문이다. 사회적 책임을 수행하지 못하는 말씀사역은 "헛된 제사"(사 1:13-15), 영혼구원 없는 자비사역도 하나님 나라와 상관없는 단순한 사회봉사가 될 수 있다. 것이다. 그러므로 이 두 사역은 하나님 나라 실현을 위해 불가분의 관계에 있다고 봐야 한다.[312]

물론, 이를 교회의 사역 현장에 적용할 때, 전략적으로 또 교회 상황에 따라 영혼구원이나 자비사역 중의 어느 하나를 일정기간 동안 우선적으로 시행할 수도 있을 것이며, 또 어느 단계에서는 어느 한 쪽의 사역을 더 중요하게 여겨야 할 상황이 일어날 수 있다. 그러므로 각 사역과 교회가 처한 상황의 성격, 기회, 사역의 자원의 형편을 고려하여 목표를 세우고, 그 다음 단계에서 또 다른 강조점을 사역 프로그램 안에 포함해야 한다.[313] 그러나 기본적으로 그 사역은 유기적 통합방식의 원리를 따라야 하며, 단계마다 균형을 이루기 위한 점검과 재조정작업이 이루어져야 한다.

---

312 Keller, *Ministries of Mercy: The Call of the Jericho Road*, 113.
313 Keller, *Ministries of Mercy: The Call of the Jericho Road*, 116.

2장

그리스도인의 자비사역의 실천을 위한 성경적 원리들
:자비사역의 실천에 있어서 신자의 "정체성"문제

한국의 복음주의 신학계, 그리고 보수교단을 포함하여 한국교회가 전반적으로 그리스도인의 자비사역과 이웃 섬김의 사역에 적극적인 모습을 보이며 다양한 사역을 시도하고 있는 것은 매우 바람직하다.[314]

이는 한국교회에서도 이제 "총체적 복음"사역을 위한 시도들의 필요성을 인식하게 되었기 때문이다. 그 결과 복음주의자들 특히 보수교단에 속한 교회들도 복음의 사회적 의의를 드러내기 위한 일에 열심을 내게 되었다. 이 현상은 오늘날 한국교회가 처한 상황에서 매우 필요한 일이고 환영할 만하다. 동시에 역사적 기독교회의 신앙을 견지하는 그리스도인에게는 복음의 사회적 의의를 드러내며 그리스도인의 사회적 책임을 감

---

[314] 2002년 10월 25일과 26일 양일간 총신대학교에서 개최된 한국 복음주의 신학회에서 "복음과 사회적 책임"이라는 주제로 논문발표회를 전개한 것, 2007년 가을 개혁신학회 정기세미나가 "교회의 사회적 책임"이라는 주제로 개최된 점, 그리고 합동 교단에서도 2001년 가을 총회에서 "총회사회복지 위원회"가 상설기구로 조직되어 여러 연구와 실제적인 시도를 전개하고 있는 것과 2003년 가을에 설립되어 총신대학교를 중심으로 전개되고 있는 총체적복음사역 연구소 (http://www.hgm.or.kr)의 사역등을 언급할 수 있다.

당하는 총체적 복음사역에 대한 성경의 기본적인 가르침과 원리를 다시 점검하고, 올바른 신학적 기초를 놓아야 할 과제가 주어졌다.

"총체적 복음사역"아래 전개하는 사회봉사는 단순히 세속적인 사회봉사와 구별되어야 한다. 양자는 외형적으로 유사해보일 수 있으나, 그 출발점과 지향하는 목표 등에서 전혀 다르기 때문이다.[315] 그리스도인이 사회적 책임을 감당할 때 한 가지 분명히 해야 할 것은 자신들의 사역이 단순한 세속적인 사회사업을 하는 것은 아니라, 주님이 이 땅에서 시작하셨던 복음사역, 곧 하나님 나라의 사역을 하고 있다는 사실을 기억해야 한다.

지난 20세기 초 "대반전"에 대한 죄책감 때문에,[316] 오늘날 복음주의자들이 무분별하게 사회적 책임의 영역과 사회복지 사업에 무분별하게 참여한다.[317] 물론, 실제적인 사역의 현장에서 복음주의자들이 열린 마음으로 세속적인 사회봉사에 협력하는 것은 일반은총의 관점에서 정당하다.[318] 그러나 세속적 사회봉사가 "그리스도인의 복음사역"을 수행하는 교회의 본질적 사명과 근본적으로 다른 출발점과 내용과 목표를 가지고 수행되고 있다는 사실을 인식해야 한다.

---

315 불신자들도 사회에서 가난한 자들을 불쌍히 여기고, 선행을 하며 사회봉사를 통해 사회 발전에 이바지한다. 그러나 개혁신학의 관점에서 그들의 행동은 하나님을 기쁘시게 할 수 없다고 본다. 웨스트민스터 신앙고백(16.7)은 그 이유를 3가지로 요약한다. 1) 믿음으로 정결케된 심령을 갖지 못했고 2) 하나님의 말씀에 순종하지 않으며 3)하나님의 영광을 위하는 바른 목표를 가지지 못하기 때문이라고 지적한다. 김의환 편역, 『개혁주의 신앙고백』(대한예수교장로회총회, 2003), 154.

316 보수적인 복음주의자들의 양극화 현상은 20세기 초에 미국적인 현상이었지만, 그 영향은 한국교회에 80년대 말까지 지속되어왔다. 김광열, 『이웃을 품에 안고 거듭나는 한국교회』, 63-64.

317 김동춘은 교회적 섬김의 사역(디아코니아)의 신학이 전무한 상태에서 사회복지 열풍이 한국교회 안에 불어오게 되자, 성경적 정체성을 잃어버린 사역이 될 위험성이 있다고 지적하면서, 그리스도인의 사회봉사사역에서 신학적 정체성의 확보가 중요한 문제임을 지적했다. 세속적 사회복지가 추구하는 인간의 존엄성과 행복추구를 배제할 필요는 없으나, 교회의 섬김의 사역이 전자와는 근본적으로 다른 토대, 즉 성경적 가르침의 근거(기독론, 교회론 등) 위에서 전개되는 것임을 강조했다. 김동춘, '교회적 디아코니아와 국가적 사회복지: 사회복지는 교회의 사회적 책임을 위한 교회적 대안인가?', 『성경과 신학』 33권 (2003): 305-330.

318 Clowney, 'Kingdom Evangelism', 222.

본장에서는 이러한 문제의식에서 출발해 총체적 복음사역, 특히 자비의 사역을 감당하면서 성경이 말하는 복음의 원리를 분석해보려 한다. 이 과정을 통해 총체적 복음사역을 감당하려는 그리스도인들에게 신학적 정체성 또는 차별성을 확립할 수 있도록 도와주고자 한다. 따라서 그리스도인의 자비사역에 대한 성경적 원리를 몇 가지 중요한 주제를 중심으로 정리할 것이다.

　먼저 자비사역이 하나님의 은혜의 복음에 붙잡혀서 시작해야 한다는 점을 정리하려 한다. 하나님의 자비하심과 그로부터 주어진 은혜의 복음에 기초하지 않으면 자비사역은 인간적인 자선사업으로 전락할 것이기 때문이다. 둘째, 복음에 기초한 자비사역자의 자세를 정리하려 한다. 성경적 세계관에서 볼 때 하나님의 자녀들은 모두 하나님으로부터 청지기의 사명을 부여받은 자들이다. 따라서 자신의 물질, 시간, 재능 등 모든 소유를 하나님 나라의 복음사역을 위해 사용하려는 자세와 마음가짐으로 자비사역에 임해야 한다. 셋째, 자비사역의 조건, 즉 "수혜자 자격론"의 문제를 검토할 것이다. 자비사역의 대상에 대해 어떠한 조건을 제시해야 하는가? 그 기본적인 원리는 하나님의 무조건적인 자비와 사랑의 정신 아래 제시되는 조건이어야 한다. 이는 우리의 사역을 통해 그 대상이 하나님 나라의 백성으로서 살아갈 수 있어야 하기 때문이다. 넷째, 그리스도인의 자비사역의 대상에 관한 논의를 다룰 것이다. 복음사역의 대상의 범위는 ―그것이 말씀사역이든지 아니면 자비사역이든지― 교회 안의 언약백성의 범주를 넘어서, 불신자까지도 포함해야 함을 재확인할 것이다. 마지막으로, 이 모든 원리가 성립되는 근거가 교회와 그리스도인의 자비사역은 근본적으로 말씀사역과의 밀접한 관계 속에서 추진해야 한다는 데 있음을 언급할 것이다. 성경적 정체성을 잃지 않는 복음사역이 되기 위해 그리스도인의 자비사역은 언제나 말씀사역과 병행되어 추진하여 두 사역이 유기적으로 전개되어야 한다.

이와 같은 성경적 원리들을 바로 이해하면서, 그리스도인의 자비 사역을 포함한 사회적 책임을 감당할 때 올바른 신학적, 신앙적 정체성을 견지하면서 복음의 사회적 의의를 드러내는 일을 성경적으로 바르게 감당할 수 있을 것이다.

사역의 출발–하나님의 은혜의 복음

총체적 복음사역인 자비의 사역은 세속적 사회봉사와 그 출발부터 다르다. 왜냐하면 후자는 성령님의 중생의 변화를 경험하지 않아도 진행할 수 있지만, 전자는 "복음사역"이므로 성령님의 중생의 역사로 은혜의 복음을 체험한 자만 할 수 있는 사역이기 때문이다.[319]

그리스도인들이 섬김과 나눔, 혹은 자비를 베푸는 사역들이 가능한 것은, 아니 참된 그리스도인으로서 그러한 사역들을 감당해야 하는 것은, 먼저 하나님의 은혜의 복음을 경험했기 때문이다. 자신이 죄인이므로 그러한 놀라운 하나님의 은혜를 받을 만한 자격이 없음에도 불구하고, 그 은혜를 받게 되었음을 알고 감사하는 자들만이 과거의 자신처럼 배은

---

[319] 여기서 우리는 1부에서 논의했던 "총체적 회개"의 중요성을 재확인할 수 있다. 성령님의 중생의 역사를 통해 총체적 회개에 이른 자들이 이웃사랑과 섬김의 사역을 바로 감당할 수 있기 때문이다.

망덕한 삶을 살아가며 죄에 빠진 자들에게로 다가가 그들을 돌볼 마음을 갖게 되기 때문이다. 정도는 다를 수 있으나, 그리스도인들은 걸인들이나 술주정뱅이 혹은 노숙자들의 모습에서 자신의 과거의 모습을 발견하게 된다.[320] 하나님의 자녀들은 자신이 그들처럼 버려진 자들이 아니었을지라도, 영적으로 처참하게 버려졌던 탕자와 같은 삶을 살았음을 잘 알고 있기 때문이다.

예수님을 모르고 살았던 과거의 삶은 사실상 모두 탕자와 같은 인생이다. 더러운 돼지우리에 버려진 것과 같은 인생을 살았던 자들이 하나님의 은혜로 아버지의 사랑을 경험한 사실을 깨달은 자만이 과거의 자신과 같은 인생을 살아가는 자들에게 다가가서 그들을 이해하고 진정으로 자신이 경험한 사랑으로 그들을 품에 안을 수 있기 때문이다. 그런데, 하나님 아버지의 사랑은 영적인 영역에서만 회복의 역사를 가져다주는 사랑이 아니라, 육신적인, 가정적인, 그리고 사회적 영역에서도 모든 죄의 영향력을 극복하게 하고 회복의 역사를 가져오는 총체적 회복을 향한 사랑이다. 따라서 그 사랑을 깨달은 자들은 과거의 자신과 같은 처지의 인생을 살아가는 이들에게로 나아가 총체적 복음을 전하고, 그 사랑을 실천한다.

주님이 선한 사마리아인의 비유(눅 10장)를 말씀하신 의도도 이와 같은 관점에서 설명할 수 있다. 영생의 문제를 가지고 찾아와 질문한 율법사에게 주님은 사마리아인의 자신을 희생하는 사랑의 이야기를 들려주셨다.

---

320 김도진 목사는 노숙자들과 출소자들을 위한 사역에 대한 사례발표 중에 자기가 노숙자들을 바라볼 때, "자신의 분신"을 보는 것과 같다고 진술했다. 자신도 과거에 그들과 같은 위치에서 노숙자 생활을 할 때가 있었지만 주님의 은혜로 회복되었기 때문이다. 그가 지난 20여 년간 그들을 섬기는 사역에 헌신해온 것은, 그들과 같은 처지에 놓였었던 자신에게 주님께서 은혜를 베푸셨다고 생각했기 때문이다. 김도진, '사례발표 III – 가나안교회', 『총체적 복음사역의 신학과 실천』 창간호 (2004): 117.

이는 스스로 율법을 지켜온 삶을 살아왔으며, 그래서 자부심으로 가득 찬 율법주의자였던 그 사람에게 자신의 영적 가난함을 깨닫게 해 줄 필요가 있기 때문이었다. 당시의 문화적 상황 속에서 선한 사마리아인이 강도 만난 유대인에게 자비를 베푼다는 행위가 율법사에게는 "실천 불가능한" 일이였을 것이다. 혼혈족인 사마리아인과는 상종할 수 없었던 당시의 문화적 상황을 뛰어넘지 못하는 율법사의 "영적 가난함"의 문제를 주님은 지적하셨다. 그 상황을 뛰어 넘어야 영생에 이를 수 있는데, 그것은 율법을 지키는 삶으로는 불가능하고 바로 하나님의 은혜의 복음 안에서만 가능하다는 점을 가르치셨다.[321]

이처럼 자비사역은 이러한 하나님의 은혜의 복음에서 출발한다. 이는 은혜의 복음 안에서 진정한 자기희생적 사랑의 실천이 가능하기 때문이다. 복음 안에 들어오지 않는 한, 이 세상의 어떤 봉사나 섬김도 도덕적 혹은 율법적 노력 차원의 행위에 머물뿐이다. 이는 하나님 나라를 위한 복음사역의 범주 밖에 있는 행위이다.

여기서 스토트가 언급했던 "복음전도의 논리적 우선성"의 의미를 다시 상기해볼 필요가 있다. 1982년 미국의 그랜드 래피즈에서 개최된 '복음전도와 사회적 책임의 관계 협의회'[322]의 초대 위원장으로 활약했던 스토트는 복음전도와 사회적 책임이 모두 그리스도인들의 의무이지만, 전

---

321 Keller, *Ministries of Mercy: The Call of the Jericho Road*, 59.
322 이 모임은 1974년 개최된 로잔대회에서 활동했던 로잔위원회와 세계복음주의 협의회의 공동 후원으로 개최되었는데, 1974년 로잔언약 중, "복음전도와 사회적 책임의 관계"에 관한 내용이 미흡하게 정리되었다고 판단하고, 그 관계성을 좀 더 구체적으로 정리하기 위해 모였다. 복음전도와 사회적 책임이 모두 그리스도인의 의무이지만, 복음전도의 우선성을 얘기해야 한다는 로잔언약의 정신을 따르면서도, 그 우선성의 의미를 좀 더 구체적으로 정리해주었다. 김광열, 「이웃을 품에 안고 거듭나는 한국교회」, 59-61.

자가 논리적 우선한다고 했다. 그 이유는 진정한 사회참여의 행위는 사회적으로 책임 있는 그리스도인을 전제로 하기 때문이다.[323] 그리스도인의 자비사역이 단순히 세상의 사회봉사나 자선사업이 아니라, 근본적으로 하나님 나라를 향한 복음사역이므로 그 사역에 참여하기 전에 자신이 먼저 하나님 나라의 백성이 되어야 한다는 설명이다.

마찬가지로 은혜의 복음 없이 율법주의적인 접근방식만으로 인간의 문화적, 종교적 장벽들을 뛰어넘을 수 없다. 이처럼, 성경은 자비사역의 근본적인 원천으로 주님의 복음에서 주어지는 하나님의 은혜가 선행한다고 말한다. 마태복음 18장 21-35절에서 주님은 하나님께 용서와 사랑을 받은 자는 그 은혜에 감격해서 자신에게 잘못한 형제에게도 사랑과 은혜를 베푸는 것이 마땅한 것임을 가르치셨다. 이는 그리스도인이 일만 달란트 아니 그 이상 하나님으로부터 탕감 받은 자들임을 깨닫고, 그 은혜에 감격하여 자비의 사역을 시작해야 함을 말하고 있다. 하나님의 은혜를 받은 자들이 그 은혜에 감격하여 이웃에게 다가가서 그들을 돌보며 사랑하고 또 그들에게 은혜를 베푸는 삶을 살게 된다는 것이 신자의 자비사역에 대한 성경의 가르침이다.

그러므로 그리스도인의 자비의 삶은 하늘에 계신 하나님 아버지의 자비하심에 기초해있으며, 그 하나님의 자비로부터 출발하는 섬김의 삶이다. 누가복음 6장 36절에서 주님은 "너희 아버지의 자비로우심 같이 너희도 자비로운 자가 되라"고 교훈하신 것도 바로 이 원리를 보여준다. 하나

---

323 복음전도의 논리적 우선성에 대해 본서의 2부 2장 "교회 역사속의 총체적 복음 사역" 중 "대반전과 재도약"을 참고하라.

님은 "은혜를 모르는 자와 악한 자에게도 인자하시므로", 그 분의 자녀가 된 그리스도인도 자신을 사랑하는 자들에게만 아니라, 자신과 관계없는 이들, 그리고 심지어 부족해 보이는 자들까지 선대하며, 그들을 위해 기도하고 구제하라고 명령하셨다(눅 6:27-35).

이처럼, 하나님의 자비하심과 은혜의 복음은 그리스도인들의 자비의 사역의 기초가 되며, 자발적인 사랑의 마음과 자비의 실천을 불러오는 원천이다. 이는 단순히 세상의 복지 차원의 헌신만으로 다 설명할 수 없는 사역이다. 또한 단순히 율법적 혹은 도덕적 의무감만으로 시작할 수 없다. 오히려 하나님의 은혜의 복음에 대한 경험과 감격으로부터 주어지는 자발적인 헌신의 사역이다. 고린도후서 8장 1절 이하에서 바울이 언급하는 마케도니아 교회의 자비사역도 이러한 원리를 보여준다. 바울은 어려움을 겪고 있는 예루살렘 교회를 위한 구제헌금을 고린도교회에 요청하면서 마케도니아 교회의 모범을 소개했다. 마케도니아 교회가 "환난의 많은 시련"과 "극심한 가난" 가운데서도 "넘치는 기쁨"과 "풍성한 연보"를 "힘에 지나도록 자원하여" 할 수 있었던 것은, "그들이 먼저 자신을 주께 드리고 또하나님의 뜻을 따라" 그 일을 시도했었기 때문이었다(고후 8:1-5).

마케도니아 교회의 헌신과 구제의 실천은 주님의 은혜에 대한 반응과 그 결과로 이루어진 사랑의 봉사요 희생이었다. 율법적인 차원의 순종이거나 혹은 경제적 부요의 논리에서 시행된 구제가 아니라, 하나님을 향한 헌신 혹은 그 분과의 깊은 만남과 은혜의 경험으로부터 흘러나오는 열매로 이루어진 자비와 사랑의 실천이었다.

사역자의 자세-청지기적 제자도의 정신-청지기적 희생과 자족하는 마음, 그리고 검소함의 삶의 실천

그리스도인의 자비사역이 단순한 동정심에서 시작된 사역이 아니라, 예수 그리스도의 총체적 복음의 정신에서 출발한 사역인 점을 기억한다면, 그 사역은 그리스도의 제자도의 정신으로 준비되어야 한다. 마가복음 10장 45절이 제자도에 대해 잘 말하고 있다.[324] 그 구절은 그리스도의 제자가 지녀야 할 자세를 주님의 모습에 근거하여 "자기 희생적 섬김"으로 강조한다. 이는 특히 총체적 복음에 근거한 자비사역자의 삶의 자세다. 마가복음이 강조하는 "고난받는 종"(suffering servant)으로서의 예수님의 고난과 섬김의 삶의 모습(막 9:34; 10:38; 9:35; 10:43-44)은 특히 총체적 복음 사역자들이 따라가야 할 것이다.[325]

이러한 제자의 삶을 가능하게 하는 성경의 근본적인 원리 중의 하나는 "청지기 사상"이다. "청지기 사상"에 대한 바른 이해를 통해 그리스도인은 타인을 위한 희생적 제자도를 실천할 수 있다. 하나님은 아담과 하와를 창조하신 후에 그들에게 모든 것을 즐기도록 허락하시고 또 다스리게 하셨다(창 1:26-28). 인간은 하나님에게서 모든 것을 받아 겸손하게 감사함으로 그것들을 누리면서 관리하되 모든 이익을 서로 나누는 삶을 살

---

[324] 예수님의 오심이 "섬김을 받으려 함이 아니라 섬기려하고 자기 목숨을 많은 사람의 대속물로 주기 위해서" 였음을 말해주는 이 구절은 예수님의 대속적 희생을 묘사하는 구절이면서도 또한 앞의 문맥(10:43-44) 속에서 볼 때 제자도의 모범을 가르치는 구절로 이해될 수 있다. 심상법, '신약신학과 총체적복음사역 – 하나님 나라와 제자도를 중심으로', 『총체적 복음사역의 신학과 실천』 제2호 (2005): 29. 심상법은 신약성경의 중심사상들로서 하나님 나라와 제자도를 논의하면서, 전자를 통해서는 총체적 복음사역의 방향과 목표를, 후자를 통해서는 그 사역의 실천적 준거를 제시하였다.

[325] 심상법, '신약신학과 총체적복음사역 – 하나님 나라와 제자도를 중심으로', 29.

도록 창조된 청기지였다.[326] 그러나, 인간을 이 세계의 청기기로 세운 창조주의 하나님의 의도는 죄로 인해 왜곡되거나 상실되었다. 그 때문에 오늘날 인류는 하나님이 주신 자원을 제대로 보존하지도, 정당하게 분배하지도 못하는 죄를 짓고 살아가고 있다.[327]

하나님의 자녀들은 총체적 복음 안에서 그리스도인의 자비사역자로 부름을 받았다. 초대교회도 성령 충만하여 회개한 후(총체적 회개), 서로를 사랑하면서 자기들의 소유를 팔아 다른 사람에게 나누어주었다. 그들 중에는 어느 누구도 자신의 재물을 자신의 것이라고 주장하지 않았다(행 4:32). 이처럼 그들이 소유욕에서 자유로울 수 있었던 것은 바로 주님의 복음 안에서 주어진 총체적 회개를 통한 "청지기 정신"의 회복 때문이었다. 그 결과 그들 중에 "가난한 자들이 없게" 되었다(행 4:34).

성경은 그리스도의인에게 청지기로서의 삶의 원리를 더 구체적으로 제시한다. 즉, 제자들은 청지기 정신을 추구하는 가운데, "자족하는 삶", "단순한 삶"으로 나아가야 한다고 가르친다. 히브리서는 주님의 제자들에게 자족하는 마음을 가질 것을 명령한다.[328] 그 이유는 우주만물의 창조주이시고 주인인 하나님께서 함께 하실 것이기 때문이다. 청지기는 소유에 대해 욕심을 낼 수 없다. 아니 그에게는 근본적으로 자기 소유가 없다.

---

326 1980년에 작성된, 검소한 생활을 위한 복음주의자들의 선언문인 "An Evangelical Commitment to Simple Lifestyle"도 그 선언문의 서두에서 하나님의 창조사역을 언급한 후, 그로부터 인간에게 부여된 "청지기 사상"(stewardship)의 중요성을 지적하면서, 신자의 검소한 생활에 대한 성경적 원리들을 제시한다. Stott ed., *Making Christ Known: Historic Mission Documents from the Lausanne Movement 1974-1989*, 143. 이 선언문은 1974년에 작성된 로잔 선언의 "단순한 삶의 방식"에 대한 결단을 더 구체적으로 정리하기 위해 작성한 선언문이다. 존 스토트가 의장으로 활동했고, 미국에서 하비 콘과 로날드 사이더 등이 참여했다.

327 Stott ed., *Making Christ Known: Historic Mission Documents from the Lausanne Movement 1974-1989*, 144.

328 돈을 사랑하지 말고 있는 바를 족한 줄로 알라 그가 친히 말씀하시기를 내가 결코 너희를 버리지 아니하고 너희를 떠나지 아니하리라 하셨느니라(히 13:5)

그는 단지 관리자일 뿐이다. 그는 단지 모든 것의 주인이 함께 하면, 자기에게 맡기신 것을 족한 줄로 알고 기쁘게 살아갈 수 있다.

디모데전서 6장에서 바울은 물질과 재물에 대해 가르치고 있다. 경건한 자와 그렇지 못한 자를 구분하는 기준으로 "자족하는 마음"을 제시했다(딤전 6:6-10). 자족하는 마음을 가진 자들은 "우리가 세상에 아무 것도 가지고 온 것이 없을" 뿐만 아니라 "또한 아무 것도 가지고 가지 못할" 것(7절)이라는 사실을 깨닫고 사는 자라고 했다. 그래서 그들은 "먹을 것과 입을 것이 있은즉 족한 줄로 알고"(8절) 지내면서 경건생활에 힘쓸 수 있다. 반면에, 경건하지 못한 이들은 재물에 대한 욕심을 가지고 사는 자들인데, 그들은 "시험과 올무와 여러 가지 어리석고 해로운 욕심에 떨어지"게 된다(9절)고 했다. 결국 그들은 돈을 탐하는 인생이 되어 경건한 삶에서 멀어지게 된다. 이는 그들이 돈에 대한 탐욕으로 인해 "미혹을 받아 믿음에서 떠나 많은 근심에" 빠지기(10절) 때문이다. 근본적으로 이들은 하나님이 주신 청지기 정신을 잃어버림으로 자족하는 마음을 갖지 못했고, 욕심에 이끌리는 삶을 사는 인생이 된 것이다.

물론, 그리스도인들이 부자가 되어서는 안 된다는 말이 아니다. 성경은 신자들도 열심히 일할 것을 가르치기 때문이다. 오히려, 성경은 하나님의 영광을 위해서 열심히 일해야 함을 가르치고 있다(잠 18:9; 22:29; 전 3:22). 이는 일하는 것도 하나님이 주신 은사이기 때문이다.[329] 그리고 열심히 일하는 자가 많은 수입을 얻는 것은 하나님의 일반은총 속에서 자연스러운 일이다. 자신이 부요하게 되어도 주님의 제자는 여전히 청지기임

---

329 Keller, *Ministries of Mercy: The Call of the Jericho Road*, 73.

을 잊어서는 안 된다. 자신의 재물은 하나님의 섭리와 인도하심 가운데 그 분의 영광을 위해 사용하라고 주어진 것이기 때문이다. 부지런히 일해서 얻은 재물은 청지기 사명을 감당하게 하시려는 하나님의 뜻으로 이해해야 한다(엡 4:28; 마 6:19-21).[330]

부유한 자들의 청지기직에 더 명확한 가르침 디모데전서 6장 17-19절에 있다. 이 본문이 부자들에게 주는 교훈들은 크게 두 가지이다. 첫째는 "마음을 높이지 말라"는 것이고(17절 상), 둘째는 선한 일에 부요한 자가 되라는 것이다(18절). 마음을 높이지 말아야하는 이유는, 그 모든 재물을 주셔서 누리게 하시는 분이 바로 하나님이기 때문이다(17절 하반절). 그러므로 하나님이 맡겨주신 재물의 청지기로서 그에게 맡겨진 재물을 하나님의 영광을 위해 사용하며 선한 일에 부요한 자로 살아가는 것이 부자들의 의무요 사명이다.

성경이 요구하는 청지기적 삶은 – 그가 부하든지 가난하든지 – 자족하는 마음으로 탐욕을 내려놓고 검소하게 살면서 자비사역에 부요한 자가 되는 것에 그 초점이 있다. 디모데전서 6장 6절이 가난한 이들에게 돈과 탐심에서 벗어나 자족하는 마음을 가져야할 것을 요구한다면, 디모데전서 6장 17절은 부자들에게도 자족하는 마음을 가지고 검소한 삶을 사는 것이 필요함을 가르치기 때문이다. 오히려 재물이 부요한 자들에게 오직 하나님께만 소망을 두고 그 분이 맡긴 재물에 대해 책임을 갖고 선한 일에 부요한 인생으로 살아가야할 것을 요구하고 있다.[331] 결론적으로, 성

---

330 도둑질하는 자는 다시 도둑질하지 말고 돌이켜 가난한 자에게 구제할 수 있도록 자기 손으로 수고하여 선한 일을 하라(엡 4:28)
331 Keller, *Ministries of Mercy: The Call of the Jericho Road*, 59. 어떤 점에서 부요한 자들은 재물욕으로 인해

경이 그리스도의 제자들에게 요구하는 청지기적 삶, 즉 자족하며 검소함으로 "선한 일"에 부요한 인생을 사는 삶은 특히 모든 그리스도인 자비사역자들에게 요구하는 자세다. 이와 같은 청지기적 희생과 자족하는 마음, 그리고 검소함이 없다면, 성경이 말하는 자비사역자가 아니다. 결국, 그리스도인의 자비사역은 하나님과의 관계 속에서 주어진 청지기적 제자도의 정신으로 나눔과 섬김을 실천하는 사역이라는 점에서 세속적 자선사업과 다르다.

더 나아가, 이와 같은 희생과 검소함의 청지기적 삶은 단순히 윤리, 도덕적인 중요성을 넘어, 복음전파와 밀접한 관련이 있다는 점에서도 그리스도인의 자비사역의 정체성을 드러낼 수 있다.[332] 사회적 책임 차원의 희생과 검소한 삶으로의 헌신이 복음전파의 책임과 분리될 수 없다. 그 이유는 그리스도인의 삶의 증거가 비판받을 때 복음이 세상 사람에게 신뢰를 얻지 못하기 때문이다. 이와 반대로 그리스도인이 가난한 이웃을 위해 근검절약하며 자비사역에 힘쓸 때, 복음전파의 문이 열릴 수 있다. 이는 결국 그리스도인의 자비사역이 세상에 그리스도를 증거하는 복음사역의 큰 틀에서 이해야 할 사역임을 의미한다.[333]

자족하며 검소한 삶으로 나아가기가 어려울 수 있다. 성경이 가르치는 부자에 대한 경고는 그러한 차원에서 이해할 수 있다(마 19:23; 눅 12:15-21). 그들이 단지 부자이므로 천국에 가기 어려운 것이 아니고, 그들이 하나님께 소망을 두지 않고 여전히 재물욕에 사로잡혀서 자족하지 못하며, 그래서 검소한 생활로 자비사역을 실천하는 청지기적 사명을 감당하지 못하는 데 문제가 있는 것이다.

332 이 주제에 관해서는 본장의 마지막 항목 "말씀사역과의 관계"에서 좀 더 구체적으로 논의하려 한다.

333 "An Evangelical Commitment to Simple Lifestyle"의 선언문에서도, 뒷부분에서 "Evangelism" 항목을 별도로(8항) 추가하여 포함시키고 있다. 사회적 책임 차원에서의 희생과 검소한 삶으로의 헌신과, 복음전파의 책임을 위한 헌신 사이의 불가분의 관계를 지적하려 한 것이다. "So the call to a responsible lifestyle must not be divorced from the call to responsible witness. For the credibility of our message is seriously diminished whenever we contradict it by our lives. It is impossible with integrity to proclaim Christ's salvation if he has evidently not saved us from greed, or his lordship if we are not good stewards of our possession, or his love if we close our hearts against the needy. When Christians care for each other and for the deprived, Jesus Christ

사역의 조건들—수혜자 자격론

일반적으로 자비사역의 대상을 "자격 있는" 수혜자와 "자격 없는" 수혜자로 구분하려는 경향이 있다. 대체적으로 후자의 경우는 자신의 게으름이나 잘못으로 가난해지고 어려운 삶을 살게 된 경우이고, 전자의 경우는 외적인 요인이나 사회적 요인들에 의해 어려운 처지에 놓이게 된 경우라고 볼 수 있다. 그래서 후자의 가난은 자기의 책임이므로 자비사역의 대상이 될 수 없다고 보는 것이다. 그렇다면 자신의 실수나 잘못에 의해 가난해진 자들은 자비사역의 대상에서 제외되어야 하는가? 자비사역의 대상에 조건이 있는가? 이에 대해 살펴보자.

무조건적 베품

성경이 가르치는 자비사역의 원칙은 '무조건'이다. 누가복음 10장에서 주님은 인종적, 문화적 차별을 넘어서 심지어 원수에게도 자비를 베풀어야 함을 가르치셨다. 누가복음 6장32-35절에서 주님은 은혜를 모르는 악인에게도 선한 일을 베풀 것을 명하셨다. 우리가 하나님의 사랑을 받게 된 것도 우리가 죄인 되었을 때, 연약했고 원수 되었을 때 무조건적으로 받은 것이라면, 우리도 같은 원리에서 베푸는 삶을 살아야한다. 자비사역에 대한 "무조건성"의 원리는 다음의 두 근거로 설명할 수 있다.

(1) "자격 있는 수혜자"라는 개념은 성경적인 개념이라고 할 수 없다.

---

becomes more visibly attractive." Stott ed., *Making Christ Known: Historic Mission Documents from the Lausanne Movement 1974-1989*, 148.

성경에서 자비의 사역은 자격자에게 주어지는 상의 개념으로 시행되지 않는다. 만일 "자격 있는" 가난한 사람에게 베푼다면 그것은 더 이상 "자비"사역이 아니다. 당연히 해야 할 일을 하는 것일 뿐이다. 도덕적으로 사회적으로 조금 더 부족해 보이는 사람에게 하나님의 사랑을 베풀 때, 그것이 "자비"사역이 된다.

(2) 자비사역을 하나님 나라의 사역이라는 관점에서 이해하고 시행해야 하기 때문이다. 세상 사람들을 하나님 나라로 인도하기 위한 "말씀사역"도 무조건적으로 이루어지고 있다. 그리스도인은 어느 정도 의로운 자들에게만 천국복음을 전파하는 것이 아니라, 모든 사람에게 천국 복음을 전하고 있다. 그렇다면, 같은 하나님 나라의 사역인 자비사역도 무조건적으로 시행되어야 한다. 수혜자의 정신적, 영적, 도덕적 자격의 구분 없이, 모두에게 하나님의 사랑으로 다가가야 한다.

조건적 차원

그렇지만 그리스도인의 자비사역은 또한 조건적이기도 하다. 자비사역은 단순한 구제나 봉사가 아니기 때문이다. 우리의 궁극적인 관심과 목표는 그들을 하나님 나라의 백성으로 세우는 것이다. 그렇다면 단순히 그들의 배고픔을 해결해주고, 고통을 줄이는 것만으로 만족할 수 없다. 단순한 구제와 재정지원으로 인해 그들이 더욱 게으른 생활을 할 수도 있다. 그러한 경우 자비사역은 수혜자가 오히려 하나님께 불순종하는 삶을 살게 한다.

성경은 일해야 함을 가르치고 있다. 십계명의 4계명은 6일간 열심히 일할 것을 함축적으로 가르친다(출 34:21). 사도 바울도 "일하기 싫거든 먹지도 말라"고 가르친다(살후 3:10). 수혜자들을 정말로 도우려면, 그들이 하나님의 말씀을 순종하고 그 말씀을 따를 수 있도록 도와주어야 한다. 디모데전서 5장 6절은 과부의 자격으로 "도덕적인 삶"을 언급한다. 그리고 10절에서는 선한 행실(구제와 선한 일)을 언급한다. 즉, 초대교회에서 구제를 받는 과부들은 자신들이 구제의 대상이면서 또한 자신들도 구제의 삶을 실천함으로 이기적인 삶을 극복하고, 다른 가난한 이들을 도울 수 있는 하나님의 새로운 백성으로서 삶을 살아가는 긍지를 회복하도록 도왔다. 그들도 단순히 계속적으로 도움만 받는 자리에 머물지 않고, 선한 사업에 앞장서는 인생으로 변화할 것을 조건으로 했던 것이다.

성경이 가르치는 그리스도인의 자비사역의 무조건적인 성격과 조건적 성격은 하나님이 언약의 특징과 유사하다. 하나님은 자신의 무조건적 사랑으로 백성들과 언약 관계에 들어가셨다. 인간의 어떠한 외적 상태나 조건이 언약 관계의 근거가 되지 못하는 것이다. 오직 하나님의 무조건적인 사랑으로 하나님이 부르셨다.[334] 그런데 일단 하나님과의 언약 관계에 들어온 후에, 하나님은 우리의 삶이 하나님의 성품을 따라 변화될 것을 요구하신다. 즉, 하나님의 은혜가 그의 백성에게 처음 주어질 때는 무조건적지만, 그 은혜가 계속되는 과정에서는 조건적이다.[335]

그리스도인의 자비사역도 이와 같은 하나님의 방식을 따라야 한다.

---

[334] 하나님과의 언약적 관계로 들어오는 중생은 "하나님의 주권적인 역사"다. 그 사건에서 인간은 수동적으로 남아 있으며, 인간의 어떠한 조건들과는 상관없이 성령 하나님의 단독적이고 비밀한 초자연적 역사임이 강조된다. 김광열, 『그리스도 안에 있는 구원과 성화』, 48.
[335] 이와 같은 원리는 신자에게 주어지는 구원의 영적 복 중, 칭의와 성화와의 관계에서도 적용하여 설명할 수 있다. 칭의의 복은 하나님의 자녀가 되는 순간에 무조건적으로 오직 그리스도의 공로에 근거하여 주어지는 영적 복이다. 성화의 복은 칭의로 하나님 나라의 삶을 시작한 신자가, 이제는 열심히 변화된 삶을 추구해야 한다는 인간 편의 참여가 포함되는 영적 복이다. 김광열, 『그리스도 안에 있는 구원과 성화』, 153-170.

자비사역은 도움을 필요로 하는 모든 사람에게 무조적적으로 차별하지 말고 베풀어야 한다. (비록 그들이 무자격자로 여겨질지라도) 그러나, 우리의 진정한 목표는 단지 그 순간의 고통을 경감시키거나 일시적으로 구제품을 전달하는 차원을 넘어선다. 궁극적으로 우리는 그들을 일으켜 세워 하나님 앞에서 온전한 인격으로서 살아갈 수 있도록 도와줘야 한다.[336] 이를 위해 그들의 삶에 주님의 통치가 이루어지고 의의 열매를 맺는 삶으로 나아가도록 노력해야 한다.

이는 그리스도인의 자비사역이 복음전도사역과 깊이 연관되어 있음을 의미한다. 즉, 그리스도인의 자비사역은 세속적인 구제사역과 근본적인 방향성과 궁극적인 목표가 다르다는 것이다. 그리스도인의 자비사역은 예수 그리스도의 복음 안에서 그 대상자의 전인이 회복되어 새로운 삶을 사는 것을 목표로 해야 한다. 이를 위해 "조건"을 제시해야 한다. 물론, 때로 인내심을 가지고 기다려야하지만, 결국 수혜자가 하나님 나라의 삶을 거부한다면 일시적으로 구제를 중단되는 방법을 통해서든지 아니면 어떤 조건을 제시하여 그의 삶의 변화를 이끌어내야 한다.

조건의 성격

조건적인 성격을 포함할 수 있으나, 여기서 몇 가지 주의해야할 점이 있다. 우리의 분노 또는 이기적인 태도가 조건이 되어서는 안 된다. '내가 이만큼 베풀었는데 아직도 그거 밖에 할 수 없느냐?' 라는 답답한 마음에

---

[336] 신명기 15장에 나오는 안식년 규례에 노예의 빚을 탕감해주는 내용이 나오는데, 하나님은 주인으로 하여금 그 노예를 풀어주면서 공수로 가게하지 말고, 곡식과 도구들을 주도록 명령하심으로, 그들로 하여금 새 삶을 시작할 수 있도록 조치하셨던 것을 볼 수 있다(12–15절).

서 또는 자비사역이 봉사자 자신의 생활에 어떤 불편함이나 손해를 가져올 것이라는 이기적인 판단으로 조건을 제시하지 않도록 주의해야 한다.

오히려 하나님의 자비의 정신에서 조건을 제시해야 한다. 계속 섬기고 봉사하는 데도 과거의 삶에서 돌이키지 않을 때, 분노하거나 포기하지 말고 대안을 마련해야 한다. 대안 중 하나는 섬김의 방식을 변화하는 것이다. 이와 함께 하나님의 사랑으로 섬겨야 한다.

여기서 조나단 에드워즈가 지적한 부분을 상기할 필요가 있다. 그는 아주 절망적인 상태에 놓여있지 않는 사람들에게 경제적인 지원을 하는 것에 반대하는 사람들에게 이렇게 답했다. "그러한 조건을 제시하는 것은 네 이웃을 네 몸과 같이 사랑하라는 주님의 계명에 불순종하는 태도이다. 그 계명은 우리가 우리 자신을 사랑하는 방식과 똑같은 방식으로 이웃을 돌아볼 것을 요구하고 있기 때문이다."[337] 우리는 자신의 상황을 개선하기 위해 아주 절박해지기까지 기다리지는 않는다. 우리가 아주 절박하지 않을 때도 자기 자신을 돌본다면, 우리의 도움을 필요로 하는 이웃들에게도 – 비록 그가 아주 절박한 상황에 처하지 않았을 때에도 – 도와야 한다는 것이다.

에드워즈는 다른 잘못된 조건에 대해서도 언급했다. 수혜자의 가난이 자신의 잘못에 의한 결과라면, 이는 그 사람이 책임져야할 부분이지 다른 사람이 돕지 않아도 된다고 생각하는 사람들에게 다음과 같이 대답했다. 그 잘못이 그 사람의 선천적으로 타고난 문제라면 재고해야하며, 또한 비

---

337 Johathan Edwards, *The Works of Jonathan Edwards,* Vol. 2, ed. Edward Hickman (reprint, Edinburgh: Banner of Truth, 1974), 170.

록 그가 자신의 악함이나 게으름에 의한 잘못이더라도, 앞으로 그러한 삶을 계속하지 않을 것이라면, 우리의 자비를 제한해서는 안 된다.[338]

이처럼, 사역자는 자비사역을 제한하려는 유혹에 계속 직면하게 되지만, 그 때마다 인간적인 조건을 하나님의 사랑으로 극복해야 한다. 뿐만 아니라 하나님의 사랑에서 나오는 조건으로 수혜자들을 하나님의 백성다운 삶으로 나올 수 있도록 인도해야 한다. 즉, 우리가 제시할 수 있는 조건은 그들이 속히 하나님을 불순종하는 생활에서 벗어나 하나님의 백성으로 회복된 삶을 살아가도록 하는 차원의 조건이다. 이에 대한 추가적인 설명은 말씀사역과의 관계를 논하는 마지막 항목과 연관되어 있다.

사역대상의 구분–교회 안의 언약백성과 세상 속의 불신자

그리스도인의 자비사역을 성경적 관점과 원리로 이해하고 적용하여 그 정체성을 세울 수 있다. 마찬가지로 그리스도인의 자비사역의 대상을 성경적 관점에서 이해함으로 그 정체성을 확립할 수 있다.

그리스도인의 자비사역의 대상에 대한 성경적 원칙은 "제한이 없다"는 것이다. 누가복음 10장의 선한 사마리아인의 비유에서 그 원칙이 드러난다. 율법교사는 주님에게 "내 이웃이 누구니이까?"라고 질문했다. 이에 주님은 비유를 통해 길에서 강도를 만난 사람은 모두 이웃이라고 하셨다.

---

338 Edwards, *The Works of Jonathan Edwards*, Vol. 2, 172. 여기서 에드워즈는 예수님이 우리가 야기한 문제들로 인해 비참한 처지에 있는 우리를 사랑하여, 불쌍히 여기시고, 또 구원하시려고 자신을 내어놓으신 점을 기억하여야할 것을 강조한다.

그리스도인의 사역의 대상에는 어떠한 인종적, 종교적, 지역적, 계층적 차이로 인한 차별이 용인되지 않는다. 갈라디아서 6장 10절에도 이 원칙이 드러난다. "그러므로 우리는 기회 있는 대로 모든 이에게 착한 일을 하되 더욱 믿음의 가정들에게 할지니라" 비록 차별은 아니지만 믿음의 가정을 일반 사람들과 구별하고 있음에 주목할 필요가 있다.

왜냐하면 성경은 하나님의 백성들이 먼저 자비의 섬김을 언약 공동체 안에서 실천할 것을 가르치고 있기 때문이다. 그렇지만 성경은 자비를 세상의 불신자들, 즉 언약공동체 밖의 사람에게도 베풀 것도 가르친다. 따라서 그리스도인의 자비사역은 두 영역으로 구분하여 이해해야 한다. 먼저 언약 공동체 안에서의 자비사역은 "언약적 복의 성취"라는 차원에서 의미있다. 죄로 인해 인류의 삶은 모든 영역에서 왜곡되었고 파괴되었다. 이러한 죄의 총체적 영향력은 하나님의 언약적 통치로 극복되며, 그 통치 안에 들어온 이들은 총체적 회복의 복을 경험한다. 그리하여 구약과 신약의 하나님의 언약 공동체는 언약적 복을 이 땅에서부터 누리고 있다.

이처럼, 구약의 이스라엘과 신약의 교회는 하나님의 언약 공동체로 영적, 육체적, 경제적, 사회적 영역 등 모든 삶의 영역에서 죄의 모든 영향력에서 해방을 맛보며 경험하기 시작한다. 이런 관점에서 하나님의 언약백성은 주님의 복음의 능력이 모든 죄의 결과로부터 총체적 회복의 역사를 일으킬 수 있음을 이 세상 앞에 보여줄 수 있어야 한다. 구약과 신약의 언약 백성은 주님의 통치 아래 일어나는 회복의 역사를 이 땅에서부터 보여주는 하나님 나라의 모델이다.[339]

---

339 Keller, *Ministries of Mercy: The Call of the Jericho Road*, 81-82.

먼저, 하나님의 백성의 자비사역은 언약 백성들에게 적용되는 "언약적 복의 통로"다. 구약에서 자비사역은 하나님과의 언약 관계로 들어온 이들에게 회복의 복을 경험하는 통로였다. 이스라엘 백성은 하나님의 언약 공동체의 기초단위인 가정과 친족에게 자비사역을 실천하는 삶을 살았다. 레위기 25장에서 하나님은 이스라엘에게 형제가 가난해져서 하나님이 주신 기업의 일부를 팔게 되었을 때, 가까운 형제나 친족이 그 값을 지불하고 기업을 도로 찾을 것을 명하셨다(24절 이하). 이러한 자비사역의 실천은 가족이나 친족을 넘어 언약공동체까지 적용되었다. 신명기 15장에 있는 안식년 규례에서 하나님은 이스라엘의 언약공동체에게 빌려주었던 돈을 면제할 것을 명하셨고(3절), 또 그들이 가난한 형제와 함께 이웃에 살게 될 때 그들과 함께 풍성한 나눔의 삶을 살아야할 것을 명하셨다.[340]

이러한 자비사역의 실천에 관한 가르침은 신약에서도 동일하게 발견된다. 디모데전서 5장 8절에서 바울은 "누구든지 자기 친족 특히 자기 가족을 돌보지 아니하면 믿음을 배반한 자요 불신자보다 더 악한 자"라고 했다. 자비사역의 실천은 또한 교회 공동체 안에서도 실천되었다(행 6:1-7; 고후 8:1이하). 결국, 자비사역을 통해 하나님의 언약 공동체는 하나님의 언약적 복을 경험한다. 신명기 15장의 "너희 중에 가난한 자가 없을 것이라"는 약속은(4-5절), 사도행전의 초대교회에서 성취되었다. "믿는 무리가 한마음과 한 뜻이 되어 모든 물건을 서로 통용하고 자기 재물을 조금

---

[340] 네 하나님 여호와께서 네게 주신 땅 어느 성읍에서든지 가난한 형제가 너와 함께 거주하거든 그 가난한 형제에게 네 마음을 완악하게 하지 말며 네 손을 움켜 쥐지 말고 반드시 네 손을 그에게 펴서 그에게 필요한 대로 쓸 것을 넉넉히 꾸어주라(신 15:7-8)

이라도 자기 것이라 하는 이가 하나도 없더라 … 그 중에 가난한 사람이 없으니 이는 밭과 집 있는 자는 팔아 그 판 것의 값을 가져다가 사도들의 발 앞에 두매 그들이 각 사람의 필요를 따라 나누어 줌이라(행 4:32-35)."

초대교회는 성령 충만한 언약백성이 언약적 복의 통로가 되었던 것을 보여준다. 성경은 이러한 언약적 복의 궁극적 성취를 요한계시록에서 보여준다.[341] 사도 요한은 하나님의 언약백성들이 누리게 될 궁극적인 회복을 "다시 주리지도 아니하고 목마르지도 아니하고 … 상하지도 아니하는" 하나님의 언약적 다스리심의 복으로 묘사하고 있다. 오늘날 그리스도인의 자비사역은 이와 같은 하나님의 언약적 비전을 향하여 나아가는 사역이다. 그리스도인의 자비사역자는 언약 공동체를 붙드시고, 언약적 회복을 이루시는 하나님의 비전을 위한 자들이다.

둘째, 자비사역자들이 감당해야할 사역의 대상에 교회 밖에 있는 불신자들도 포함된다. 성경은 그리스도인의 자비사역이 교회 안의 성도들을 넘어서, 세상에 있는 불신영혼들에게까지 나아가야할 것을 명령한다 (갈 6:10). 이것은 언약 백성을 대상으로 하는 자비사역과 다르다. 왜냐하면 불신자를 대상으로 하는 자비사역은 세상에 대한 교회의 사명, 곧 복음 전파의 차원에서 이루어지기 때문이다.[342]

구약에서 하나님은 이스라엘 뿐만 아니라, 이방인과 나그네에게도 자비사역을 베풀 것을 명하셨다. 레위기 19장 9-10절과 23장 22절의 추수

---

341 그러므로 그들이 하나님의 보좌 앞에 있고 또 그의 성전에서 밤낮 하나님을 섬기매 보좌에 앉으신 이가 그들 위에 장막을 치시리니 그들이 다시는 주리지도 아니하며 목마르지도 아니하고 해나 아무 뜨거운 기운에 상하지도 아니하리니 이는 보좌 가운데에 계신 어린 양이 그들의 목자가 되사 생명수 샘으로 인도하시고 하나님께서 그들의 눈에서 모든 눈물을 씻어 주실 것임이라(계 7:15-17)

342 Keller, *Ministries of Mercy: The Call of the Jericho Road*, 83.

규례는 밭에서 곡식을 거두거나 포도원에서 열매를 딸 때 떨어뜨린 것들을 다 줍지 말고, 나그네들을 위해 남겨두라고 가르친다. 이스라엘이 그들과 함께 거할 때, 그들을 학대하지 말고 오히려 그들을 동족과 같이 여기고 사랑을 베풀라고 명하신다(레 19:33-34). 물론, 여기서 자비사역은 하나님의 구속적 통치의 차원은 아니다. 그들은 아직 하나님의 언약 속으로 들어온 자들이 아니기 때문이다. 그럼에도 타국인이 언약공동체에 속하지 않았음에도 자비사역의 대상이었다. 뒤집어서 말하면, 그들은 자비사역의 대상이기는 했지만 하나님의 백성으로 인정받았던 것은 아니었다.[343]

언약 공동체 밖의 사람들에 대한 자비사역은 신약에서도 동일하다. 고통 받는 사람들 "모두" 이웃이 된다는 중요한 가르침을 주는 선한 사마리아인의 비유(눅 10장)와 나그네를 영접하는 것이 참 믿음의 기준이 된다고 가르치는 마태복음 25장 25-43절 등 신약의 여러 본문이 동일하게 말하고 있다(히 13:2; 딤전 5:10). 더 나아가 복음서는 원수들도 자비사역의 대상임을 가르친다(마 5:45-46; 눅 6:32-36).

이처럼 그리스도인들이 불신자들에게도 자비를 베풀어야 하는 중요한 신학적 근거가 하나님의 구원사역과 예수님의 구속사역의 모범에 있다. 하나님의 구원의 은총은 죄인들, 합당치 못한 이들에게 주어졌다(롬

---

[343] 언약공동체 밖의 불신자까지 자비사역의 대상으로 삼는다는 말은 그들이 자동적으로 하나님의 구원공동체 안으로 들어왔음을 의미하지 않는다. 모든 사람이 이웃으로 섬겨야 할 대상이지만, 그들 모두가 그리스도인의 형제가 아니다. 총체적복음의 관점 중 하나님의 나라의 관점이 말하는 우주적 구원은 하나님의 구원역사가 하나님의 나라의 범위만큼 포괄적인 변화의 목표를 지향하고 있음을 의미하는 것이지, 결코 만인구원론을 의미하는 것은 아니다. 김광열, '총체적복음과 구원, 그리고 총체적 회심」, 『총체적복음사역의 신학과 실천』 제2호 (2005): 82; Keller, *Ministries of Mercy: The Call of the Jericho Road*, 83.

3:9-18). 하나님은 우리가 연약할 때, 죄인 되었을 때, 원수 되었을 때 우리를 위해 십자가의 구속적 사랑을 베푸셨다(롬 5:6, 8, 10). 그러므로 하나님과 예수님의 가르침과 모범을 따라 언약 공동체 안에서 교제하는 "우리"만이 아니라, 세상의 불신자들 그리고 심지어 원수에게도 자비를 베풀어야 한다.

불신자를 향한 자비사역의 의의는 이 땅위에 임하는 하나님 나라를 증거 한다는 점에 있다. 자비사역은 하나님 나라의 통치로 인한 총체적 회복의 역사가 이 땅에서 성령의 능력으로 성취되고 있음을 보여주는 사역이다.[344] 이 땅에서 주님의 사역은 하나님 나라의 임함의 증표로서 제시되었다. 귀신을 쫓아내며, 병자들을 고치시고, 배고픔의 현장을 배부름으로 바꾼 오병이어의 역사 등은 하나님 나라의 총체적 회복의 역사가 주님과 함께 이 땅에 임하고 있음을 보여준다. 오늘날 그리스도인이 가난하고 병든 자들과 소외된 이웃을 주의 사랑으로 섬기며 그들을 회복으로 이끌 때, 그리스도인은 하나님 나라를 세상에 드러내는 것이다. 이는 곧 행함으로 사랑을 증거하는(요일 3:17-19) 총체적 복음사역이다.

말씀사역과의 관계

총체적 복음사역으로서의 자비사역의 정체성은 자비사역과 말씀사역과의 관계에 관한 논의에서 발견할 수 있다. 이는 자비사역의 성격을 분

---

344 Keller, *Ministries of Mercy: The Call of the Jericho Road*, 86.

명히 하려면 말씀사역과의 관계가 바로 정립되어야 하기 때문이다.

불가분의 관계

자비사역은 복음전파를 위한 다리의 역할을 한다.[345] 자비사역은 복음에 대한 위대한 변호가 되는 것이 사실이다. 불신자들의 닫힌 마음들을 열어주며, 복음전도의 장애를 넘어서게 해준다. 또한 하나님의 백성을 대상으로 하는 자비 사역을 통해 불신자들은 성도들 사이의 사랑의 공동체성과 하나님 나라의 삶의 원리를 확인할 수 있을 것이다. 초대교회의 놀라운 부흥의 원동력은 말씀과 교제와 기도와 이적을 포함하여 그리스도인이 자신의 재산을 팔아 필요를 따라 나누어주었던 것에 있었다. 누가는 이 모습을 통해 초대교회가 온 백성들에게 칭송을 받았고 구원을 받는 자들이 날마다 더해졌다고 기록했다. 여기서 자비사역이 복음전도를 위한 훌륭한 수단임을 확인할 수 있다.[346]

그런데, 자비사역과 말씀사역이 불가분의 관계가 있다는 것은 전자가 후자의 다리가 된다는 사실을 드러내는 것으로 부족하다. 왜냐하면 그 둘 사이의 관계가 "기생적 관계"로 보일 수 있기 때문이다.

말씀사역과 자비사역 중에 한 쪽이 다른 한 쪽을 수단화하면 곧 기생적 관계가 된다. 두 영역의 사역을 혼동하거나 동일시해서도 안 된다.[347]

---

345 Stott, 『복음전도와 사회적 책임: 그랜드 래피즈드 보고서』, 31-34.

346 그러한 초대교회의 나눔의 신앙의 전통은 4세기의 로마제국 황제 율리우스(Julian the Apostate)에 의해서 확인되었다. 그는 기독교도를 근절시키려 했으나 도저히 불가능함을 깨닫고 그 이유로 초대교회의 나눔을 언급했다. "불경한 저 갈릴리인[그리스도인]들은 같은 민족 중의 가난한 이들만 돕는 것이 아니라 우리 중에 있는 가난한 이들도 돕는다." Stephen Neill, 'Julian the Apostate', *A History of Christian Missions* (New York: Penguin, 1964), 37-38.

347 대표적 사례로 WCC를 들 수 있다. WCC는 사회적 책임을 영혼구원의 사역과 동일한 것으로 간주했다. 스토트는 이에 대해 다음과 같이 말했다. "사회-정치적 해방은 구원이 아니며, 사회참여는 복음전도를 대신할

어느 하나만을 택할 수 없는 것은 두 사역 모두 하나님 나라의 사역으로 각각 고유한 의의와 역할이 있기 때문이다. 따라서, 어느 한 쪽을 희생하여 다른 쪽의 사역을 강조하는 것은 주의해야 한다. 두 사역은 상호의존적이며 따라서 공생적(symbiotic) 관계에 있다고 볼 수 있다.[348]

자비사역이 없는 말씀사역은 "헛된 제사"가 될 수 있다(사 1:13-15). 복음사역의 목표를 단순히 "개인적인 결단"의 문제로 축소하고 모든 삶의 영역에서 하나님 나라의 삶의 원리와 가치를 실천하지 못하는 결과를 가져온다. 말씀사역이 없는 자비사역도 하나님 나라와 상관없는 세상의 사회복지로 전락할 위험성이 있다. 그러므로 두 사역은 불가분의 관계에 있으며, 그 모두는 하나님 나라의 사역에서 필수적인 내용으로 인식해야 한다.

그럼에도 말씀사역이 핵심이다

말씀사역과 자비사역이 불가분의 관계에 있지만, 동시에 전자가 인간의 가장 근본적이고 핵심적인 문제의 뿌리를 취급하는 사역임을 인정해야 한다. 인간사에서 경험하는 모든 죄의 현상은 근본적으로 하나님과의 영적 분리로 인한 결과다. 그런데, 말씀사역은 바로 이러한 죄와 사망권세 아래 놓인 인간의 근본적인 영적 문제를 다루는 사역이다.

이러한 차원에서 말씀사역은 자비사역에 앞선다. 여기서 앞선다는 것은 "논리적"으로 앞선다는 의미다.[349] 실제 상황에서 그 두 사역이 언제나

수 없다." 김광열, 『이웃을 품에 안고 거듭나는 한국교회』, 55.

348 Tetsunao Yamamori, 'Toward the Symbiotic Ministry: God's Mandate for the Church Today', *Missiology, An Interantional Review* 5, no. 3 (July 1977): 267, 271.

349 Stott, 『복음전도와 사회적 책임: 그랜드 래피즈드 보고서』, 35.

일정한 순서를 따라 시행되지 않기 때문이다. 예수님의 지상사역에서도 그러했다. 예를 들어 예수님은 나면서 앞을 보지 못하게 된 사람의 눈을 먼저 치료하신 후 그를 부르셨다(요 9:35-41). 그런데, 다른 경우에는 치료하시면서 부르셨다(막 5:21-43; 마 15:21-28). 그러므로 논리적 우선성은 실제 사역에서 절대적인 순서를 반드시 따르는 것을 의미하지 않는다. 단지, 자비사역을 먼저 시행할 때에도 그 대상의 영혼구원이 가장 중요하고 그의 영원한 운명에 결정적인 요소가 됨을 인식하고 있어야 한다는 의미다.

물론, 영혼구원의 우선성을 영육이원론이나 성속이원론의 관점에서 이해하면 안 된다. 복음사역은 육신적, 사회적, 경제적 영역을 간과한 채로 추진할 수 없다. 이를 간과하면 "헛된 제사"가 될 수 있기 때문이다. 이 모든 영역이 유기적인 관계 속에서 총체적 복음사역의 대상이 되어야 한다. 모두 하나님 나라에서 의미 있고, 그 영역에서도 하나님의 뜻이 이루어져야하기 때문이다. 그렇지만 문제해결의 근본적인 열쇠가 말씀사역에서 주어진다는 점을 놓쳐서는 안 된다.

지금까지 그리스도인의 자비사역이 세상의 일반적인 사회봉사와 어떻게 다른지에 답하기 위해 그에 대한 성경적 원리들을 찾아보았다. 그리스도인의 자비사역을 포함한 사회적 책임의 신학적 기초는 1부에서 정리했다. 1부에서 우리는 주님의 복음이 총체적 복음이라는 사실에서 그리스도인의 사회적 책임의 신학적 기초를 확인했다. 하나님 나라의 관점과 주되심의 관점에서 주의 복음은 개인적, 영적 차원에서 변화 뿐만 아니라, 사회와 공동체의 변화를 일으키는 총체적 능력이다. 또한 그리스도인의 자비사역의 출발이 총체적 복음 안에서 주어지는 총체적 회개임을 관련된 성경본문을 통해 확인했다.

본 장의 토의는 총체적 복음과 총체적 회개의 기초에서 그리스도인의 자비사역이 세상의 사회봉사와 유사하나 근본적으로 다른 뿌리에서 나온 것임을 밝히고자 한 것이었다. 자비사역은 그리스도의 복음과 성경적 회개에서 자연스럽게 나오는 하나님의 백성의 삶의 모습이다. 그러므로 이 사역은 성령의 능력과 인도하심으로 하나님 나라를 지향하면서 이루어져야 한다.

이러한 관점에서 본 장은 그리스도인의 자비사역이 독특성을 지니고 있음을 몇 가지 주제로 구분하여 살펴보았다.

⑴ 자비사역이 진정한 하나님 나라의 사역이라면 그 출발부터 하나님의 은혜의 복음에 출발해야 한다. 이는 이 사역이 하나님의 자비하심과 그로부터 주어진 은혜의 복음에 기초하지 않으면 인간적인 자선사업으로 전락할 수 있기 때문이다.

⑵ 자비사역자는 희생적 제자도로 사역을 준비해야 한다. 왜냐하면 이 사역은 자족하는 마음과 검소한 생활로 임해야하는 사역이기 때문이다.

⑶ 자비사역의 대상에 대한 조건을 살펴보았다. 성경은 하나님의 무조건적인 자비와 사랑을 따라 자비를 베풀어야 한다고 가르친다. 이는 그리스도인의 자비사역의 목표가 그 대상이 하나님 나라의 백성으로서 살아가는데 있기 때문이다.

⑷ 자비사역을 언약 공동체 안에 있는 사람과 불신자들의 차원에서 이해해야 한다.

⑸ 근본적으로 교회와 그리스도인의 자비사역이 말씀사역과의 밀접한 관계 속에서 추진해야 성경적 정체성을 잃지 않는 복음사역으로 자리매김 할 수 있다.

오늘날 그리스도인의 자비사역에 많은 사람이 관심을 보이고 있지만, 그리스도인으로서의 정체성을 잃고 그 사역에 참여할 수 있다. 이에 성경은 하나님의 언약백성으로서 정체성을 갖고 하나님의 구원역사의 흐름 속에서 하나님 나라를 지향하면서 자비사역에 참여해야 한고 가르친다. 성경적 원리와 가르침에 충실해야 "하나님 나라의 사역"이 될 수 있다.

3장

한국과 세계의 총체적 복음사역 현장

꿈으ﾟᏉᎏᏉᏛ

본 장에서는 한국과 세계의 총체적 복음사역의 현장을 소개함으로 총체적 복음사역의 성경적 모델을 찾아 보려 한다.[350] 보크무엘은 Evangelical and Social Ethics의 마지막 장에서 "우리 앞에 남겨진 과제"에 대해 언급했다. 그 중의 하나가 바로 복음주의적 사회봉사의 위대한 유산을 찾는 작업이다.[351] 과거 기독교 역사에서 전개된 복음주의적 사회봉사의 위대한 유산과 오늘날 그리스도인의 사역을 살펴보면서 격려와 도전을 받아 총체적 복음사역을 효과적으로 감당할 수 있는 지혜를 배울 수 있을 것이다.

---

[350] 세계 총체적 복음사역의 사례는 지면상의 제약이 있기에 다음 책의 사례를 요약 발췌했다. Ronald J. Sider, 『물 한모금 생명의 떡』 이영길 역 (서울: IVP, 1999).

[351] Bockmühl, *Evangelical and Social Ethics: A Commentary on Article 5 of Lausanne Covenant*, 44.

한국의 총제적 복음사역 현장[352]

즐거운 집

1989년 4월 5일 단칸방에서 시작한 즐거운 집은 28칸의 방에 65명의 대가족을 거느린 큰 집으로 성장했다. 그 집에는 세상에서 버림받은 사람들이 모여 있지만 예수님의 사랑과 복음을 향유하며 살아간다.

즐거운 집은 평범한 회사원으로 살았던 권태일 전도사의 이야기에서 출발한다. 한 동안 직장생활을 하던 그는 사표를 내고 세일즈맨으로 전업을 한 후 양말, 전기 안마기, 건강식품 등을 팔아가면서 한 달에 2–3백만 원을 벌었다. 그러던 중 1986년 11월 경에 충무로의 한 육교에서 구걸하는 아주머니와 그의 어린 남매를 만나 그들의 사정을 들었다. 그 아주머니는 고아로 자라 시골로 시집을 가서 남매를 낳았는데 아궁이에 불을 때다가 자신도 모르게 발작을 일으켜 아궁이에 얼굴을 넣었다. 이로 인해 결국 한쪽 눈을 실명하게 되었고 얼굴이 보기 흉하게 일그러졌다. 이 후 남편이 견디다 못해 그녀와 남매를 쫓아내고 말았다. 이 이야기를 듣자마자 권태일 전도사는 그 여인을 돌보아 주려는 결심을 했고, 그 때부터 매달 꼬박꼬박 수입의 일부를 떼어 생활비를 주었다. 이것이 즐거운 집의 시작이다.

처음에는 불쌍한 여인만을 도와주다가 차츰 더 많은 사람을 돕고 싶다는 마음이 일어났다. 그래서 동사무소를 찾아 다니며 정부의 보조조차

---

352 본 장의 사례는 본서의 초판을 저술할 때의 자료이므로, 현재 사역현장과 다소 차이가 있을 수 있음을 밝힌다.

받을 수 없는 사람을 물색하였다. 그리하여 그는 독거노인, 무의탁 노인 등을 도와주기 시작했다. 우선 서울, 인천 지역의 서른 가구를 도와주었다. 그렇지만 장사가 잘 안될 땐 앞이 캄캄했다. 혼자 힘으로 역부족이라는 사실을 깨달은 그는 1987년 3월 5일 친구 7명과 함께 '사랑밭회'를 만들었고, 매달 성금을 모아 가난한 가정을 돕자고 결정했다. "빈민구제선교: 찾아내서 고통을 나누는 모임"이 사랑밭회의 슬로건 이었다.

사랑밭회의 회원은 1994년 4월 기준으로 4만 3천명이다. 회비는 1,000원인데 회비 납부 비율은 평균 13%에 불과하다. 그래서 벽돌회원, 사랑의 씨앗 저금통 등을 통해 사랑밭회, 즐거운 집의 이주비용을 모금하고 있다.

"즐거운 집"에는 술주정뱅이 아버지의 매가 무서워 집을 도망친 어린이, 중풍에 걸려 대소변을 가리지 못하는 할머니, 손발을 못 쓰는 아저씨, 하반신 마비된 청년, 뇌성마비 어린이 등이 살고 있다. 처음에 이들을 주일마다 업고 부축해서 지역 교회를 찾아 가면 다른 교인들이 민감한 반응을 보였다. 아마 이들이 정상인들이었다면 태도가 달랐을 것이다. 그래서 권태일 전도사는 "즐거운 집" 가족들에게 직접 영의 양식을 먹이기 위해 1990년 총회신학교에 입학했다. 그리고 즐거운 집의 수십 칸의 방 한 가운데 예배당을 만들어 새벽마다 주일마다 예배를 드리고 있다. 1992년에 인천시 동양동 산 319-12번지에 대지 320평을 마련하여 건축을 시작했고, 우여곡절 끝에 1995년 5월에 기념 예배를 드렸다.

이처럼, 즐거운 집은 예수님의 이웃사랑의 계명을 실천하면서 하나님 나라의 확장을 위해 노력한다. 이곳에 모여든 이들은 의지할 곳이 없는 어린이, 처절한 생활고에 시달리던 부녀자, 노인 등 모두 상대하기를 꺼

리던 거리의 부랑자들이었다. 그들은 즐거운 집에 들어오기 전에는 거의 비기독교인이었지만, 매일 아침의 경건회와 저녁예배, 성경암송, 금주, 금연 등을 통해 새로운 삶을 살게 되었다. 2003년 3월에 장애인, 환자, 노인을 포함한 어려운 이웃(20세부터 90세까지)을 모두 95명까지 수용했던 적도 있었으나, 2006년부터 24명의 무의탁노인들과 장애인들을 하나님의 사랑으로 보살피며 함께 살아가고 있다.

광명 사랑의 집

경기도 광명시 광명7동 585번지에 위치한 광명 '사랑의 집'에는 가정과 사회로부터 버림받아 오갈 데 없는 정신지체 장애인 30여명이 모여 살고 있다. 사랑의 집은 장애인이 인간다운 삶의 권리와 행복을 누리고 사회의 당당한 구성원으로서 함께 어울려 살아가도록 하기 위해 1987년 9월에 설립되었다. 처음 사랑의 집은 서울 동작구 사당동의 한 지하실에서 장애인 10여명과 시작했는데, 현재 위치한 광명시로 오기까지 무려 16번이나 이사를 다녔다. 주위의 편견과 냉대로 한 곳에 정착하지 못했기 때문이다.

사랑의 집 원장인 최진길 목사는 군 입대를 앞두고 악성 류머티스 관절염으로 갑자기 자리에 눕게 되었다. 건강하던 육체는 하루아침에 다른 사람의 도움 없이는 몸조차 가눌 수 없는 상태가 되었다. 누워서 생활한 지 1년이 지났을 때, 절망과 고통 속에서 예수 그리스도를 영접하고 참회의 눈물을 흘렸다. 주님을 만난 그는 선교와 구제에 대한 소명을 받아 비록 자신이 몸을 가눌 수 없지만, 사회로부터 버림받아 오갈 데 없는 빈곤한 장애인들을 사랑과 헌신으로 돌보는 장애인 특수목회를 시작하게 되었다. 이것이 사랑의 집의 시작이다.

최진길 목사는 1987년 3월 집에서 심장병 어린이와 함께 살아온 김혜원씨를 만나 결혼한 후 같은 해 9월 10여명의 장애인들과 사당동에서 함께 생활하기 시작했다. 현재도 류머티스 관절염으로 인해 투병생활을 하고 있는 그는 "혼자 힘으로 세수도 못하고 양말도 신지 못하면서 장애인으로서의 고통을 겪었다"며 "나처럼 장애를 갖고 있어 세상에서 소외를 당하는 사람들과 함께 서로 의지하면서 절망 대신 사랑으로 살고 싶다"고 고백한다. 주변 사람들은 그에게 "자신의 몸도 불편하면서 어떻게 손과 발이 필요한 장애인을 돌보느냐"고 자주 묻는다고 한다. 그 때마다 그는 "아무리 힘든 일도 내가 즐거워서 하는 일은 이 세상에서 가장 쉬운 일이다"고 말하며, "진짜 장애인은 마음으로 절망하는 사람이지 육신의 장애는 장애가 아니다"고 단언한다.

이처럼 사랑의 집은 장애자들을 위한 보금자리를 만들어서 그들과 함께 하면서 그들에게 복음을 전하고, 그들을 섬김으로 장애인들에게 육체적, 정서적으로, 영적으로 안정적인 삶을 마련해 주기 위해 설립되었다. 사랑의 집은 사회복지기관이기 전에, 고통 받고 있는 장애인들에게 예수 그리스도의 복음을 전하기 위해 세워진 '광명 사랑의 선교교회'이다. 매일 아침 새벽기도를 시작으로 주일예배, 주일오후 찬양예배, 삼일예배를 드리고 있다. 뿐만 아니라 지역교회 및 선교기관과 협력하여 장애우 사역을 돕고 있다.

그리고 사랑의 집은 다양한 훈련과 프로그램들을 운영한다. 그 중 하나는 일상생활 훈련이다. 가장 필수적이고 기본적인 개인위생 관리 지도(세면, 양치, 목욕) 및 식생활훈련(바른 식사법), 의복 착탈 훈련(스스로 옷 입고 벗기)등 바른 생활습관을 이해하고 실행할 수 있도록 주 2회 교육하고 있다. 또한 등산과 산책을 하고 있는데, 건강상태를 고려해 집 앞 도덕산 및 약수터를 등산하고 산책한다.

그 외에도 학습이나 레크리에이션을 통한 치료 프로그램을 운영하는데, 전자는 인근 지역의 초, 중, 고등학교와 연계하여 운영하는 교육 프로그램이다. 물론 사랑의 집과 연계되어 있는 학교는 학교 안에 '특수 학급'을 갖춘 학교이다. 이 학교의 교사들이 사랑의 집을 찾아와 재택수업을 하고, 학년을 마치면 정식 졸업장을 수여한다. 또한 '레크리에이션 치료'를 실시하고 있다. 이는 레크리에이션을 통해 신체적으로 정신적으로 또한 정서적으로 부족한 부분을 바람직하게 변화시키는 프로그램이다. 이러한 레크리에이션 치료는 주 2회 실시하고 있다.

또한 사랑의 집이 시행하는 치료 프로그램 중에 의학 치료(건강 검진, 물리 치료, 지역 병원의 무료 진료)도 포함된다. 우선 정기적으로 개인 건강 검진을 실시하고 있으며, 이를 통해 건강 상태를 확인하고, 신체의 저하된 기능을 향상시키는 훈련을 실시하고, 심리적 육체적 안정을 도모하고 있다. 그리고 자원봉사자들과 지역 병원의 지원을 받아 물리치료와 무료진료를 실시하고 있다. 가족 상담, 가족 면회, 그리고 가족과의 '만남의 날'을 정하고, 가족 구성원들 간에 만남과 대화를 통해 장애인들의 심리적 불안정을 해소하고 있다. 더욱이 친부모형제와 함께 살수 없는 상황을 이해시키고 각자의 위치에서 건강한 삶을 살 수 있도록 유도하고 있다.

이 외에도, 더불어 사는 훈련을 통해 사랑의 집을 24시간 개방하고 지역주민을 초청하거나 방문하도록 하여 지역주민이 장애인들과 시설생활을 이해할 수 있도록 돕고 있다. 이를 통해 장애인들과 지역주민 사이에 존재하는 벽을 허물고 더불어 사는 삶을 유도하고 있다.

사랑의 집은 매년 축제와 잔치를 베풀고 있는데, 사랑의 집에 관심을 갖고 함께 해 주었던 자원봉사자, 후원자, 장애인 가족, 지역주민들을 한 자리에 초청하는 사랑의 대축제를 열고 있다. 이 축제기간을 통해 장애인들의 1년 간의 생활모습을 알 수 있고, 또 다양한 행사도 참여할 수 있다. 이 축제의 목적은 후원자와 장애인들 간의 사랑과 이해를 넓히고 지속적인 관계를 유지 발전시키기 위함이다. 또한 매월 1회 장애인들을 위한 생일파티를 열어 자신의 소중함과 삶의 즐거움을 느끼게 한다. 그리고 설날 명절 모임에서 시설에 있는 장애인 가족과 퇴소한 장애인 가족 간의 윷놀이를 통해 가족의 유대를 증진하고 명절 고유 먹거리를 통해 즐거운 시간을 갖도록 유도한다.

사실 이러한 모든 사역은 원장님이신 최진길 목사의 복음의 열정에서 시작된 것이다. 자신도 심한 장애를 갖고 있으면서 다른 장애인들에게 복음을 전하고, 사랑을 베푸는 사역을 감당하고 있는데 그것은 그리스도의 사랑과 복음의 열정이 아니고는 할 수 없다. 결국 사랑의 집 사역은 최진길 목사 부부와 후원자들의 신앙에서 나온 것이라고 볼 수 있다. 언뜻 보면 최진길 목사는 자비 사역만을 하고 있다고 판단하기 쉽다. 그러나 그는 몸과 정신에 장애가 있는 사랑의 집 식구들에게도 복음을 전하고 있다. 복음사역과 자비사역은 구별될 수 있지만 분리되지 않는다는 것과 두 사역이 하나님 나라의 확장을 위한 사역이라는 원칙이 최진길 목사의 사역에서 발견된다.

강원도 평창 동산교회

평창동산교회 담임목사인 음훈정 목사는 부교역자로 사역하던 충남 강경에 있는 교회에서 소외아동 한명과 함께 살기로 했다가 담임목사로부터 아이를 내보내든지 아니면 교회를 떠나라는 권고를 듣고 수원에서 10개월을 있다가 1994년 겨울 강원도 평창으로 왔다. 그는 "내가 진실로 너희에게 이르노니 너희가 여기 내 형제 중에 지극히 작은 자 하나에게 한 것이 곧 내게 한 것이니라"(마 25:40)는 말씀에 순종하여 개척 초기부터 소외 아동들을 섬기기 시작했다.

평창 동산교회의 목회방향은 처음부터 복지였다. 그렇지만 폭넓은 총체적 복음 사역을 목표로 두고 시작하지 않았다. 30평의 허름한 창고를 개조하여 12평은 교회당으로 나머지는 숙소로 개조하여 개척했다. 일반 성도를 전도하지 못했으나 갈 곳없이 방황하다 찾아온 아동들이 하나 둘씩 늘어 7명이 되자 좁은 숙소의 생활이 곤란해져 1998년 읍내에서 약 2km 떨어진 곳에 330평의 땅을 매입하고 50평 숙소를 지었다. 숙소를 짓고 나자 마치 준비나 된 것처럼 아동이 방을 채우기 시작했고 순식간에 15명으로 늘었다.

음훈정 목사는 아이들에게 가정을 가르쳐 주기 위해 설이나 추석에 아이들과 함께 친척집을 방문하여 명절을 경험하게 했으며 여름에는 바닷가나 강으로 물놀이를 가고 가을에는 주변의 논에서 메뚜기를 잡아 볶아 먹고, 겨울에는 비닐부대를 가지고 눈썰매를 타며 보냈다.

지역을 섬길 기회가 오기를 기다리던 중, 2002년 5월 평창군에서 푸드뱅크 사업자로 선정되어 푸드뱅크 사업을 하게 되었다. 그리고 우연한 기회에 사회복지협의회에 대한 자료를 보게 되었고 노인이나 아동, 장애인처럼 한 대상을 위한 복지가 아니라 전체를 대상으로 한 복지를 할 수 있겠다고 보고 2003년 초 평창군 군의원과 함께 사회복지협의회를 설립하고 총무로 자원봉사하며 독거노인과 결식아동을 대상으로 순수 후원금만으로 사랑의 도시락을 시작했다. 이어 2004년 하반기에는 자활후견기관을 유치하려다가 평창군에서 거부하여 사회복지협의회로 사업을 유치하고 꿈동산과 푸드뱅크 사업에만 전념했다.

복지 사역으로 교회가 수적으로 성장하지 못했지만, 지역과 이웃을 섬기는 일을 쉬지 않았다. 복지 사역을 하다 보니 주로 만나고 대하는 층이 독거노인과 생활고에 시달리는 이들이었다. 정부 주도의 복지 사업은 종교적 색채를 나타내서는 안 되기에 복음을 직접 전할 수 없었다. 그러나 그들은 평창동산교회에서 이 일을 운영하는 것으로 알고 있다.

부활절, 추수감사절, 성탄절에 예배와 발표회에 어르신들을 초청하는데, 그동안 관계로 인해 거절하지 않고 잘 응하는 편이다. 일부 지역 주민 중에 평창동산교회가 진짜 교회라고 말하거나 교회를 다니려면 동산교회에 다녀야 한다고 말하는 분도 있다. 15년의 사역 동안 얻은 성도가 40명 뿐이다. 개척초기부터 지금까지 교인이 많은 때가 없어서 그런지 한생명이 복음을 통해 영생을 얻는 것이 그렇게 귀하고 중요할 수가 없다고 한다.

청소년 공동체가 15년이 되면서 아동이 성인이 되어 지역에서 직업을 가진 경우도 있고 대학을 진학하거나 군인이 된 경우도 있다. 경계의 대상이었던 아이들이 믿음과 훈계를 통해 하나님을 만나 새로운 사람이 되었다. 아이들이 성인이 되어 직장을 얻게 되었을 때 사장이나 주인들이 경계하였다가, 근무하는 태도를 보고 생각이 바뀌었다고 하면서 저런 아이라면 월급을 아무리 줘도 아깝지 않다고 한다.

공동체의 아이들이 성장하면서 노인이 많은 시골 교회에서 중학생 때부터 주일학교 교사, 보조교사, 성가대원, 찬양리더가 되어 봉사하고 있다. 사회에 진출한 아이들은 명절 때나 어버이날이 되면 전화도 하고 선물을 사 가지고 와서 용돈을 주는 것을 당연하게 생각한다. 올 때마다 동생들에게 식사를 대접하기도 한다. 작은 규모이고 소수이지만 믿음 안에서 성장하고 믿음을 통해 하나님을 알아가면서 새로운 가족을 만들어 가고 새사람으로 거듭나는 것을 본다는 것은 큰 기쁨이다.

평창동산교회와 하나님을 하나로 생각하는 지역사회에서 아이들이 잘 자라 한 가정을 이루어 사회의 당당한 일원으로 살아가는 모습을 보여주어 하나님께 영광을 돌리기를 간절히 소원한다.

수봉산교회 밀알부

인천 수봉산교회는 오랜 역사를 갖고 있지만 총체적인 복음 사역을 하지 못하고 있었다. 그런데, 1997년 교육관을 세운 후 지역 사회를 위한 교회의 의무에 대해 고민했다. 이 고민을 통해 교회는 새로운 방향을 모색하게 하는 동기가 되었다. 이후 수봉산교회는 1998년 3월부터 사회사업의 일환으로 밀알부를 시작했다. 지금까지 교회가 추구해온 사회복지 단체 후원 및 봉사활동에 대한 한계를 인식한 수봉산교회는 장애인 사역의 필요성을 깨달아 총신 밀알 선교회 출신의 교역자를 중심으로 밀알부를 시작했다.

밀알부 사역은 밀알예배와 재활프로그램, 문화 체험 훈련, 농아 장애인를 위한 수화훈련으로 이루어진다. 이 사역의 영향은 크게 두 가지다.

하나는 밀알부가 교회 내 기존의 신자에게 헌신과 봉사를 할 수 있는 기회를 제공했다는 것이다. 자원봉사자 중 대부분이 교회의 비복음적인 모습에 실망하여 단지 예배만 드렸던 성도들이었다. 하지만 교회에서 밀알부를 시작하자 자원하여 봉사활동을 하고 있다. 다른 하나는 교회의 여러 시설이 장애인을 염두에 두고 있다는 것이다. 주차장의 계단을 없애고 경사로를 만들었고 화장실에 휠체어를 이용하여 스스로 열 수 있는 문을 만들었다.

현재 수봉산교회 밀알부는 50여 명의 장애학생과 교사가 함께 예배를 드리고 있다. 일대일 교육을 기본 원칙으로 하여 담당교사가 한명씩 학생을 지도하면서 가르치고 있다.

2009년부터 각 부서와의 통합을 시도했다. 10년이 지나면서 학생들이 성장하여 성인이 되었다. 성인이 된 학생들은 대학에 진학하고 사회생활을 시작했다. 교회는 장애인이 사회성을 갖고 비장애인과 교제하면서 올바른 인격적 성장과 하나님께 예배드리는 주체로 설 수 있도록 노력했다. 이에 각 부서의 통합을 시도했다. 나이에 따라 각 부서에서 예배를 드리는 것이 처음엔 쉽지 않았지만, 시간이 지나자 각 부서와 밀알부 학생이 모두 잘 적응했다. 성인에 해당하는 학생들은 주일 대예배에 지정된 밀알부석에서 함께 담임목사의 설교를 들으면서 예배를 드린다.

이러한 상황이 교회의 전체적 변화를 일으키는 계기가 되었다. 다양한 연령층에서 장애인에 대한 인식이 깨어났다. 전에는 교회에 밀알부가 있기는 하지만 특별하게 관심을 갖지 않으면 장애인을 만날 수가 없었다. 그렇지만 지금은 각 부서와 대예배에서 함께 예배를 드리기에 자연스럽게 장애인을 만남으로 그들이 비장애인과 다름없다는 것을 알게 되었다.

장애인을 피하는 이전 모습과는 달리 더 적극적으로 도와주고 교제하는 긍정적인 변화가 일어났다.

그러나 무엇보다도 교회에서 장애인에 대한 관심과 인식의 변화가 일어났다는 것이 중요하다. 장애인을 신앙적인 측면에서 하나님의 창조세계 내의 동일한 가치와 존엄성을 가진 존재로 받아들임으로 그들을 단지 자선과 동정의 대상이 아니라 우리와 함께 살아가는 사람으로 여기게 된 것이다. 이 외에도 교회 안의 모든 사람이 감사와 헌신을 하는 신자로서 변화되었다. 이들을 바라보며 자신들이 정상인임을 인하여 하나님께 감사할 수 있는 자세를 갖게 되었고, 또한 그리스도 안의 한 지체로 장애인을 반드시 도와주어야 한다는 것을 깨닫게 되었다.

둘째, 밀알부 사역은 교회 주변의 주민들에게 긍정적인 영향을 미쳤다. 주민들은 이제 교회가 자신들만이 아니라 지역사회의 아픔도 함께 나눈다는 것을 알게 되었다. 그리고 장애아를 둔 비기독교인 부모들이 교회에 출석하거나 긍정적인 반응을 보이기 시작했으며 인천 지역의 다른 교회에서도 장애인에 대해 관심을 갖게 되었다.

물론 이러한 사역은 한계가 있다. 이는 밀알부가 교회 안에서 운영되고 있어서 복음적인 면에 치중되어 있기 때문이다. 따라서 장애인이 독립할 수 있는 재활프로그램을 시행하지 못하고 있다. 그리고 전문인 사역자가 부족하다. 이 문제를 해서 분기마다 장애인에 대한 총괄적인 교육을 실시하기는 하지만, 밀알부 내의 교사들 중 장애인을 위한 전문적인 교육을 받은 사람이 많지 않다. 그럼에도 불구하고, 수봉산교회 밀알부 사역은 예수 그리스도의 복음이 영혼만을 구원하는 능력으로만 머물지 않고, 상처 입은 육신에게도 기쁨과 소망이 될 수 있는 능력임을 입증해주고 있다.

또한 수봉산교회는 2002년부터 지역사회에서 지역 교회의 의무로 또 다른 사역을 시작했다. 그것은 독거노인들에게 반찬배달을 하는 것과 지역의 노인들을 위한 평생교육원을 운영하는 것이었다. 이 사역은 인천종합사회복지관과 미추홀 복지관과 연결되어 시작한 사업이다. 처음에는 복지관의 요청으로 소년, 소녀 가장 캠프와 복지관의 요청에 의한 프로그램을 돕는 수준이었지만, 2002년부터 교회가 직접 독거노인에게 반찬 배달을 하는 사업을 시작했다.

또한 2002년 9월부터 개강한 평생교육원은 지역사회에서 65세 이상의 노인의 정신적 육체적 건강을 돕고 있다. 평생교육원을 통해 신앙교육, 사회교육(건강, 공예, 영화회화, 수지침, 발마사지, 서예, 한글), 건강증진(정기점검, 무료진료), 사회서비스(미용 서비스, 점심식사제공 등)를 진행하고 있다. 이를 위해 전문강사를 초빙하여 운영하고 있다.

수봉산교회는 밀알부 사역과 반찬배달과 평생교육원을 통해 지역사회 속에 교회의 문을 활짝 열어주는 총체적 복음사역을 하고 있다.

천양원과 유을희 전도사

천양원의 하나님 나라 사역은 유을희 전도사와 함께 시작했다. 그는 1904년 10월 1일 부여에서 당시 유교의 고관인 부친 유인하 씨와 모친 윤평자 씨의 지체 높은 가문에 둘째딸로 배어났다. 3살 때 강경으로 이사하여 보통학교를 졸업한 후 1921년 17세에 이계정 씨와 결혼했다. 남편은 배재고보에 입학하고 남편의 권유로 안국동에 있는 근화여학교에 들어갔다. 그러나 1927년 스물 셋의 나이에 청상과부가 되었다. 눈앞이 캄캄한 절망 속에서 죽으려고 했으나 시어른들이 "유복자가 있는데 죽으면 큰 죄를 짓는다"고 만류해 죽지 않고 남편이 죽은 지 한 달 만에 딸을 낳았다. 허약하게 태어난 딸은 폐렴으로 고생하다가 석 달을 넘기고 죽었으니 여자로서 기가 막히는 일이었다.

세상을 떠나려고 몇 번이나 마음을 독하게 먹었지만, 어른들의 감시가 심해서 할 수 없이 남편 제사를 마친 후 죽기로 결심했다. 남편의 3년째 제사인 탈상을 열흘 앞두고 죽을 결심으로 아무도 모르게 굶기 시작했다. 제삿날을 하루 앞두고 자리에 누운 그는 발끝에서부터 냉기가 올라오면서 숨이 가빠지더니 그만 정신을 놓았다가 여러 시간 후에 깨어났다. 죽음도 마음대로 안 되는 것이었다. 남편도 아이도 다 잃어버린 그는 시집에서 더 살 수 없어서 친정으로 가서 살았다.

어느 날 우연히 강경성결교회 근처를 지나다가 이성봉 목사의 부흥회 포스터를 보고 마음이 끌려서 찾아갔다. 그날이 부흥회의 마지막 날이었는데 이성봉 목사로부터 마태복음 13장의 씨 뿌리는 비유의 설교를 듣고 '내 자신이 옥토가 되어 많은 열매를 맺으리라' 결심하고 믿기로 작정했다. 그리고 그 곳에서 그녀는 예수님을 만나 깊은 회개를 하며 새로운 헌신을 다짐했다. 그 다음 날부터 새벽예배에 나가기 시작했고 그 이듬해에는 서울에 있는 한 신학교에 통학하며 주의 일꾼이 되기 위한 신학 수업을 시작했다.

1943년에는 노성에서 노성성결교회를 개척하고, 2년 후 공주에 공주교회를 개척하였다. 그러다가 1946년 노성교회 옆에 영생양로원을 설립하면서부터 사회복지사업을 시작했다. 해방 후, 어떤 늙은 교역자가 의지할 데 없이 몹시 고생하는 것을 보고 마음에 충격을 받았다. 유을희 전도사는 여전도회연합회전신인 신생부인회 전국총회에 양로원 설립안을 건의했다. 그 안이 받아들여져 노성에 있는 적산 가옥 하나를 매입해서 의지할 데 없는 여교역자 9명과 함께 살았다. 재단법인을 낸 뒤에 3년간 이 양로원에서 봉사한 이영회 집사에게 원장직을 인계해 주었다. 이 원장은 그것을 팔아서 대번에 영생양로원을 설립했는데, 나중에 양로원이 침례교회로 넘어가 성결교회와의 관계가 끊어졌다.

유을희 전도사가 보육원(고아원)을 시작한 것은 한국전쟁 전이었다. 한일강제병합으로 나라가 망하자 궁녀였던 이한열이 임금으로부터 보상으로 금 세 주먹을 받았다. 이한열은 그 돈으로 유익한 사업을 하려다 어떤 사람과 결혼을 했다. 그의 남편이 돈을 탐내는 것 같아 이혼을 하고 계룡산 근처에 있는 큰 집을 사서 '공주계룡풍덕원'이란 고아원을 설립했다. 그 후 공주로 이사와 살다가 죽었는데 유언장에 "이 고아원을 공주군에 바치니 무슨 종교든지 신앙이 좋은 독신 여자에게 맡겨 운영하도록 해 달라"고 했다. 공주군에서 유지들이 이를 위해 인물을 찾다가 유을희 전도사를 추천했다. 유지 중 한 사람이 그녀를 천거했던 것이다. 며칠 후 고아원을 맡아 달라는 요청이 들어 와서 '전도사인데 이것을 해도 되는 것인가' 망설였다. 사흘 동안 금식 기도를 했더니 하나님의 응답이 있어 흔쾌히 승낙하고 그 고아원을 맡았다. 그런데 고아원이 산골짜기에 자리를 잡고 있어서 아이들을 기르기에 불편하여 이사하기로 했다.

유원장은 재산을 법인으로 하고 이사진을 새로 구성한 후 70여 평의 건물을 지었다(1950년 1월). 그해 5월 12일에 고아 45명을 데리고 개원예배를 드렸다. 이명직 목사가 설교하고 총회의 어른들이 많이 참석했다. 그런데 개원식을 준비하던 중 전쟁이 일어났다. 전쟁은 유원장의 몸과 마음을 두루 힘들게 했다. 유원장은 식사를 잊을 만큼 그저 아이들을 살리려고 애를 썼다. "죽을 고비를 수없이 넘겼지요. 하나님께 간구하면 그때마다 응답받았는데, 그대로 하면 살 길이 열렸어요. 피난도 제대로 못 갔지만 아이들이 하나도 다치지 않았어요. 내가 아이들에게 '하나님은 고아의 아버지가 되셔서 너희들을 살리신다.'고 하면 아이들은 '어머니가 살렸어요'라고 해서 서로 다투기도 했고..."

한국전쟁이 일어나자 유을희 원장은 아이들과 함께 무작정 남쪽으로 피난길에 나섰다. 열 명만 몰려 있어도 폭격을 해대는 판국에 46명이, 그것도 열 살 안팎의 어린아이들이 한데 몰려 있으니 그 어려움은 이루 말할 수 없었다. 아이들의 발걸음이 워낙 늦어서 길을 나선 지 열흘 만에 전주에 도착했다. 도착한 전주는 이미 인민군이 점령하고 있었다. 유 원장은 아이들을 이끌고 노성으로 돌아왔으나 공산당들이 죽이려고 해서 공주의 풍덕원으로 발길을 되돌렸다. 풍덕원 건물은 무너졌으나 다행히 땅속에 묻어 두었던 양식은 그대로 있었다. 시숙 어른이 가지고 있던 집 두 채에 아이들을 분산시켰다.

하루는 가슴이 몹시 답답하여 양식을 나르던 큰 아이들을 재우고 간절히 기도하는데 갑자기 '달아나라' 하는 음성이 들려왔다. 깜짝 놀라 옆에서 자고 있는 아이들을 깨워 무슨 말을 했느냐고 물으니, 잠에 취한 아이들이 모른다고 고개를 젓는다. 하나님의 음성으로 깨닫고 급히 아이들과 식구들을 깨워서 나섰다. 그때는 달력도 없어 달을 보고 날을 헤아리니, 음력 8월 9일 쯤이었다. 밖으로 나온 지 5분쯤 자정을 기해 천둥치는 소리와 함께 풍덕원의 건물이 폭격에 맞아 부서지는 것이 보였다. 산 밑에 가서 고아원 쪽을 보니, 요란한 폭음과 함께 풍덕원 건물이 불바다가 되어 부서지고 있었다.

날이 밝아오자 동네 사람들이 울면서 유 원장과 고아들의 시신을 찾는다고 잿더미가 된 건물 속에 쇠스랑을 들이밀기 시작했다. 이때 유 원장은 자신을 살려주신 하나님의 계시가 자신의 목숨 때문이 아니라 고아들을 보호하기 위해 이루어진 것임을 깨닫고 그들을 위해 평생 헌신하기로 다짐했다.

풍덕원에 묻어 두었던 양식을 먹으면서 치른 지루한 전쟁은 보리쌀석 되가 남았을 때 겨우 휴전에 들어갔다. 그밖에도 유 원장은 전란과 함께 여러 번 삶과 죽음의 선에 서야 했다. 공주군이 인공(人共)치하에 들어갔을 때, 그녀는 처형 대상자 60명 가운데 여섯 번째로 올랐으나 58명이 처형된 이후에도 살아남았다. 인민군들이 쌀을 주겠다고 60명의 이름을 써서 방을 부쳐 모인 인사들 58명을 학살했으나 유 원장은 그곳에 나가지 않아 위기를 모면했던 것이다. 중공군 개입으로 1.4 후퇴 때 공주 군청에서 보관하던 1만 5천 석의 정부미를 태워버리고 떠나겠다는 공주 서장과 담판을 하여 창고 열쇠를 맡아 지켰다.

천양원이 지금의 장대동 자리에 터를 잡게 된 것은 1952년 7월이었다. 전쟁 후 아이들이 피부병으로 크게 고생을 하고 있었다. 온천물로 씻으면 피부병이 낫는다고 해서 고아원을 제대로 하려면 유성이 좋겠다고 생각했다. 앞으로의 발전을 위해서 대전에서 가까운 유성에 분원을 내기로 작정했다. 마침내 유성 유지 한 분이 건물을 희사해서 온천장 자리에 들어섰는데 부스럼이며 종기를 앓던 아이들이 온천물로 많은 덕을 보았다. 하지만 주거 지역이 가까워서 이것저것 불편한 점이 많고 말도 많았다. 유 원장은 고향에서 나오는 도조(賭租)로 3년 동안 갚기로 하고 장대동에 땅 2천 평을 구했다. 있는 돈을 다 모아 땅을 샀으니 등잔 하나 살 형편이 못

되어서 그 대신 깡통을 모아 오려 거기에 심지를 넣어 썼다. 나중에는 유성에서 6천 7백 평의 배나무 밭을 사서 확장했는데 지금의 천양원터가 되었다. '천양원(天養園)'이란 이름은 오영필 목사가 지어 준 것이다. 하늘 동산, 하나님이 길러 주시고 하나님이 자라게 하는 동산이란 뜻이다. 공주 풍덕원은 천양원의 분원이 되었다.

그의 외길은 은퇴를 앞두고 후계자를 정하는 과정에서 잘 드러난다. 주변의 가까운 사람에게 맡길 수 있음에도 자신이 손수 기른 천양원 아들에게 맡겼다. 후계자 이연형 원장은 1952년에 천양원의 가족이 되었고 1966년 대학을 졸업하고 학사장교 4기로 입대했다. 이연형은 군복무를 마치고 사회에 진출하기 위해 준비하던 차에 철원까지 면회 온 유 원장으로부터 군복을 벗고 나면 천양원의 일을 함께 거들어 달라는 권유를 받았다. 이연형은 이 제의를 받고 많은 갈등을 했지만 유 원장의 뜻을 저버릴 수 없어 이곳에서 다시 삶을 펼쳤다. 이연형이 천양원에 들어 온 것은 10살 때였다. 그때 유 원장은 평소 때처럼 검정 치마에 흰 저고리를 입고 머리에는 비녀를 꽂고 있었다.

유 원장은 낯선 환경에 어리둥절해 하는 이연형의 손을 다정하게 잡고 등을 다독여 주었다. 그리고 설탕물을 주자 경직된 마음이 녹아졌고 이연형은 '저 분은 나의 어머니, 나는 그의 아들'로 생각했다. 유 원장에게 이연형은 천양원을 거쳐 간 수많은 사람 가운데서 똑똑하고 착하고 심성이 남다른 아이로 기억되었다. 유 원장은 92년에 88세로 명예원장으로 물러나고 이연형이 일선을 책임지고 있다. 유 원장은 평소 이연형 원장에 대해 "정말 효자야. 친자식이라도 저 사람만큼 못할 거야. 내 뱃속으로 낳은 자식은 아니지만 평생을 같은 길을 걸어갈 수 있어서 행복하다"고 했다. 현재 천양원은 6채의 생활관과 예배당, 도서실, 사무실, 식당, 교육 및 치료실 등의 시설을 갖추고 있다. 천양원은 유성에서 공주로 넘어가는 길목, 국립묘지에 가기 전 오른쪽 편에 위치해 있다.

유 원장은 원아들을 누구나 친자식처럼 다독거려 주었다. 유 원장은 "노인의 병은 고기로 고치고 아이들 병은 사랑으로 고친다"고 말하면서 병이 들었거나 건강이 안 좋은 아이들을 원장실에서 함께 기거하게 하면 서 건강을 회복하게 했다. 적은 음식 때문에 다투지 않도록 손수 챙겨 주기도 했다. 손수 이불을 만들어 덮어주고 단추를 달아주고 찢어진 옷과 양말도 꿰매 주었다. 돈도 없는데 골수염에 걸린 아이를 데리고 서울의 유명한 병원을 찾아다니며 서너 차례 수술을 받게 하여 기어코 병으로부터 구해 내기도 했다. 아이들을 위해 밀가루와 강냉이 가루, 구제 물자를 얻으려고 부산으로 서울로 뛰어다녔다. 한 푼이라도 절약하기 위해 늘 3등 완행열차를 탔고 전차나 버스를 타고 다녔다. 언제나 새벽 4시면 꼭 일어나서 함께 있는 그 많은 식구들과 객지에 나가 있는 식구들을 위해 기도했다.

천양원을 설립하고 50여 년 동안 1천 5백 여 명의 자려들을 길러낸 그는 1999년 9월 8일 오후 5시 30분 향년 96세로 소천했다. 그의 빈소에 1천 여 명의 조문객이 줄을 이었다. 장례는 천양원장으로 치렀는데 5백 여 명이 참석했다. 상주로는 그가 길러낸 원아 출신인 김석산 장로(사회복지법인 한국복지재단 회장) 이연형 장로(천양원 원장), 한석우 목사(사랑의 성결교회 목사), 강봉천(국방부연금관리공단), 하상수(연예인), 조광우(사업가), 차주호(인천 구청 도시국장)이었다.

그녀는 기도와 눈물의 사람이었다. 물질적 지원을 기도로 해결했다.

교회를 개척하는데 필요한 부지 뿐 아니라 고아원을 구입하는데도 기도로 응답을 얻었다. 이것은 그녀가 처음으로 이 사업을 시작했을 때 "교회의 지원을 절대 받지 않고 기도로써만 자립한다"는 결심에서 비롯된 것이었다. 그렇지만 언제나 편한 삶은 아니었다. 겨울에 골방에서 지내는 것이 태반이었고 밥을 굶어 비몽사몽 한 것도 수를 셀 수 없었다. 그녀는 하나님과 고아들을 사랑하는 사람이었다. 그녀가 가진 하나님에 대한 열심으로 핍박하는 시대가 마침내 복음을 받아들이도록 했다. 그리고 이성봉 목사는 자신의 집까지 팔아가며 공주교회의 건축비로 보태 주었다. 그녀는 고아들과 항상 함께 있었다. 그의 인생은 거듭난 그리스도인의 모습과 예수님이 명령하신 '이웃사랑'의 삶의 구체적 모습을 제시하고 있다.

세계밀알연합회

밀알선교단은 복음에서 소외된 한국의 450만 장애인들과 세계 6억의 장애인들에게 예수 그리스도의 사랑과 생명의 복음을 전파하기 위한 목적을 가지고 1979년 10월 16일 한국에서 시작되었다. 사회에서 고통 받고 좌절 속에서 살아가는 나약한 장애인들의 고통을 들어주고 삶을 도와주며, 동시에 그들에게 예수 그리스도의 생명의 복음을 전하는 "총체적 복음사역"을 효과적으로 감당해내는 선교단체이다. 이에 밀알선교단은 장애인에게 복음을 전하고, 장애인을 돕고, 사회에 장애인을 알리는 사역을 하고 있다.

밀알선교단을 설립한 이재서 교수는 총신대학교 재학시절 장애인선교의 비전을 일생의 사명으로 받았다. 자신이 장애인이었던 이 교수는 총신대학교에 입학한 후 장애인에 대한 사회인식의 변화, 그들에 대한 봉사와 헌신, 궁극적으로 그들에게 예수님의 복음을 전하려는 열정에서 밀알 운동을 전개했다. 이렇게 시작된 한국밀알선교단은 서울 본부를 비롯하여 11개의 지부 및 지소를 세우고 밀알학교와 복지관 등을 포함하는 밀알 복지재단을 설립했다.

1984년 미국으로 유학을 떠난 이재서 교수는 미국에서도 밀알의 씨앗을 뿌리기 시작했다. 그리고 하나님의 은혜로 1987년 필라델피아 밀알선교단을 창립했다. 이렇게 시작된 해외 밀알사역은 1992년 미주 밀알선교단의 출범으로 결실을 맺었다. 미주 밀알선교단은 필라델피아, 워싱턴, 뉴욕, 시카고, 뉴저지 지부로 조직되었다. 1995년에는 세계밀알연합회가 정식으로 출범했고, 1998년에는 유럽 밀알선교단을 창립했다.

세계밀알연합회가 추진하는 가장 중요한 사역은 6억 명의 장애인에게 그리스도의 복음과 사랑을 전하기 위해 세계 각 곳에 밀알선교단을 설립하는 일이다. 그리고 이를 위해 두 가지 구체적인 계획을 갖고 있다. (1) 최소한 1,000곳에 지부를 개척하여 사역자들을 파송할 계획이다. "우선 선진국, 차후 후진국" 선교전략을 그 기본정책으로 삼고 유럽과 아시아, 남미 지역에 우선적으로 지부를 설립한다. (2) 동시에 후진국에 지속적인 관심을 갖고 러시아, 아프리카의 케냐, 보츠와나 등에 장애인 선교사역을 확대할 계획을 갖고 있다. 이러한 방향에서 선진국의 선교적 자원(인적, 물적 자원)을 후진국을 위해 효과적으로 활용하면서 선교의 효율성을 높이려는 전략을 추진하고 있다.

이 외에도 모든 밀알 지도자들이 상호협력하고 교류하며 친목과 우의를 돈독히 하기 위해 협력교류 및 교육사업을 추진하고 있으며, 세계장애인 선교와 밀알사역의 홍보를 위해 월간 "밀알 & 세계"를 발행하고, 홈페이지를 운영하고 있다. 끝으로 훈련되고 헌신된 밀알사역자들을 양성하고 있다. 이 일을 위해 밀알헌신자 클럽을 운영하고, 밀알장학회를 결성하며, 밀알 언어훈련원 등을 운영하고 있다. 그 밖에도 각국의 장애인들을 위한 전문서적을 번역 출판하며, 자료를 수집하여 장애인 전문사역자들을 위한 자료실을 개방하며 필요한 정보를 공유하고 있다.

세계밀알연합회는 하나님의 사랑을 가장 필요로 하는 장애인들에게 다가가, 예수 그리스도의 복음을 전하고 그들의 고통을 함께 나누며, 그들의 삶에 원동력을 불어넣어주는 일을 함께 수행하는 모범적인 총체적 복음사역 기관이라고 할 수 있다.

꾸미루미 사역

2001년 5월 일산 대화동에 세워진 십대교회(최성식 목사)는 이 시대에 청소년을 그리스도의 사람과 제자로 세우는 절실하고 중요한 일을 감당하기 위해 세워졌다. '모든 청소년이 그리스도의 제자가 되기까지'라는 표어를 내걸고 교회를 개척하여 사람이 아닌 하나님이 아이들을 이끄시고 양육하실 수 있도록 다른 사람들에게 제약을 받지 않고 교회 안에서 마음껏 지낼 수 있도록 환경을 마련하였다.

2006년 교회에 속한 아이들뿐만 아니라 지역의 청소년들을 섬기는 데 눈을 돌렸다. 가수 김장훈과 유스미션 선교단체의 원베네딕트 선교사의 도움을 받아 25인승 버스를 개조해 청소년 도우미 버스 '꾸미루미(꿈 이룸이)'를 운영, 거리를 지나는 청소년에게 간식을 전해주고, 고민 상담을 해주고, 때로는 쉬어가는 장소를 제공했다.

십대교회의 마지막 소망은 청소년 사역자들이 마음껏 일하며 청소년들을 도울 수 있는 청소년 재단을 설립하는 것이다. 세상은 청소년들에게 희망이 없다고 말하지만 약속된 가나안 땅에 들어갈 수 있었던 자들은 20세 이하의 청소년들이였던 것처럼, 이 시대의 소망은 청소년들에게 있다고 최성식 목사는 말한다. 여호수아와 같이, 새로운 세기의 온 열방을 품고 통일한국을 이끌어나갈 영적인 지도자가 하나님의 은혜로 양육되어가고 있음을 믿고 있다.

진리는 영원히 변치 않는다. 그러나 진리를 담는 그릇은 시대의 변화에 따라 바뀌어야 한다. 기성세대와 전혀 다른 문화 속에서 살고 있는 청소년들의 문화를 이해하고, 이들의 눈높이를 갖고 기다려 주는 청소년 지도자가 절실히 요구된다.

청소년 교육복지 사역

청소년교육복지(청교)는 한반도에 청소년 선교 한국을 세우는 것을 궁극적인 목적으로 국세기본법 제13조 6항 및 동법 시행령 제 10조의 규정에 근거하여 세워진 비영리기관이다. 청교사역을 이끄는 최광수 교수는 청소년 교육복지를 통해 성장세대인 아동과 청소년을 보호하고 육성하기 위한 교육과 복지를 실현하고, 국가와 사회에 이바지하는 다양한 각 분야의 차세대 지도자를 양성하려는 목표를 갖고 있다. 청교의 주요 사업은 크게 복지사업과 교육사업으로 분류할 수 있다. 복지사업으로는 학교사회복지와 상담치유사역이 있으며, 교육사업으로 아동청소년상담캠프사역과 지도자 양성을 위한 열린아카데미사업이 있다.

세부운영 프로그램을 보면 먼저 학교 안에서 징계 받은 학생들을 대상으로 그들의 자존감을 향상시켜주며, 자신과 타인을 존중하는 마음을 갖게 하는 징계반 집단상담 프로그램이 있다. 매월 회기 100분씩 월 2회 실시하는데, 개별개입이 필요하면 자원봉사자를 활용하여 개별상담을 할 수 있도록 한다.

다음으로 학교생활에 적응하지 못하는 학생이 대상인 자아 성숙 집단 프로그램"이 있다. 6회기에 걸쳐 진행하는 체계화된 프로그램을 통해 학교생활을 포함한 전반적인 생활에서 자신감을 갖고 행복하게 살아갈 수 있는 방향을 제시한다. 이것도 한 회기에 100분 씩 학기당 3회 실시하되, 대상을 선별할 때에 관련척도를 사용하여 객관적인 선별작업이 이루어지도록 하며 학년별로 집단을 나누어 진행한다.

청소년에게 중요한 교육주제 중 하나는 성교육이다. 잘못된 성문화가 퍼져있는 요즘 시대에 특히 청소년들에게 왜곡된 개념을 바로잡아 줌으로 여러 문제를 예방하고 올바른 성지식을 갖고 행복한 삶을 살아갈 수 있도록 도와주는 "성교육 집단프로그램"을 진행한다. 대상은 모든 학생이지만, 자원자 중 간단한 테스트를 거쳐서 고위험자부터 우선적으로 선별하여 시행하되, 한 회기에 50분씩 매학기 9번에 걸쳐서 실시한다.

이 외에도 멘토링 사역이 있다. 이는 자원봉사자들이 멘티의 생활전반에 대해 일대일로 상담하거나 조언해주어 총체적 사회복지서비스를 제공하는 사역이다. 또한 학교 홈페이지에 YEW사이버상담서비스를 링크하여 한계가 있는 교내상담을 보완하며, 더 많은 학생들이 상담을 받을 수 있도록 도와주는 사이버상담 사역, 경제적 부담으로 꿈과 희망을 맘껏 펼칠 기회를 갖지 못한 학생에게 장학금을 지급하는 경제적 지원으로 인재를 양성하는 장학사업, 서울신학대학교 사회봉사센터와 연계하여 추진하고 있는 집지어주기 사업 등이다.

그러나 무엇보다도 청교사역의 특징은 "T-S 링크사역"(Link Ministry)이라고 할 수 있다.

청소년교육복지(YEW)는 2000년 5월2일부터 00학교에서 학교사회사업을 실시하여 청소년복음화를 이루기 위한 전략을 세우고자 했다. 청소년 복음화는 교회 안이 아니라 학교 안에서 이루어져야 한다고 보았다. 교회에서 청소년을 기다리는 전략으로 한계가 있다고 본 것이다. 따라서 청소년들이 가장 오랫동안 머물며 가장 많은 영향을 받는 학교에 들어가 복음을 전하는 전략이 필요하다고 보았다. 그러나 학교는 쉽게 들어가기 어렵다. 따라서 학교에 들어가기 위해서는 학교사회사업을 통해 가능하다. 학교사회사업은 학생들의 복지를 실현하는 곳이기 때문이다. 또한 학교사회사업은 복음을 전하는데 영적인 부분만을 다루지 않고 총체적으로 접근할 수 있는 매우 유익한 방법이라고 할 수 있다.

학교사회사업의 안정기라고 할 수 있는 정착 단계에 이르러서 T-S 링크사역의 전략을 개발했다. T-S 링크사역은 학교와 전문기관과 학교 주변의 지역교회가 '삼각시스템 네트워크'를 구축하여 청소년 복음화를 시도하기 위한 전략이다. T-S 링크사역은 청소년 복음화를 위해 학교에 들어가 총체적 복음을 전하는 사역이다. 그리고 지역교회 사역 담당자가 학교에 들어올 수 있는 연결체계를 구축하는 사역이다. 학교에 방문한 지역교회 사역담당자는 본 교회 소속아이들을 자연스럽게 심방할 수 있는 장소와 시간을 마련할 수 있다. 이를 통해 청소년 선교의 기회를 마련할 수 있다.

뿐만 아니라 지역교회 청소년 사역을 교육하는 기회를 제공한다. 청소년의 심리이해와 대화법 등 다양한 지도방법 및 원리를 배울 수 있다.

이는 지역교회 청소년 사역자들의 전문성을 키울 수 있는 계기가 될 것이다. T-S 링크사역은 학교사회사업이라는 접근을 통한 복음화 사역이다.

구로 희년선교회

복음주의적이고 보수적인 한국교회 안에서 그 동안 강조했던 개인구원 또는 영혼구원은 이제 서서히 성경에 기초한 총체적 복음 사역으로 전환되고 있다. 복음의 사회적 의미를 깨닫고 사회에서 그리스도의 복음의 빛을 발하려는 이들 중에 구로 희년선교회가 포함된다.

희년선교회는 선교회의 목적을 취지문에서 이렇게 밝혔다. "세계복음주의 협의회(WEF)의 1974 로잔 언약 및 1989 마닐라 선언에 나타난 신앙고백과 대도시선교 개념에 입각한 총체적 선교전략을 실천함으로써 공단지역의 가난한 사람들을 복음화하려는 사명을 감당하려는 것이다." 급격한 산업화는 공단 지역의 경제적 착취와 비인간화의 현상을 가장 많이 드러내었다. 희년선교회는 그리스도의 복음이 사회적으로 억눌린 이들의 삶에서도 기쁜 소식이 되어야함을 강조한다.

희년선교회의 모체는 구로공단에서 근로자들을 위해 출발한 구로희년교회(이문식 목사)다. 공단의 지역적 특수성을 의식하면서, 이웃들을 위해 문화선교사업으로 "문화공간 희년"을 설립(1991년 3월)하고 총체적 선교를 위해 "희년선교회"를 창립(1991년 11월)했다. 이 선교회는 이문식 목사가 남북나눔운동과 동역하면서 널리 알려졌다. 그는 복음주의권에서 시작한 공단선교를 포기할 수 없었다. 더욱이 산업현장의 3D현상은 외국인 근로자 문제를 야기했고 산업화 과정에서 가장 비인간적 대우를 받는 계층이 외국인이라는 선진국의 결론은 공단선교의 필요성을 더욱 심도 있게 받아들이게 했다. 공단선교의 필요성을 깨닫고 함께 동역하며 지원하기로 나선 교회 중에 남서울교회와 서울영동교회, 잠실중앙교회 등이 있다. 이 교회는 희년선교회의 지속적인 활동을 위해 이사회와 후원회를 조직하여 적극적으로 지원했다.

구로 희년선교회의 주된 사역은 중 필리핀, 네팔, 파키스탄, 미얀마, 중국 교포 등을 위한 예배, 한국어 교육, 의료 진료, 상담으로 이루어지는 '외국인 노동자 선교'사역이다. 1992년 3월부터 시작된 '희년 어린이집'은 월요일부터 토요일까지, 주중에는 오전 8시부터 오후 6시까지, 토요일은 3시까지 운영한다.

이 외에도 치과, 내과, 외과, 이비인후과, 소아과, 안과 전문의와 의대생이 무료진료로 봉사하는 의료선교사역과, 1993년 1월부터 기도 소식지 등을 발간하는 문서선교사역, 그리고 주민들을 위해 도서관을 운영하는 희년마을 도서관과 법률 인권 상담 등이 있다.

가나안교회

가나안교회는 청량역 근처에서 노숙자 사역을 하고 있다. 가나안교회는 전적으로 하나님의 인도하심 가운데 지금에 이르게 되었다. 하나님은 이 사역을 위해 고(故) 김도진 목사를 준비하셨다. 그는 42세까지 폭력과 술에 빠진 채 하나님을 모르고 살아오다가 하나님의 은혜로 예수 그리스도를 만났다. "성전 앞에서 무지개색의 강한 빛이 나의 눈 속으로 들어오면서 뜨겁고 강한 불을 받고는 그 자리에서 엎어지고 말았다. 그리고는 정신을 잃고 있는 중에 내 앞에 환상으로 예수님이 십자가에 달려서 피를 흘리고 계시는 모습이 비쳐졌다. 예수님은 양 손과 양 발에 못이 박혀 나무에 매달린 채로 머리에는 가시로 엮은 가시관을 쓰시고 온 몸이 피로 범벅이 된 모습이었다. 그리고는 환상 중에 예수님이 나를 쳐다보시고는 '내가 너를 도우리라!'고 하시는 것이다. 그 때 나는 '주여! 내가 죄인입니다!'라는 고백을 하면서 42년간 온갖 범죄만 짓고 살아왔던 나의 인생이 필름처럼 내 눈앞에 지나가기 시작했다. 나는 내 잘못을 시인하며 그 자리에서 뒹굴며 그동안 울어 보지 못한 엄청난 회개의 눈물을 흘렸다."

고(故) 김도진 목사가 당시 빚쟁이를 피해 기도원에 가 있었다는 것에서 자신의 의지와는 전혀 상관없이 예수 그리스도를 만났음을 알 수 있다. 그 후 7년 간의 정규 신학과정을 마치고 교회를 개척했다. 하나님은 그를 청량리 윤락가로 보내셨다. 고(故) 김도진 목사의 개척과 588에서의 사역은 온갖 협박과 위험에서도 부흥을 이루었다. 10년 만에 교회는 200여 명의 성도로 부흥했고 재정적으로 완전히 자립했다. 하지만 하나님은 다음 단계를 준비하고 계셨다. 그것은 노숙자 사역이었다. 1996년 겨울, 고(故) 김도진 목사는 교회 교육관의 바닥을 들어내고 보일러를 놓도록 지시했다. 20평 남짓 되는 교육관에 보일러 공사가 끝나자 곧바로 청량리 역전에서 노숙자들을 데려왔다.

왜 이 때 두 번째 사역을 시작했는가? 평범한 교회에서 이런 사역을 한다는 것이 얼마나 어려운 일인가? 이 점에 대해서 두 가지 측면을 생각해 볼 수 있다. 첫째, 고(故) 김도진 목사에게 교회가 무엇을 해야 하는지 보여 주어야 한다는 강한 소명의식이 있었다. 만약 처음부터 쉼터를 시작했다면 10년이 지나도 여전히 쉼터일 수밖에 없었을 것이다. 그런 쉼터는 얼마든지 있다. 하지만 하나님은 완전히 다른 사역을 준비하고 계셨다. 즉, 노숙자를 성도로 받아들이는 교회가 되는 것이다. 이것은 200명의 성도가 20명으로 줄고 20명의 노숙자가 200명이 될 때까지 서서히 진행되었다. 교회적으로 엄청난 상처를 감내해야 했다. 매년 기존 성도들이 교회를 떠났고 새로운 노숙자들이 교회를 찾아왔다. 하나님은 아주 절묘하게 두 부류를 바꾸어 놓으셨다.

둘째, 고(故) 김도진 목사가 이 사역을 시작할 때는 1996년 겨울이었다. 하나님은 1년간 20여 명의 노숙자를 감당하게 함으로 장차 올 큰 일을 준비하셨다. 그것은 1997년 겨울에 터진 IMF사태였다. 엄청난 경제위기에 실직자들이 많이 나왔고 가정파탄으로 노숙자들이 급증했다. 당시만 해도 노숙자라는 말이 전무하다시피 할 때였다. 지금의 노숙자 쉼터는 그 이후 생겨났다. 경제위기로 노숙자가 급증하자 고(故) 김도진 목사는 예배당을 개방하고 그들을 무조건 받아들였다. 교회는 노숙자들로 붐볐고 200명 가까운 사람들을 재울 곳이 없어서 예배당 의자에서 재웠다. 이 모든 것을 하나님이 준비하셨다. 하나님은 가장 적당한 때에 고(故) 김도진 목사를 부르셨고 그를 윤락가로 보내시어 이 사역을 시작하셨다.

고(故) 김도진 목사는 오직 복음으로 이 사역을 시작했다. 사회복지에 대해 전혀 알지 못했고 단지 교회가 해야 할 일을 한다고 생각했다. 고(故) 김도진 목사가 이 사역을 하면서 중점을 둔 것은 예배였다. 그는 하루 4번, 새벽 5시, 10시, 오후 2시, 7시에 예배를 드렸다. 말씀만이 사람을 변화시킨다는 것이 그의 지론이다. 혼자 감당하던 예배는 매일 새벽과 저녁의 '소외된 이들을 위한 연속집회'로 바뀌었다. 특별히 저녁 집회에 외부 강사를 초청했다. 이는 두 가지 면에서 큰 효과를 가져왔다. 첫째, 말씀의 동역자들 통해 다양한 말씀을 제공할 수 있게 되었다. 둘째, 이곳에서 말씀을 전한 강사들이 가나안교회의 사역에 대해 말함으로 홍보에 도움이 되었다.

예배를 통한 변화는 서서히 나타나기 시작했다. 10년이 지날 즈음 가나안교회에 100명이 넘는 세례교인이 있었다. 매년 20여명이 세례를 받고 있다. 노숙자들이 세례를 받고 변화된 삶을 살아가기 시작하면서 하나님은 그 다음 일을 시작하셨다. 엄청난 일자리가 쉼터로 밀려왔다. 서울시 일자리와 공공근로, 희망근로, 자활근로 등 수많은 일자리가 제공되고 있다. 이제 일자리는 많고, 일을 나갈 사람이 부족할 정도이다.

가나안쉼터와 타 쉼터의 차이는 첫째, 가나안쉼터에 있는 사람의 상당수가 입소자가 성도로 존재한다는 것이다. 입소자는 모든 면에서 수동적이며 책임의식도 적다. 그에 비해 성도는 능동적이며 직분자로서의 책임의식을 갖고 있다. 둘째, 고(故) 김도진 목사는 이들을 그리스도의 군사로 훈련하고자 했다. 훈련되고 교육된 성도만큼 큰 자산은 없다. 언제까지나 먹여주고 재워줄 수는 없다. 어느 정도 성장하면 사회에 환원하는 법을 배워야 한다. 이들은 감사하는 마음으로 십일조와 헌금을 하고 있고 가나안교회는 이들이 내는 십일조와 헌금으로 월 450만원의 월세를 충당했다. 셋째, 가나안쉼터는 국가의 보조를 받으면서 그것에 의존하지 않는다. 타 쉼터가 국가를 상대로 한 푼이라도 더 타내려고 하는 것에 비해 고(故) 김도진 목사는 어떻게 하면 국가에 도움을 줄 수 있을 지에 초점을 맞췄다. 매년 겨울이 되면 난방비를 신청하는 대신 공사장에서 주워 온 목재를 사용해서 난방을 했다. 뿐만 아니라 교회에서 들어오는 헌금의 대부분을 이 사역에 사용함으로 사역 뿐만 아니라 물질적으로도 국가에 도움을 주었다.

고(故) 김도진 목사는 인생에서 실패를 경험하고 하나님의 은혜를 맛

본 이 사람들이야말로 앞으로 이 사역을 이끌어 나갈 동역자라고 말했다. 노숙자를 쉼터가 감당해야 할 일거리로 보느냐 아니면 이 사역을 함께 해 나갈 동역자로 보느냐의 차이가 오늘날 가나안교회를 만들었다.

해인교회(이준모 목사)

해인교회는 1986년에 설립된 교회로 1980년대 정치 경제적으로 암울한 시기에 자신이 일한 노동의 대가조차 제대로 받지 못하던 노동자들에 대한 관심을 갖고 있다. 이에 어려움에 처해 있던 인천지역 노동자들에게 알려지면서 교인들이 점차 늘어 갔고, 교회는 교인들에게 구원자와 가난한 자의 친구이신 예수님을 전하고 가르쳤다. 그러나 해인교회는 1990년대에 시련을 겪었다. 교인들이 하나 둘 떠나가고 결국 8년 동안 개척기에 고생했던 두 여성 목회자가 사임을 하고 떠남으로 교회는 절대적인 위기에 처했다.

1994년 7월에 이준모 목사가 부임하면서 교회가 다시 일어섰다. 당시 해인교회는 교인이 하나도 없었고, 전기, 전화, 수도 모두 끊긴 상태에 있었다. 이준모 목사는 목회를 준비하지 않았고, 신학자의 꿈을 안고 독일 유학을 준비하고 있었다. 본래 감리교회 출신인 이준모 목사는 고등학교 때부터 CCC에서 활동했고, 대학교 2학년까지 IVF에서 활동을 했었다. 한국기독학생회(KSCF) 출신으로 한국신학대학교 신학대학원 시절 서강대, 이화여대, 동덕여대 등 기독학생회(SCA) 간사로 대학생들을 대상으로 성경을 가르쳤다. 그리고 서울교대에서는 기독학생회를 개척하여 간사로 4년여 동안 지도했다. 기독학생회 출신들이 해인교회로 오면서 교회가 다시 활기를 띠었고, 지역 주민들도 하나 둘 교회에 나왔다.

1994년 7월부터 1997년까지 해인교회는 지역주민들과 함께 청년과 대학생까지 30여명이 출석했다. 그런데 1997년부터 해인교회 교인들 과 반수가 실직상태에 빠졌다. 교회는 침체되었고 다시 위기를 맞았다. 해인교회는 교회에서 실직자를 위한 기도회를 시작했다. 처음에는 교인들이 적극적으로 호응하지 않았으나, 점차 활성화 되었다. 놀랍게도 이 기도회가 시작된 지 3개월 만에 교인들이 취업하게 되었다. 노동부가 제공한 취업정보와 마을신문에서 얻은 정보를 갖고 목회자가 직접 기업을 찾아다니면서 사람에 대한 보증을 서겠다고 했다. 마침내 교인들이 한 가정을 제외하고 모두 취업을 했다.교인들은 자신감을 얻었다. 교인들은 실직자들을 위한 노력이 큰 성과를 거두자 제직회에서 이제 교회 밖의 실직자들을 위한 사역을 시작하자고 제안했다. 해인교회는 바로 이 사역을 IMF 상황에서 교회가 지역사회를 위해 할 일로 여겼다. 이에 가칭 '내일을 여는 집'과 상담과 교육을 겸한 '상담교육소'를 만들었다. 해인교회는 당시 50평 규모의 작은 상가 3층에 위치하고 있었지만, 그 중 실직자를 위해 20평 규모의 공간을 따로 내었고, 컴퓨터를 사용할 수 있도록 교회 사무실을 제공했다. 이 사역이 지역사회에 알려지면서 많은 실직자가 찾아왔다. 이후 자연스럽게 무료급식을 시작했다. 그들 중 돌아갈 집이 없는 사람들을 위해 노숙인 쉼터를 마련했다.

한편으로 IMF 상황은 남의 이야기가 아닌 국민 모두의 이야기가 되면서 자원봉사가 많이 늘었다. 재정적 위기가 몇 차례 있었지만 따뜻한 손길이 늘면서 빠듯한 살림살이도 그런대로 유지되었다. 이와 같은 사역이 구체화되면서 크리스챤아카데미(원장 신필균)가 'IMF 상황하에서 실직자를 위한 교회의 역할'을 모색하는 심포지움을 열었다. 이후 '실업대책 지역공동체 기독자 연대'라는 단체를 만들었다. 이 단체는 전문가 집단과 현장과 지역자치단체가 연대하여 지역사회에서 실업자와 그 가족에 대한 '긴급구조-상담'과 '사례관리-교육-재취업과 지역사업'을 현장중심으로 통합서비스를 제공하는 지역공동체 운동을 전개해야 한다고 보았다. 그리하여 현장중심의 실업자 운동을 하기 위해 내일을 여는 집을 시범사업장으로 선정하여 이론제공과 현장지도를 했다.

내일을 여는 집은 1998년 8월에 인천광역시의 도움으로 노숙자 쉼터를 만들었고, 그 해 자녀를 동반한 노숙자 가족들이 늘면서 '여성 및 가족쉼터'를 만들었다. 내일을 여는 집은 필요에 따라 '상담교육소', '남자 노숙인 쉼터'와 '여성 및 가족쉼터'를 만들었고, 무료급식소와 노숙자들이 일하는 동안 아이들을 돌봐 줄 수 있는 '탁아방 및 공부방'을 만들었으며, 실직자 가정을 돕기 위해 '실직자 가정 쌀나누기 사업'등 다양한 사업과 교육과 함께 먹거리를 지원하는 푸드뱅크도 만들었다. 실직자 가정을 돕기 위해 필요한 부분을 채워 나가는 방식으로 작은 기관을 하나 둘 만들고 있었는데, 이는 민간사회안전망 구축이라는 사회복지 이론에 근거한 것이다.

이듬해인 1999년에 내일을 여는 집은 또 다른 문제를 두고 기도하기 시작했다. 이는 여성 노숙자 쉼터에 들어 온 여성들을 깊이 상담하면서 가정폭력으로 별거를 하거나 가해자 남편을 피해 숨어 사는 사람들에게 IMF는 매우 혹독한 현실이었음을 알게 되었기 때문이었다. 그 해에 인천광역시의 제안으로 '가정폭력상담소'를, 2000년에 가정폭력으로 나온 사람들을 돌볼 수 있는 '가정폭력피해자 보호시설'을 만들었다.

2001년에 접어들면서 일자리 문제가 대두되었다. 노숙자들에게 가장 큰 문제는 '희망'이다. 일반적으로 노숙자의 문제가 개인적인 것에 있다고 보지만 그 이면에 자신의 존재에 대한 상실이라는 근본적인 문제가 있다. 보통 노숙자들은 일용직으로 일하는데, 이 수입으로는 인생설계를 할 수 없었다. 노숙자들은 건축기가 끝나는 동절기에는 일이 거의 하지 못했고, 여름 장마철에도 역시 일을 구하기가 어려웠다. 그래서 교회는 교인 중 기업가, 교사, 사회활동가들을 모아 노숙자의 자활을 위한 로드맵을 만들기로 하고 기도하기 시작했다. 2001년에 계양구청의 도움을 받아 노숙인 자활사업을 위해 재활용센터를 만들었다. 노숙자기 8명씩 투입되어 연간 80여명이 일을 하고 있으며 이제는 사회적 기업으로 등록 준비를 하고 있다.

2006년에는 노동부 사회적 일자리에 '도농(都農) 직거래상생사업단'을 제안하여 선정되었다. 이로 인해 농어촌 지역의 교회와 사회복지기관이 생산한 유기농 물품과 친환경 물품을 도시 소비자들에게 저렴하게 직거래 할 수 있게 되었으며 노숙자 10여명이 일자리를 얻게 되어 3년째 운영되고 있다. 최근에 대한주택공사의 도움을 받아 원룸 18채를 확보했고, 노숙자 쉼터에서 자활준비 과정을 마치고 자립기반이 된 사람을 선정하여 원룸을 제공하고 있다. 이렇게 하여 노숙자에 대한 원스톱 시스템이 상당 부분 이루어졌다. 노숙자 상담부터 자립하기까지 서비스 체계가 이루어졌고, 최근 원룸에 나간 노숙자 중에 진학하고, 검정고시를 준비하는 이들도 생겼다. 보호사업에서 일자리 지원과 더불어 교육을 지원하고 앞으로 인생설계를 같이 함으로 내일의 희망을 심어주고 있다.

한편으로 교회가 다시 활기를 띠기 시작했다. 지역에서 실직가정들이 교회의 프로그램에 대한 기대치를 갖고 교회에 새롭게 출석하는 사람들이 늘기 시작했고, 지역사회와 함께 하는 교회에 갈증을 느낀 청년들과 젊은이들이 교회를 나오기 시작했고, 내일을 여는 집의 직원 가운데서도 교회를 출석하는 사람들이 늘어갔다. 쉼터에서 생활하는 노숙자들도 대부분 교회에 출석한다. 교회가 양적으로 배가 성장했을 뿐만 아니라 전문가들이 교회학교나 성가대와 찬양단 등에 활동하면서 교회가 질적으로 발전했다. 교회는 매년 남녀 노숙자들과 함께 수련회를 같이 갔다. 노숙자들 중에 알콜중독자와 전과자도 있었지만 교인들은 최선을 다해 함께 매주 공동식사를 했고, 남신도회는 노숙자와 매주 축구시합을 하면서 교류를 넓혀갔다. 지금은 쉼터에 입소했던 이들 가운데 자립해서 교회 주변에 정착한 이들 가운데 세례를 받고 집사로 임명받았고, 심지어 어떤 이는 여신도회 회장을 맡고 있다.

이처럼, 해인교회(내일을 여는 집)은 지난 10년 동안 '긴급구조−상담과 사례관리−교육−재취업과 지역발전사업'의 구도로 지역사회에 민간사회 안전망을 구축하는데 노력해 왔다. 이제 어느 정도 성과가 나타나 지역사회에서 공동체 운동을 전개하는 중심이 되어 가고 있다. 노숙자들은 쉼터에서 생활하면서 재활용센터와 도농 직거래상생사업단에서 일을 하고, 자립할 조건이 되면 어떤 이들은 원룸을 배정받아 독립하고 월세방을 지원받는다. 가정폭력을 당해 온 사람들도 상담을 받고 피난처에서 보호를 받는다. 다양한 방식으로 일터를 제공받는 사람들이 일일 평균 300여명이다. 이제는 먹을 것을 필요로 하는 사람들은 먹을 것을, 잠자리를 필요로 하는 사람들은 잠자리를, 일자리를 필요로 하는 사람들은 일자리를, 교육이 필요한 이들에게는 교육을 제공할 수 있게 되었다. 해인교회 주변에는 자립하여 살아가는 사람들이 눈에 띄게 늘어가고 있고, 이들은 해인

교회에서 일상을 누리고 있다. 현재 해인교회는 주 예수 그리스도에 대한 신앙고백을 좀 더 강화하고, 지금까지 해 온 사회복지선교를 좀 더 안정화하는 데 관심을 갖고 있다.

강남교회

서울 노량진에 위치해있는 강남교회는 "선한 이웃되기 운동"을 통해 복음전도와 사회적 책임의 조화로운 균형을 이루어가고 있다. 선한 이웃되기 운동은 누가복음 10장 25-37절에 나오는 선한 사마리아인의 비유에서 사역의 기본정신을 가져왔다. 즉 선한 이웃되기 운동은 오늘날 교회가 지역사회에서 진정한 이웃이 되지 못함을 회개하고, '선한 사마리아인'의 비유에서 나타난 예수님의 관점에서 도움이 필요한 이웃에게로 다가가는 운동이다.

강남교회의 "선한 이웃되기 운동"은 비교적 최근에 형식을 갖추었다. 이렇게 보면 강남교회를 교회의 사회적 책임을 지는 공식적인 사역을 최근에 시도한 교회 중 하나라고 생각할 수도 있다. 그런데 사실 강남교회는 지난 교회 역사에서 비록 공식적으로 드러내지 않았을지라도 예수님의 "이웃사랑의 계명"을 실천해왔다. 노량진에 교회가 설립되던 1954년부터 강남교회는 한국전쟁으로 인해 어려움에 처한 여성들을 그리스도의 사랑으로 돌아보는 모자원 과의 밀접한 연관 속에서 성장해온 교회이기 때문이다. 교회개척 당시 임대하여 사용했던 강남여자고등공민학교 건물은 예배당과 모자원 장소로 함께 사용했고, 모자원의 원장은 강남교회의 개척 성도였다. 즉, 강남교회는 개척시기부터 지역사회에서 고통을 겪는 이들에게 다가갔던 교회였다.

강남교회의 설립자이자 40여 년 동안 담임목사와 원로목사로 사역했던 고(故) 김재술 목사도 일생동안 강도 만난 자들의 아픔을 치료하고 예수 그리스도의 복음사역의 사명을 위해 노력했다. 목회자로 부름을 받기 전까지 고(故) 김재술 목사는 원래 가난한 자들을 돌보는 의사가 되기 위하여 의학공부를 시작했다.[353] 그런데 목회자의 사명을 깨달은 후에 돌이켜보니 하나님이 자신을 의사가 되게 하셨던 것은 바로 성도들과 지역주민에게 주님의 이름으로 다가가 무료진료 또는 의료봉사를 하는 사역자로 섬기기 위한 하나님의 섭리다. 1954년 전쟁 후에 모인 피난민들을 대상으로 교회를 개척했던 1950년대 초반에 의료시설이 매우 부족하여 더욱 그의 의학적 지식과 기술이 유용하게 사용될 수 있었다. 그는 의사목회자로서 성도들과 주민들의 영적 문제를 돌아볼 뿐만 아니라, 그들의 육신을 치료하는 전인적인 목회사역을 수행했다.

이제 강남교회는 '선한 이웃되기 운동'을 통해 교회의 개척기에 전개했던 총체적 복음사역을 다시 한 번 회복하고, 이를 구체적으로 실천하는 교회로 지역주민들에게 나아가려 하고 있다. 그런데, 이 사역은 단순히 사회봉사차원의 사역이 아니다. 근본적으로 강남교회의 4대 비전 중의 하나인 "증거하는 교회"의 사명을 위한 시도 중의 하나다. 이러한 의미에서 강남교회는 '선한 이웃되기 운동'을 매년 가을에 개최하는 '대각성 전도집회'와 병행했다.[354] 전도집회를 일회성 행사로 끝내지 않고, 매일 생활 속에서 주님을 증거하고 빛과 소금의 삶으로 '선한 이웃되기 운동'을

---

353 안재정 편저, 『원로목사 목회행전: 대한예수교 장로회(합동)편』 (서울: 목양, 1997), 18-19.
354 『비전 강남』 2000년 6월, 12월호 참고.

추진하고 있다. 대각성 전도집회 이후 수요일마다 전도대활동을, 주일에는 '은빛사랑운동'을 실천하고 있다.

상담실은 자녀나 부부문제 등 신앙과 생활의 문제로 고민하는 성도들과 주민들에게 친구가 되는 사역이다. 매주 목요일 오전과 오후에 개설하여 상담전문 훈련과정을 수료했거나 상담기관에서 다년간 봉사한 경험자들이 섬기고 있다. 피상담자들은 교회에 직접 방문하거나 전화로 상담 받을 수 있는데 모두 무료다.

주일에 시행되는 '은빛사랑운동'은 지역의 독거노인이나 빈곤노인들을 대상으로 주일에 따뜻한 도시락을 준비하여 전달하는 사역이다. 이 사역은 2000년 11월부터 시작했다. 교회 주변인 노량진 1, 2동과 본동사무소의 있는 사회복지전문요원과 연계하여 도움이 필요한 분들을 추천받아 시행한다. 매주일 봉사부 집사들이 준비하면, 중등부 학생들이 두 조로 나누어 전달한다.

이 외에도 소망부가 진행하는 경로대학은 성도 뿐만 아니라 지역주민들도 초청하여 시행하고 있으며, 교육관 3층 전체를 개방하여 이웃을 위한 독서실로 활용하고 있다. 끝으로 "아나바다 운동"은 성도와 이웃 모두 서로 실제적인 필요를 채워주고 나누어주는 운동으로 시행되고 있다.

이렇게 강남교회는 노량진 일대에서 '선한 이웃이 되려는 교회'로 자리잡아가고 있다.

남서울교회

남서울교회는 일찍부터 사회봉사에 앞장서 온 교회들 중 가장 모범적인 교회 중 하나다. 남서울교회는 설립 초기부터 목회의 방향을 "밖으로 향하는 교회"로 잡고 예산의 50%를 사회봉사에 사용하고자 했다. 남서울교회는 소외된 곳을 찾아다니며 봉사와 구제의 사역을 감당하면서 복음을 함께 전하고 그리스도의 사랑을 실천해왔다. 수용시설 및 사회복지 시설을 지원하고 봉사하는 팀을 비롯하여, 영세민 및 불우아동을 위한 지원과 봉사를 감당하는 팀, 소년소녀 가장과 결손 어린이, 결식 어린이를 지원하고 돌보는 어린이 팀, 백혈병 어린이를 위문하고 지원하는 백혈병 팀, 서초노인종합복지관을 운영하는 복지관 운영 팀 등 다양한 방향에서 이 사역을 수행하고 있다.

"밖으로 향하는 교회"로서 출발한 남서울교회는 초창기부터 구역예배 헌금을 모두 구제의 목적으로 사용해왔다. 최근에는 35억 원의 일반 회계 예산 중 6.28%에 해당하는 2억 2천만원을 사회봉사예산으로 책정하여 집행하고 있으며, 또 다른 해에는 2억 8천만원을, 1999년에는 8.52%에 해당하는 2억 6천만원을 불우한 이웃을 위해 사용했다.

이러한 일을 감당하는 사회봉사부는 1979년 가을, 구역 성경공부 시간에서 시작되었다. "구제"라는 주제로 성경공부를 한 후에 한 성도가 이제 앞으로 자신의 노동과 수고의 목표가 '가난한 자에게 구제할 것이 있게 하기 위함'에 맞추게 되었음을 감사하는 기도를 했다. 또 다른 성도는 기도 중에 "내가 그냥 주님과 상관없이 돈만 열심히 벌다가, 도적과 같이 주님이 오셔서 '너는 내가 굶주릴 때 먹을 것을 주고, 헐벗었을 때 입을 것을 주고, 병들었을 때에 네가 나를 돌아보았느냐?'라고 물으시면 어떻게 하나요?'하면서 울먹였다. 이때 모은 구역헌금이 구제사역에 사용되었

다. 이것이 남서울교회 구제사역의 시작이다.[355]

다음해 제직회는 구제부를 두기로 결의했고, 그 이후 교회는 교회 내부 예산을 절약하여 어려운 이웃을 위한 기금으로 사용하여 이웃사랑의 계명을 실천하기 시작했다.[356]

1991년 8월 경상북도 동해안 일대에 큰 수재가 일어났다. 남서울교회는 예배 중에 모금된 헌금 1,200만원과 사회봉사 위원회 예산을 합친 3,256만원으로 수재를 당한 가정에 직접 찾아가 그리스도의 사랑을 실천했다. IMF때는 구로3동에 있는 속칭 "벌집"에 사는 결손가정들의 아이들에게 찾아갔다. 남서울교회는 그 아이들에게 급식비를 제공했고 더 나아가 가정을 방문하여 환자까지 돌보는 일을 시작했다. 지금도 구역마다 한 가정씩 연결하여 아이들을 돌보고 있다. 더 나아가 교회 예산 1억원을 추가로 배정하여 남부교육청 산하 구로구, 영등포구, 금천구에서 정부 예산으로도 해결할 수 없었던 결식아동 580여 명에게 급식비로 1억 2천만원을 지급했다. 이 일로 교회는 1999년 1월에 당시 교육부장관으로부터 감사패를 받았다.

영세민들을 위한 사역도 수없이 추진했다. 봉천5동과 3동에 사는 생계 보조금 지급 대상자들에게 의료선교부가 찾아가 돌보고 입원을 주선하며 치료해 주었다. 또한 성탄절과 추석에 쌀을 전달했고, 봉천 3동에 배추 1만 포기를 전달하여 독거노인들의 겨울철 김장문제를 해결해 주었

---

355 여기에 소개하는 내용은 남서울교회에서 일찍부터 사회봉사 사역에 힘써왔던 신명철 장로가 2002년 8월 초에 작성한 "남서울교회 사회봉사부"라는 요약문에서 발췌한 것이다.
356 교회 내부의 장식을 위해 사용될 비용 혹은 여름에 본당에서 가동할 에어콘 비용 등을 절감하는 문제로 늘 교회가 고민하면서, 그 비용을 아껴서 이웃을 섬기는 사역에 투자해왔다.

다. 이 외에도 어린이날에 아이들을 군부대로 초청하여 즐거운 시간을 보내도록 하는 등 소년소녀가장과 결손가정의 어린이들, 장애시설 또는 고아원의 어린이들을 위한 행사를 다양하게 추진했다.

또한 은평구에 있는 시립 서부병원 뒤에 위치한 비활동성 결핵환자 집단 거주지역을 위한 사역을 계속하고 있다. 가족과 유리된 채 살아가고 있는 이들에게 겨울에 연료를 확보하는 것이 관건이었다. 그래서 남서울교회는 늦가을부터 연탄 보내는 일을 시작했다. 이 외에도 서초노인종합복지관을 통해 독거노인들에게 반찬을 배달하고, 장마 후 이불을 건조해 주고, 목욕을 시켜주고, 장판을 교체하고 청소해주는 등의 다양한 일 하고 있다.

남서울교회는 1981년에 인도차이나 난민 5만 명의 소식을 듣고 5개월 동안 의류를 모아서 2만 4천여 벌을 그들에게 보내주었다. 당시 한국교회는 원조를 받는 일에 익숙해서 국제적 구제를 수행하는 것이 생소했다. 당시 정부도 해외 원조를 위한 법령을 제대로 갖추지 못했다. 그럼에도 1982년에 청와대의 허락을 받아 캄보디아 난민에게 구호 의류를 보냈다.

이웃사랑의 계명을 실천하는 남서울교회의 성도들은 이 사역을 하는 것에 긍지를 느끼고 있고, 하나님께 감사하고 있다. 이웃과 사회를 위한 교회 사역은 사회봉사부 외에도 의료선교부, 호스피스부 등도 감당하고 있다. 하지만, 본서는 지면관계상 사회봉사부의 사역만을 소개했다. 지역 주민과 지구촌의 이웃을 위한 남서울교회의 구제와 섬김의 사역은 그리스도의 복음의 진정한 의미가 무엇인지 밝히 드러내주고 있다. 이와 같이 남서울교회는 복음이 교회 안은 물론이고 교회 밖에서도 역사하는 능력임을 입증하고 있다.

새로남교회

새로남교회의 사역은 "새로남카페"부터 시작한다. 새로남교회 비전센터 10층에 위치한 새로남카페는 새로남서점과 체육관과 더불어 이웃주민들과 대전 시민들을 섬기는 마음으로 교회를 만년동에 세울 때 계획하여 만들었다. 지금은 대전의 명소가 되어 불신자들도 많이 찾는 편안한 휴식과 문화공간이 되었다. 2008년 통계로 연인원 14만 명이 다녀갔다. 대부분의 고객들이 지역주민이라는 것이 상당히 고무적이다.

카페의 수익금은 전액 사회에 환원한다. 이는 카페를 찾는 사람들과 새로남교회의 보람이다. 카페는 한명의 유급 매니저를 제외한 나머지 모든 이들이 자원봉사로 섬기고 있다. 카페의 수익은 일년에 2억원 정도의 순수익이 발생한다. 전액을 사회에 환원하고 있다. 지역 중고등학교 결식아동 급식비 지원, 장학금 지원, 인근 복지관 지원, 북한동포 지원, 장애인 시설지원, 가난한 아이들을 위한 영어캠프 지원 등 다양하게 지원하고 있다.

이 외에도 새로남교회는 헌당기념으로 2008년 11월 16일에 지역주민을 돕기 위해 대전시에 삼천만원을, 총신대학교 신학대학원 장학금으로 삼천만원을 전달했다. 또한 지난 10년 동안 서구청에 있는 불우한 이웃들과 환경미화원을 지속적으로 섬기고 있다. 한밭 복지관을 통해 월평동, 만년동의 생계보호대상 독거노인 85명을 돕는 일에 참여했다. 또한 민들레 공부방을 이전하여 새로남공부방을 만들어 지역사회 가난한 아이들을 다각적인 측면에서 돕고 있다.

새로남교회는 또한 소외된 이웃에게 진정한 복음의 빛과 복음의 소리가 되도록 힘쓰는 교회가 되기 위해 2009년 4월 26일 장애인 주일을 기념하여 그동안 꾸준히 준비해왔던 농아들을 위한 새로남농아교회 설립예배를 드림으로 농아를 향한 사역을 시작했다. 새로남농아교회는 국가공인 수화통역사 자격증과 수화경력 17년의 경력을 갖고 있고 지난 14년간 농아교회 사역을 해 온 농아전문사역자를 청빙하여 대전과 충청지역에 있는 농아를 전문적으로 섬기고 있다. 소그룹으로 모여 성경공부와 교제를 하는 다락방 모임, 성경을 체계적으로 배우는 제자훈련, 농아부모의 자녀들을 위한 학교 상담, 농아 실버단을 취한 체험학습 등의 사역이 진행되고 있다. 앞으로 대전과 충청지역에 거주하는 농아들에게 희망과 복음의 소리를 들려주는 농아교회로서 우뚝 서게 될 것이다. 듣지 못하는 자들에게 복음의 소리가 들리며, 말하지 못하는 자들이 예수님을 찬양하는 놀라운 사역이 전개되고 있다.

새로남교회는 지역사회와 함께하는 교회로 거듭나기 위해 부단히 노력하고 있다. 탄방동에 있을 때부터 이웃과 함께해 온 교회로 지역사회에 좋은 영향을 미쳤던 새로남교회는 만년동으로 이전한 이후에 더욱 적극적으로 '지역 주민과 함께하는 교회'를 선언하고 실천해 가고 있다. 오정호 담임목사는 새로남교회가 하나님께 많은 복을 받은 교회임을 강조하며 전심전력하여 하나님 사랑과 이웃 사랑을 실천할 것을 강조하고 있다.

평양 지역주민의 결핵퇴치를 위해 힘쓰고 있는 유진 벨을 후원함으로 북녘동포를 향한 사랑을 실천하고 있다. 월드비전 한밭종합사회복지관 운영이사 교회로서 지역주민 한마음축제를 진행하고, 푸른대전가꾸기 운동본부에 일천만원의 성금을 전달했으며, 지역사회 복음화와 민족과 겨레를 섬기는 인격과 실력이 탁월하게 균형 잡힌 일꾼배출과 세계화 시대를 열어가는 글로벌 인재양성의 비전에 기쁨으로 동참하는 마음을 담아 새로남장학금을 한남대학교에 기탁했다. 서해안기름유출사고현장에서 2차에 걸쳐 봉사활동을 했고, 지역사회를 섬기는 핵심가치를 실천하기 위해 제2정부청사를 경비하는 청사경비대와 의경과 대전교도소 경비대와 제소자에게 도서를 비롯한 위문품과 위로금을 전달하는 등 지속적이면서 꾸준한 총체적 복음 사역을 감당하고 있다.

옥수중앙교회

옥수중앙교회가 장학, 복지사역으로 지역 작은 이웃들에게 관심 갖고 돕고 있는 가정은 교회를 중심으로 대략 1,000가정이 넘는다. 옥수동, 금호동 지역은 강남과 가까워 가사 도우미로 일하는 사람들이 많았고, 동시에 독거노인이나 조손 가정 아이들도 많았다. 노인 중에 상당수는 자녀들이 있어 기초생활 수급자에서 제외되었지만 자식들이 전혀 찾아오지 않아 방치된 삶을 살아간다. 이들을 대상으로 옥수중앙교회가 펼치는 사역들은 "중고대학생 장학금, 결식학생 점심 값 지급, 365 사랑의 우유 나누기, 독거노인 전기세 수도세 지원, 사랑의 쌀/라면/김장/떡국 나누기, 국내외 어려운 아동후원, 불신 장애우 생필품 돕기" 등이 있다.

고등학생과 대학생 등록금, 점심 값 대주기 장학사역

장학 나눔 사역은 2001년 3월, 호용한 목사가 옥수중앙교회에 부임하여 그해 8월 당시에 한 권사님의 팔순 감사예배 후 새로 부임한 목사였던 호용한 목사에게 개인적으로 주셨던 2,000만원과 부임 심방을 하며 교인들의 가정에서 도서비로 모아 주었던 1,500만원을 합하여 종자돈 3,500만원을 비롯한 성도들의 작정 헌금으로 시작되었다.

우선 필요에 따라 국가에서 무상 급식이 시작하기 전 점심밥을 굶는 교회 주변의 학교 어린이와 중 고등학생 50명에게 매일 밥값을 대주고, 형편이 어려운 고등학생들과 대학생들에게 매 학기마다 장학금을 주는 것으로 구체적인 사역들이 진행되게 되었다.

고등학생에게는 전액 장학금으로 졸업할 때까지 꾸준히 지급하고, 대학생에게는 매 학기마다 10-12명에게 80만원씩 1,000만원의 장학금을 지급하였다. 이러한 장학사역은 지금까지 한 학기도 빠짐없이 학생들에게 지급되고 있고 있으며 아마도 옥수중앙교회를 통해 지난 17년간 장학금을 받은 학생들이 약 350명 이상이 될 것이다.

고독사 예방을 위한 365 사랑의 우유 나눔 사역

과거 달동네였던 옥수동 일대(옥수동 금호동)는 홀로 사는 독거노인들이 유난히 많았다. 혼자 힘들게 살아가는 독거노인들은 의식주의 생활이 어렵기 때문에 골다공증이 현실적인 문제였다.

이를 안타깝게 여긴 교회는 영양 보충을 위한 '365일 사랑의 우유나누기'를 시작하여 독거노인들 가정에 매일 아침마다 365일 우유로 섬기게 되었다. 처음 시작은 칼슘이 풍부한 우유를 통한 영양 섭취가 동기가 되어 시작하였지만 시간이 지나면서 사회적 문제로 서서히 대두되었던 고독사 해결을 위한 어르신의 안부를 묻는 우유배달로 2007년에 그 개념을 바꾸어 정착 꾸준히 진행하게 되었다. 고독사 방지를 위해 마련한 대안은 우유 배달원에게 우유 2-3개가 밖에 쌓이거나 인기척이 없으면 반드시 교회에 연락하도록 하고 우유 회사와 계약을 맺는다. 고독사 발견은 1년에 2-3건, 우유를 받던 노인들의 자연사는 한 달에도 100여 건이다. 그

때마다 우유 받는 독거노인들을 교체하여 배달한다.

2003년 처음 시작할 때는 사업을 하는 담임목사의 처남으로부터 매월 200만원의 후원금을 받아 독거노인 100가정으로부터 시작하여 3년간 지속하였다. 그 후 교인들의 매월 10만원씩 헌금하는 25명의 선한 성도들의 6년간 계속적으로 진행하다가, 2011년 말 '배달의 민족' (김봉진 대표/옥수중앙교회 안수집사)의 매월 500만원의 적극적인 후원 (당시 배달의 민족은 적자 회사였음, 골드만 삭스의 투자금으로 우유 값을 매월 지원함)으로 250가정까지 확장하여 옥수동 금호동 일대에서 성동구로 점차 확대하였다.

'배달의 민족'에 430억을 투자한 바 있는 '골드만 삭스' 임원들이 매월 헌금하고 있던 배달의 민족 회계 감사를 위하여 옥수중앙교회를 방문했다. 이 감사를 계기로 2015년 9월 22일 "고독사 예방은 위한 우유 배달"에 감동받은 이사들 15명이 1만$씩 기부하여 1억 8천만 원의 통 큰 기부금을 받는 기적적인 일이 있어나기도 했다. 감사를 위해 왔던 회사가 기부금을 내는 계기가 되었다. 전적 하나님의 은혜다. 통 큰 기부금을 받은 것을 계기로 하여 좀 더 조직적이고 많은 독거노인들에게 혜택을 주기 위하여 교회는 2015년 12월 9일 서울시에 허가를 받아 사단법인을 설립하였고, 지금은 교회에서 성도들의 헌금으로 운영되는 '장학 복지 위원회'와 완전 분리 독립하여, 교회 장학 복지와는 독자적으로 운영하고 있다. 현재 우유배달을 위한 후원자들은 우리 교회에 출석하지 아니하지만 크던 작던 회사를 경영하는 이들로 자원하여 16개의 회사와 개인이 매월 20만-1,000만원까지 매월 지속적으로 지원하고 있다. 특별히 여기저기의 신문과 방송 보도를 계기로 하여 1-3만원을 정기적으로 후원하는 이들도 300여명으로 점점 증가하고 있는 추세이다.

처음에는 교회 주변의 옥수동 금호동으로 시작하였던 우유배달이 성동구까지 약 250가정으로 10여년 지속되었던 것이 사단법인 설립과 함께 2년 만에 큰 발전과 확장을 이룩하여 서울시 16개 구청 (성동구, 동대문구, 광진구, 금천구, 관악구, 강북구, 은평구, 성북구, 노원구, 종로구, 도봉구, 구로구, 동작구, 마포구, 중랑구, 송파구)

독거노인 2,000가구 (한 구청 당 150가구씩 배달) 에게 매일 아침 신선한 우유가 배달되고 있다. 이와 같은 확장 속에서 서울시에서는 "어르신의 안부를 묻는 우유배달"을 하는 우리에게 2017년 '서울시 봉사 대상'을 수상하는 데까지 이르렀다.

독거 노인 전기료와 수도료 지원사역

노인들을 위한 여러 사역가운데 하나로 독거노인의 생활을 조금이나마 돕는 '현금지원 사역'을 꾸준히 진행하고 있다. 이웃의 틈새 가정을 발굴하여 작은 이웃들 전기세, 수도세 명목으로 현금으로 5만원씩 15가정 이상 2001년부터 지금까지 한 번도 쉼없이 진행한 프로그램이다. 15년 동안 교회 14개의 남녀 전도회 회원들이 직접 전달하도록 하여 지급하고 있다. 비록 적은 액수이지만 교인들의 나눔의 작은 실천이 주는 자의 마음을 뜨겁게 만들고, 나눔의 큰 열매를 맺을 수 있음을 확신하기에 꾸준히 계속하고 있다.

사랑의 쌀/라면/김장/떡국 나눔 사역

가난한 이웃들을 위한 '사랑의 쌀이나 사랑의 라면, 사랑의 김장과 연말연시 떡국 나눔 사역'도 일 년에 몇 차례씩 계속 실시되는 사역이다. 쌀

300-400포대, 라면 300-400박스를 구입하여 이웃들과 함께 나눈다. 특별히 부활절과 추수감사절, 성탄절 등 교회 절기와 설이나 추석 등을 전후해 어려운 이웃들에게 전달한다.

쌀과 라면을 배포하는 장소는 교회가 아니라 주민 센터다. 여기에 교회 이름과 짧은 성경 구절만 포장지 한 쪽에 적어 놓는다. 이렇게 주민 센터를 통한 사역에도 이유가 있다. 그것은 도움을 받는 가난한 사람들의 예민한 마음을 헤아려 이해하고자 하는 배려와 사랑의 마음에서이다.

처음에는 교회가 교회에서 쌀을 직접 나누어 주기도 했다. 그러나 타 종교를 믿는 이들의 신앙적 자존심, 특정교회라고 하는 자존심으로 인하여 찾는 사람이 의외로 적었다. 교회가 가졌던 사역적 마인드와 실제가 일치하지 않았음을 파악하고 그것은 도움 받는 사람의 입장에서 상처를 줄 수 있다고 판단했다. 교회는 이것을 빠르게 판단하여 그들을 배려하는 방향으로 사역의 실천방향으로 새로 설정하였다. 그리하여 현재는 주민 센터와의 연결을 통해 쌀을 전달하는 사역으로 전환 실시하였으며 옥수중앙교회가 쌀을 준비하면 주민 센터가 주민들에게 연락하는 방식으로 선택하게 되었다.

쌀이 주식이라면 부식도 함께 제공하는 것으로 그 사역을 확장시켜 나갔다. 밥과 함께 반찬도 전달하는 사역을 계획한 것이다. 그것은 겨울에 김장을 담는 것을 주변에 이웃들에게 나누는 것으로 시작하게 되었다. 국민일보와 농협의 협조를 받아 매년 1500포기의 김치를 담가 10킬로그램씩 300개를 포장하여 배달하는 사역을 감당한다. 매년 겨울마다 김장을 담아 포장하는 작업까지 성도들의 땀과 노력과 헌신으로 가능한 사역이었다.

국내외 최빈국 아동 후원 사역

무상급식 이전까지 어려운 가정의 아동 후원사역을 위해 교회 주변으로 초, 중고교의 형편이 어려운 학생에게 급식비 지원을 하였다. 그러나 중학교까지의 무상급식으로 정부의 복지 정책이 바뀌면서 세계 최빈국 아동으로 사역의 대상을 옮겨 후원하는 사역을 시작하게 되었다.

구호단체인 '월드비전, 초록우산, 컴패션' 등을 통해 각각 3명씩 6명을 후원하다가 각 남녀전도회가 이에 동참하여 지금은 9개의 전도회가 동참하여 해외 최빈국 아동을 매달 후원하고 있고, 교인 가정에서 2명의 아동을 추가하여 모두 17명의 해외 아동을 후원하고 있다.

불신 장애우 및 차상위 계층 생필품 지원

금호동과 옥수동 주민 센터 복지 담당자의 도움을 받아 차상위 불신 장애우 20 가정의 주소와 명단을 받아 한 달에 한번 교역자들과 몇몇 성도들이 조를 짜서 직접 가정을 방문하되, 각 가정당 6만원 상당의 질 좋은 생필품들을 필요에 따라 바꾸어 가며 전달해 주는 일이다.

여기에는 하반신 마비로 거동이 불편한 이웃, 고시원 쪽방에서 혼자 외로이 살고 있는 반신마비 이웃, 뇌출혈로 의식을 잃어버리고 누워 있는 이웃, 신장 투석하는 가장에 뇌경변으로 고생하는 딸을 가진 가난한 가정, 허리 척추를 다쳐 하루 종일 누워 대소변을 받아내고 있는 60대 부인, 탈북하여 생활이 어려운 이웃들을 필자가 직접 찾아다니며 살피는 일이다. 그들을 방문하여 그들의 사는 이야기도 들어 주고, 함께 손을 잡고 기도해 주는 등 그리스도의 사랑의 마음으로 그들을 방문하는 좋은 프로그램이다. 첫 방문 때는 어리둥절 당황해 하던 이웃들이 이제는 얼굴을 익혀서 교인들의 방문을 기다리며 반가워한다. 교회는 앞으로도 직접 발로 뛰며 불우이웃들과 마주보며 함께 하는 장학 복지 사역을 해 나갈 것이다.

활빈교회

활빈교회와 두레공동체를 중심으로 이루어지는 영혼구원과 사회적 섬김의 총체적인 복음 사역은 김진홍 목사의 생애와 함께 시작한다.

김진홍 목사는 1941년 경상북도 청송 출신으로 대구 계명대학교 철학과를 졸업(1966년)한 후 교비 장학생으로 미국에 가서 철학을 공부할 기회가 있었으나 갑자기 이를 단념하고 삶의 현장에서 진리를 깨닫고자 외판원 생활을 하며, 서울 거리를 방황하였다. 어떻게 해서든지 진리를 찾고자 몸부림치던 1968년 대학 선배를 통해 예수 그리스도를 다시 만나게 되었다. 에베소서 1장 7절의 "그리스도 안에서"라는 일곱글자로 전환점을 맞는다. 1971년 여름 도시 빈민지역에서 주민들의 가난에 찌든 실상을 접하고 새로운 사명감에 불타오른다. 그리고 같은 해 10월 3일, 그는 청계천 송정동에 "활빈교회"를 세웠다. '홍길동은 도적의 방법으로 가난한 사람을 도왔으나, 우리는 예수 그리스도의 사랑으로 가난을 극복하자'는 취지로 주민 봉사와 지역 개발 사업을 통한 복음 선교를 시도했다.

청계천 빈민 선교 당시의 사역 속에서 김진홍 목사는 "DTT 작전과 TLC 요법"이라는 것을 시도했었다. DTT(Door to Tackle Operation)이란 집집마다 뛰어드는 작전이라는 말로서, 하나의 문제부터 한 가정의 문제, 지역 사회의 전체 문제를 샅샅이 뒤지며, 나타난 문제에 대해 해결책을 세워 나간다는 작전이었다. 그리고 TLC(Tender Loving Care)요법으로 판자촌 주민을 상대할 때 그들이 가진 심신의 아픔을 부드러운 사랑의 보살핌으로 치료했다.

더 나아가, 김진홍 목사는 송정동 판자촌 주민 회관을 세워 개인을 도와주는 구제에서 주민의 조직된 힘으로 문제를 해결하는 방향으로 유도하려 했다. 주민 교육부, 건강관리부, 생활안정부 등을 구성하여 다양한 자활사업을 추진했다. 주민교육부에서는 지역사회학교인 배달학당 설립하며, 청소년 56명을 모집하고 야간중학 과정을 시작했을 뿐만 아니라, 청년 지도자 훈련과정을 실시하고, 그 밖에 주부교실, 어린이 학교, 배꽃 유치원 등을 추진했다. 이 외에도 송정 의료봉사대 사역을 추진하는 건강관리부, 직업 보도와 직업 훈련, 마을에 가내 공업 유치 사업, 실업자 조합, 그리고 자활회(전과자와 불량배를 주축) 등의 사역을 추진하는 생활안정부 등을 운영했다.

그러나, 그의 자활 사업은 여러 방향에서 실패로 끝났다. 빈민문제를 떡 문제로만 해결하려는 시도는 한계가 있음을 깨닫게 되었다. 이에 그는 1973년 1월부터 인간의 영혼을 살리는 말씀선포에 중점을 두면서 '떡과 말씀'을 균형 있게 주는 성경적인 총체적 복음사역으로 전환해갔다.

청계천 뚝방촌에서 주민들과 함께 넝마줍기를 하고 고락을 같이하며 출발했던 활빈교회의 사역은 새로운 전환점을 맞게 되었다. 김진홍 목사는 한 때 유신정권에 정면 도전하는 성명서를 발표하여 옥고를 치렀고, 그해 4월 청계천 판자촌 철거령이 내려지게 되면서 1976년에는 960만평의 광활한 남양만 간척지로 463가구가 집단 이주하게 되었다. 그럼에도 1977년에 사람들은 절망적인 환경에서도 일반 논의 80%에 해당되는 수확을 '기도농법'으로 거두어들이는 놀라운 기적을 체험했다. 이후 농수산부는 새 농토에 1천 3백 가구를 새로 입주시켜 15개 마을이 형성되게 되었고, 2천 8백여 가구로 늘어가게 되었다. 그는 이화리 활빈교회를 선교 본부로 하고 마을마다 교회를 개척해 활빈 제1교회부터 제7교회까지 세워 독립시켜 나갔다.

물론, 이 활동이 모두 성공한 것은 아니었다. 사업에 실패하여 남양만을 떠나기도 했지만, 활빈교회는 두레공동체와 함께 주님의 복음이 영혼 구원의 사역과 어려운 이웃을 돌보는 이웃사랑의 계명을 실천하는 공동체임을 생활로 보여주는 모범이 되었다. 김진홍 목사를 중심으로 전개된 활빈 두레 선교운동은, 모든 피조물에게 하나님의 통치가 넉넉히 임하게 하는 목적을 갖고 있다. 이 정신으로 남양만에서 전개된 두레공동체의 주요사역은 다음과 같다.

"두레마을"은 성경적 생활 공동체로서 말씀, 노동, 봉사, 학문을 중심으로 하는 공동체다. 앞으로 장애인을 위해 사용될 야곱의 집을 설립 중에 있다. 또한 통일 한국, 성서한국, 선교한국의 일꾼을 키우기 위한 연구와 훈련의 터로 불리는 장학재단 "두레연구원", 1993년에 미자립 농어촌 교회를 매월 지원하고 있을 뿐만 아니라, 앞으로 전국 3천여 농어촌 교회 중에서 3백 교회를 지원하려는 계획을 추진하는 두레 농어촌 선교, 유기농법을 통해 건강을 지키고 도시 농촌의 유통구조개선을 이루어 농촌 소득 증대를 꾀하는 두레 농산물 직매장, 성경을 연구하여 생활과 사회에 적응하는 성서한국을 소망하며 모이는 "두레 성서연구모임", 도서출판 "두레시대"를 통한 문서선교사역, 방송선교, 해외선교, 문화선교, 학원선교, 교역자 교육, 평신도 교육을 추진하는 두레선교회의 사역을 통해 하나님 나라 건설에 이바지하고 있다.

두레마을은 다음과 같은 3대 원칙 아래서 움직이고 있다. 첫째, 예수님이 마을의 주인이다. 둘째, 사랑의 법만 있다. 셋째, 누구나 능력에 따라 일하고 필요에 따라 쓴다. 이 원칙으로 신앙공동체를 운영하고 있다. 김진홍 목사는 두레마을 운동을 널리 보급하기 위해 150명이 합숙 훈련을 받을 수 있는 두레 선교훈련원을 건립했다. 그는 21세기를 바라보며 한국을 통일한국, 성서한국, 선교한국으로 성경 위에 세우고 민족 지도자 양성을 위해 노력하고 있다.

사천교회

경남 사천시 사천읍 평화리 146번지에 위치한 사천교회(담임목사 정계규)는 '그리스도의 복음에 합당하게 생활하자'는 표어아래 온 교우들이 하나 되어 복음을 전하며 이웃을 섬기는 모범적인 교회로 소문이 나 있다.

1909년 1월 2일 선인동교회로 설립되어 1975년에 교회 명칭을 사천교회로 개칭했고, 1981년에 현재위치로 이전하여 1989년 1월 3일에 207평 규모의 새 교회당을 신축했다. 2005년 4월 5일에 교육문화센터인 예담원을 신축하여 개관하였으며, 2007년에 본당을 새롭게 리모델링했고, 그와 함께 오랜 기도제목이었던 단독 선교사 파송의 꿈을 이루었다. 사천교회가 파송한 이영근 선교사는 현재 태국의 치앙마이에서 대학생들과 청소년들을 대상으로 열정 넘치는 사역을 하고 있다.

특히 교회설립 100주년을 맞이한 2009년에 기념사업으로 여러 가지 일을 추진했다. 2월에 인근 지역 내 불우한 100가정을 읍사무소의 복지담당부서의 소개를 받아 쌀과 생필품을 사천교회의 교인들이 집집마다 직접 배달했다. 뿐만 아니라 교회 절기와 각종 행사를 이웃과 함께 하는 나눔의 기회로 삼기 위해 집집마다 떡을 전달하고 작은 선물 하나라도 이웃에게 정성껏 전달하고 있다. 이와 같은 차원에서 지금까지 매년 성탄헌금의 전액을 교회 경상비로 수입 처리하지 않고 지역의 어려운 사람들을 돕기 위한 특별 구제비로 사용하고 있으며, 교회 내의 인재를 육성하기 위한 장학금 지급은 물론이고 지역의 중학교 2곳 고등학교 2곳에 매년 장학금을 전달하고 있다. 2009년부터 맥추감사헌금 전액을 장학금으로 사용하기로 결정했다.

사천교회의 지역 봉사에서 가장 주목할 사역은 예담원을 통한 사역이다. 2005년 4월 5일 교육문화 복지설로 사천시의 건축허가를 받아서 운영하고 있는 예담원은 일반적인 교회 건물과 다르다. 일반적으로 교회 부속 건물은 주로 주일에 한 번 교우들을 위해 사용되는 것에 비해 사천교회 예담원은 주로 인근 지역 주민을 섬기는 장소로 활용하고 있기 때문이다. 예담원에는 청소년을 위한 30석 규모의 독서실과 세미나실, 컴퓨터실 등이 있어 주중에 항상 청소년들이 자유롭게 사용할 수 있도록 하고 있으며, 그와 함께 2,000권 도서를 갖춘 예담문고를 운영하여 청소년과 지역 주민에게 도움을 주고 있다.

특히 2007년부터 2009년까지 3년째 문화체육관광부로부터 '종교시설 문화공간화사업'으로 선정되어 국고지원을 받아서 국비 50%와 교회 예산 50%의 비율로 실시해 오고 있는 '사천문화취미교실'은 사천교회의 자랑이다. 사천교회는 '사천문화취미교실'을 열기 전 2년 동안 철저한 사전조사를 거쳐 2007년 1월 제1기 사천문화취미교실을 개강했다. 국고지원사업이기에 종교적 성향을 드러낼 수 없지만 교회의 문턱이 낮아져 타 종교를 가진 이웃들도 거리낌 없이 교회에 들어오는 좋은 효과를 함께 거두고 있다. 이러한 변화가 조금씩 커져서 육적인 지식을 얻기 위해 교회를 찾는 것이 아니라 영적인 지식과 평안으로 교회를 찾는 이들이 많아지기를 기도하고 있다.

이 외에도 사천교회는 현재 해외선교사 11가정과 국내 미자립교회 8곳 그리고 선교기관단체 11곳을 계속하여 도우면서 함께 복음화를 위한 노력에 힘쓰고 있으며 또 지역봉사를 위해서 수요일마다 반찬 봉사팀이 모여 독거노인과 소년소녀가정 등 어려운 가정 10곳에 반찬을 직접 배달하는 일을 하고 있다.

기독교윤리실천운동

기독교윤리실천운동(이하 기윤실)은 손봉호, 김인수, 이만열, 장기려, 원호택, 이장규, 강영안 등 38명의 기독교인들이 발기인이 되어 1987년 12월에 정식으로 발족한 모임이다. 이 운동은 서울대학교 관악캠퍼스에 매주 목요일 점심시간에 모여 성경공부를 하던 그리스도인 교수들이 1987년 봄에 처음으로 구상했는데, 당시 민주화 운동이 절정에 달했고 헌법개정 문제로 온 나라가 떠들썩했었다.

그때 사회에 대한 한국 그리스도인들의 입장은 세 가지였다. 가장 두드러졌던 것은 민주화투쟁에 앞장서고 매우 적극적으로 사회평등을 위해 구조개혁을 시도한 진보적 기독인들의 태도, 그리고 이와 정반대의 입장에 섰던 이원론적 경향을 가진 극보수 신앙인이었다. 후자는 세상과 교회를 엄격하게 구별하고 개인적 신앙생활과 전도에 관심을 가졌지만, 평등과 민주화 등을 세속적인 문제로 여겼다.

이 두 극단 사이에 상당수의 그리스도인들이 속해 있었다. 이들은 정부의 비민주성과 사회의 불평등이 신앙적인 관점에서 보아도 옳지 못함을 알았지만, 이에 대항하는 방법이 급진적이어야 한다는 것에는 반대했다. 이들은 급진적인 주장을 펴는 사람들에 의해 불의와 타협하고 심지어 불의의 소산에 참여하는 비도덕적인 사람들로 여겨졌다.

이러한 갈등은 젊은 그리스도인 뿐만 아니라 기독교 신앙을 가진 교수들의 고민거리였다. 몇몇 교수들은 적극적으로 민주화 운동에 가담했다. 그러나 가능한 흑백논리에 사로잡히지 않으려고 노력했고 민주와 평등의 사회이상을 달성하는 방법이 여러 가지를 병행할 수 있다고 생각했다. 그들은 민주주의와 사회평등 등의 사회 이상을 실현하기 위해 그리스도인이 반드시 개인의 도덕적인 삶과 윤리적 모범을 추구해야 한다고 보았다. 구조개혁의 중요성을 무시하지 않으면서 그리스도인이 도덕성을 높이는 것이 필요하다고 생각하여 시작한 것이 바로 기독교윤리실천운동이다.

1987년에 창설한 이후 기윤실은 다양한 사회활동을 전개했다. 스포츠신문의 음란, 폭력성 근절에 기여한 "스포츠 신문 음란 폭력 조장 공동대책위원회"는 사회운동이었다. 온라인 신문으로 인해 지면신문의 영향력이 예전 같지 않지만, 90년대 초에 스포츠신문은 음란, 폭력의 상품화가 가장 첨예하게 이루어지고, 가장 넓게 대중문화 전반에 걸쳐 영향을 미쳤다. 스포츠신문에 대한 항의를 보다 조직적이고 효율적으로 추진하기 위해 1990년부터 YMCA, 경실련 등 17개 단체와 〈스포츠신문음란폭력조장공동대책위원회(이하 음대협)〉를 구성하여 개선활동, 광고제품 불매운동, 모니터활동, 항의활동을 전개했다. 이 단체의 활동은 단순히 항의하고, 불매하는 네거티브 운동을 넘어, 실제 청소년에게 체계적인 미디어 교육이 이루어지도록 교사들을 대상으로 "기윤실 교사 미디어 아카데미"를 진행했다.

2000년에는 청소년 만화잡지를 모니터했다. 이를 확대하여 기윤실은 '청소년유해환경감시단'(Youth Patrol)을 설립하여 교사들과 함께 청소년들이 자발적으로 청소년에게 유해한 매체와 환경을 조사하고 계도하면서 청소년들의 의식변화와 유해환경에 대처하는 능력을 길러나갈 수 있도록 노력했다. 유해매체추방운동, 청소년 술담배 판매업소정화활동, 깨끗한 PC방 만들기, 교내학생금연운동, 인터넷 유해매체 추방운동 등을 개별 학교와 연계하여 진행했다.

이 외에 기윤실은 선거문화 정착을 위해 〈공명선거운동〉에 앞장섰다. 이 운동은 공명선거를 통해 올바른 선거문화를 정착하고 민주주의의 발전에 기여하기 위해 시작했다. 공명선거운동은 1995년 6월 27일 지방자치제 선거를 앞두고 서울시장 및 구청장 후보의 정책을 조사하고, 정책비교표를 작성 배포하는 것으로 시작했다. 이후 일반 시민단체와 연대하여 '공명선거실천시민운동협의회'을 통해 후보 초청토론회 및 후보자별 정책비교표를 제작 배포하는 운동을 전개했고, 교회와 신앙인을 대상으로 한 '공명선거기독교대책위원회'를 통해 기독유권자 행동지침 및 공명선거 주일 지키기 안내, 기독교와 공명선거 자료를 배포하는 일 등을 전개해왔다.

또한 기윤실은 한국교회(특히 개신교)의 위기에 주목했다. 이 위기를 통해 교회가 그동안 잘못된 모습을 반성하고 변화하여 새롭게 되는 계기를 마련하기 위해 기윤실은 교회의 설립목적과 목회자의 소통에 관한 '비전과 리더십', 교회 인적자원과 재정/재산관리의 투명성에 관한 '조직운영', 지역사회가운데 통전적인 역할을 감당하는 '사회적책임', 세상의 빛과 소금으로서 역할을 감당하게 하는 성도를 양육하는 '성도의 삶'으로 구성된

〈한국교회신뢰지표〉를 개발하여 개 교회에 보급하는 운동을 전개하고 있다.

이 외에도 기윤실은 총회 선거문화 개선을 위한 〈깨끗한 총회를 위한 활동〉, 정치개혁과 의회투명화 및 선진화에 기여한 〈의회 발전 시민 봉사단, 국정감사 모니터 시민연대〉 운동을 전개했다. 2000년 이후 지역사회에 대한 교회의 책임 강화를 위한 〈교회 사회복지위원회〉 활동, 현대 사회이슈에 대한 기독교윤리적 응답을 위한 〈기독교윤리연구소〉 창립, 〈도박산업 규제 및 개선운동〉, 〈교회 재정투명화 운동〉, 〈생명윤리운동〉 등을 전개했으며, 2007년에 2020 비전선포식을 통해 〈한국교회 신뢰지표 개발〉을 비롯하여 〈시민단체 사회적 책임운동〉 발족, 〈한국교회의 사회적 신뢰도 여론조사〉, 〈정직한 성도, 신뢰받는 교회를 위한 30일의 여정〉, 〈공공신학 세미나〉 등을 전개해왔다.

기윤실은 또한 기독시민운동단체의 모태로 지난 20년 동안 국정감사 모니터시민연대, 기독변호사회, 좋은 교사 운동, 공의정치실천연대, 교회개혁실천연대, 놀이미디어교육센터, 그리스천라이프센터 등 수많은 시민운동단체의 설립에 직간접적으로 기여했다.

세계의 총제적 복음사역 현장

남아프리카공화국의 Youth Alive Ministries (이하 YAM)

YAM의 사역은 남아프리카공화국(이하 남아공)처럼 인종차별 문제를 안고 있는 나라에서 시행할 수 있다. YAM은 흑인 지도자를 훈련하는 남아공의 가장 성공적인 복음주의 기관이다. 지난 30년 동안 3만 명의 젊은 이들이 회원으로 가입했으며, 그 중 대부분이 그리스도인이 되었다. 이는 YAM의 사역 중심에 복음전도가 있기 때문이다. 전도사역은 20명에서 50명의 회원들로 구성된 YAM의 지역클럽에서 이루어지고 있다. 주간 모임 때마다 전도에 대한 개인적인 도전을 받을 뿐만 아니라 한 달에 한 번 씩 네 명의 비그리스도인들을 초청하여 전도집회를 개최한다. 일대일 전도를 권장하고 있으며, 이를 위해 모든 회원을 훈련시킨다. 1년에 두 번은 여러 클럽이 연합하여 집회를 개최하는데, 이 집회에서 음악이나 드라마를 공연하고 참석한 불신자들에게 복음을 전한다. 그리고 연례 캠프와 수련회를 개최한다.

이처럼 YAM은 효과적인 복음전도 사역을 수행하고 있다. 하지만 이것으로 만족하지 않고 젊은이들을 격려하여 정치와 공의에 대해 관심을 갖게 하고, 성경적 세계관 속에서 인종차별문제와 같은 사회적 문제에 대해 대안을 찾도록 권장하고 있다. 이를 통해 남아공의 많은 흑인이 예수 그리스도께 나아왔다. 이와 같은 총체적 복음전도사역은 수천 명의 남아공 젊은이를 YAM의 모임과 수련회와 전도집회로 몰려들게 했고, 이를 통해 목사, 의사, 변호사, 치과의사, 교사, 과학자, 엔지니어 등의 탁월한 전문인과 지도자들이 배출되었다.

YAM을 통해 변화된 인물을 살펴보자. 소웨토(Soweto)의 YAM 책임자인 아베 마트루(Abe Matlou)은 모리슨 아이삭슨 고등학교에서 1976년 인종분규로 야기된 대정부 소요사태를 주도했다. 그런데 다리폭파 계획이 수포로 돌아가고, 큰 절망에 빠졌다. 그 때 아베는 처음으로 YAM 모임에 참석했고 2주 후에 그리스도를 영접했다. 3개월 후 그는 한 클럽의 지도

자가 되었고 얼마 안 되어 연례캠프를 주관하는 책임자가 되었다.

시저 몰레밧시(Caesar Molebatsi)[357]는 백인에 대한 증오를 안고 살아갔다. 이는 의도적으로 자신을 죽이려고 했던 백인이 같은 백인 경찰의 거짓 진술 때문에 처벌받지 않고, 오히려 자신만 한 쪽 다리를 잃어버렸기 때문이었다. 시저의 아버지는 한 때 성공회 신자였으나, 인종차별에 대항하지 못하는 제도화된 기독교를 거부하고 교회를 떠났다. 그러나 시저는 1967년 4월 YAM에서 개최한 수련회에서 젊은이들이 그리스도를 위해 분명한 태도로 헌신한 모습을 보며 자신도 그리스도를 따르기로 결심했다. 변호사의 꿈을 접고, 설교하며 전도하는 YAM사역에 소명을 받았다. 얼마 가지 않아 시저는 YAM사역의 행정책임자가 되었다.

오늘날 약 1500여명의 젊은이들을 섬기고 있는 YAM의 목표는 "적절한 총체적 개발프로그램을 가지고 젊은이들을 양육하고, 동기를 부여해 교회와 사회의 변혁을 일으키는 그리스도인들이 되게"하는 것이다. 교육지원프로그램, 급식과 구호 프로그램, 여성개발 프로그램, 거리에 버려진 수천 명의 어린아이를 돌보는 황혼 프로그램, 중소기업가를 일으키는 목적으로 시행되는 소기업 개발 프로그램 등을 추진하고 있다. 그렇지만 YAM 사역의 진정한 핵심은 구제나 봉사 프로그램이 아니다. 진정한 지역사회의 변혁은 변화된 사람을 통해 가능하며, 그리스도의 복음만이 사람들을 근본적으로 변화시키고 사회에 선한 영향을 준다는 원칙으로 사역하고 있다.

---

357 시저에 관한 이야기는 다음 책을 참고하라. Caesar Molebatsi, *A Flame for Justice* (Oxford: Lion Paperback, 1991).

한편, 시저는 YAM 뿐만 아니라 1982년에 설립한 에벤에셀교회의 담임목사로 사역하면서 흑인복음주의자들을 교육하는 ETHOS 신학교를 운영하고 있고, '의식 있는 복음주의자들'(CE: Concerned Evangelicals)이라는 새로운 조직을 구성했다. 이처럼 YAM사역은 그리스도의 복음사역이 어떻게 총체적 사역으로 전개될 수 있는지 보여준다.

익투스 선교회

익투스 선교회는 런던 빈민가에서 총체적 복음사역이 어떻게 이루어질 수 있는지 보여준다. 익투스 선교회는 1974년 9월 런던 동남부 포레스트 힐(Forest Hill)의 한 모임에서 시작했다. 선교회는 복음전도와 가난한 자에 대한 사역을 특별한 방법으로 결합함으로 빠르게 성장했다. 많은 교인이 구제사역을 통해 교회에 나오기 시작했는데, 현재 매주 평균 약 2천 명의 성인과 7백 명의 아이들이 모이는 모임으로 발전했고, 30개의 회중으로 나누어 예배를 드린다.

오늘의 익투스 선교회가 있기까지 헌신한 수많은 사역자 중 초창기 지도자였던 포스터(Poster) 부부를 소개한다. 로저 포스터(Roser Poster)는 케임브리지 대학교에서 예수님을 영접했다. 그 이후, 허드슨 테일러 선교사의 책을 통해 복음전도의 열정을 키워갔다. 하나님은 그의 마음에 가난한 자들에 대한 깊은 관심을 심어주었다 심어주셨다. 졸업 후 왕실경비대(British Household Division)에서 장교로 근무할 때, 자신이 속한 부대의 교회를 부흥시키고 막사의 분위기를 바꾸었다.

같은 기간에 하나님은 페이스(Faith)에게도 비슷하게 역사하셨다. 그녀는 4살 때 그리스도를 영접하고, 14세에 소명을 받았다. 오순절교회에 다니며 성령의 역사를 강하게 체험했다. 해외선교사가 되기 위해 전공을 영문학에서 간호학으로 바꾸었다. 로저를 만난 후 그녀는 로저와 함께 다른 땅으로 가서 전도하기 전에, 현재 살고 있는 땅에서 버림받은 자들이 모여 있는 런던의 무직자들과 마약중독자들을 위해 사역하자고 했다. 결혼선물로 받은 돈으로 런던 근교의 켄트(Kent)에 낡은 집을 사서 버림받은 자들을 섬기는 사역을 시작했다. 포스터부부는 3년 반 동안 그들을 위해 식사를 준비하고, 빨래를 하고, 음식을 대접하고 보살폈다.

1974년에 영국 복음주의연맹이 지역교회를 후원하는 Power Project를 통해 정부가 지은 주택에 사는 노동자들로 구성된 교회를 개척했다. 이것이 익투스 선교회의 출발이었다. 선교회는 처음부터 복음전도와 사회봉사를 병행했다. 광고지의 전화번호를 보고 도움을 요청하는 사람에게 실제적이고 구체적인 도움을 주는 Jesus Action 사역은 사람들을 그리스도께 효과적으로 인도하는 사역이 되었다. 정원손질, 아기 돌보기, 시장보기, 노인, 장애인, 편부모를 방문하여 그들을 돕고 차량이 없는 환자를 무료로 병원에 데려다 주는 일 등을 했다. 그렇지만 사람들에게 예수님을 믿으라고 강요하지는 않았다. 오히려, 그들이 스스로 질문을 던지도록 했고, 그러한 방식으로 많은 사람이 그리스도를 만났다.

이것이 익투스 선교회가 채택하고 있는 복음사역이다. 그들은 친근하고 여유 있고 '교회의 냄새가 나지 않는' 맥락에서 비그리스도인 이웃을 만날 수 있도록 여러 방법을 모색한다. 어떤 점에서 복음전도와 사회사역을 구분하지 않는데, 교회의 사명으로서 전도는 말과 행실과 기적을 통해 이루어져야 한다고 보기 때문이다. 물론, 사회봉사의 모든 행위를 전도로 보지 않는다. 전도는 그리스도의 능력으로 이루어지기 때문이다.

익투스 선교회의 사역은 크게 교제, 훈련, 선교로 나누어진다. 진정한 돌봄과 공동체가 있는 초대교회의 모습을 이루는 것을 목표한다. 몇 개의 마을 그룹이 모여 하나의 회중을 형성하는데, 이러한 회중이 런던 주변에 30여개가 있다. 이 회중은 한 달에 세 번 전체적으로, 그 외의 주일은 그룹별로 모인다. 한 달에 두 번 익투스 선교회 전체가 모인다. 훈련은 익투스 선교회의 중심적인 요소이다. 그리스도인들을 위한 초기 제자훈련 프로그램인 스타트라이트(Startrite), 성숙한 신자를 위한 훈련 프로그램, 성경적이고 신학적인 작업을 익투스 생활에 실제적으로 적용하는 네트워크 프로그램이 있다.

무엇보다도 익투스 선교회에서 선교사역이 가장 풍성하게 이루어진다. 선교회는 사용할 수 있는 사회사역의 모든 방법을 동원해서 복음을 증거한다. 회중의 지도자인 이안 킹(Ian King)은 공원의 주일예배, 가정의 비디오 파티, 크리스마스 기념행렬 등의 모든 방법으로 사람들을 불러 교회 사람들과 대화를 많이 하도록 시도한다.

청소년 사역 중의 하나인 "브라운 베어 펍(Brown Bear Pub)"은 마약, 폭력, 무주택, 인종적 긴장으로 가득한 런던 뎁트퍼드(Deptford)의 청소년들을 위한 사역이다. 이 사역은 청소년 문화를 잘 반영하는 교회를 지향한다. 매일 문을 열고, 금요일에는 교회로 모여 주간 예배를 드린다. 그들은 춤을 추고, 노래하며, 성과 마약 같은 주제에 대해 토론하고, 서로를 위해 기도한다. 그 모임의 지도자들은 청소년들을 도와 마약에서 벗어나도록 도와준다.

"물고기 주전자 연극단"도 익투스 선교회의 특색 있는 선교방식들 중의 하나이다. 대학에서 드라마를 전공했던 부부가 그 모임의 지도자인데,

이 연극을 통해 많은 사람들이 그리스도를 믿게 되었다. 매월 세 번 금요일 저녁에 드라마, 음악, 미술, 건축, 무용을 포함한 다양한 예술 행사들을 통해 기독교 색채가 강하지 않으면서 성경적인 메시지를 담은 예술을 하고 있다.

이 외에도, "60세 이상 클럽", "엄마와 아기 그룹", 원치 않는 아이를 임신한 여성들을 돕는 "힐탑 위기 임신센터", 도심의 가난한 이웃을 섬기기 위한 유아원과 초등학교 운영, 실업자를 도와 일자리를 찾아주는 프로그램인 "페컴 복음주의 교회 행동 네트워크"(PECAN, Peckham Evangelical Churches Action Network) 등 기독교 색채를 강하게 드러내지 않으면서 효과적으로 관계를 형성함으로 전도와 사회사역을 결합하는 시도를 했다. 이는 바로 익투스의 중요한 전도전략이다. 이 사역에서 기독교 신앙은 표면에 드러나지 않고, 직접적으로 전도에 관여하지 않는다. 그렇지만 그 모든 스텝은 헌신된 그리스도인이다.

인도의 빈민을 위한 비네이 사무엘(Vinay Samuel) 부부의 DSCA 복음사역

비네이 부부의 사역은 인도처럼 다종교문화에서 복음전도와 사회적 변혁을 함께 추구하는 총체적 복음사역을 어떻게 효과적으로 수행할 수 있는지 보여준다. 비네이 부부는 인도벵갈루루(Bengaluru) 성요한교회(St. John's Church)를 떠나 빈민들이 사는 링가라자푸람(Lingarajapuram) 교회로 옮긴 후 총체적인 복음사역을 시작했다. 현재 이 사역은 5천명의 빈민을 섬기는 사역으로 성장했다.

이를 위해, 하나님은 비네이와 콜린(Colin)을 각각 준비하셨다. 콜린은 성공한 사업가의 딸로 일류학교를 졸업하고 안정된 삶을 살았다. 하지만,

하나님은 그녀가 가난한 사람에 대한 관심을 품도록 하셨고, 십대 후반에 그리스도를 영접했을 때 그녀의 마음에 사회의 약자를 섬기려는 강한 소망을 주셨다. 비네이도 부유한 가정에서 자라났다. 1969년부터 1972년까지 인도의 한 신학교에서 가르치면서 인도의 빈곤에 대해 공부할 수 있었다. 가난한 자들에 대한 선지서에 나오는 선지자들의 외침은 늘 그의 마음에 부담이었다. 그런데 사회참여에 치우쳤던 당시 에큐메니컬 운동도 그에게는 만족스러운 방안이 아니었다. 그러던 가운데, 1972년부터 1975년까지 영국의 케임브리지 대학교에서 석사과정을 공부했고, 그 후에 비네이 부부는 성요한교회가 있는 인도의 방갈루루에서 사역을 시작했다.

경제적으로 안정된 사람들이 있는 그 교회에서도 그들은 준비했던 사역을 마음에 두고, 1975년에 방갈로르 교외에 있는 빈민가인 링가라자푸람에 가서 하루에 두 시간씩 사역했다. 가난한 어린이들을 위한 학교를 시작했고, 고아원, 직업교육프로그램, 진료소 등을 운영했다. 그러다가 1983년에 성요한교회에서 링가라자푸람의 교회로 목회지를 옮겼다. 링가라자푸람에는 1, 2층 벽돌집들이 무질서하게 세워졌고 그 뒤에 방이 한 칸의 작은 움막집이 있었는데 링가라자푸람의 전체 인구 중 절반이 그 곳에 거주했다. 링가라자푸람의 전체 인구 중 50%는 가난하고, 20%는 아주 빈곤했다. 아이들 중에 30%는 교육을 전혀 혹은 거의 받지 못했다.

비네이 부부는 그곳에서 디브야 산티 기독교협회(Divya Shanthi Christian Association: DSCA)의 총체적 지역개발사업에 더욱 깊이 관여했다. 오늘날 비네이는 DSCA의 대표로, 콜린은 행정 책임자로 섬기고 있다. 비네이 부부의 총체적 복음사역은 50%가 힌두교도고 40%가 무슬림이고, 10%만이 그리스도인인 링가라자푸람의 종교다원적인 상황을 염두에 두고 복음사역을 전개하고 있다. DSCA의 핵심리더는 헌신된 그리스도인들이지만, 나머지 스텝은 지역사회의 다양한 종교적 배경 출신이다. DSCA는 비그리스도인들 직원도 존중하고, 그들을 강압적으로 회심과 세례로 이끌지 않는다. 조급하게 회심을 촉구하지 않고, 모든 사람의 신뢰를 얻으면서 지역사회의 변화를 일으키면서 복음전도사역을 하고 있다.

물론, DSCA는 기독교 신앙을 감추지 않는다. 모든 프로그램은 매일 그리스도에 대한 헌신과 기도로 시작하며, 힌두교도, 무슬림, 그리스도인 스텝은 모두 성경공부와 기도회에 참석한다. DSCA는 사회변혁을 위해 타종교인들과 함께 사역하면서도 성경의 진리를 타협하지 않고 복음을 전하고 있다. DSCA는 타종교스텝에게 '당신의 신들에게 기도하라'고 말하지 않고, 오히려 '우리는 그리스도께 기도합니다. 그 분만이 참하나님이시기 때문입니다'라고 말한다. 비네이는 이것을 "길을 닦는 전도"(evangelism of the way)라고 말한다. 이렇게 그들은 공식적인 세례를 받기 오래 전부터 '은밀한 그리스도인'이 되는 것이다. 그들 중에 일부는 때가 되었을 때 값비싼 사회적 대가를 지불하는, 때로는 위험한 기독교의 세례를 받는다.

DSCA의 사역은 크게 5가지로 나누어볼 수 있다. 그것은 학교, 어린이 양육, 지역개발, 경제발전, 영적 생활과 예배와 전도이다.

(1) DSCA 학교는 1967년 콜린이 링가라자푸람의 빈민가에서 학교에 갈 돈이나 옷이 없어 거리를 나도는 가난한 아이들을 나무 밑에 모아놓고 가르치기 시작한 것으로 출발했다. 이제 1000명의 학생이 유아원과 초, 중고등학교에서 공부하는데, 정신질환을 앓는 35명의 아이들을 위한 "특별"학급도 있다. 수많은 거리의 아이들이 이 학교에서 교육을 받고, 예수

님을 영접한 후, DSCA의 중요한 부서의 사역자로 일하고 있다.

(2) DSCA의 두 번째 사역은 양육이다. "어린이 양육 프로그램"을 통해 300명의 아이들이 4개의 기숙사에서 살 수 있게 되었다. 아주 가난한 가정에서 생활하는 450명의 아이를 후원하는 "가정지원 프로그램"은 의류, 책, 의료서비스, 부모들을 위한 가족계획, 가치관, 생활개선교육 등이 함께 삶을 변화시키고 있다. 여학생 기숙사는 한 여자아이가 콜린을 찾아와 도와달라고 간청함으로 시작되었다. 경건의 시간, 주일예배, 성경퀴즈, 기도 중심의 기숙사 생활에서 많은 아이가 그리스도를 영접했다.

(3) DSCA의 세 번째 사역은 지역개발이다. 70명에서 80명의 여성들에게 읽고 쓰는 것을 가르쳐주는 "성인 문맹 퇴치 프로그램"을 비롯하여, 미취학아동들을 대상으로 예비교육을 하는 "도어스텝 센터", 쓰레기를 수거하고 거리를 청소하는 일을 하는 "깨끗하고 푸른 링가라자푸람"이라는 지역조합에 이르기까지 다양한 사업을 전개한다. 이색적인 프로그램들 중 하나는 경찰과 협력하여 구타당한 여성들을 돕는 사역이다. 처음에 경찰이 상담을 위해 여성들과 부부를 DSCA로 보냈으나, DSCA는 경찰서 안에 이들을 돕는 부서를 만들었다. 콜린은 경찰서의 위원회에서 이 프로그램을 정착하는데 도움을 주었고, 후에 특수 경찰공무원으로 임명되었다.

(4) DSCA의 네 번째 사역은 가난한 자들에게 경제적 토대를 마련해주는 사역이다. 가난한 여성을 훈련시키고 직업을 제공하는 "여성직업센터"는 매년 25명의 젊은 여성이 의류공장의 자격증을 획득하기 위해 훈련을 받는다. 이들이 이 센터에 오지 않았다면 강제로 윤락가로 넘겨졌거나 집에서 어려움을 당했을 것이다. 이 센터는 학교를 중퇴한 소년들에게 직업훈련을 시키고 있다.

이 외에도 소기업 원조 프로그램은 소규모 융자를 통해 소기업을 돕는 사역이다. 가난한 사람들은 주로 과일상이나 바느질 등을 하고 사는데, 대출 이자율이 너무 높아 사업을 확장하지 못한다. 1986년 이후 이 프로그램을 통해 200여 가정의 생활이 개선되었다. 특히, 이 사업은 뒤에 소개할 데이비드 부소의 Opportunity Network와의 연계 속에서 효과적으로 수행되었다. 비네이과 데이비드는 1978년부터 소규모 융자를 통해 가난한 사람들이 자립할 수 있는 길을 열어주었다. 이 사업으로 가난하 이들이 그리스도께 나아왔다.

(5) DSCA의 다섯 번째 사역은 영성생활, 예배, 그리고 교회개척이다. 사실 기도, 성경공부, 그리스도를 전하는 것은 다른 모든 프로그램에서 이루어지고 있으므로 어떤 의미에서 이 영역을 따로 구분하는 것은 무의미하다. 그럼에도 이를 위한 전문사역자들이 있다. DSCA의 여러 프로그램에 관련된 가정을 방문하고, 아픈 이들을 위해 기도하며, 성경을 가르치고 복음을 전하는 유급 전도자, 지역교회 담임목사면서 동시에 DSCA의 신앙활동을 관할하는 사역자도 있다. 이렇게 사역하는 동안 DSCA는 1992년에 3개의 교회를 개척했다.

이처럼 DSCA의 총체적 복음사역은 종교다원적인 인도의 상황에서 예수 그리스도의 복음의 빛을 어두움 가운데 살아가고 있는 이들에게 밝게 비춰주고 있다.

롤리 워싱턴 목사와 글렌 케레인의 총체적 복음사역-인종화합의 모델

시카고 지역의 총체적 복음전도사역은 롤리 워싱턴(Raleigh Washinton) 목사의 우리 구원의 반석교회(Rock of Our Salvation Church, 이하 반석교회)

와 그 교회 장로로 서클 도시선교회의 행정책임자로 일하는 글렌 케레인(Glen Kehrein)을 통해 성공적으로 이루어지고 있다. 이 교회는 크게 성장하고 있으며, 매년 약 3만 명의 사람을 섬기는 대규모의 지역회관을 운영하고 있다. 서클 도시선교회(Circle Urban Ministry, CUM)는 오래된 집을 복구하며, 도심의 사람들에게 직업훈련을 시키고, 소기업을 육성하며, 진료소와 법률상담소를 운영한다. 즉, 총체적 복음사역을 추진하는 교회요 선교회다. 롤리와 글렌의 특별한 신뢰와 협력의 관계는 인종화합의 모델도 제시하고 있다.

반석교회는 성공적인 다인종 교회이다. 이 교회는 사도 바울이 하나님과 인간 사이의 화목 뿐만 아니라, 문화와 종족 사이의 화해를 위한 복음을 전했다고 주장한다. 복음이 추구하는 인종간의 화합을 설교하는 교회는 많지만, 그것을 또한 실천하는 교회를 찾기 쉽지 않은데, 이 교회가 그러한 교회들 중의 하나다. 롤리와 글렌은 모두 개성이 강하고 열정적인 사람으로 모두 인종화합을 위해 부르심을 받았다고 느끼고 있다. 그리고 그들이 보여주는 상호신뢰와 깊은 존경, 그리고 협력은 온 교회에 하나의 모범이 되고 있다.

롤리와 글렌은 *Breaking down Walls*에서[358] 모든 그리스도인은 인종화합을 위해서 부름을 받았다고 주장한다. 반석교회도 이를 위해 "흑백크림"이라는 행사를 한다. 흑인교인과 만나는 '초콜릿'시간과, 백인교인과 만나는 '바닐라' 시간을 통해 자신의 느낌과 관심사를 허심탄회하게 나누도록 격려한다. 그 후 정직하고 또 직접적으로 차이점을 다루는 "흑백크

---

[358] 이 책은 1993년에 Moody 출판사에서 나왔다.

림 대화"에 참여하게 하여 서로를 이해하며 하나가 되는 교회가 되도록
한다.

이 사역은 롤리와 글렌 두 사람의 이야기에서 출발한다. 글렌은 작은
백인마을에 있는 복음적인 가정에서 자라났는데, 성인이 될 때까지 흑
인과 한 번도 대화하지 못했다. 그런데 나중에 무디성경학교(Moody Bible
Institute) 근처의 빈민가에서 청소년 클럽을 이끌면서 흑인들의 고통을 깨
닫기 시작했다. 1971년에 복음주의 진영의 초(超)인종사역을 하는 서클교
회와 접촉했다. 서클교회는 글렌에게 지역회관을 담당하게 했다. 70% 이
상이 흑인으로 구성된 사우스 오스틴(South Austin)에서 상담, 법률 프로그
램 등을 시도했다. 그렇지만 인종분규로 교회에 큰 문제가 일어나자 서클
지역회관도 타격을 입었다.

서클교회와 공식적인 관계는 끝났지만, 서클지역회관은 계속 성장했
다. 그렇지만 지역회관이 전도보다 지역개발에만 더 관심을 갖게 되자 글
렌의 마음은 어두워졌다. 이는 지역회관이 복음주의를 따르고 있었음에
도 대중전도를 무의미하게 여기고 있었기 때문이었다. 결국, 서클지역회
관은 복음전도의 요소가 빠진 전형적인 기독교 사회기관이 되었다. 이 문
제를 해결하기 위해 하나님은 롤리 목사를 준비하셨다.

롤리는 매우 가난한 흑인 가정에서 자라나 훌륭한 군인이 되었다.
ROTC를 통해 성공적인 군인 경력을 쌓아 1977년에 센 주안 인사부를 책
임지는 대령이 되었다. 그러나 동료 백인장교의 인종차별로 인해 완전한
연금혜택을 받고 퇴역할 수 있는 상황에서 부당히 파면 당했다. 그 이후,
하나님의 인도로 트리니티 신학교(Trinity Evangelical Divinity School)에 입학
했다. 한 교수의 소개로 서클지역회관에서 교회를 시작했다.

롤리와 글렌은 서로 조심스러웠다. 롤리는 가난한 흑인 빈민촌으로 들어가 사역하고 싶지 않았고, 글렌은 롤리와의 사역을 통해 인종의 담을 극복할 수 있을지 염려했다. 그러나 롤리는 가난한 자들에 대한 글렌의 헌신에 깊은 인상을 받았다. 1983년 롤리는 사우스 오스틴으로 이사했고 지역회관에 오는 이들에게 복음을 전하기 시작했다. 처음에 회관의 스텝들이 롤리목사님의 전도 프로그램들을 반가워하지 않았다. 그러나 롤리는 복음전도가 지역회관의 원래 비전이었음을 상기하도록 했다. 글렌 부부는 롤리가 이끄는 교회에 등록했고, 글렌은 롤리를 지역회관의 이사장으로 추천했다.

롤리의 전도의 열정으로 인해 서클도시선교회의 사역의 방향이 변화되었다. 롤리는 서클도시선교회에 소속된 의사, 변호사, 교육자들 모두 복음전도에 대한 관심을 가져야 진정한 교회성장이 일어날 수 있다고 글렌에게 말했다. 이에 글렌은 모든 직책을 수행하기 위한 자격요건 안에 "전도의 마음"을 추가했고, 그 이후 5년 동안 스텝 대부분이 변화되었다.

롤리가 온 이후 10년째인 1993년에 반석교회와 서클도시선교회는 밀접하게 연결되었다. 글렌은 교회 장로회 의장으로, 롤리는 지역회관의 이사장으로서 사역한다. 교회 목사중 3명은 지역회관의 목사로도 사역하며, 교회는 또한 회관의 체육관에서 회집한다. 두 기관 모두 성장하고 있다. 반석교회에 350명의 사람들이 출석하는데, 30%가 백인이고 나머지는 흑인이다. 1994년 서클도시선교회의 예산은 진료소 운영비와 저소득층을 위한 300채의 주택을 임대하는 조직의 운영비를 제외하고도 200만 달러나 되었다.

서클도시선교회의 프로그램은 응급구호, 주택사업, 직업훈련, 소기업

육성, 교육, 청소년 프로그램, 의료봉사, 법률자문, 목회 등의 영역 등에서 다양하게 추진하고 있다. 1992년에 응급구호사역을 통해 만 명의 사람들을 돌보았다. 응급구호사역은 임시주택사역과 밀접히 연관하여 사람들을 돕고 있다. 선교회 소속 목회자들은 이 사람들을 심방하면서 영적인 필요를 채우고 돌본다.

또한 직업훈련과 소기업육성 사역을 하고 있다. 1992년에 저소득층과 직업능력이 없는 200명의 남녀를 대상으로 직업예비훈련을 실시했다. 그런데, 이제 선교회는 점차 직업 소개보다는 직업창출 혹은 소기업개발로 사역의 방향을 전환하고 있다.

어린아이들을 위한 여름 교육캠프, 성인을 위한 GED 프로그램, 그리고 매년 약 100명의 도심 어린이들(6세부터 13세까지)이 참여하는 기드온 캠프 등이 교육프로그램이다. GED 프로그램은 특히 성인을 교육하여 고등학교 과정을 수료하도록 하는 프로그램이다. 이 프로그램에 공식적인 성경과목은 없지만, 그리스도인 교사들이 한 주에 한 번 이상씩 원하는 사람들에게 기도회를 열어주며, 공개적으로 신앙토론을 유도한다. 이 외에도 지역 청소년들의 인격과 영성을 개발하는 청소년 프로그램, 어려운 사람을 위한 의료봉사와 상담 진료소 사역, 무료 법률 자문사역도 있다.

그러나, 무엇보다도 서클도시선교회의 중심적인 사역은 복음전도다. 롤리 목사가 설정한 방향을 따라, 선교회는 복음전도에 초점을 맞추는 목사를 고용한다. 그리고 반석교회와 함께 여름마다 "추수" 전도 행사를 주관한다. 1985년에 첫 번째로 목사를 고용했는데, 이는 복음전도를 지역 회관의 핵심적인 사역으로 삼으려는 의식적인 노력의 표현이었다.

뉴질랜드의 테 아타투 성경교회

테 아타투 성경교회(Te Atatu Bible Chapel)는 새로운 회심자 중에 가난하고 직업이 없는 이들이 있는 것을 알게 되었다. 이에 여러 사역을 개발하여 그 신자들과 다른 어려운 이들을 돕는 일을 시작했다. 마약 중독자들의 회복을 돕기 농장을 세우는 일, 저렴한 비용의 공동 아파트와 응급 주거시설 마련, 무이자 신용대출 지원, 기독교 서점 운영 등의 사역을 추진했다. 그 결과 1978년에 성인과 청소년을 통틀어 90명이었던 교회가 1988년에 650명으로 성장했다.

이러한 방식의 전도는 그 교회의 비전선언문에도 표현되어있다.[359] 교회가 제시한 비전은 세상의 방식과 사고와 반대되는 생활을 추구함으로 하나님께 영광과 찬양을 돌리는 것이다. 사회적인 문제와 영적인 필요가 있는 이들에게 다가가 관계를 형성하여 그들에게 영적인 필요가 열렸을 때 기도하면서 복음을 전한다.

'기독교 파도타기 모임'도 유사한 접근방식을 채택하고 있다. 첫째는 사람들을 존중하고 신뢰를 얻는 것이고, 둘째는 이후 사람들의 마음이 열렸을 때 복음을 전하는 것이다. 이와 같이 복음전도가 직접적으로 드러나지 않는 사역 중에 모험 프로그램이 있다. 여기에 예배와 기도는 거의 없지만 앞으로 일어날 변화에 도움을 주고 있다.

공개적으로 복음을 전하는 프로그램도 있다. '그리스도를 위해 모터사이클을 타는 사람들의 모임'이 바로 그런 프로그램 중 하나다. 이 프로

---

359 "우리는 교회가 새로운 사회라는 것을 압니다. 우리는 서로를 위해 봉사하며 짐과 책임을 집니다. 우리는 자발적으로 우리의 수입보다 낮은 생활 수준(때로는 훨씬 더 낮은)을 택합니다. 우리는 빈곤의 원인을 바로잡을 뿐만 아니라 가난한 자들의 당면한 필요를 채워줍니다."

그램은 모터사이클을 타고 거리를 돌아다니면서 친구들을 사귄 후 적당한 기회가 왔을 때 예수님을 전하는 것이다. 이 외에도 병원에 차를 태워주는 일, 아이 돌보기, 청소 등을 제공하는 "Massey 돌보는 자 모임", 어려운 가정에 필요한 헌옷을 공급하는 "의류교환 프로그램", 소년들을 위해 기숙사를 운영하는 "돌봄과 나눔", 교인에게 값싸게 채소를 공급하는 "채소협회" 등을 통해 테 아타투 성경교회는 그리스도의 이름으로 복음을 전한다.

그렇지만 테 아타투 성경교회의 "관계를 통한 복음전도"는 복음보다는 사회적 책임을 지는 일에 치우칠 수 있다. 이에 교회의 지도자인 브라이언 해서웨이(Brian G. Hathaway)는 복음전도의 열정으로 시작한 위대한 사회사업이 박애활동이라는 껍데기로 전락하지 않도록 노력했다. 그는 사역자들이 직장에 있든, 사회사역을 하든, 스포츠 클럽활동을 하든, 항상 어디서나 자신의 신앙을 나누도록 권했다.

물론, 이 사역이 선교라는 외적 영역만을 위한 것이 아니다. 공동체 생활을 위한 사역도 중요하다. 예배, 소그룹 모임, 경제적 나눔 프로그램이 여기에 해당한다. 특히 경제적 수준이 낮은 교인으로 구성된 테 아타투 성경교회에서 경제적 나눔 프로그램이 더욱 효과적이다. "움직이는 행동"에 소속된 집사들이 이끄는 이 프로그램은 교회의 가난한 사람들이 적당한 치료를 받을 수 있도록 돕는 "라파의료기금"에 속해있다. 부유한 교인과 가난한 교인의 참여로 조성된 기금은 교회 안에 극히 가난한 10-20명의 교인의 의료비로 사용된다.

이 외에도 이레음식은행을 통해 극빈자의 가정에 음식을 무료로 배급하고, 교회의 기금으로 낮은 이자 혹은 무이자로 융자를 받게 한다. 교회 안에서의 경제적 나눔 프로그램은, 교회가 공동체라는 분명한 가르침과 더 가진 교인들이 교회 안에서 자신의 것을 넉넉히 나누려는 마음이 합쳐져서 전개되고 있다.

테 아타투 성경교회의 특징적인 철학 중 하나는 교회 리더들이 이 사역을 운영하거나 통제하지 않는다는 것이다. 그들은 단지 큰 그림을 그려줄 뿐이고, 그 후에 교인들이 직접 계획하고 그것을 효과적으로 추진할 수 있도록 돌봐주고 지원해주는 일을 한다. 교회 리더들은 사회 사역을 감독하지 않는다. 단지 사역하는 사람들을 양육하고 지도하고 지원하는 데 초점을 맞추고 있다. 물론, 이 접근방식으로 인해 교회의 여러 사역이 중복되게 하거나 프로그램을 느슨하게 운영하여 혼선에 빠지게 되는 약점이 있을 수 있다. 그럼에도 테 아타투 성경교회는 사회적 관심과 복음 전도를 하나로 묶어 복음사역을 성공적으로 수행하고 있다.

인도네시아 발리 힌두교 문화 속의 사역자 웨이얀 마스트라

인도네시아의 발리 교회는 힌두교 신앙이 강한 지역에서 복음전도사역을 어떻게 효과적으로 성취해갈 수 있는지 보여준다. 이곳에서 전통적인 힌두교에서 기독교로 회심을 하려면 재산, 친구, 가족은 물론이고 장례식까지도 포기해야 한다. 그럼에도 발리의 교회는 지역의 문화를 존중하면서 이를 변혁하는 방식으로 복음사역을 수행하고 있다.

인도네시아는 15세기와 16세기를 거치면서 대부분이 이슬람지역이 되었으나, 발리는 힌두교 지역으로 남아있다. 조상숭배, 정령, 주술, 힌두교가 독특하게 혼합하여 고유한 문화를 형성하고 있다. 가정마다 신사(神社)가 있으며, 개인의 정체성은 땅, 조상, 마을의 의식과 아주 깊이 연결되어 있어서 종교를 바꾸면 지역사회에서 강한 적대감이 일어난다.

이러한 상황에서 1929년에 순회선교사들의 사역으로 발리에 복음이 뿌리를 내리기 시작했다. 그렇지만 이들은 회심자에게 발리의 문화와 분명히 단절할 것을 촉구했다. 그 결과 이들은 혹독한 핍박을 받았다. 원주민들이 그들의 밭을 불사르고, 농작물을 망가뜨리고, 마을에서 어떤 의식도 허락하지 않았다. 당시 이 섬을 식민지배하고 있었던 네덜란드는 그리스도인들을 블림빙사리(Blimbingsari)로 깊은 정글로 이주하게 했다. 힌두교도들의 예상과 달리, 그리스도인은 거기서 번성하여 1970년 경제개발 프로그램 후에 발리에서 가장 깨끗하고 발전된 마을 중 하나가 되었다. 그 후에 복음사역은 복을 받아 많은 사람이 회심했고, 1965년에 성도가 6천 5백 명이 되었다.

웨이얀 마스트라(Wayan Mastra)는 힌두교 문화에서 효과적인 복음사역을 감당했다. 그는 힌두교 가정에서 태어났지만 아버지의 도움으로 고등학교를 마친 후, 자바에 있는 기독교 대학에 진학했다. 그는 대학에서 그리스도를 영접했고, 신학을 공부하기 위해 자카르타로 향했다. 1961년에 목사 안수를 받아 발리의 싱가라자(Singaraja)에서 사역했다. 4년간 사역하면서 350명에게 세례를 베풀고 다섯 교회를 개척했다. 그러나 1965년 공산당의 압박으로 사역을 더 이상 할 수 없어 고국을 떠나 미국에 갔다.

1971년 마스트라는 고국으로 돌아와 힌두교 문화에서 추진할 수 있는 새로운 목회 방식을 채택했다. 곧 힌두교 문화를 존중하면서 복음으로 변화시키는 방식이었다. 마스트라는 힌두교 이웃의 신앙을 공격하지 말라고 권면했다. 이는 그리스도인의 증거가 공동체를 파괴하는 것이 아니라 그것을 변화시키는 것으로 보았기 때문이다. 그는 전통적인 발리인들이 악한 영들, 권세 있는 자의 억압, 화장(火葬)으로 인한 엄청난 비용 등으로 염려하고 두려워한다는 사실을 깨닫고 기독교 신앙이 그런 필요를 채울 수 있을지 고민했다.

마스트라의 새로운 선교정책은 경제개발에 초점을 맞추고 있다. 이 정책은 호주의 사업가이자 건축가인 데이비드 부소(David Bussau)의 지원으로 더욱 효과적으로 진행되었다. 부소의 가족은 1971년 말에 블림빙사리에 와서 교회 재건축, 댐과 수로를 건축했다. 이 댐으로 그리스도인과 힌두교도는 두 배의 수확을 거두었다. 또한 부소 부부가 건축한 교회는 기독교 공동체 안에 발리의 건축과 예술을 도입하는 마스트라의 비전을 구체화 한 것으로, 현재는 1000여명의 성도들이 이곳에서 예배를 드린다. 이 외에도 블림빙사리 진료소는 주위 힌두마을에서 봉사하고 있다.

1972년에 봉헌한 다냐푸라는 교회를 위한 문화 및 교육센터로 목회자와 평신도들을 위한 성경훈련 뿐만 아니라 직업훈련센터와 관광객을 위한 호텔로도 활용된다. 여기서 2000명이 넘는 학생이 관광산업훈련 프로그램을 마쳤다. 이 프로그램은 직업창출 뿐만 아니라 관광산업의 심각한 해악을 막기 위한 일도 수행했다. 관광산업으로 수많은 관광객으로 인해 유흥업, 질병, 사회의 타락 등이 나타났기 때문이다. 그래서 이 프로그램에는 경건의 시간과 기독교 윤리가 있다.

신용회전 계획은 개인과 그룹에게 시장 이자율로 소규모 융자를 받게 하여, 이들이 새로운 직업과 수입을 창출하는 성공적인 소기업으로 발전할 수 있었다. 이 계획으로 MBM을 조직했다. MBM은 인도네시아의 다른 지역으로 빠르게 확산되어 힌두교도에게 그리스도의 사랑을 보여주고 있다. 1983년부터 1991년까지 MBM은 8,998건의 융자를 제공했고, 이를 통해 22,638개의 새로운 일자리를 창출했다. 이 융자는 85% 이상이 힌두교도들에게 제공된다. 그 결과 힌두교 사회는 점차 기독교를 더 받아들이고 있다. 이는 그리스도인들이 그들에게 수없이 융자를 해주었고, 도로와 교량, 이동진료소, 훈련 프로그램, 교육의 기회들을 제공해주었기 때문일 것이다.

쌀 은행도 중요한 사역이다. 아주 가난한 농부들이 고리대금의 폭압에서 벗어나는 것을 도와주기 때문이다. 저장시설이 없는 가난한 농부들은 추수기에 쌀을 매우 낮은 가격으로 팔고, 나중에 먹을 쌀과 종자를 훨씬 높은 가격에 사야했다. 쌀 은행은 쌀을 저장하고 또 싼 이자로 융자도 받을 수 있도록 하여 필요할 때에 먹을 쌀과 종자도 구입할 수 있게 도와준다. 이렇게 하여 가난한 농부들이 어려운 상태에서 벗어날 수 있게 되었다.

1984년 교회회의에서 더 장기적인 안목에서 16년 계획을 세웠다. 1984부터 1988년까지 평신도 훈련과 교제, 1988년부터 1992년까지 선교, 1992년부터 1996년까지 봉사, 1996년부터 2000년까지 추수의 기간으로 정하고 다양한 사업을 추진하였다. 이와 같은 그리스도인들의 꾸준한 노력으로 힌두교도들이 그리스도인들을 과거보다 훨씬 더 열린 마음으로 대하게 되었다.

아직도 발리에서 공식적으로 그리스도인이 되는 것은 큰 희생을 요구한다. 그래서 어떤 이들은 그리스도인으로서 적극적인 신앙생활을 영위하기 위해 다른 곳으로 이사를 가는 경우가 많다. 발리 출신 그리스도인들이 인도네시아의 다른 섬, 특히 술라웨시(Sulawesi)에 세 배나 더 많이 살고 있는 것은 이런 이유 때문이다. 그럼에도 마스트라의 선교전략, 곧 지역의 문화를 존중하면서 추진하는 선교사역은 많은 사람에게 기독교가 힌두교보다 낫다는 확신을 가져왔다.

데이비드 부소(David Bussau)는 극빈층에게 소규모 융자를 해 주어 생계를 꾸려나갈 수 있도록 직업을 창출하는 사역과 복음전도에 헌신하고 있다. Opportunity Network는 1981년부터 1993년까지 가난한 소규모 업자 46,000명에게 돈을 융자해주고, 77,700개의 직업을 창출했다. 융자금액은 500불을 넘지 않으며, 1년 안에 적당한 이자와 함께 상환하도록 한다.

부소는 뉴질랜드 출신의 고아였다. 성공회가 운영하는 뉴질랜드 북부의 고아원에서 16년간 생활로 그는 하나님에 대한 신앙을 얻었다. 고아원 규칙을 따라 1956년에 홀로 고아원을 나왔다. 아무것도 없었지만 하나님에 대한 믿음과 비전으로 핫도그 장사를 시작했다. 핫도그 장사는 두 달만에 6명에게 핫도그 가판대를 빌려줄 수 있을 만큼 발전했다. 이에 그는 빵집을 얻었고, 이어 빵집을 팔아 비스켓 공장을 차렸으며, 그 후에 팬케이크 식당과 다른 소규모 업체를 열었다. 결혼한 후 아내와 함께 호주에서 건축업을 시작했다. 동업하던 기업을 매입했고 다른 건축회사를 세 개나 차릴 수 있을 정도로 성공했다. 그는 35세에 100만 달러가 넘는 자산을 보유한 기업인이 되었다.

돈을 더 많이 버는 일에 인생을 투자할 수 있었지만, 하나님은 그를 다른 방향으로 인도하셨다. 1974년 성탄절에 호주 북쪽 다윈(Darwin)에서 파괴적인 폭풍우로 피해를 입은 이들을 위한 긴급구호요청을 교회를 통해 전달받고 20명의 직원들과 함께 6개월 동안 피해복구 작업을 했다. 이후 그는 더 이상 돈을 버는 사업에 매력을 잃었다.

그 다음 해인 1975년에 부소 부부는 사업체 몇 개를 매각하고, 남은 사업을 신뢰할 만한 사람에게 맡긴 후, 온 가족과 함께 다윈으로 가서 1년 동안 복구작업에 헌신했다. 1975년에 인도네시아 발리의 블림빙사리의 기독교 마을에 가족과 함께 가서 수많은 프로젝트를 시작하고 댐, 교회당, 다리, 진료소, 관개시설 등을 건설했다. 부소 가족은 스스로 생활비를 충당하고 그 마을을 위해 기부금을 전달했다. 부소는 이 마을의 극심한 가난의 악순환이 터무니없는 이자율로 돈을 빌려서 살아야 하는 상황에 있다는 것을 간파했다. 이에 그는 악순환을 해결하기 위한 신용회전 프로그램을 시작했다.

부소는 적게는 25달에서 많게는 300달러를 융자해서 가난한 이들이 생계에 필요한 수입을 얻도록 도구와 물품을 구입하도록 도왔다. 이는 그들이 은행에서 돈을 빌릴 수도 없었고, 융자를 보증할 재산도 없어 고리대금업자에게 돈을 빌리게 되어 터무니없는 이율로 더욱 어려운 상황에 처했기 때문이었다. 부소의 소자본 융자는 가난한 자들이 다시 일어서게 하는 결정적인 방법이 되었다. 부소 가족은 블림빙사리에서의 2년 사역을 마치고 호주로 돌아갔다. 그러나 발리교회의 지도자였던 마스트라는 댜나푸라를 자급자족형 회의센터로 변형하기 위해 부소를 1980년에 다시 초청했다. 부소는 센터를 번창하는 사업으로 바꾸어주었고, 교회의 수입을 창출하는 프로그램들을 추진했으며, 호텔 경영훈련을 위한 프로그램을 개발하는데 참여했다.

1981년에 다시 호주로 돌아와 마라나타 재단을 세웠다. 이 재단은 신용회전 프로그램을 촉진하는 일을 한다. 부소가 발리에서 개발한 소규모 융자 프로그램은 빠른 속도로 인도네시아, 필리핀, 파키스탄 등으로 확산되었다. 인도네시아 술라웨시에서 시작된 TBL, 필리핀의 TSPL, 1986년에 파키스탄에 설립된 ADI가 그 대표적인 기관이다.

데이비드 부소와 Opportunity Network는 새로운 기관을 육성하고, 격려하고 자문하고 영감을 주고 있다. 그 목적은 헌신된 그리스도인이 사업을 하는 이들을 찾아 그들을 훈련하여 사업기술과 재능을 가지고 그리스도를 섬기도록 하는 것이다. 마라나타 재단은 "어떠한 조직도 그 재단의 이름으로 소유하지 않는다"는 원칙으로 이 일을 추진한다.

이 사역이 얼마나 많은 회심의 열매들을 거뒀는지 정확히 알 수 없으나 마라나타 재단의 사역이 하나님의 사랑과 명령을 실천하고 있는 것은 사실이다. 융자의 절반 이상은 비그리스도인에게 전달된다. 재단은 도움을 조건으로 그들에게 그리스도를 영접할 것을 강요하지 않으나, 그들이 원할 때 기쁜 마음으로 복음을 전한다. 이것이 바로 "시장전도"다. 모든 기관의 정관은 공개적으로 그리스도인에 의해 설립된 조직임을 밝히고 있으며, 이사진과 상급스텝들은 모두 그리스도인이다. 융자를 받는 이들은 그 기관이 기독교 기관이라는 것을 알고있다. 명시적인 기독교기관이 비그리스도인에게 융자를 해주고 가난을 극복하도록 도와주는 것은 그리스도인들의 신용도를 높이게 될 것이다.

론데일 커뮤니티 교회

론데일 커뮤니티 교회(Lawndale Community Church)는 예수님의 이웃사랑의 계명을 전인사랑의 차원에서 이해하고 추구하는 교회다. 교회의 전도 프로그램에는 진료소 사역이, 주택사업, 교육 프로그램 등 많은 사역을 위해 수백만 달러의 예산을 투입하고 있다. 이 사역을 통해서 최근에 한 해 동안에 100명 이상이 그리스도께로 나아왔다.

이 교회의 사역은 웨인 고든(Wayne Gordon) 목사의 생애와 함께 전개되었다. 웨인 고든은 고등학교 2학년 때 참석했던 한 여름 캠프에서 하나님께 헌신한 후에 "하나님이 나를 흑인들과 함께 일하기를 원하신다"는 소명을 받았다. 그 후 휘튼대학에 들어가 체육교사와 운동코치로 일한 준비를 했다. 그러다가 어느 고등학교의 코치가 빌리 그래함(Billy Graham)의 전도집회에서 그리스도를 영접하였다는 소식을 접하고, 바로 그 코치를 찾아가 자원봉사자로 일했다. 얼마 후에 그는 그 학교의 전임교사가 되었고 2주 후 론데일(Lawndale)로 이사했다.

론데일은 거주자의 비율이 반으로 줄어들고, 제조업체의 80%가 떠나 범죄, 마약, 빈곤 지역이 되어갔다. 고든은 이사한 지 두 주가 지난 후에 고등학생들과 성경공부를 시작했다. 고든은 결혼한 후 아내와 함께 학생들에게 그리스도를 전하며 그의 제자로 만드는 기나긴 일을 시작했다. 그렇지만 도심의 청소년들에게 맞는 성격의 교회가 필요함을 깨닫고 1978년 3월에 론데일 커뮤니티교회를 시작했다.

고든은 교회에서 총체적 도시선교를 시도했다. 깨어진 가정에서 자라난 이들의 좋은 친구가 되고, 함께하면서 무조건 그들을 사랑했다. 교회는 처음부터 "네 이웃을 네 몸과 같이 사랑하라"는 예수님의 명령을 실천했다. 교회가 15명으로 성장했을 때 지역사회가 필요한 것을 15개의 목록으로 정리하여 지역사회를 효과적으로 섬기는 사역을 추진했다.

론데일 교회의 모든 사역은 "전인(全人)을 사랑하려는 노력"으로 요약할 수 있다. '이웃사랑'의 계명을 실천하면서 이웃에게 하나님의 사랑을 보여주고, 이를 통해 교회가 비그리스도인과 관계를 유지한다. 그러면서 복음을 전하여 이웃들을 영적, 육체적, 정신적, 사회적으로 돌보는 것이다.

론데일 교회의 사역은 크게 기독교 건강센터 사역, 주택사업, 교육사역, 리더양성사역으로 나누어진다.

(1) 기독교 건강센터는 안과 및 에이즈환자를 위한 대규모 프로그램을 실시하고 있고, 연방정부가 책정한 빈곤선보다 낮은 생활 수준에 있는 무보험 가정의 아이들을 위한 프로그램을 운영한다. 그리스도인 의사들은 가난한 사람을 섬기는 자세로 급료의 3분의 1 또는 절반만을 받고 일한다. 환자의 20-25%는 물가변동에 따라 진료비를 내도록 한다. 만일 적은 액수도 낼 수 없다면, 20분 동안 일하게 한다. 이는 자신의 존엄성을 지키고 복지혜택에 의존하는 사고방식을 막기 위해서다. 의사와 접수인은 모두 헌신된 그리스도인으로 환자들과 개인적인 관계를 맺으려고 노력한다. 환자들과 함께 기도하며, 교회로 초대하거나 목사에게 인도한다.

(2) 두 번째 사역은 주택사업이다. "사마리아인의 집"은 집이 없는 가정을 위해 임시주택을 제공한다. 특별주택복구사업은 주민들이 빈집을 수리한 후, 3년 동안 임대/구입의 과정을 통해 그 집을 소유할 수 있도록 한다. 그들이 장차 거주할 그 집에서 700시간 내지 1000시간의 노동력을 투자하게 된다.

(3) 세 번째 사역은 교육사역이다. 대학을 준비하도록 돕는 5년 프로그램인 "대학준비 프로그램"과, 유치원에서 8학년까지 아이들을 위해 마련된 "론데일 교육진흥 프로그램"이 있다.

(4) 무엇보다도 교회가 초점을 맞추는 사역은 리더양성 사역이다. 차세대 흑인 그리스도인 리더를 양성하는 것이 핵심적인 비전 중 하나이기 때문이다. 다양한 청소년 프로그램, 특히 체육관의 운동시간을 통해 고든 목사는 그들과 관계를 형성하는 기회를 만들어왔다. 이를 통해 론데일교

회는 수많은 리더들을 양성해왔다. 15년 전만 해도 주민들 중 대학에 가는 사람이 거의 없었고, 대학에 간 사람 중에서 아무도 돌아오지 않았던 지역에서, 이 교회는 지난 10년 동안 50명이 넘는 학생들을 대학에 보내 졸업시켰고, 그 중의 반 이상이 론데일에 돌아와 헌신된 일꾼으로 사역하고 있다.

이처럼, 론데일 커뮤니티 교회는 복음을 말과 행동으로 전하는 사람을 세워 그들을 통해 이웃과 지역사회에 활력을 불어넣는 총체적 복음사역을 하고 있다.

스티브 초크의 오아시스 재단

스티브 초크(Steve Chalke)는 영국계 인도인 가정에서 태어나 인종차별로 평탄치 않은 어린시절을 보냈다. 교회에서도 늘 반항적인 아이였던 초크는 그래햄 켄드릭(Graham Kendrick)의 집회에 참석하면서 그리스도를 영접했다. 그 때 그는 남은 생애를 하나님의 말씀을 전하는 자로 살기로 결심하고, 런던 도심에서 가난한 자들과 노숙자들을 위한 청소년 기숙사, 병원, 학교를 세우겠다는 꿈을 키우기 시작했다.

도시의 목회자가 되어 가난하고 집 없는 자들을 돌보는 것이 하나님으로부터 받은 사명이라고 믿었던 초크는 스펄전대학(Spurgeon's College)에 들어갔다. 신학교에서도 도심의 가난한 이들을 위한 사역을 늘 염두에 두었다. 1981년에 졸업했을 때 그는 켄트 교외의 톤브리지(Tonbridge)에 있는 유명한 교회에서 청소년 담당목사로 청빙 받았다. 이를 고민했으나 그 곳에서의 사역이 나중에 도시사역에 도움이 될 것으로 생각하고 청빙을 수락했다.

켄트에서 4년간 사역하면서 그가 추진했던 성공적인 프로그램 중의 하나는 "크리스마스 크래커"(Christmas Cracker)였다. 이는 제3세계의 개발을 돕기 위한 것이었다. 가뭄이 몰아닥친 인도의 한 지역에 우물을 파는 데 소요되는 비용을 마련하기 위해 "거지들의 잔치"라는 행사를 추진했다. 이를 위해 값싼 제3세계의 음식을 영국의 시장가격으로 파는 임시식당을 운영했다. 최소 5천 파운드를 인도에 지원할 수 있었다. 그 이후 초크는 청소년 사역에 특별한 은사를 지닌 사역자로 인정받게 되었고, 나중에 켄트의 모든 교회의 청소년을 상대로 사역하다가 1985년에 오아시스 재단(Oasis Trust)을 설립했다.

오아시스 재단을 통해 이루어진 교회가 많이 부흥했다. 1900년에 1,000명의 성도를 유지하다가 1987년에 겨우 16명의 노인만 남게 된 한 침례교회가 초크가 구성한 16명의 청소년 팀의 활동으로 부흥한 일을 계기로 주변의 다른 9개 교회도 청소년 팀의 결성을 의뢰했는데, 이것이 "프론트라인 팀"(Frontline Teams)의 출발이 되었다.

오아시스 재단의 사역은 4가지의 영역으로 구분된다. 복음전도를 의미하는 "커뮤니케이션", 사회사역, 훈련, 매체사역이다. 물론, 초크에 의해서 시작된 "크리스마스 크래커"가 이제 별도의 조직이 되었지만, 관리는 이 재단에서 하고 있다. '거지들의 잔치'라는 아이디어로 큰 성공을 거두었었는데, 초크는 그 이후 기독교 잡지의 고정칼럼에서 다른 지역에서 이와 비슷한 행사를 개최할 수 있는 방법을 제시했다. 이후 수많은 청소년이 이러한 식당을 운영하게 되었고, 이제는 영국에서 청소년들이 진행하는 행사 중 가장 큰 규모의 기금조성행사가 되었다. 이 프로그램은 제3세계를 도울 뿐만 아니라, 많은 비그리스도인 청소년에게도 흥미를 느끼고 참여하면서 복음을 전하는 기회가 되었다.

(1) 오아시스 재단의 복음전도사역은 비그리스도인과의 벽을 첨단 기술의 비디오, 노래, 드라마, 세속 매체들을 통해 허문 후 기존의 교회가 잃어버린 사회의 관심을 얻어낸다. 청소년이든, 윤락여성이든, 노숙자든, '동질집단'들을 구분한 후, 각 문화에 적합하고 흥미 있는 방식으로 복음을 전하는 방법을 연구한다. 오아시스 재단은 또한 매년 8번에서 10번 정도 도시전체를 대상으로 선교행사를 개최한다. 1992년에 6천에서 7천 명의 사람들이 참석하여 2백여 명의 결신자를 얻었다.

더 나아가 집회 후에 새신자를 위한 양육 프로그램을 열어 지역교회에서 양육이 진행되도록 돕는다. 전도용 카페를 운영하면서 1, 2주 동안 주류를 판매하지 않고 대신 기독교 악단이 연주하고 비디오를 상영한다. 이 외에도 "포장을 푼 크리스마스"라는 프로그램은 전국 교회가 영적 추수를 효과적으로 성취하도록 도와주었다. 오아시스 재단은 전단, 포스터, 컵, 티셔츠 외에도 라디오, 텔레비전, 신문 등에 광고하고 유명한 대중가수를 동원해서 많은 비그리스도인이 지역교회에서 진행되는 성탄절 행사에 관심을 갖고 참여하도록 유도했다.

(2) 오아시스 재단의 사회사역은 사역의 순수성을 보존하면서 전개한다. 예를 들면 런던에 몰려드는 가난하고 학대받는 아이들을 위해 운영되는 "넘버 쓰리"라는 기숙사는 매년 20에서 25명 정도의 아이들을 돌보고 있는데, 그 기숙사에서 직접적인 전도는 극히 제한된다. 모든 스텝이 기독교인이기는 하지만 공식적인 전도활동을 하지 않는다. 이는 노숙자를 위한 진료소인 "엘리자베스 백스터 건강센터"의 경우도 마찬가지다. 그리스도인 스텝들은 런던의 노숙자를 위해 광범위한 의료봉사를 실시한

다. 물론 그들의 궁극적인 목표는 복음을 전하는 것이지만, 이를 드러내지 않는다. 복음전도와 사회변혁을 구별하지만, 각 사역의 순수성과 균형을 유지하려고 한다.

(3) 오아시스 재단은 또한 청소년이 그리스도의 사랑을 전인에게 적합한 방식으로 전하도록 훈련시키는 일에 주력한다. '발부터 먼저'라는 프로그램은 2주간 시행하는 전도훈련 프로그램이다. 1994년부터 약 1,000명의 청소년이 이 프로그램을 수료했다. 1년 프로그램인 "프론트라인 팀"은 훈련받은 젊은이들이 연약한 교회를 섬기면서 교회가 효과적으로 회복되는 일을 하고 있다. 이 외에도 청소년 사역과정(2년)과 교회 개척자 및 전도자를 양성하는 4년 과정 등 다양한 프로그램을 시행하고 있다.

(4) 오아시스 재단은 복음의 메시지를 다양한 매체를 통해 전달한다. 오아시스 재단의 미디어부는 현재 영국의 기독교계에서 가장 우수한 미디어부서 중의 하나가 되었고, 또한 기독교 비디오 제작의 선두주자가 되었다.

과테말라 치섹에서의 총체적 선교사역

치섹(Chisec)은 과테말라 수도에서 멕시코 방향으로 북쪽 약 300km 지점에 위치한다. 변건웅 선교사는 뉴저지 중남부 호프론(Hopelawn)에 위치한 갈릴리교회를 통해 2005년에 파송 받아 갈릴리 공동체를 섬기며 총체적 선교사역을 감당하고 있다.

치섹은 주민의 80-90%가 순수 껙치(Keqchi) 원주민으로 언어는 주로 껙치어를 사용한다. 교육은 초등학교가 대여섯, 중학교가 3개, 고등학교가 1개 있다. 남자는 약 50%이상, 여성은 70% 이상이 문맹이며, 교육을 받아야 할 어린이들도 절반정도 학교에 다니지 않는다. 지역마다 차이가 있어 모든 어린이들이 취학하는 곳도 있다. 그 이유는 첫째, 경제문제다. 땅을 적게 소유하고 있어 옥수수, 콩(frijol 이라고 부르는 팥 유사한 콩), 쌀, 까르다모모(주로 아랍권으로 수출되는 향신료 일종)등을 생산하지만, 생계수단이어서 큰 수입을 얻지 못한다. 따라서 일부 상업에 종사하는 가정과 땅이 비교적 넓고 교육을 받은 가정은 형편이 낫지만, 이를 제외한 나머지는 생계에 필요한 수입이 전무하다. 농촌에는 농사와 관련된 일 외에는 수입을 창출할 만한 다른 일이 없다.

따라서 농토가 없는 가정과 대부분의 가난한 농촌가정은 어린이들을 학교에 보내기 어렵다. 학교에 보내더라도 대개 3-4학년이 되어 글을 읽을 수 있게 되면 그 아이를 중퇴시키고 다른 아이를 보낸다. 가정마다 보통 최소 5명의 자녀가 있지만 학교를 졸업한 아이를 찾기 쉽지 않다. 치섹 현지인 목사 중에서 초등학교를 졸업한 자는 절반도 되지 않을 것이다. 중학교를 졸업한 목사는 치섹에서는 10%도 안 된다. 따라서 현장을 방문하면 놀라운 일을 많이 본다. 찬양은 글을 읽을 수 있는 여성도들 중 2-3명이 이어 나와 악보 없는 가사집을 갖고 3-4곡씩 선창하면 다른 사람들이 따라 찬양한다. 1시간에서 1시간 반 정도 찬양한 후, 목사가 30분 정도 설교하지만 그 내용이 부실하다. 따라서 성도들의 삶에 큰 변화가 없다. 설교 전 찬양도 전통적인 정령숭배, 마야 종교를 떠올리게 할 정도로 수십 번 반복한다.

하나님은 이러한 치섹을 위해 2001년 갈릴리교회의 김도언 목사를 감동했다. 과테말라의 수도를 비롯한 대도시에는 많은 선교사가 사역하고 있지만, 치섹과 그 인근에는 선교사가 없었다. 하나님은 김도언 목사에게 성경의 가르침을 따라 치섹의 삶과 문화를 변화시켜야 한다는 비전을 주셨다. 이에 2003년 갈릴리 초등학교를 중심으로 하는 선교공동체를 등록하고, 2005년 초부터 초등학교와 유치원을 시작했다. 학교를 시작한 지 5년이 되는 2010년 1월에 갈릴리 중학교가 개교했다.

갈릴리교회를 통해 치섹에 파송된 변건웅 선교사는 선교가 총체적 복음사역이어야 함을 강조한다. 이에 따라 기독교 사립학교를 통해 그리스도인 일꾼과 지도자를 양성하기 위해 노력하고 있다. 학교는 일반 교과목 외에 성경, 영어, 컴퓨터를 가르치고 매일 아침 8시 수업시작 전 30분에 학생 전체가 모여 예배를 드린다. 학교에서의 제자훈련을 중심으로 다음의 영역에서 전략적 사역으로 치섹의 복음화를 이루고 있다.

갈릴리 공동체가 치섹과 교회 및 주민들의 필요를 채워주면서 수행하는 사역은 다음과 같다.

초등학교 사역

교사들은 학생들을 장래 하나님 나라의 잠재적 일꾼이요 지도자들로 만드는데 중요한 접촉점(Contact point)이다. 교사들의 영성에 따라 학생들의 영성이 형성된다. 채용할 때는 물론이고 학교에서도 날마다 새벽예배와 큐티를 통해 교사들이 경건에 힘쓰도록 한다. 교사들은 모두 치섹에서 1시간 반 정도 떨어진 코반(Cobán)과 인근 위성도시 출신으로 월요일 아침 에 들어와서 금요일 오후에 퇴근한다. 교사들은 학교 기숙사에 거하면서 학생들을 위해 헌신하고 있다.

치섹의 어린이들은 탁월한 재능과 거리가 멀다. 보고 들은 것이 마을의 가난과 무지였기에 지능, 가정환경 등 모든 것이 세상에서 가장 뒤떨어진 편에 속한다. 그렇지만 비교적 순진했다. 그래서 이들이 이해할 수 있는 언어로 그리스도인의 삶의 본을 가르쳤다. 교사들은 그리스도인의 삶의 4가지 원칙을 제시했다. ① 네 이웃을 네 몸같이 사랑하라. 자기중심적이고 남에게 아무것도 줄줄 모르는 이기적인 어린이들에게 눈에 안 보이는 하나님을 설명하는 것은 어려웠다. 그래서 이웃 사랑 중에 나타나는 하나님을 강조했다. ② 지도자는 봉사와 희생으로 섬기라. 장차 지도자가 되고자 하는 자는 섬기고, 으뜸 되고자 하는 자는 종이 되며(막 10:43-44), 하나의 밀알처럼 자신을 죽여 희생할 때 풍성한 열매를 맺는(요 12:24-25) 것이 하나님 나라의 법칙임을 가르쳤다. ③ 범사에 감사하라. ④ 항상 정직하라. 교사들은 4가지 원칙을 2주마다 번갈아 가면서 가르치고 기억하도록 했다. 학생들의 생활을 관찰하고 기록하여 모범이 되는 학생들에게 상을 줌으로 이 원칙대로 사는 것을 독려했다. 이 사역으로 많은 아이들이 변화되었다.

농장사역, 오지마을 자매결연, 월드비전신학교(WVS)

선교사는 치섹에서 경제적 자유를 얻는 길은 오직 축산을 해야 한다는 결론을 얻었다. 옥수수 농사는 반드시 사람의 손으로 노역을 통해야 하지만 축산은 일단 양질의 목초와 목장을 건축해 놓으면 소와 염소가 스스로 풀을 뜯어먹고 성장하기 때문이다. 풀은 우기와 태양으로 인해 풍성하게 공급되고 있다. 공동체는 PGM 전문인 선교사 김현영 장로가 제공한 축산을 통한 선교의 아이디어를 일부 수정하여 사용하고 있다.

단기선교팀이 오면 최소 오지마을 두 곳을 방문하여 팀에 따라 다양한 사역을 하게 한다. 기본적으로 주민 모두에게 회충약을 먹인다. 의료/

치과사역, 어린이 여름성경학교 사역(찬양, 공작, 성경공부, 인형극, 율동 등), 미용, 축구, 게임, 축호전도, 간단한 어린이 선물 등 다양한 방법으로 예수를 만나게 하고 믿음을 독려한다. 그렇지만 일 년에 한 번 한나절 왔다가 돌아가는 것은 극히 피상적인 만남으로 끝난다. 이런 반복에 회의를 느꼈던 사역자들이 찾은 새로운 대안은 매년 참여하는 단기선교팀의 소속교회와 그 팀이 선택하는 마을과 자매결연을 통해 지속적인 관심과 사랑으로 마을의 복음화를 추구하는 방법이었다.

월드비전신학교(WVS)는 중남미의 열악한 교육환경과 가난속에 있는 목사들의 빈약한 신학수준을 높이고 비전과 능력을 구비하여 역동적인 믿음으로 목회하는 것을 목표로 하고 있다. 선교사는 공동체의 가축나눔운동으로 신학교 치섹 분교가 성장하길 바라고 있다. 이는 가축나눔운동으로 신학교 학생들이 경제적으로 어렵지 않게 되기 때문이다. 가축나눔운동의 대상은 최소 6개월 이상 신실하게 출석하고 성실히 학업에 임한 목회자들이다.

클리닉 의료사역

2006년 한 단기선교팀의 일원으로 참여한 장로가 봉헌한 클리닉이 2009년에 완공되었다. 치섹에 이미 보건소가 있지만 정부의 예산부족으로 의약품을 제대로 갖추지 못했다. 그래서 일부 주민들이 클리닉을 자주 이용하지만 풀타임으로 헌신하는 의사 및 간호사가 없다. 현지에서 의사와 간호사를 고용하여 사용할 예산이 공동체에 없다. 모든 의료전문가는 외지에서 공급되어야 하기 때문에 쉽지 않다. 제일 가까운 공급처가 주청 소재지 코반이다. 다행히 2009년에 의사 부부가 헌신을 약속해서 최소 연간 2-3개월은 거주하면서 치섹과 원근 오지마을을 돌아볼 수 있게 되었다.

문맹퇴치 학교

선교사가 치섹에 도착한지 얼마 안 되어 치섹 어린이들의 상당수가 공립학교에도 취학하지 않고 있음을 알았다. 이에 문맹퇴치학교를 초등학교 교실에서 열었다. 6개월 과정으로 오후 5시부터 6시까지 기초 스페인어, 산수, 성경구절을 가르쳤다. 처음에 60여명이 등록하여 수료할 때 9명이 남았다. 그럼에도 아이들에게 글을 가르쳐 성경을 읽게 하고, 셈법을 가르쳐 사회생활을 누릴 수 있도록 하는 것이 중요하다. 무지상태에 남아있으면 사탄의 공격과 이단에 넘어갈 수 있기 때문이다. 이를 교회들의 재정 협력과 기도가 필요하다.

김성환, 박마리아 선교사의 우간다 사역

아프리카는 천연자원이 가장 풍부하면서 가장 가난한 대륙이다. 아프리카의 복음주의자 토쿤보 아데예모(Tokunboh Adeyemo)는 이런 모순을 불가사의(enigma)라고 불렀다. 아프리카 대륙은 미국, 중국, 인도, 서유럽, 아르헨티나, 뉴질랜드를 넣을 수 있는 크기다. 그런데도 유럽을 중심으로 만든 지도를 보면 남반구는 왜소하게 보이고 북반구는 실제 크기보다 크게 되어있다.

주로 기독교 국가가 아프리카에 대해 과거에 죄악을 저질렀다. 노예무역으로 4천만 내지 1억의 아프리카인이 희생당했다. 이는 18, 19세기 아프리카인구의 1/10에 해당하는데, 이로 인해 당시 아프리카는 인구는 정체되었다. 식민통치는 사람을 강제로 다른 곳으로 두는 대신 원래의 땅에 두고 인적, 천연 자원을 고스란히 가져다 쓰는 것이다. 아프리카의 국가들이 정치적으로 독립했지만 여전히 경제, 문화, 신학적으로 신(新) 신식민주의 아래 놓여 있다.

아프리카는 3C, 즉 기독교(Christianity), 상업(Commerce), 식민통치(Colonialism)가 함께 들어 왔다. 그래서 아프리카에 전해진 복음은 순수하지도 않고 총체적이지 않다. 그렇지만 아프리카는 영적 저수지로 인해 서서히 깨어나고 있다. 아프리카 중부에 우간다는 아프리카 선교의 선두주자로 수단과 북아프리카, 중동, 땅 끝까지 이르러 복음을 전할 수 있길 열망하고 있다.

김성환 선교사는 1994년부터 1999년까지 성경대학을 섬겼다. 처음에 우간다만 생각하고 갔으나 우간다 주위에 난민이 많이 있음을 알게 되었다. 성경대학에는 우간다 뿐만 아니라 수단, 콩고, 르완다, 부룬디에서 온 학생들이 있었다. 김성환 선교사의 아내 박마리아 선교사는 학교 주위 마을 주민을 위해 성인학교를 시작했다. 학비가 없어 멀리 갈 수 없는 학생들을 위해 초등학교를 시작했다.

김성환 선교사는 성경대학의 학생들과 함께 교회를 개척했다.

처음부터 자립을 강조했다. 자립이라는 말이 인간이 스스로를 의지하는 것을 의미하는 것 같아 그 개념을 "책임 있는 그리스도인, 책임 있는 교회"로 바꾸었다가 지금은 "전적 하나님 의존"으로 바꾸었다. 개척한 교회가 건물을 짓겠다고 했을 때 자금을 확보하여 속히 건물을 지어 주고 싶은 마음이 간절했으나 성도들이 기도하며 힘을 합치도록 유도하며 기다렸다. 교인들은 벽돌을 3만장을 생산하고 판매하여 기금을 마련하고 반은 건축을 위해 사용했다. 성도들이 직접 건축에 참여했다. 잔금을 치르면서 기금을 일부 빌려 주었으나 나중에 돌려 받았다. 이렇게 그 교회는 자립할 수 있었다.

성경학교가 있는 시골에 살면서 학교를 다니지 못 하는 어린이들을 돕기 시작했다. 그들 중 일부는 고아들로 법정 입양은 아니지만 아들들처럼 돌보았다. 함께 살면서 예배를 드리고 교회봉사도 했다. 15명의 아이들이 이제는 대학을 다니거나 졸업을 했고 교역자, 변호사, 의사, 교사, 기술자 등으로 일하고 있다.

2001년부터 전문적인 사역을 위해 정책을 수정했다. 사역의 격상(upgrade)과 확산(expansion)이 이루어졌다. 동아프리카에 성경학교가 이미 많이 있기에 신학대학원을 포함한 대학원(Africa Graduate School)을 시작하기로 했다. 음악사역자를 양성하기 위해 박마리아 선교사는 아프리카 음악원(Africa Institute of Music)을 시작했다. 아프리카는 수준 높은 양질의 지도자에 의해서만 변화할 수 있다. 세계 속에 아프리카가 위치한 상황을 성경적, 신학적으로 분석하고 비전을 제시하면서 아프리카 교회를 이끌어 갈 수 있는 지도자가 필요하다. 특히 아프리카 음악원은 아프리카 음악, 서양음악, 실용음악을 조화하는 독특한 사역을 하고 있다. 아프리카 음악에는 교유의 심오한 문화가 있다. 음악을 통해 부족들이 화합하고 자존감이 살아난다. 아프리카 음악은 구전으로 전해지고 있어 서양음악의 도움을 받아 기보(記譜)와 이론화가 필요하다.

김성환 선교사는 한국(Asia), 미주(America), 아프리카(Africa)에서 사역한 것을 바탕으로 선교학 서적을 저술할 계획을 갖고 있다. 그는 선교적 해석학(missional hermeneutics)을 시도하려 한다. 이는 수십년의 해외 선교역사를 갖고 있는 한국교회가 세계에서 두 번째로 선교사를 많이 파송하고 있지만 아직까지 외국의 선교학에 의존하고 있고 한국교회에 맞는 선교신학이 미흡하다고 보기 때문이다.

이와 같은 노력으로 아프리카가 선교의 선두주자가 되는 비전이 이루어지길 소망한다.

HOLISTIC **GOSPEL**

맺는 말

제네바의 총체적 복음 사역자 칼뱅을 본받아

칼뱅은 장로교회 신학의 기초를 놓은 신학자요 또한 하나님의 주권을 강조하는 사상을 개신교회의 주요 신학적 흐름으로 제시했다. 그의 위대함은 여기서 드러나지만 이것이 전부가 아니다. 칼뱅의 위대함은 자신이 강조한 하나님의 주권적 통치의 신학을 그가 살았던 제네바에서 적용하며 실천했던 것에서도 드러난다.

그는 당시 제네바의 사회적 문제를 신학적, 도덕적 기준들을 적용하면서 극복하려고 노력했다. 제네바 시의회, 교회 차원에서의 할 일을 성경의 관점에서 제시하고 법령들을 제정하면서 교회와 사회를 섬겼다.[360] 사실 신학이 신학자들의 호기심을 채우기 위한 학문으로만 머물러서는 안 된다. 신학은 궁극적으로 교회를 위한 학문이어야 하며, 또한 성도들의 신앙생활을 실제적으로 이끌어 줄 수 있어야 한다. 더욱이 신자들의 신앙생활 뿐만 아니라, 자신이 속한 사회에서 어떻게 하나님께 영광을 돌

---

[360] 본서 2부 2장의 "종교개혁자들"을 참고하라.

리며 이웃을 섬길 수 있을지 말해줄 수 있어야 한다. 그러한 실천적 성격이 결여된 신학은 아무리 논리적이고 화려할지라도 공허한 메아리로 남게 될 뿐이다.

본서에서 제시한 총체적 복음의 신학은 사실 신학의 실천성을 지향하는 "총체적 복음사역"을 위한 신학이다. 본서의 2부에서 총체적 복음에 관한 성경 본문을 살펴보았던 것도 이 사역에 더욱 확신을 가지고 참여하게 하기 위함이었으며, 지난 기독교회의 역사에서 총체적 복음의 신학으로 살아가고 사역했던 이들의 발자취를 더듬어 보았던 것도 수많은 믿음의 선진들의 삶과 모범적인 사역의 사례를 통해 이 사역에 도전과 용기를 주고자 함이었다. 3부에서 논의되었던 성경적 원리들에 관한 내용도 결국은 총체적 복음사역의 실천을 위한 것이다.

정행(orthopraxis)은 정통(orthodoxy), 즉 바른 신학의 정립에서 나온다. 성경적 바른 신학의 정립이 없이는 성경적인 바른 실천의 삶을 추구할 수 없기 때문이다. 그러므로 본서가 실천지향적인 강조를 담고 있음에도 총체적 복음의 신학을 정립하려고 했던 것이다.

필자의 저서 『이웃을 품에 안고 거듭나는 한국교회』에서는 총체적 복음사역을 "교회성장의 열쇠"가 된다는 차원에서 주로 강조했었다. 물론, 그것은 지금도 변함없는 진리이다. 여전히 총체적 복음사역을 통해 한국사회는 교회에 대한 평가를 새롭게 할 수 있을 것이고, 이는 또한 복음전도를 위한 좋은 "다리(bridge)"가 될 것이다. 기존의 저서에서 이웃을 품에 안는 사역에 초점을 맞추면서 강조했던 총체적 복음사역은 결국 한국교회의 성장 정체 내지는 감소라는 교회의 시대적 과제를 해결하기 위한 신

학적 대안을 제시하려는 절박성 때문이었다.[361]

그러나 본서는 그것을 단지 "교회성장의 도구"라는 차원에서만 아니라 본질적으로 주님이 주신 복음의 내용임을 지적하려 했다. 즉, 총체적 복음사역이 교회와 그리스도인의 사역에서 부수적으로 추가하면 "더 좋은" 일이 된다는 정도가 아니라, 그 이상의 신학적 중요성을 지니고 있음을 보여주고자 했다. 주님이 우리에게 전해주신 복음은 본질적으로 "총체적" 복음이기 때문이다. 무엇보다도 개혁신학이 강조하는 하나님 중심의 신학과 하나님의 주권적 통치, 주되심(Lordship)의 관점은 총체적 복음의 신학을 지지한다(1부 1장).

본서는 총체적 복음의 신학적 근거가 성경의 기본적인 교리에서 확보될 뿐만 아니라, 특히 구원론에서 확인되고 있음을 강조했다. 따라서 1부 3장과 4장에서는 성령님의 구원역사에서 주어지는 신자의 회개나 성화와 같은 영적인 축복들도 총체적 복음의 관점에서 재조명했다. 회개는 단순히 입술만의 고백이나 혹은 교회 안에서의 영적 생활 차원에서의 돌이킴이 아니라, 신자의 삶의 모든 영역에서 하나님 나라의 가치관과 삶의 방식에로의 돌이킴이어야 진정한 회개가 된다고 지적했다(총체적 회개). 마찬가지로 성화적 변화도 이원론적 구분으로 이해하는 "영적 차원에서의 변화" 뿐만 아니라, 공동체적 사회적 변화까지 바라보는 우주적 차원의 회복을 함축하고 있다(총체적 성화).

21세기에 한국교회가 지향해야할 신학적 방향성이 있다면, 그것은 복음의 현재적 의의를 강조하는 신학이다. 구원의 완전한 성취는 그리스

---

361 김광열, 『이웃을 품에 안고 거듭나는 한국교회』, 13-16.

도의 재림 때에 가서 온전히 주어지나, 원리적으로 그것은 이미 신자들의 삶에서 시작되었다. 따라서 하나님 나라의 능력은 이미 그리스도인들을 통해 이 사회에서 역사하기 시작하였음을 밝혀주는 관점이 강조되어야 한다. 총체적 복음의 신학은 복음의 현재적 중요성을 강조한다. 물론, 마지막 날에 주어질 하나님의 영원한 영광의 나라에 대한 소망을 잃지 않는다. 아니, 분명히 신약시대를 살아가는 오늘날 성도들은 앞으로 들어갈 영원한 하나님 나라에 대한 소망으로 살아가야 한다. 그렇지만 동시에 현재 자신의 삶에서 이미 시작된 천국의 복들을 일구어내는 일의 중요성을 놓쳐서는 안 되며 오히려 그러한 사역을 더욱 힘 있게 전개해야 한다.

물론, 여기서 복음의 현재적 의의를 강조해야한다는 말은 하나님과의 영적 관계를 간과하고 지상의 유토피아를 지향하는 해방신학이나 정치신학 혹은 사회복음을 추구해야함을 의미하는 것은 아니다. 우리가 총체적 복음사역을 통해 추구하는 하나님의 나라는 초월성의 성격을 지니고 있기 때문이다. 총체적 복음사역의 초월성은 성령님의 역사를 의지하며 수행해야 한다는 것과 그 사역이 기도로 추진된다는 점과[362] 주님의 재림에 가서 이 땅에 진정한 평화의 나라가 온전히 성취될 수 있음을 가르치는 성경적 역사관을 따르고 있다는 점에서도 확인된다. 그러나 동시에 복음

---

362 Ronald Sider ed., *The Chicago Declaration* (Chicago: Creation House, 1974), 35. 이 시카고 선언문은 1973년 11월에 로널드 사이더에 의해 주도하에 모인 50여 명의 복음주의 신학자들에 의해 작성된 것으로, 그 동안 하나님의 공의를 이 불의한 사회 속에서 선포하지도 표명하지도 못했던 자신들의 모습을 회개하며, 그리스도인이 감당해야할 사회적 책임의 부분을 강조한 선언문이다. 그 선언문의 서언에 있는 마지막 항목, "미래를 위한 몇 가지 제안들"에서 사이더는 총체적 복음사역에서 기도의 중심적 역할에 대해 강조한다. 루터가 매일 4시간씩 기도한 사실, 피니와 윌버포스의 오랜 기도, 그리고 예수님의 기도 등을 예로 들면서 성령과 기도의 역사에 우리들의 사역을 맡기는 자세가 요청되고 있음을 강조하였다. 그 항목의 뒷부분에서 "우리가 도시에서 민족 차별주의 정책들에 맞서기 위해 필요한 연구를 할 뿐만 아니라, 함께 모여서 몇 시간 동안 기도하는 사람으로 거듭나야 하지 않겠는가?"라고 촉구하기도 했다. 사실상 이 선언문의 3장 전체를 기도의 주제에 초점을 맞추고 있다는 사실은 이 사역에서 기도의 중요성을 말해준다.

은 주님의 재림에 가서야만 그 진가를 발휘할 수 있는 제한된 복음이 아니다. 하나님의 나라의 능력은 오늘날 우리의 삶에서부터 의미 있는 능력으로 역사하고 있으며, 그 능력은 또한 사회에 드리워진 죄의 영향을 걷어낼 수 있는 역사를 일으킬 수 있다.[363]

지난 2천여 년 기독교회 역사에서 그와 같은 총체적 복음의 신앙으로 교회에서의 신앙생활 뿐만 아니라, 이웃과 사회와 국가 속에서의 회복을 위해 달려갔던 수많은 믿음의 선진들은 오늘날 우리 앞에 "구름같이 둘러싼 허다한 증인들"로서 우리의 믿음의 경주를 응원하며 격려하고 있다(히 12:1). 예수님의 제자들이 사역했던 초대교회로부터 중세와 종교개혁시대 동안에 헌신했던 믿음의 선진들, 17세기부터 19세기까지 이르는 영국과 미국에서의 대부흥운동의 주역들, 그리고 그 이후 잠간의 어두웠던 19세기 말과 20세기 초의 "대반전"의 시기를 제외하고는 20세기 중반부터 오늘에 이르기까지 하나님 나라의 총체적 회복의 역사를 일구어 나가고 있는 수많은 "총체적 복음사역"의 증인과 사역자들이 우리를 응원하고 있다(2부 2장).

그렇다! 우리는 단순히 또 하나의 세속적 자선사업이나 사회운동을 시작하는 것이 아니다. 기독교회 2천여 년의 역사에서 신실한 믿음의 선진들이 달려왔던 주님의 복음사역과 거기서부터 전개되고 있는 하나님 나라의 삶과 사역에 동참하는 것이다. 그러한 차원에서 3부 2장에서 살펴

---

363 1부 4장에서, 총체적 성화론의 신학적 근거로서 그리스도의 죽음과 부활의 중요성을 강조했던 존 머레이의 결정적 성화론을 제시했던 이유가 바로 여기에 있다. 그리스도의 십자가에서의 죽음과 부활을 통해 이 땅에서의 우주적인 죄의 통치와 권세는 이미 무너졌다. 바로 여기서 총체적 복음사역의 출발을 위한 토대가 마련된다.

보았던 사역자의 정체성을 확보하기 위한 논의는 또 다른 중요한 과제가 된다. 총체적 복음사역의 한 영역인 그리스도인의 자비사역에 관한 성경적 원리들을 확립함으로서 이 사역에 임하는 총체적 복음 사역자의 정체성을 세워갈 수 있다. 자비사역자는 하나님으로부터 모든 물질, 시간, 재능, 건강 등을 맡은 청지기적 자세를 가져야 한다.

그러나 무엇보다 강조되어야 할 내용은 이 사역은 그 출발부터 세속적인 사회운동이나 자선사업과는 다르다는 점이다. 이는 그리스도인은 하나님의 은혜에 대한 응답으로 총체적 복음의 관점에서 자비사역을 감당하기 때문이다. 사역자가 하나님의 은혜의 복음에 붙들리지 않으면 총체적 복음사역은 불가능하다. 사실 총체적 복음사역을 감당하기 위해 극복해야 하는 중요한 과제 중 하나는 바로 "자기주장의 의지"인 것이며, 그 걸림돌은 주님의 복음과 그에 대한 인간의 총체적 회개의 응답으로만 극복될 수 있는 것이다. 사탄은 에덴에서부터 인간에게 하나님 중심의 삶을 버리고, 자기중심으로 살아가려는 자기중심의 의지를 심어주었고, 오늘날 우리가 진정으로 '이웃사랑'이라는 예수님의 계명을 이 사회 속에서 실천하기 위해서 바로 그 "자기 중심의 의지"를 극복해야 한다.

그러한 이유에서 1부에서 지적했던 "총체적 회개"가 총체적 복음사역의 출발점이 된다고 본 것이다. 진정한 성경적 사회운동의 출발이 하나님 나라 운동이어야 한다면, 그 사역의 원동력은 하나님과의 깊은 영적 만남의 사건에서부터 주어진다고 볼 수 있다. 우리는 복음의 사회적 영향력을 분명하게 끼쳐왔던 운동들 중에 대표적인 것으로서 미국의 대각성운동을 들 수 있는데, 그 운동의 핵심에 있었던 조나단 에드워즈는 하나님의 사랑에 대한 충만한 경험을 통해 영적 비전과 사회의 변화까지 일으킬 수

있는 총체적 복음사역의 진정한 원동력을 얻었다.[364]

이제 우리 앞에 희망찬 21세기의 지평이 열렸다. 그것은 우리 모두 영적으로 그리고 사회적, 물질적, 정신적으로 도움받기를 원하며 우리를 기다리고 있는 이웃에게 달려가 그들을 총체적 복음의 사랑으로 품에 안는 그리스도인과 교회로 거듭나게 될 때 더욱 멋지게 펼쳐질 것이다. 그것은 구약의 가르침과 제도 속에서부터 제시되었고, 예수님과 그의 사도들, 그리고 초대교회 성도들 이후의 기독교회 역사 속에 수많은 믿음의 선진들에 의해 실천되어왔던 총체적 복음사역의 대열에 동참하는 길이 될 것이다. 우리가 상처 입은 이웃들을 주님과 같이 품에 안고, 그들이 주님의 품 안에 안기도록 도와주는 그 일은, 21세기 한국교회의 회복과 부흥을 위한 지름길이 될 뿐 아니라 주님이 맡긴 복음의 본질을 회복하는 길이므로, 결국 이 땅에서 주님의 교회를 든든히 세우는 결과를 가져오게 될 것이다.

---

364 Richard F. Lovelace, *Renewal as a Way of Life* (Downers Grove, IL: IVP, 1985), 28-29.

HOLISTIC **GOSPEL**

부록

◦◦◦∞≪∞◦◦◦

   19세기 후반부터 진행되었던 "대반전"은 지난 세기 동안 또 다시 역전되어 갔으며, 이제는 세계교회 안에서 재도약의 역사가 펼쳐지고 있음을 우리는 본서 2부 2장과 3부 3장의 내용들을 통해 확인했다. 그런데 그 재도약의 역사가 진행되는 과정에서 세계 복음주의 신학자들과 지도자들은 다양한 신학적 논의들을 전개하였고, 그 논의들을 정리해서 역사적 선언문들을 발표했다. 부록에서는 독자들의 편의를 위해 지난 세기에 개최되었던 복음주의자들의 세계대회에서 제출된 역사적 문서 중에 총체적 복음사역에 대한 성경적 가르침을 제시하는 몇 가지 중요한 문서와 보고서를 수록했다.[365] 사실, 지난 사반세기의 교회역사는 고뇌와 진통의 과정을 통해 성경적 원리를 확립했던 시기였다고 볼 수 있다. 자유주의 신학의 물결과 에큐메니컬 운동의 도전들 속에서, 성경적 복음진리를 끝까지 견

---

[365] 필자의 저서 『이웃을 품에 안고 거듭나는 한국교회』에서는 1974년의 로잔선언, 1982년의 그랜드 래피즈 보고서, 그리고 1989년의 마닐라 선언문을 수록하였으나, 본서에서는 마닐라 선언문은 제외하고 그 대신 "검소한 삶에 관한 복음주의자들의 서약문" (1980)을 수록하였다.

지하려는 몸부림, 그리고 그 진리를 수호할 뿐만 아니라 또한 역사의 삶의 현장에서 그 진리를 의미 있게 표현하기 위한 성경적 원리들을 확립하려는 몸부림과 고뇌들이 있었기 때문이다.

연대기를 따라, 가장 먼저 칼 헨리의 *Uneasy Conscience of Modern Fundamentalism*(Grand Rapids: Eerdmans, 1947)를 간략히 소개하려 한다.[366] 헨리는 복음주의자들에게 그동안 그들이 등한히 했던, 그래서 앞으로 감당해야 할 사회적 책임의 문제를 지적함으로 당시 복음주의의 "대반전"의 흐름을 뒤집는 일에 중요한 역할을 했다고 볼 수 있기 때문이다. 원래 1947년 초에 헨리가 어떤 잡지에 기고한 일련의 논문이었던 것을 발간한 것으로, 그 책은 "전후(戰後) 성경집회를 진행하던 평화로운 복음주의자들의 모임에 던져진 폭탄"과 같이 여겨졌다.[367] 그는 "현대사회의 위기가 기본적으로 정치적인 것이나 경제적 혹은 사회적인 것은 아니지만 −근본적으로 종교적인 것이지만− 복음주의는 그 종교적인 해결책이 현대인들의 정치−경제적, 그리고 사회적 상황 속에 어떤 함축적인 의미들을 지니는지를 제시해줄 수 있도록 무장되어야 한다"는 헨리의 말을 인용하면서 이 책이 복음주의 지도자들로 하여금 그 동안 자신들이 사회에 대한 성경의 정열과 인간의 결핍에 대한 예수님의 관심을 잃고 있었음을 깨닫게 해주었다고 평가했다.

다음으로 지난 사반세기 동안, 그러한 고뇌 속에서 함께 논의하며, 총체적 복음사역을 위한 성경적 원리들을 정립해갔던 복음주의 세계대회

---

366 다음 책을 참고하라. Carl F. H. Henry, 『복음주의자의 불편한 양심』 박세혁 역 (서울: IVP, 2009).
367 Wirt, *The Social Conscience of Evangelical*, 47−48.

중에서 1974년 스위스 로잔(Lausanne)에서 개최되었던 "로잔대회"에서 제출된 보고서를 빼놓을 수 없다. 또한 1980년 영국의 허드슨(Huddeson)에서 개최되었던 검소생활에 대한 국제대회(The International Consultation on Simple Lifestyle)의 선언문을 포함했다. 로날드 사이더에 의해서 주도되어 27개국에서 모인 85명의 복음주의자들이 "An Evangelical Commitment to Simple Lifestyle"라는 선언문을 작성했는데, 그것은 1973년 11월에 시카고에서 50여 명의 복음주의 지도자들이 작성했던 시카고선언문과 같은 맥락에 있다.[368]

마지막으로는 1982년에 작성된 "그랜드 래피즈 보고서"를 수록했는데, 그 중에서 그리스도인의 사회적 책임의 부분을 언급하는 3장과 4장의 부분을 발췌했다.[369] 그리고 비교적 최근의 보고서라고 볼 수 있는 "로잔 II"인 마닐라 선언문(1989)과 태국의 파타야에서 개최되었던 "로잔 forum"(2004), "로잔 III"(2010)의 선언문은 1974년 로잔선언문과 같은 흐름에서 이해할 수 있으므로 지면 관계상 생략하였음을 양해해주기 바란다.[370]

---

368 Ronald J. Sider ed., *LIFESTYLE IN THE EIGHTIES: An Evangelical Commitment to Simple Lifestyle* ed. by Ronald Sider (Philadelphia: The Westminster Press, 1982). 검소생활에 관한 주제로 모였던 이 국제대회 외에도, 사실상 1974년 로잔대회 이후로 1982년 그랜드 래피즈 보고서가 작성되기까지 로잔정신 아래서 개최되었던 국제회의들은 더 많이 있다. 예를 들면, 1977년 5-6월 사이에 캘리포니아주 파사데나(Pasadena)에서 개최된 "Homogeneous Unit Principle"에 대한 콜로키움, 1978년 1월에 버뮤다(Bermuda)의 윌로우뱅크(Willowbank)에서 개최된 '복음과 문화'에 대한 국제회의, 같은 해 10월에 콜로라도 스프링스(Colorado Springs)에서 개최된 모슬렘선교를 위한 북미대회, 1980년 6월에 태국의 파타야(Pattaya)에서 개최되었던 세계복음전도대회 등을 들 수 있다. 이 모든 보고서들과 선언들의 전문들을 참고하려면 존 스토트가 편집한 *Making Christ Known: Historic Mission Documents From the Lausanne Movement, 1974-1989*를 참고하라.
369 한역본으로 두란노에서 1986년에 출간한 『복음전도와 사회적 책임: 그랜드 래피즈드 보고서』를 참고하라.
370 1989년에 작성된 마닐라 선언문은 약 170개국에서 모여든 3천여 명의 복음주의자들에 의해서 작성되었는데, 1974년 로잔대회 이후로 15년 동안 복음과 문화, 복음전도와 사회적 책임, 검소한 생활양식, 성령, 중생 등과 같은 주제를 가지고 진행되어온 다양한 소규모의 신학 협의회들의 보고서들을 통해서 준비되었다. 또한 그 선언문은 그 대회의 두 가지 주제들, 즉 "그리스도께서 오실 때까지 그를 선포하라"와 "온 교회가 온 세상에

로잔 언약

(The Lausanne Covenant, 1974)[371]

머리말

로잔에서 열린 세계 복음화 국제대회에 참가하기 위해 150여개 나라에서 온 예수 그리스도의 교회의 지체인 우리는 그 크신 구원을 주신 하나님을 찬양하며, 하나님께서 우리로 하나님과 교제하게 하시며 우리 상호간에 교제하게 하심을 기뻐한다. 우리는 하나님께서 우리 시대에 행하시는 일에 깊은 감동을 받으며 우리의 실패를 통회하고 아직 미완성으로 남아 있는 복음화 사역에 도전을 받는다. 우리는 복음이 온 세계를 위한 하나님의 좋은 소식임을 믿으며, 이 복음을 온 인류에 선포하여 모든 민족으로 제자 삼으라하신 그리스도의 명령에 순종할 것을 그의 은혜로 결심한다. 그러므로, 우리는 이 신앙과 그 결단을 확인하고 이 언약을 공포하려 한다.

하나님의 목적

우리는 세상의 창조주이시며 주되신 영원한 한 분 하나님, 곧 성부, 성자, 성령에 대한 우리의 신앙을 확인한다. 하나님은 그의 뜻과 목적에 따라 만물을 통치하신다. 그는 자기를 위해 세상으로부터 한 백성을 불러

온전한 복음을 전하라는 부름"에 기초하여 작성되었다. 제1부는 21개 항목의 신앙적 고백(affirmations)으로 구성되었고, 제2부는 12항목으로 주제들을 설명해준다. 이 선언문의 한역전문은 김광열, 『이웃을 품에 안고 거듭나는 한국교회』의 부록에 실려 있다.

371 The International Congress on World Evangelism, Lausanne, Switzerland, 16–25 July 1974

내시며 다시금 그들을 세상으로 내보내시어 그의 나라의 확장과 그리스도의 몸의 건설과 그의 이름의 영광을 위해 그의 부름 받은 백성을 그의 종과 증인이 되게 하신다.

우리는 종종 세상에 동화되거나 세상으로부터 도피함으로 우리의 소명을 부인하고 우리의 선교사역에 실패하였음을 수치스럽게 생각하며 이를 고백한다. 그러나, 복음은 비록 질그릇에 담겼을지라도 귀중한 보배임을 기뻐하며 성령의 능력으로 이 보배를 널리 선포하는 일에 우리 자신을 새롭게 헌신하려고 한다.

> 사 40:28; 마 28:19; 엡 1:11; 행 15:14; 요 17:6, 18; 엡 4:12; 고전 5:10; 롬 12:2;고후 4:7

성경의 권위와 능력

우리는 신구약 성경이 하나님의 영감으로 기록되었음을 믿으며, 그 진실성과 권위를 믿는다. 성경은 그 전체가 기록된 하나님의 유일한 말씀으로서 그 모든 가르치는 바에 전혀 착오가 없으며, 신앙과 행위에 있어 유일하고 정확무오한 규칙임을 믿는다. 하나님의 말씀은 또한 그의 구원 목적을 이루시는 하나님의 능력이다. 성경말씀은 온 인류를 위한 것이다. 이는 그리스도와 성경에 나타난 하나님의 계시는 불변하기 때문이다. 그 계시를 통하여 성령은 오늘도 말씀하신다. 성령은 어떤 문화 속에서도 모든 하나님의 백성의 마음을 깨닫게 하여 그들의 눈으로 친히 이 진리를 새롭게 보게 하고 하나님의 여러 모양의 지혜를 온 교회에 더욱 더 풍성하게 나타내신다.

딤후 3:16; 벧후 1:21; 요 10:35; 사 55:11; 고전 1:21; 롬 1:16; 마 5:17,18; 엡 1:17,18; 3:10,18

그리스도의 유일성과 보편성

우리는, 전도의 방법은 여러 가지이나 구세주는 오직 한 분이시요, 복음도 우직 하나임을 확인한다. 우리는 자연에 나타난 하나님의 일반계시를 통해서 모든 사람이 하나님에 관한 어느 정도의 지식이 있음은 인정한다. 그러나 우리는 사람이 이것으로 구원받을 수 있다는 주장은 부인한다. 이는 사람이 자신의 불의로 진리를 억압하고 있기 때문이다. 우리는 또한 여하한 형태의 혼합주의를 거부하며, 그리스도께서 어떤 종교나 어떤 이데올로기를 통해서도 동일한 말씀을 하신다는 식의 대화는 그리스도와 복음을 손상시키므로 이를 거부한다. 예수 그리스도는 유일하신 신인(神人)으로 죄인을 위한 유일한 대속물로 자신을 주셨고, 하나님과 사람 사이의 유일한 중보자이시다. 예수 이름 외에 우리가 구원받을 다른 이름은 없다. 죄로 말미암아 모든 사람이 멸망하고 있다. 그러나, 하나님은 모든 사람을 사랑하시어 한 사람도 멸망하지 않고 모두가 회개할 것을 원하신다. 그럼에도 불구하고 그리스도를 거절하는 자는 구원의 기쁨을 거부하며 스스로를 정죄함으로써 하나님으로부터 영원히 분리된다.

예수를 "세상의 구주"로 전파함은 모든 사람이 자동적으로 혹은 궁극적으로 구원받게 된다는 말이 아니며, 또 모든 종교가 그리스도 안에 있는 구원을 제공한다고 보장하는 것은 더욱 아니다. 예수를 "세상의 구주"로 전하는 것은 오히려 죄인들이 사는 세상을 향한 하나님의 사랑을 선포

하는 것이며 마음을 다한 회개와 신앙의 인격적인 결단으로 예수를 구세
주와 주로 영접하도록 모든 사람을 초청하는 것이다. 예수 그리스도는 모
든 다른 이름 위에 높임을 받으셨다. 우리는 모든 사람이 그 앞에 무릎을
꿇게 되고 모든 입이 그를 주로 고백하게 되는 날이 오기를 고대한다.

> 갈 1:6-9; 롬 1:8-32; 딤전 2:5,6; 행 4:12; 요 3:16-19; 벧후 3:9; 살후
> 1:7-9; 요4:42; 마 11:8; 엡 1:20,21; 빌 2:9-11

전도의 본질

전도는 기쁜 소식을 널리 전파하는 것이며, 기쁜 소식은 예수 그리스
도께서 성경대로 우리 죄를 위하여 죽으시고 죽은 자로부터 다시 살아 나
셔서 통치하시는 주로서 지금도 회개하고 믿는 모든 이들에게 사죄와 성
령의 자유하게 하시는 은사를 공급하신다는 것이다. 전도하기 위해 우리
그리스도인이 이 세상에 있는 것은 불가피하며, 마찬가지로 상대방을 이
해하려면 대화를 경청하는 것은 불가피한 일이다. 그러나 전도 그 자체는
사람들로 하여금 인격적으로 하나님께 나아가 하나님과 화목하도록 설득
하기 위해 역사적 성경적 그리스도를 구세주요, 주로 선포하는 것이다.
복음으로 초대함에 있어 제자의 값을 치러야한다는 사실을 무시해서는
안 된다. 예수께서는 오늘도 당신을 따르는 모든 사람으로 하여금 자기를
부인하고 자기 십자가를 지고 그의 새로운 공동체에 속하였음을 분명히
하도록 부르신다. 전도의 결과는 그리스도께 대한 순종과 그의 교회와의
협력, 세상에서의 책임 있는 봉사를 포함한다.

고전 15:3,4; 행 2:32-39; 요 20:21 고전 1:23; 고후 4:5; 5:11, 20; 눅 14:25-33; 막 8:34; 행 2:40, 47; 막 10:43-45

그리스도인의 사회적 책임

우리는 하나님이 모든 사람의 창조주이신 동시에 심판주이심을 믿는다. 그러므로 우리는 인간 사회 어디서나 정의와 화해를 구현하시고 인간을 모든 압박으로부터 해방하려는 하나님의 관심에 동참해야 한다. 사람은 하나님의 형상대로 창조되었기 때문에 인종, 종교, 피부색, 문화, 계급, 성 또는 연령의 구별 없이 모든 사람은 천부적 존엄성을 지니고 있으며, 따라서 사람은 서로 존경받고 섬김을 받아야하며 누구나 착취당해서는 안 된다. 이 사실을 우리는 등한시하여 왔고, 또는 종종 전도와 사회참여가 서로 상반된 것으로 잘못 생각한 데 대하여 뉘우친다. 사람과의 화해가 곧 하나님과의 화해는 아니며, 또 사회참여가 곧 전도일 수 없으며, 정치적 해방이 곧 구원은 아닐지라도, 전도와 사회-정치 참여는 우리 그리스도인의 의무의 두 부분임을 인정한다. 이 두 부분은 모두 하나님과 인간에 대한 교리와, 이웃을 위한 사랑, 그리고 예수 그리스도에 대한 우리의 순종의 필수적 표현들이기 때문이다. 구원의 메시지는 모든 소외와 압박과 차별에 대한 심판의 메시지를 내포한다. 그러므로, 우리는 악과 부정이 있는 곳에서는 어디서나 이것을 공박하는 일을 두려워해서는 안 된다. 사람이 그리스도를 영접하면 그의 나라에서 다시 태어난다. 따라서 그들은 불의한 세상 속에서 그 나라의 의를 나타낼 뿐만 아니라 그 나라의 의를 전파하기에 힘써야 한다. 우리가 주장하는 구원은 우리로 하여금 개인적인 책임과 사회적 책임을 총체적으로 수행하도록 우리를 변화시켜야 한다. 행함이 없는 믿음은 죽은 것이다.

교회와 전도

우리는 하나님 아버지께서 그리스도를 세상에 보내신 것과 같이 그리스도는 그의 구속받은 백성을 세상으로 보내심을 확인한다. 이 소명은 그리스도께서 하신 것과 같이 세상 깊숙이 파고드는 희생적인 침투를 요구한다. 우리는 우리의 교회의 "울타리"를 헐고 불신 사회에 침투해 들어가야 한다. 교회가 희생적으로 해야 할 일 중에서 전도는 최우선적인 것이다. 세계 복음화는 온 교회가 온전한 복음을 온 세계에 전파할 것을 요구한다. 교회는 하나님의 우주적 목적의 바로 중심에 서 있으며, 복음을 전파할 목적으로 하나님께서 지정하신 수단이다. 그러나, 십자가를 설교하는 교회는 스스로 십자가의 흔적을 지녀야 한다. 교회가 만일 복음을 배반하거나, 하나님께 대한 산 믿음이 없거나, 혹은 사람에 대한 진실한 사랑이 없거나, 사업 추진과 재정을 포함한 모든 일에 있어서 철저한 정직성이 결여될 때, 교회는 오히려 전도의 장애물이 되어 버린다. 교회는 하나의 기관이라기보다는 하나님의 백성의 공동체이다. 따라서 어떤 특정한 문화적, 사회적 또는 정치적 체제나 인간의 이데올로기와 동일시되어서는 안 된다.

요 17:18; 20:21; 마 28:19, 20; 행 1:8; 20:27; 엡 1:9, 10; 3:9-11; 갈 6:14, 17; 고후 6:3, 4; 딤후 2:19-21; 빌 1:27

전도를 위한 협력

교회가 진리 안에서 보기에도 참으로 분명한 일치를 이루는 것이 하나님의 목적임을 우리는 확인한다. 전도는 또한 우리를 하나가 되도록 부른다. 이는 우리의 불일치가 우리가 전하는 화해의 복음을 손상시키듯이 우리의 하나됨은 우리의 증거를 더욱 힘 있게 만들기 때문이다. 조직적 일치는 여러 형태가 있으나 그것이 반드시 전도를 위한 것이 아닐 수도 있음을 시인한다. 그럼에도 불구하고 동일한 성경적 신앙을 소유한 우리는 교제와 사역과 전도에 있어서 긴밀하게 일치단결하지 않으면 안 된다. 우리의 증거가 때로는 사악한 개인주의와 불필요한 중복으로 인하여 누를 입을 경우가 많음을 고백한다. 우리는 진리와 예배와 거룩함과 선교에 있어서 보다 깊은 일치를 추구할 것을 약속한다. 우리는 교회의 선교사역을 확장하기 위하여, 전략적 계획을 위하여, 상호 격려를 위하여, 그리고 자원과 경험을 서로 나누기 위하여 지역적이며 기능적인 협력을 개발할 것을 촉구한다.

> 요 13:35; 17:21, 23; 엡 4:3, 4; 빌 1:27; 요 17:11–23

교회의 선교 협동

선교의 새 시대가 동트고 있음을 우리는 기뻐한다. 서방선교의 주도적 역할은 급속히 사라져가고 있다. 하나님은 신생교회들 중에서 세계복음화를 위한 위대하고도 새로운 자원을 불러일으키고 계신다. 그리하여 전도의 책임이 그리스도의 몸 전체에 속해있음을 밝히 보여 주신다. 그러므로 모든 교회는 개교회가 속해있는 지역을 복음화함과 동시에 세계의 다른 지역에도 선교사를 보내기 위하여 무엇을 해야 할 것인가를 하나님과 자신에게 질문해야 할 것이다. 우리의 선교 책임과 선교 역할에 대한 재평가는 계속되어야 한다. 이렇게 하여 교회들 간의 협동은 더욱 강화될 것이며, 그리스도의 교회의 보편성은 더 분명하게 드러나게 될 것이다. 우리는 또한 성경번역, 신학교육, 매스매디어, 기독교 문서사업, 전도, 선교, 교회갱신, 기타 특수 분야에서 일하는 여러 기관들로 인하여 하나님께 감사한다. 이런 기관들도 교회 선교의 한 사역자로서 그 효율성을 평가하기 위하여 지속적인 자기 검토를 해야 한다.

> 롬 1:8; 빌 1:5; 4:15; 행 13:1-3; 살전 1:6-8

복음전도의 긴박성

인류의 3분의 2 이상에 해당하는 27억 이상의 인구는 아직도 복음화되지 못했다. 우리는 이토록 많은 사람이 아직도 등한시되고 있다는 사실을 부끄럽게 생각한다. 이는 우리와 온 교회에 대한 끊임없는 견책이다. 그러나 오늘날 세계 도처에서는 주 예수 그리스도에 대하여 전례 없는 수용 자세를 보이고 있다. 지금이야말로 교회와 모든 교회기관들이 복음화되지 못한 이들의 구원을 위하여 열심히 기도하고 세계복음화를 성취하기 위한 새로운 노력을 시도해야할 때임을 확신한다.

이미 복음이 전파된 나라에 해외선교사와 선교비를 감축하는 일은 토착교회의 자립심을 기르기 위하여 혹은 아직 미복음화지역으로 그 자원을 회전시키기 위하여 때로는 필요한 경우도 있을 것이다. 선교사들이 겸손한 섬김의 정신으로 더욱 더 자유롭게 육대주 전역에 걸쳐 교류되어야 할 것이다.

목표는, 가능한 모든 수단을 총동원하여, 되도록 빠른 시일 안에 한 사람도 빠짐없이 이 좋은 소식을 듣고, 깨닫고, 받아들일 기회를 제공하는 일이다. 희생 없이 이 목적을 성취한다는 것은 기대할 수 없다. 수천 수백만이 당하고 있는 빈곤에 우리 모두가 충격을 받으며, 이 빈곤의 원인인 불의에 대하여 분개한다. 우리 중에 풍요한 환경 속에 살고 있는 이들은 검소한 생활양식을 개발하여 구제와 전도에 보다 많이 공헌하는 것이 우리의 의무임을 확신한다.

> 요 9:4; 마 9:35-38; 롬 9:1-3; 고전 9:19-23; 막 16:15; 사 58:6, 7; 약 1:27; 2:1-9; 마 25:31-46; 행 2:44; 4:34, 35

전도와 문화

세계복음화를 위한 전략개발에는 대범한 개척적 방법이 요청된다. 하나님의 뜻을 따라 복음 전도의 결과, 그리스도 안에 깊이 뿌리내리고, 동시에 그들의 문화에 밀접하게 적용된 여러 교회들이 일어날 것이다. 문화는 항상 성경을 표준으로 검토되고 판단 받아야 한다. 사람은 하나님의 피조물이기 때문에 인류문화의 어떤 것은 매우 아름답고 선하다. 그러나 인간의 타락으로 인하여 그 전부가 죄로 물들었고 어떤 것은 악마적이다. 복음은 한 문화가 다른 어떤 문화보다 우월하다고 전제하지 않는다. 오히려 복음은 모든 문화를 그 자체의 진리의 정의를 표준으로 평가하고 모든 문화에 있어서 도덕적 절대성을 주장한다. 선교는 지금까지 복음과 함께 이국문화를 수출하는 일이 너무 많았고, 교회는 종종 성경에 매이기보다 문화에 매이는 경우가 많았다. 모름지기 그리스도의 전도자는 겸손하게 자기를 온전히 비우기를 힘써야한다. 다만 그의 인격의 가장 진실한 것만을 간직하여 다른 사람의 종이 되어야 한다. 그리하여 교회는 문화를 변형시키고 풍요하게 만들기에 힘쓰되 모든 것을 하나님의 영광을 위해서 해야 한다.

막 7:8, 9, 13; 창 4:21-22; 고전 9:19-23; 빌 2:5-7; 고후 4:5

교육과 지도력

우리는 때때로 교회성장을 추구한 나머지 교회의 깊이를 포기하는 결과를 가져왔고, 또한 전도를 신앙적 육성으로부터 분리해 왔음을 고백한다. 또한 우리 선교단체들 중에는 현지 지도자로 하여금 그들의 마땅한 책임을 감당할 수 있도록 준비시키고 격려하는 일에 매우 소홀했음을 인정한다. 그러나 이제 우리는 토착화 원칙을 믿고 있으며 모든 교회가 현지 지도자들을 등용하여 그들로 하여금 지배자로서가 아닌 봉사자로서의 기독교 지도자상을 제시할 수 있기를 갈망한다. 신학교육의 개선, 특히 교회 지도자들을 위한 신학교육의 개선이 크게 요구되고 있음을 인정한다. 모든 민족과 문화권에 있어서 교리, 제자도, 전도, 교육 및 봉사의 각 분야에 목회자, 평신도를 위한 효과적인 훈련계획이 수립되어야 한다. 그러한 훈련 계획은 틀에 박힌 전형적인 방법에 의존할 것이 아니라 성경적 표준을 따라 지역적인 독창성에 의하여 전개시켜 나가야한다.

> 골 1:27, 28; 행 14:23; 딛 1:5,9; 마 10:42-45; 엡 4:11, 12

영적 싸움

우리는 우리가 악의 권세들과 능력들과의 부단한 영적 싸움에 참여하고 있음을 믿는다. 그것들은 교회를 전복시키고 세계 복음화를 위하 교회의 사역을 좌절시키려고 한다. 우리는 하나님의 전신갑주로 자신을 무장하고 진리와 기도의 영적 무기를 가지고 이 싸움을 싸워야한다는 것을 안다. 이는 교회 밖에서의 거짓 이데올로기 속에서 뿐만 아니라, 교회 안에서까지도 성경을 왜곡하며 사람을 하나님의 자리에 놓는 거짓 복음 속에서 적이 활동하고 있음을 발견하기 때문이다. 우리는 성경적 복음을 수호하기 위하여 깨어있어야 하며 분별력이 있어야한다. 우리는 우리 자신이 세속적인 생각과 행위, 즉 세속주의에 면역되어 있지 않다는 사실을 인정한다.

예를 들면, 숫자적으로나 영적으로 교회 성장에 대한 세심한 연구는 정당하고 가치 있는 일임에도 우리는 종종 이런 연구를 게을리 했으며, 어떤 경우에는 복음에 대한 반응에만 열중하여 우리의 메시지를 타협시켰고 강압적 기교를 통하여 청중을 교묘히 조종하였고 지나치게 통계에 집착한 나머지 통계를 부정직하게 기록하는 때도 있었다. 이 모든 것이 세속적인 것이다. 교회가 세상 속에 있어야 하지만 세상이 교회 속에 있어서는 안 된다.

엡 6:12; 고후 4:3, 4; 엡 6:11, 13–18; 고후 10:3–5; 요일 2:18–26; 4:1–3; 갈 1:6–9; 고후 2:17; 4:2; 요 17:15

자유와 핍박

모든 정부는 교회가 간섭받지 않으면서 하나님께 순종하고, 주 그리스도를 섬기며, 복음을 전파하도록 평화와 정의와 자유를 보장해야할 의무를 하나님께로부터 받고 있다. 그러므로 우리는 모든 나라의 지도자들을 위하여 기도하며 그들이 사상과 양심의 자유를 보장하고 하나님의 뜻을 따라, 그리고 유엔인권선언에 규정한 바와 같이 종교를 믿으며 전파할 자유를 보장해줄 것을 요청한다. 우리는 또한 부당하게 투옥된 사람들, 특히 주 예수 그리스도를 증거하기 때문에 고난 받는 우리 형제들을 위하여 깊은 우려를 표한다. 우리는 그들의 자유를 위하여 기도하며 힘 쓸 것을 약속한다. 동시에 우리는 그들의 생명을 걸게 하는 협박을 거부한다. 하나님께서 우리를 도와주시기 때문에 우리는 어떤 대가를 치르더라도 불의에 대항하여 복음에 충성하기를 힘쓸 것이다. 핍박이 없을 수 없다는 예수님의 경고를 우리는 잊지 않는다.

딤전 1:1–4; 행 4:19; 5:19; 골 3:24; 히 13:1–3; 눅 4:18; 갈 5:11; 6:12; 마 5:10–12; 요 15:18–21

성령의 능력

우리는 성령의 능력을 믿는다. 아버지 하나님은 그의 영을 보내시어

아들에 대하여 증거하게 하신다. 그의 증거 없이 우리의 증거는 헛되다. 죄를 깨닫고, 그리스도를 믿고, 새로 중생하고, 그리스도인으로 성장하는 이 모든 것이 성령의 역사이다. 뿐만 아니라, 성령은 선교의 영이시다. 그러므로 전도는 성령 충만한 교회로부터 자발적으로 일어나야 한다. 교회가 선교하는 교회가 되지 못할 때, 그 교회는 자기 모순에 빠져있는 것이요, 성령을 소멸하고 있는 것이다. 세계 복음화는 오직 성령이 교회를 진리와 지혜, 믿음과 거룩함과 사랑과 능력으로 새롭게 할 때에만 실현 가능할 것이다. 그러므로 우리는 모든 그리스도인들이 그러한 하나님의 전능하신 성령의 역사를 위하여 기도할 것을 요청하며, 성령의 모든 열매가 그의 모든 백성에게 나타나고, 그의 모든 은사가 그리스도의 몸을 충성하게 하도록 기도할 것을 호소한다. 그때야 비로소 온 교회는 하나님의 손에 있는 합당한 도구가 될 것이요, 온 땅은 하나님의 음성을 듣게 될 것이다.

> 고전 2:4; 요 15:26, 27; 16:8-11; 고전 12:3; 요 3:6-8; 고후 3:18; 요 7:37-39; 살전 5:19; 행 1:8; 시 85:4-7; 67:1-3; 갈 5:22,23; 고전 12:4-31; 롬 12:3-8

그리스도의 재림

우리는 예수 그리스도께서 친히 권능과 영광 중에 인격적으로 그리고 눈으로 볼 수 있도록 재림하시어 그의 구원과 심판을 완성시킬 것을 믿는다. 이 재림의 약속은 우리의 전도를 가속화시킨다. 이는 먼저 복음이 모든 민족에게 전파되어야 한다고 하신 그의 말씀을 우리가 기억하기 때문이다. 그리스도의 승천과 재림 사이의 중간 기간은 하나님의 백성의 선교 사역으로 채워져야 한다고 우리는 믿는다. 그러므로 종말이 오기 전에 우리에게 이 일을 멈출 자유가 없다. 우리는 또한 마지막 적그리스도의 선행자로서 거짓 그리스도들과 거짓 선지자들이 일어나리라는 그의 경고를 기억한다. 그러므로 우리는 인간이 이 땅에 유토피아를 건설할 수 있다는 생각은 오만한 자기 확신의 환상으로 간주하여 이를 거부한다. 우리 그리스도인들은 하나님께서 그의 나라를 완성하실 것이요, 우리는 그 날을 간절히 사모하며 또 의가 거하고 하나님께서 영원히 통치하실 새 하늘과 새 땅을 간절히 고대하고 있음을 확신한다. 그 때까지 우리는 우리의 삶 전체를 지배하시는 그의 권위에 기꺼이 순종함으로 그리스도를 섬기고 사람에게 봉사하는 일에 우리 자신을 다시 헌신한다.

> 막 14:62; 히 9:28; 막 13:10; 행 1:8-11; 마 28:20; 막 13:21-23; 요 2:18; 4:1-3; 눅 12:32; 계 21:1-5; 벧후 3:13; 마 28:18

맺음말

그러므로 이와 같은 우리의 신앙과 우리의 결심에 따라 우리는 세계 복음화를 위하여 함께 기도하고, 계획하고, 일할 것을 하나님과 우리 상호간에 엄숙히 언약한다. 우리는 다른 사람들도 이 일에 우리와 함께 동참할 것을 호소한다. 우리로 하여금 하나님의 영광을 위하여 이 언약에 신실하도록 그의 은혜로 도와주시기를 기도한다.

아멘, 할렐루야!

검소한 삶의 방식에 대한 복음주의자들의 서약

(An Evangelical Commitment to Simple Lifestyle, 1980)[372]

검소한 삶의 방식에 대한 복음주의자들의 서약문이 담겨 있는, 본 선언문은 1980년 3월 17일에서 21일까지 영국의 허드슨에서 개최된 검소한 삶의 방식에 관한 국제 협의회에 의해 작성되고 서명한 문서이다. 그 협의회는 세계 복음화를 위한 로잔 협의회의 신학과 교육 분과와 세계복음주의 협의회 산하의 윤리와 사회분과의 협력지원으로 구성되어 작성되었다.

목차

---

372 The International Consultation on Simple Lifestyle, High Leigh, nr. Hoddesdon, Hertfordshire, England, 17–21 March 1980

서문

삶과 삶의 방식은 서로 밀접하게 연관되어 있으므로, 분리하여 생각할 수 없다. 모든 그리스도인들은 예수님으로부터 새 생명을 받았다. 그렇다면, 기독인들에게 적용되는 삶의 스타일은 무엇인가? 만일 삶이 새로워졌다면, 삶의 스타일도 새로워져야하기 때문이다. 그런데, 그 특징은 무엇인가? 특히 기독교의 신앙고백을 하지 않는 사람과는 무엇이 다르다는 것인가? 그리고 오늘 우리가 살아가고 있는 이 세상 속에서 그것을 어떻게 반영하며 살 수 있는가? 처음에는 하나님의 기쁨을 위해 창조되었으나, 이제 하나님으로부터 멀어져있고 이 땅의 자원으로부터도 소외되어있는 이 세상 속에서 그것을 어떻게 반영할 수 있겠는가?

이러한 질문들은 세계복음화를 위한 로잔 대회(1974)에 참석한 자들에게도 주어졌었고, 그들의 선언문의 9번째 항목 안에 다음과 같이 답변되었다.

"우리들 모두는 수많은 사람들의 가난에 의해서 충격을 받았으며, 그것을 야기한 불의한 일들에 대해서 분개한다. 풍요로운 삶을 영위하는 우리들은 복음증거와 구제에 보다 더 헌신하기 위하여 검소한 삶을 발전시킬 필요가 있다."

이러한 표현들은 많은 토론을 거치고, 보다 신중한 검토를 거쳐서 나온 것이다. 그리하여 세계 복음화를 위한 로잔 협의회의 신학과 교육 분과와 세계복음주의 협의회 산하의 윤리와 사회분과가 협동으로 2년 동안 연구를 진행하여 국제적인 모임까지 이르게 되었다. 지역의 그룹 모임들은 15개 나라에서 진행되어, 지역 컨퍼런스를 인도, 아일랜드, 그리고 미국에서 개최하였다. 1980년 3월 17일부터 21일까지 High Leigh 컨퍼런스

센터(잉글랜드의 런던으로부터 북쪽으로 17마일 떨어진 곳)에서 '검소한 삶에 대한 국제 협의회'가 소집되었다. 거기에는 27개국으로부터 85명의 복음주의 지도자들이 참여하였다.

우리의 목적은 복음과 관련하여 로잔언약에서 언급한 세 가지의 주제들 즉 검소한 삶, 구제, 그리고 정의에 대해 연구하고자 함이었다. 우리의 관점은 한편으로는 성경의 가르침이지만 또 다른 한 편으로는 고통 받는 세상이다. 즉, 수많은 남자들, 여자들, 아이들은 비록 하나님의 형상으로 지음 받았고 사랑의 존재이지만, 복음을 듣지 못했거나 압제 속에 살고 있으며 아니면, 혹은 그 둘 다의 상황 속에서 구원의 복음을 듣지 못하고, 인간의 삶의 기본적인 것들의 결핍 속에서 살아가고 있는 것이다.

4일 동안 우리는 함께 지내면서, 하나님께 함께 경배 드리고 기도드렸다. 우리는 함께 성경을 연구했다. 그리고 이미 출판된 자료들을 함께 보았고, 증거들을 찾았다. 우리는 신학적이고 경제적인 문제들에 관해 토론하기도 했다. 그리고 그 주제들을 전체회의와 소그룹 회의에서 토론했다. 우리는 웃기도 했고, 울기도 하면서 해결책을 도출해 내었다. 비록 처음에 시작할 때에는 제1세계와 제3세계 국가들의 대표들 사이에 긴장이 있기도 하였으나, 결국에는 성령의 하나 되게 하심을 따라 서로 이해하고 사랑하면서 새로운 일체감을 이루어갔다.

무엇보다도 우리들은 하나님의 뜻을 분별하기 위하여 그리고 그의 영광을 추구하기 위하여 우리 자신들을 하나님의 말씀과 세상의 필요에 대한 도전들 앞에 정직하게 노출시켰다. 이러한 과정 속에서 우리의 마음들이 확장되기도 하고, 우리의 양심이 찔림을 받기도 했으며, 우리의 마음이 동요되기도 했고, 우리의 의지가 강화되기도 했던 것이다.

'검소한 삶의 방식에 대한 복음주의자들의 서약문'은 (그 원문은 토론들과 그 작성된 보고서들을 기초로 하여 작성된 것이다) 세 번의 전체회의와 수많은 수정을 통해 만들어졌다. 어떤 수정된 내용들은 마지막 전체 회의에서 또다시 수정되기도 했다. 참여자들 모두의 서명을 직접 받은 것은 아니지만, 위원회를 통해서 실질적인 승인을 받았다. 또한 개개인들 모두는 그 부름에 대해 개인적으로 헌신을 결단했다.

우리가 이 주제들을 가지고 여러 해 동안 토론을 해왔지만, 결론이 늦게 도출되어 부끄러울 뿐이다. 다만 우리에게 이 주간은 역사적인 의미와 새로운 변화의 의미가 있는 주간이 되었다. 그래서 우리는 간절한 마음으로 기도하면서 개인적으로, 그룹별로, 교회적으로 이 글이 연구되고 또 실천하며 헌신하게 되기를 소망한다.

의장 John Stott
세계 복음화를 위한 로잔 협의회의 신학과 교육 분과회의 주관자 Ronald J. Sider
세계복음주의 협의회 산하의 윤리와 사회 분과
1980년 10월
인용된 성구는 New International Version에서 취함

머리말

지난 4일 동안 27개국으로부터 80명의 그리스도인들이 "검소한 삶의 방식에 관한 발전"에 대해 진술된 로잔 언약의 표현들을 재고하기 위해 모였다. 우리는 가난한 사람들의 울부짖음을 통해, 성경의 말씀을 통해, 그리고 서로 서로를 통해 하나님의 음성을 들으려고 노력하였다. 우리는 예수 그리스도를 통해 큰 구원을 주시고, 우리 앞 길의 빛 되는 성경의 계시를 주시고, 또한 우리를 성령의 능력으로 세상을 섬기는 종으로, 그리고 증인으로 세우신 하나님께 감사드린다.

우리는 세상의 불의에 대해 염려하며, 그것 때문에 희생당한 사람들을 걱정하면서 또한 우리도 그 일에 공범임을 깨닫고 회개한다. 이 일에 대한 새로운 해결책들을 이 서약서에 담아서 제안한다.

창조

우리는 모든 만물을 창조하신 하나님께 경배 드리고, 하나님의 선하신 창조물에 대해 감사드린다. 그 분의 자비하심 속에서, 우리가 모든 것들을 즐길 수 있도록 허락해 주셨으므로, 우리는 그 분의 손으로부터 그것들을 겸손하게 받고 감사를 드린다(딤전 4:4; 6:17). 하나님의 창조는 부요함과 다양성을 그 특징으로 한다. 그리고 그는 인간들로 하여금 창조물들을 관리하게 하셨고, 모든 이익들을 나누도록 하셨다.

그러므로 우리는 환경파괴, 낭비(사치), 재물의 축척을 비난한다. 우리는 이러한 악의 결과들 때문에 고통 받는 가난한 사람들의 비참을 한탄한다. 우리는 또한 생명 없는 금욕주의에 대해서도 동의할 수 없다. 왜냐하면, 이 모든 것들은 창조자의 선함과 타락의 비극을 반영하고 있기 때문이다. 우리는 우리 자신들도 그 안에 포함되어 있음을 자각하고 회개한다.

청지기 의식

하나님은 사람을 만드실 때, 자신의 형상을 따라 남자와 여자로 만들고, 그들에게 땅을 다스리게 하셨다(창 1:26-28). 하나님은 그들을 자원의 관리자로 세웠고, 그들은 창조자에게 응답하여 그것들을 발전시키고 풍성함을 동료들과 나누게 되었다. 그리하여 본질적으로 사람들은 하나님과 바른 관계 속에서 인간다움을 실현하게 되고, 이웃과 땅의 모든 자원들과 바른 관계성에 의존하게 된다. 만일 그러한 자원들이 정당하게 나눠지지 않는다면 사람들의 인간다움이 무너지게 되는 것이다.

신실하지 못한 청지기 의식은 그들을 풍성하게 하는 땅의 유한한 자원을 보존하거나 그것들을 정당하게 분배하는데 실패하게 되었으며, 결국 우리는 하나님께 불순종함으로 인간들을 위한 그의 목적으로부터 멀어지게 된 것이다. 그러므로 우리는 이렇게 결단한다. 모든 것의 주인이신 하나님을 경외하고, 어떠한 부동산이나 소유물을 가지게 되더라도 우리는 소유주가 아니고 단지 청지기임을 기억할 것이다. 그래서 그것들로 다른 사람들을 섬기는 일에 사용할 것이다. 또한 자신을 방어할 힘이 없어 착취를 당하는 가난한 사람들과 함께 정의를 추구할 것이다.

우리는 그리스도께서 오실 때, '모든 것들이 회복'될 것을 고대한다(행 3:21). 그 때에 우리의 충만한 인간성은 회복될 것이다. 그래서 우리는 오늘 인간의 존엄성을 증진시켜야만 한다.

가난과 부

비자발적인 가난은 하나님의 선함을 해치는 것이라고 우리는 확신한다. 그것은 성경 안에서 힘없는 자들과 관련되어 얘기된다. 왜냐하면 가난한 자는 그들 자신을 보호할 수 없기 때문이다. 통치자들에 대한 하나님의 부름은 가난한 자들을 보호하기 위한 것이지, 그들을 착취하라는 것이 아니다. 교회는 하나님과의 관계 속에서 불의 때문에 고통을 겪는 가난한 사람들을 도와야 한다. 그리고 통치자들이 하나님께서 세운 목적대로 일을 감당할 수 있도록 도와야만 한다.

우리는 부에 대해 부정적으로 말씀하신 예수님의 말씀에 마음을 열고 고심하였다. '탐욕을 주의하라' '사람의 생명이 소유의 넉넉함에 의존하는 것은 아니다'(눅 12:15) 우리는 부자들에 대한 경고를 들었다. 부는 근심과 허영과 잘못된 안전의식을 낳고, 가난한 자를 압제하고 빈핍한 자를 고통스럽게 한다. 그리하여 부자가 천국 가는 것이 어렵다 (마 19:23). 탐욕적인 사람들은 천국으로부터 배제된다. 천국은 모든 사람에게 거저 주어진 선물이다. 특히 가난한 사람들에게 주어진 선물이다. 왜냐하면 그들은 그것이 낳는 새로운 변화로부터 도움을 얻기 때문이다.

우리는 여전히 예수님께서 전심으로 자기를 따르는 많은 사람들에게 자발적인 가난을 요구하신다고 믿는다. 그는 그를 따르는 사람들에게 부의 유혹으로부터 자유롭기를 원하고 (왜냐하면 하나님과 돈을 함께 섬기는 것은 불가능하기 때문이다), 재물에 관대하기를 원한다(선한 일을 행하고 선한 사업에 많이 하고 나누어 주기를 좋아하며 너그러운 자가 되게 하라/딤전 6:18), 이러한 점에서 최고의 모델은 예수님이시다. 예수님은 부하셨지만 스스로 가난한 자가 되셨다(고후 8:9). 그것은 값비싼 대가를 치르는 자기 희생이었다. 우리는 그 분을 따라 하나님의 영광을 추구해야 한다. 우리는 가난한 자와 압제받는 자를 알고 도와야 한다. 그들에 대해 시행되고 있는 불의한 일들을 알아야하고, 정기적으로 기도하고 도와야 한다.

새 공동체

우리는 교회가 새 생명과 새 삶의 방식을 즐거워하는 사람들이 살아가는 새 시대의 새 공동체라는 사실로 인해 기뻐한다. 오순절 예루살렘에 세워졌던 초대교회는 전에는 알려지지 않은 교제로 특징 지워진다. 성령의 충만함을 받은 신자들은 서로서로 사랑하고 자기들의 소유를 팔아 다른 사람들에게 나눠주었다. 비록 그들이 그들의 소유를 자발적으로 내놓았으나, 사적으로 약간의 소유를 가지고는 있었다(행 5:4). 그것은 사회의 필요에 도움이 되는 것이었다. '그들 중에 어느 누구도 자신의 것이라고 주장하지 않았다'(행 4:32). 즉 그들은 소유의 권리에 대한 이기심으로부터 자유로웠다. 이들의 변화된 경제생활의 결과로, '그들 사이에는 가난한 사람들이 없었다'(행 4:34).

자신들이 가지고 있는 것으로 필요가 있는 (가난한) 사람들에게 아낌없이 재물을 나누는 삶의 원리는 모든 성령 충만한 교회의 표지이다. 세계의 어떤 곳에서 풍부하게 살아가는 사람은 그러한 부유한 특권들을 누리지 못하는 사람들을 구제하기로 결심했다. 그러나, 이와 달리 고린도교회의 부유한 성도들은 가난한 이웃들을 외면하고 자기들끼리 과도하게 먹고 마시고 하였다. 이에 바울은 그리스도의 몸을 모독하고, 하나님의 교회를 무시한다고 강하게 질책했다(고전 11:20-24). 대신에 우리는 바울이 그들 자신의 풍성함으로 가난한 유대의 기독교인들을 도왔던 사람들을 격려했던 것을 본받기로 결심한다.

이러한 동일한 정신으로 우리는 교회의 연합사역을 하면서 여행이나, 음식 그리고 숙박을 위한 비용지출은 최소로 해야 한다.

그리스도는 우리를 세상의 부패와 어두움을 비추기 위한 소금과 빛으로 우리를 부르신다. 그런데, 우리의 빛은 밝혀져야 하고 우리의 소금은 짠 맛을 유지해야 한다. 새 사회는 -그 가치나 표준, 삶의 스타일에 있어서- 명백하게 세상과는 구별된다. 우리는 탁월하고 매력적인 대안과 그것의 실천을 통해 그리스도의 영향력을 극대화해야만 한다. 우리는 우리 자신들이 기도하는 일에 헌신하고 우리의 교회를 새롭게 갱신하는 일에 최선을 다해야 한다.

개인적인 삶의 방식

우리 주 예수님은 우리를 거룩함, 겸손, 단순성과 만족(자족함)을 위해 부르신다. 그는 또한 우리에게 그의 안식을 약속하신다. 그러나 우리는 자주 거룩하지 못한 욕망으로 우리의 내면의 안정을 해치기도 한다. 그리하여 우리의 마음에서 그리스도의 평화를 끊임없이 갱신하지 않고는 우리의 검소에 대한 강조는 일방적인 것에 불과할 뿐이다.

우리 그리스도인들은 다른 사람들의 필요와는 상관없이 검소한 삶을 추구해야만 한다. 그럼에도 불구하고, 사실상 8억 명의 사람들은 결핍에 시달리고 하루에 만 명의 사람들이 죽어가고 있다는 사실 때문에, 우리는 어떤 다른 방식의 삶을 살고 있음에 대해서 변명할 수가 없다.

우리 중의 어떤 이들은 가난한 자들 사이에서 살도록 부름을 받은 반면에, 어떤 이들은 가난한 자들을 섬기도록 부름을 받았다. 우리는 적게 관리하고 많이 베풀기 위해서 우리의 수입과 지출을 점검해야 한다. 우리는 우리들 자신이나 다른 사람에게 원칙 없고 무분별한 소비를 중단할 것을 요구해야 한다. 우리는 의식주와 여행과 교회건축에 대한 과소비와 허비를 반대한다. 우리는 또한 필수품과 사치, 허영과 겸손, 하나님을 예배하는 것과 패션에 노예가 되는 것, 창조적인 취미생활과 텅 빈 신분을 유지하는 삶 사이에 존재하는 차이점들을 받아들인다. 서구사회에 사는 사람들은 제3세계의 어려운 형제자매의 소비를 향상시킬 수 있도록 도와야 한다. 제3세계에 속해있는 지체들은 우리들(서구사회)이 탐욕의 유혹에 노출되어 있음을 알아야 한다. 그래서 우리는 서로 이해하고, 격려하고, 기도해야 한다.

국제적인 개발

'우리는 수많은 사람들의 가난에 의해서 충격을 받았고, 불의가 바로 그것의 원인이라는 사실에 분개한다'는 로잔 언약의 한 문구를 떠올려본다. 세계 인구의 4분의 1은 전대미문의 부를 향유하는 반면에 다른 4분의 1은 기아에 허덕이고 있다. 이런 총체적인 불균형은 참을 수 없는 불의이며, 우리는 그것을 그냥 수용하는 태도를 받아들일 수 없다. 새 국제경제 질서는 제3세계의 절망을 정당하다고 표현한다.

우리는 자원과 수입과 소비 사이의 관계를 보다 더 명확하게 이해할 필요가 있다. 사람들은 때로 먹을 것을 살 수 없기 때문에, 생산품을 살 기회가 없기 때문에, 권력에 접근할 기회가 없기 때문에 기아에 허덕이기도 한다. 그러므로 우리는 기독교 기관들이 원조 보다는 개발을 점차적으로 확대하고 있음에 박수를 보낸다. 개인들이 적당한 기술을 갖게 함으로 그들 자신의 자원을 활용할 수 있도록 이끌어 주어야 하고 동시에 그들의 삶의 존엄성을 회복하도록 도와줘야 한다. 사람들의 삶이 위험에 처해있음을 알게 된다면, 그 곳에는 결코 기금이 부족해지는 일이 생길 수 없다.

그러나 정부의 역할도 필수적이다. 부유한 나라에 살고 있는 우리들은 정부가 무역자유화나 식량원조에 있어서 그 목표를 원활하게 달성하지 못해 부끄러울 뿐이다.

많은 경우에 다국적 협력은 나라 안에서 지역적인 주도권을 감소시키기도 하고, 정부의 근본적인 변화를 거스르기도 한다는 것을 안다. 우리는 그들이 보다 더 책임감 있게 행동하며 자제할 수 있게 되기를 바란다.

정의와 정치

우리는 불의에 대한 현재의 상황은 하나님께서 싫어하시는 모습이며, 따라서 많은 부분들 속에서 변화가 필요하다고 확신한다. 우리는 지상의 유토피아를 믿지 않는다. 그렇다고 비관주의자들도 아닌 것이다. 검소한 삶에 대한 헌신이나 사람들의 발전 프로젝트가 아니더라도 변화는 올 수 있는 것이다.

가난과 과도한 부, 군사와 군수산업, 그리고 자본, 땅, 자원의 정당하지 못한 분배는 "힘 있고 없음"의 문제이다. 구조적인 변화를 통한 힘의 이동이 없이는 해결될 수 없는 부분들이다.

사회와 함께 공존하는 기독교회는 '사회 안에서의 삶의 방편'인 정치와 불가분의 관계에 있다. 그리스도의 종들은 사회적, 정치적, 경제적 헌신 속에서 그 분의 주되심을 표현하고, 정치의 과정들에 참여하는 것으로서 이웃사랑을 표현해야 한다. 그러면, 우리는 어떻게 변화를 일으킬 수 있겠는가?

첫째로, 우리는 하나님의 명령을 따라 평화와 정의를 위해 기도해야 한다. 둘째로, 우리는 도덕과 정치적 이슈들에 관해서 그리스도인들을 교육하는 일에 힘써야 하며, 그들의 비전과 그들의 기대를 명확하게 해주어야 한다. 셋째로, 우리는 행동을 취해야할 것이다. 모든 기독교인들은 행정이나 경제 혹은 발전에 있어서 특별한 임무수행을 위해 부름을 받았을 것이기 때문이다. 모든 그리스도인들은 사회의 정의를 세우는 일에 적극적으로 참여해야 한다. 넷째로, 우리는 고생을 각오해야 한다. 고난 받는 종이셨던 예수님을 따르는 우리들은 항상 고난에 참여해야 된다는 것을 알기 때문이다.

불의한 시스템에 대한 정치적 행동 없이 우리의 삶의 방식의 변화가 효과적으로 이뤄질 수 없으며, 개인적인 헌신이 없는 정치적 행동은 그 순수성이 의심된다.

복음증거

우리는 이 세계에 복음을 접하지 못한 수많은 사람들에게 깊은 관심을 가지고 있다. 삶의 방식의 변화나 불의에 관한 어떠한 논의들을 가지고서도, 우리는 다양한 문화적 환경들 속에서 적절하게 복음을 증거하기 위한 전략들을 개발해야할 필요성을 약화시킬 수는 없다. 우리는 온 세상 가운데서 예수님을 그리스도와 주님으로 선포하는 일을 멈춰서는 안 된다. 교회는 '땅 끝까지'(행 1:8) 그의 증인으로서 헌신해야만 한다.

삶의 방식에 대한 부르심에 책임감 있게 반응하는 것은 증인으로서의 책임감을 갖는 것과 분리될 수 없다. 우리의 메시지의 신뢰성은 우리의 삶에 의해서 뒷받침되지 못할 때 감소될 수밖에 없다. 탐욕으로부터 우리가 구원을 받지 못한 상태에서 그리스도의 구속을 증거하는 것이나, 우리의 소유에 대해 신실한 청지기가 되지 못하면서 그리스도의 주되심을 인정하는 것이나, 가난한 이웃들을 향해 마음을 닫아 놓으면서 그의 사랑을 실천한다는 것은 불가능하다. 그리스도인들이 가난한 이웃들을 돌보고 관심을 가지는 것은 예수 그리스도를 매력적으로 보이게 하는 것이 된다.

이와는 대조적으로 약간의 서구 전도자들의 풍부한 삶의 방식들은 제3세계를 방문했을 때 이해할 수 있는 많은 공격을 받게 만든다.

우리는 그리스도인들의 검소한 생활은 상당히 많은 자원과 재정과 개발을 위해서 뿐만 아니라, 복음증거를 위해 사역하는 개인을 위해서도 요청되는 일이라고 믿는다. 검소한 삶을 위한 우리의 헌신은 세계의 복음화를 위해 필요한 것이다.

주의 재림

구약 성경의 선지자들은 우상 숭배자들과 하나님의 백성들의 불의에 대해 지적하였고, 다가올 심판에 대해 경고했다. 유사한 지적들과 심판의 경고는 신약성경에서도 발견된다. 예수 그리스도는 심판을 위해서, 또 구원과 통치를 위해서 오신다. 그의 심판은 탐욕자들과 압제자들 위에 임할 것이다. 왕의 날에는 잃어버린 자들로부터 구원받은 자들을 분리할 것이다. 지극히 작은 그의(하나님의) 형제 자매들을 섬김으로 그를(하나님을) 섬긴 사람들은 구원을 받을 것이다. 왜냐하면 믿음으로 사랑을 실천했기 때문이다. 그러나, 믿으면서도 가난한 이웃들에게 무관심했던 사람들은 돌이킬 수 없는 상태에 빠질 것이다(마 25:31-46). 우리는 다시 한 번 예수님의 준엄한 경고에 귀를 기울여야 한다. 그래서 가난한 이웃들을 돌아보아야 한다. 우리는 다른 그리스도인들도 동일한 길을 갈 수 있도록 초청해야 한다.

우리의 결단

우리 주 예수 그리스도의 구속의 은총으로 구원을 받은 우리들은 그의 부르심에 합당하게 복음과 개발과 정의에 대한 관심을 가지고, 진심어린 사랑의 마음으로 가난한 이웃들을 돌아보고, 심판의 날을 엄숙하게 기다려야 한다. 그리고 적절하고 검소한 삶의 자세로 서로서로를 돌아보아야 한다. 또한 다른 사람들도 이일에 우리와 함께 동참할 수 있도록 독려해야 한다.

우리는 이 선언문을 실천하기 위해서 시간이 필요하다는 것과 실천이 결코 쉽지 않다는 것을 안다. 전능하신 하나님께서 그의 은혜 안에서 우리가 이를 실천할 수 있도록 인도하소서!!! 아멘.

부록 Ⓐ

참석자들

이 협의회에 참석한 이들은 세 그룹들로 나뉜다. "참여자", "자문위원", 그리고 "방문자" 그룹들이다. "참여자"는 로잔 선언문에 서명한 사람들이거나 아니면 그 사명을 이해하고 온전히 헌신한 사람들을 가리킨다. "자문위원"은 그 모임에 어떤 특별한 기여를 했으므로 초대받은 사람들이다. 그들은 일반적으로 로잔 언약에 대해서 공감하고 있는 사람들이다. 그리고 한 두명의 "방문자"는 그 언약의 내용을 읽고 건설적으로 자문을 해주면서 기꺼이 동참했던 이들이다.

그러나 여기에 그들의 이름들을 소개함에 있어 우리는 단지 알파벳 순서로 나열했다. 그들이 어떤 부류에 속했는지를 지적하는 것이 불필요하다고 느꼈기 때문이다.

Tokunboh Adeyemo, Nigeria/Kenya

John F. Alexander, U. S. A.

Pedro Arana, Peru

Ramez Atallah, Egypt/Canada

Jorge Atiencia, Colombia

Kwane Bediako, Ghana

Robinson Cavalcanti, Brazil

Donald Cameron, Australia

John Capon, England

Mark Cerbone, U. S. A.

Harvie Conn, U. S. A.

Donald Dayton, U. S. A.

Ulrich Betz, West Germany

Wayne Bragg, U. S. A.

Linda Doll, U. S. A.

Ron Elsdon, Ireland

Leif Engedal, Norway

Rob von Essen, Holland

Richard Foster, U. S. A.

John Gladwin, England

Jorgen Glenthoj, Denmark

J. van der Graff, Holland

Paul Hampsch, U. S. A.

Donald Hay, England

Horst−Klaus Hofnamm, West Germany

Robert Hughes, U. S. A.

Simon Ibrahim, Nigeria

Arthur Johnston, U. S. A.

L. de Jong, Holland

Pippa Julings, England

Sione Kami, New Guinea

Israel Katoke, Tanzania

Graham Kerr, U. S. A.

Andrew Kirk, England

Alan Kreider, U S. A./England

Daniel Lam, Hong Kong/England

Fritz Lampartner, West Germany

Gregorio Landero, Colombia

Daryl LaRusso, U. S. A.

Barnabas Lee, Korea

Magnus Malm, Sweden

Vishal Mangalwadi, India

Ted Mrtin, Jr., U. S. A.

Robert DeMoss, U. S. A.

Oeistein de Presno, Norway

Karl−Heinz Michel, West Gemany

Alex and John Mitchell, England

Nobumasa Mitsuhashi, Japan

George Monsma, Jr., U. S. A.

B. Howard Mudditt, England

Jeremy Mudditt, England

Alan Nichols, Australia

Lennart Nordin, Sweden

Gottfried Osei−Mensah, Ghana/Kenya

Rene Padilla, Argentina

Clark Pinnock, Canada

Tacito Pinto, Brazil/Italy

M. G. Reuben, India

Bong Rin Ro, Taiwan

Colleen Samuel, India

Vinay Samuel, India

Waldron Scott, U. S. A.

Ronald Sider U. S. A.

Kevin Smith Australia

John Scott, England

Gordon Strachan, Scotland

Morris Stuart, England/Australia

Chris Sugden, England/India

Dick Van Halsema, U S. A.

J. A. Emerson Vermaat, Holland

Jim Wardwell, U. S. A.

David Watson, England

Dolphus Weary, U. S. A.

Waldo Werning, U. S. A.

Tad Maruyama, Japan

Charles Massey, U. S. A.

Bruce McConchie, Australia

Peter Meadows, England

Derek WilliamsEngland

David Wong, Singapore

Florence Yeboah, Ghana

Rolf Zwick, West Germany

부록 ⓑ

제출된 보고서와 그 작성자들

첫째날 (1) *Living More Simply for Evangelism and Justice* — Ronald J. Sider

(2) *Simple Lifestyle and Evangelism* — David Watson

둘째날 (3) *A Just and Responsible Lifestyle: An Old Testament Perspective* — Vinay K. Samuel & Christopher Sugden

(4) *New Testament Perspective on Simple Lifestyle* — C. Rene Padilla

셋째날 (5) *The International Socio-Economic- Political Order and Our Lifestyles* — Donald A Hay

넷째날 (6) *Simple Lifestyle from the Perspective of Church History* — Tadatake Maruyama

(7) *The Church as a New Community which Fosters a Simple Lifestyle* — Gottfried Osei — Mensah

– 추진 위원회 –

위원장: Ronald J. Sider   **부위원장:** Mark Cerbone

Ramez Atallah	Andrew Kirk	Saphir Athyal	David J. Bosch
Festo KivengereFrederick	Catherwood	Samuel Moffett	Russ Reid
P. T. Chandapilla	George Monsma, Jr.	Harvie Conn	Rene Padilla
Leighton Ford	Donald E. Hoke	John Stott	Israel Katoke

부록 ⓒ

참고문헌

본 협의회에 제출된 모든 보고서들과 증언들에 대해서 Ronald J. Sider가 편집한 *LIFESTYLE IN THE EIGHTIES: An Evangelical Commitment to Simple Lifestyle* (The Westminster Press: Philadelphia, 1982)을 보라.

Barnet, Richard, *The Lean Years: Politics in the Age of Scarcity* (New York: Simonand Schuster, 1980)

Brandt, Willy, *et al., North-South: A Programe For survival.* London: Pan Books, 1980.

Eller, Vernard, *The Simple Life: The Christian Stance Toward Possessions.* GrandRapids: Eerdmans, 1973

Elsdon, Ronald, *Bent World* Downers Grove: Intervarsity, 1981.

Foster, Richard, *The Freedom of Simplicity* New York: Harper, 1981.

Johnston, Arthur, *The Battle for World Evangelism* Wheaton: Tyndale House, 1978.

Mooneyham, W. Stanley, *What Do You Say to a Hungry World?* Waco, Texas: WordBooks, 1975.

Nelson, Jack, *Hunger for Justice: The Politics of Food and Faith* Mary−Knoll, NY:Orbis Books, 1980

Ramientos, Neve, *Christian Social Concern: The Mission of the Church in Asia*(Asian Perspective No. #18: Asia Theol. Ass., P.O. Box #73− Ila Shihlin,Taipei, Taiwan)

Schumacher, E. F., *Small is Beautiful: Economics as if People Mattered.* New York:Harper, 1973.

Scott, Waldron, *Bring Forth Justice* Grand Rapids: Eerdmans, 1980.

Sider, Ronald J., *Cry Justice: The Bible on Hunger and Poverty* New York: PaulistPress, 1980.

Sider, Ronald J., ed. *Living More Simply: Biblical principles and Practical Models Downers Grove:* Intervarsity, 1980.

Sider, Ronald J., *Rich Christians in an Age of Hunger: A Biblical Study.* DownersGrove: Intervarsity, 1977.

Stott, John, *Christian Counter-Culture: The Message of the Sermon on the Mount.* Downers Grove: Intervarsity, 1978.

Taylor, John V., *Enough is Enough* London: SCM Press, 1975

White, John, *The Golden Cow: Materialism in the Twentieth Century Church* Downers Grove: Intervarsity, 1979.

Ziesler, J. A., *Christian Asceticism* Grand Rapids: Eerdmans, 1973.

그랜드 래피즈 보고서

(The Grand Rapids Report on Evangelism and Social Responsibility: An Evangelical Commitment, 1982)[373]

사회적 책임에 대한 요구

현재의 필요

우리는 약 8억의 사람들 또는 인류의 5분의 1이 빈곤하며, 생존을 위한 기본 필수품이 부족하며 또 그들 중 수 천 명이 매일 굶어 죽는다는 것을 알고 간담이 서늘해진다. 수많은 사람들이 적합한 주택과 의복이 없으며, 깨끗한 물과 의료 보호가 없으며, 교육과 고용을 위한 기회가 없으며, 또 그들 스스로 또는 그들의 가족 스스로 자기 개선의 가능성이 없이 비참한 삶을 겨우 이어나가도록 되어있다. 그들은 엄청난 경제적 불평등에 의해 "억압을 당하는 것"으로 묘사될 수밖에 없다. 그들은 엄청난 불평등과 또 그것을 야기하고 영구화하는 갖가지 경제제도들에 의해 고통을 받는다.

다른 사람들이 겪고 있는 억압은 정치적인 것이다. 그들은 극좌 또는 극우의 전체주의적 통치에 의해 기본적인 인권을 거부당하고 있다. 그들이 저항을 하면 그들은 재판 없이 투옥당하고 고문을 당한다. 또 다른 사람들은 그들의 인종 또는 성 때문에 차별을 당하고 있다. 그리고 대부분

---

373 The International Consultation on the Relationship between Evangelism and Social Responsibility, Grand Rapids, Michigan, 19–25 June 1982

우리는 해결이 불가능한 것처럼 보이는 세계적 문제에 의해 억압 받고 있다. 인구과잉과 기아의 상태, 재생불능의 에너지 자원의 고갈, 환경의 훼손, 지역사회폭력, 전쟁 및 핵 몰살의 항존적 위협이 그것이다.

이 모든 것은 인류의 심원한 죄악성에 뿌리를 두고 있으며, 또 그것은 하나님의 백성의 급진적인 동정적 반응을 요구하고 있다. 복음만이 인간의 마음을 변화시킬 수 있으며, 그 어떠한 영향도 복음이 하는 것보다 사람을 더 인간적으로 만드는 것은 없다. 하지만 우리는 구두 선포에서 멈출 수는 없다. 세계복음화와 더불어, 하나님의 백성은 구제, 원조, 발전 및 정의와 평화를 위한 추구에 깊이 관여해야 한다.

정의

다음은 로잔언약의 '기독교적 사회적 책임'에 대한 항이다(5항).

"우리는 하나님이 모든 사람의 창조주이신 동시에 심판주이심을 믿는다. 그러므로 우리는 인간 사회 어디서나 정의와 화해를 구현하시고 인간을 모든 압박으로부터 해방시키려는 하나님의 관심에 동참하여야 한다. 사람은 하나님의 형상대로 창조되었기 때문에 인종, 종교, 피부색, 문화, 계급, 성 또는 연령의 구별 없이 모든 사람은 천부적 존엄성을 지니고 있으며, 따라서 사람은 서로 존경받고 섬김을 받아야하며 누구나 착취당하는 것이 아니라 존경과 섬김을 받아야한다. 이 사실을 우리는 등한시하여 왔고, 또는 종종 전도와 사회참여가 서로 상반된 것으로 잘못 생각한 것에 대해 뉘우친다. 사람과의 화해가 곧 하나님과의 화해는 아니며, 또 사회참여가 곧 전도일 수 없으며, 정치적 해방이 곧 구원은 아닐지라도, 전도와 사회─정치 참여는 우리 그리스도인의 의무의 두 부분임을 인정한다. 이 두 부분은 모두 하나님과 인간에 대한 교리와, 이웃을 위한 사랑, 그리고 예수 그리스도에 대한 우리의 순종의 필수적 표현들이기 때문이다. 구원의 메시지는 모든 소외와 압박과 차별에 대한 심판의 메시지를 내포한다. 그러므로, 우리는 악과 부정이 있는 곳에서는 어디서나 이것을 공박하는 일을 두려워해서는 안 된다. 사람이 그리스도를 영접하면 그의 나라에서 다시 태어난다. 따라서 그들은 불의한 세상 속에서 그 나라의 의를 나타낼 뿐만 아니라 그 나라의 의를 전파하기에 힘써야 한다. 우리가 주장하는 구원은 우리로 하여금 개인적인 책임과 사회적 책임을 총체적으로 수행하도록 우리를 변화시켜야 한다. 행함이 없는 믿음은 죽은 것이다."

사회적 책임을 위한 동기

복음전도에서 그랬던 것처럼, 사회적 책임에도, 우리는 하나님 자신의 성품에서 우리의 행동을 위한 근본적인 기초를 식별한다. 하나님은 정의의 하나님으로, 그는 모든 인간 사회에 있어서 악을 미워하시고 의를 사랑하신다. 그는 또한 자비의 하나님이시다. 우리 협의회의 처음 성경공부에서 우리는 그가 우주를 만드셨지만, 그럼에도 불구하고 그가 자신을 낮추어 빈핍한 자들을 돌보시며, "압박당하는 자를 위하여 공의로 판단하시며," 또 "주린 자들에게 식물을 주시는 자시로다"는 것을 읽었다. 더불어 "여호와께서 비굴한 자를 일으키시며 여호와께서 의인을 사랑하시며 여호와께서 객을 보호하시며 고아와 과부를 붙드시고 악인의 길은 굽게 하시는도다"(시 146:5-9)라는 말씀도 읽었다. 우리는 우리가 하나님이 행하시는 모든 것을 행할 수 있는 권위나 권능을 갖고 있지 못하다는 것을 인정한다. 그럼에도 불구하고, 이 본문이 우리에게 하나님이 어떠한 종류의 하나님이신지 보여주기 때문에, 또 그의 이러한 관심들이 그의 율법과 선지자들의 요구 가운데 추가로 표현되었기에, 우리가 모든 사람을 위하여 정의와 자유와 존엄을 추구하는, 특히 그들 스스로 그것을 추구할 수 없는 힘 없는 사람들을 위해 사는 사람이 되어야 한다는 것은 재론의 여지가 없다.

예수께서 그의 하나님 아버지의 이 사랑과 친절을 반영하셨다는 것은 놀라운 일이 아니다. 그는 굶주린 자들, 병든 자들, 빼앗긴 자들, 버림받은 자들을 동정하셨다. 그는 무리들을 동정하셨다. 왜냐하면 그들이 목자 없는 양과 같이, 고생하며 유리했기 때문이었다. 그리고 언제나 그의 동정은 적정한 행동을 유발했다.

더욱이, 성령의 첫 열매는 사랑이다(갈 5:22). 그러므로 그의 백성에게 온유한 사회적 양심을 주시고, 또 그들을 박애주의적 구제와 발전과 정의를 위한 추구에 몰두하도록 강권하시는 것은 바로 성령님이시다.

그러므로 우리는, 우리의 복음전도 확장을 위한 삼위일체적 기초가 있는 것처럼, 우리의 사회적 의무를 위한 삼위일체적 기초가 있다는 것을 발견한다. 하나님께 속한다고 주장하며 또 그를 성부와 성자와 성령으로 예배하는 우리는 우리의 예배를 이러한 행동들 가운데 표현해야만 한다. 말하는 것은 일하는 것이다.

복음전도와 사회적 책임 간의 관계

역사적 배경

그 관계가 다양한 방법으로 표현되어 오긴 했지만 복음전도와 사회적 관심은 교회사 전체를 통해 서로 밀접히 관련되어온 것으로 우리는 생각한다. 그리스도인들은, 그들이 행하는 것과 그 이유를 정의할 필요를 느끼지 않고, 자의식이 전혀 없이 두 가지 활동에 자주 관여해왔다. 그러므로 이 협의회를 개최하도록 했던 이 관계의 문제는 비교적 새로운 것이며, 또 역사적 이유들로 인해서 복음주의 그리스도인들에게 특별히 중요하다.

18세기 초반에 일어난 북미의 대각성운동, 독일의 경건주의 운동 및 영국에서의 웨슬리 하에서의 복음주의 부흥은 복음 전도는 물론 자선 활동에도 커다란 자극을 가했다. 다음 세대의 복음주의자들은 선교단체를 결성했으며 또 공공 생활에 현저하게 봉사했다. 그 중 대표적인 것으로는 노예 교역과 노예제도 자체를 폐지한 윌버포스와 공장의 근로조건을 개선한 샤프츠베리가 있다.

그러나 19세기 말과 20세기 초에, 이른바 "사회복음"이 신학적 자유주의자들에 의해 발전되었다. 그들 중 몇몇은 하나님의 나라를 일반 기독교문명과 그리고 특히 사회민주주의와 혼동했다. 또 그들은 그들의 사회 프로그램에 의해 그들이 지상에 하나님 나라를 건설할 수 있다고 상상했다. 많은 복음주의자들이 사회 참여에 의심을 품게 된 것은 이 복음의 심한 왜곡에 대한 과잉 반응에 있었던 것으로 생각된다. 그리고 복음주의자들이 사회적 양심을 회복하고 또 우리의 복음주의 사회적 유산을 재발견하고 있는 지금, 우리의 형제 자매들 중의 일부가 우리를 수상하게 보고 또 우리가 사회복음이라는 옛 이단에로 다시 빠지는 것은 아닌가하고 의심하고 있는 것은 이해할 만하다. 그러나, 성경적 복음이 우리에게 부과하는 책임적인 사회활동과, 참된 복음을 왜곡시켰던 자유주의적 "사회 복음"은 두 개의 아주 다른 것들이다. 우리가 로잔 언약에서 말했던 대로, "우리는... 인간이 지상에 유토피아를 건설할 수 있다는 생각을, 거만한 자기를 과신하는 꿈으로 거부한다(15항)."

복음전도와 사회적 책임이 분리된 또 다른 원인은 우리의 사고 가운데 자주 발전해온 이원화이다. 우리는 영혼과 육체, 개인과 사회, 구속과 창조, 은혜와 자연, 하늘과 땅, 칭의와 정의, 신앙과 행위를 불건전한 방법으로 서로 대립시키는 경향이 있다. 성경은 분명히 이것들을 구별한다. 그러나 성경은 또한 그것들을 서로 관련시키며, 또 성경은 우리에게 각 쌍을 역동적이고 창조적인 긴장 자운데 유지할 것을 가르친다. "일원론"에서 처럼 그것들을 혼동하는 것이 잘못이듯이, "이원론"에서 그것들을 분리시키는 것도 잘못이다. 복음전도와 사회적 책임에 대해 말하면서, 로잔 언약이 그것들을 "우리 기독교적 의무의 두 부분이다"(5항)라고 단언했던 것은 바로 이러한 이유 때문이었다.

특별한 상황과 은사

복음 전도와 사회적 책임은 서로 속한다고 확언하고자 한다고 해서, 우리가 하나가 다른 것에 독립하여 존립할 수 없다고 말하는 것은 아니다. 예를 들어 선한 사마리아인은, 우리가 그를 그리스도인이라고 생각해본다면, 강도의 희생자의 상처를 치료하고 그에게 설교를 하지 않았다는 이유로 꾸지람을 받을 수 없을 것이다. 또 빌립이 에디오피아 내시에게 복음을 전하고 그의 사회적 필요를 물어보지 않았다는 이유로 비난을 받아서도 안 된다. 이 두 가지 기독교 의무들 가운데 어느 하나에 집중하는 것이 적합한 경우가 지금도 여전히 있다. 사회봉사의 프로그램을 동반하지 않고 복음 전도대를 유지하는 것이 잘못된 것은 아니다. 또 기아의 때에 굶주린 자들에게 먼저 복음을 전하지 않고 그들을 먹이는 것도 잘못된 것이 아니다. 왜냐하면 아프리카 속담대로 "배고픈 자에게는 들을 귀가 없기" 때문이다. 모세시대도 마찬가지였다. 모세는 애굽에 있는 이스라엘인들에게 그들이 해방된다는 좋은 소식을 가져왔다. 그러나, "그들이 마음의 상함과 역사의 혹독함을 인하여 모세를 듣지 아니하였더라"(출 6:9)

특별한 상황의 실존적인 요구에 덧붙여, 때때로 복음전도와 사회활동을 분리하는 것이 정당한 경우가 있다. 즉 영적 은사의 분배가 그것이다. 교회는 카리스마적 공동체, 그리스도의 몸으로, 그 구성원들은 성령에 의해 다른 형태의 사역을 위한 다른 은사들을 부여받는다. 몇몇은 "복음 전하는 자"가 되도록 은사를 받는다(엡 4:11). 반면에 다른 사람들은 "섬기는 일로"(롬 12:7, 벧전 4:11) 또는 "긍휼을 베푸는 자로"(롬 12:8) 부름 받는다. 우리의 은사가 무엇이든지 간에, 우리는 그것들을 얕보거나 그것들을 뽐내서는 안 되며(고전 12:14-26), 오히려 그것들을 공동선을 위해 사용해야 한다.

이 원리가 시행된 가장 좋은 예는 "기도하는 것과 말씀 전하는 것"에 부름을 받아왔던 사도들이 "공궤를 일삼는 것"에 즉 교회 과부들의 물적 필요를 돌아보는 것에 전념하게 되는 위험에 처해 있었던 사도행전 6장에서 찾아볼 수 있다. 그래서 일곱 남자가 이 사회봉사를 수행하도록 임명을 받았다. 하지만 스데반과 빌립은 또한 설교도 했다(행 6:8-15; 8:5-13). 이것은 사도들로 하여금 그들이 하도록 명령받은 목회사역에 자유로이 집중할 수 있게끔 했다. 하지만 그들은 또한 사회적 관심도 보유하고 있었다(갈 2:10). 오늘날 여전히 그리스도는 몇몇 사람을 목회사역으로, 또 다른 사람을 사회 사역으로, 또 다른 사람을 전도사역으로 부르신다. 사실상 그리스도의 몸 안에는 매우 다양한 영적 은사, 소명과 사역이 있다.

세 가지 관계

특별한 상황과 전문적인 소명이 우리의 복음전도와 사회적 책임을 적정하게 분리시킬 수 있다는 것을 살펴본 다음으로, 우리는 이제 일반적으로 그것들이 서로 어떻게 관계되는지 살펴볼 차례다. 우리의 토론에서 떠오른 것은 그들이 결합되는 것은 한 가지 관계 속에서만이 아니고 그것들이 결합되는 적어도 세 가지 동등하게 타당한 관계가 있다는 것이다.

첫째, 사회활동은 복음 전도의 결과다. 즉 복음전도는 하나님이 사람을 새롭게 태어나도록 하는 수단이며, 또 그들의 새로운 삶은 다른 사람들을 봉사하는 가운데 나타난다. 바울은 "믿음은 사랑을 통해 역사한다"고 썼으며(갈 5:6), 야고보는 "나는 행함으로 내 믿음을 네게 보이리라"고 썼으며(약 2:18), 또 요한은 우리 가운데 있는 하나님의 사랑은 우리의 빈핍한 형제들과 자매들을 섬기는 가운데 흘러넘칠 것이라고 썼다(요일 3:16-18). 로버트 E. 스피어가 1900년에 복음에 대해 쓴 것처럼, "복음이 가는 곳마다, 복음은 사람들의 마음에 새로운 삶을 낳는 힘을 심는다." 우리는 그들의 선교 또는 전도 사역 동안, 그리스도인들에게(새로운 회심자들을 포함하여) 특별한 지역적, 인간적 필요를 충족시키는 프로그램에 참여하도록 적극적으로 격려하는 우리 자신의 시대의 복음 전도자들에 대한 이야기를 들어오고 있다. 이것은 기독교적 회심과 헌신의 봉사적 측면을 효과적으로 강조한다.

하지만 우리는 이보다 더 나갈 수 있다. 사회적 책임은 복음 전도의 결과 그 이상이다. 사회적 책임은 또한 복음 전도의 주요 목표 중의 하나이다. 왜냐하면 그리스도께서는 "모든 불법에서 우리를 구속하실 뿐만 아니라 또한 우리를 깨끗하게 하사 선한 일에 열심하는 친 백성이 되도록 하기 위하여" 우리에게 그 자신을 주셨기 때문이다(딛 2:14). 마찬가지로, 복음을 통하여 우리는 "그리스도 예수 안에서 선한 일을 위하여 지으심을 받은 자니 이 일은 하나님이 전에 예비하사 우리로 그 가운데서 행하게 하려 하심이라"(엡 2:10). 선행이 구원할 수는 없지만 선행은 구원의 필수적인 증거이다(약 2:14-26).

하지만 이렇게 말한다고 해서, 우리는 동정적인 봉사가 복음전도 또는 회심의 자동적인 결과라고 주장하는 것은 아니다. 그러므로 복음전도와 마찬가지로 사회적 책임도 교회의 가르치는 사역에 포함되어야 한다. 왜냐하면 우리는 우리가 앞서 언급한 바 있는 문화적 맹점의 결과로, 종종 우리 자신의 삶 가운데 언행의 불일치가 있음을 또 복음주의가 실패한 어두운 기록을 갖고 있음을 고백해야 하기 때문이다. 이것은 중대한 결과를 낳는다. 우리가 하나님의 말씀으로 하여금 우리의 개인적, 사회적 삶의 전 영역 가운데서 우리를 변혁시키도록 허락하지 않을 때, 우리는 마르크스의 종교비판을 정당화하는 것처럼 보인다.

둘째로, 사회활동은 복음 전도에 대한 다리가 될 수 있다. 사회활동은 편견과 의심을 깨뜨리고, 닫힌 문들을 열 수 있으며 또 복음에 귀를 기울이게 할 수가 있다. 예수님 자신은 때때로 하나님의 나라의 복음을 선포하기 전에 자비의 행위를 수행하셨다. 보다 최근에, 우리는 북부 가나의 바젤 선교사들에 의한 댐 건설이 복음을 위한 길을 열었다는 것과, 또 많은 선교적 의료, 농업, 영양 및 교육 사업이 비슷한 효과를 낳아왔다는 것을 생각했다. 서양의 예에 덧붙여, 한 미국 도시의 최근의 한 전도대는, 복음 전도자의 격려로, "행동하는 사랑" 프로그램을 앞서 수행했다. 여러 "사회 개선" 그룹들이 협력해서 그들의 사역을 도심의 가난한 자들에게 펼칠 수가 있었다. 그 결과, 그렇지 않으면 전도대에 오지 않았을 수많은 사람들이 복음의 소리를 들으러 왔다고 한다.

더욱이, 사람들을 섬기기 위해 노력함으로써, 그들의 "절실한 필요"로부터 하나님과의 관계에 대한 그들의 깊은 필요로 옮겨가는 것이 가능하다. 다른 한 참석자가 그것을 표현한 바대로, "우리가 사람들의 고통, 사회적 억압, 소외와 고독에 눈을 감으면, 그들이 영원한 구원의 메시지에 귀를 막는다 해도 놀라지 마라." 우리는 배급품을 위한 그리스도인들을 만들, 즉 우리가 제공하는 물적 유익 때문에 회심을 할 위험을 알고 있다. 그러나 우리는 우리 자신의 성실을 유지하고 또 딴 속셈이 있어서가 아니고 순수한 사랑에서 사람을 섬기는 한, 이 위험을 무릅써야 한다. 그 때 우리의 행동은 뇌물이 아니라 (세상을 잇는) 다리가 될 것이다.

셋째, 사회활동은 복음전도의 결과와 목표로서 복음전도를 뒤따르고, 또 복음전도의 다리로서 복음전도를 앞설 뿐만 아니라 또한 복음전도의 동반자로서 복음전도와 동반한다. 그것들은 바지의 두 가랑이나 새의 두 날개와 같다. 이 동반관계는 복음을 선포하셨을 뿐만 아니라 또한 주린 자들을 먹이시고 병든 자들을 고치셨던 예수님의 공적 사역 가운데 분명하게 나타난다. 그의 사역 가운데, 케리그마(선포)와 디아코니아(봉사)는 병행되었다. 그의 말씀은 그의 행위를 설명했으며, 또 그의 행위는 그의 말씀을 극화했다. 양자는 사람들에 대한 그의 동정의 표현이었으며, 또 양자는 사람들에 대한 우리의 표현이어야 한다. 양자는 또한 예수님의 주권에서 나온다. 왜냐하면 그는 우리를 선포하고 봉사하도록 세상으로 보내시기 때문이다. 우리가 하나님의 사랑의 좋은 소식을 선포하려면, 우리는 빈핍한 자들을 돌보는 가운데 그의 사랑을 나타내야만 한다. 진실로, 선포하는 것과 봉사하는 것 간의 이 연결은 매우 밀접해서, 그것들은 실제로 중복된다.

이것은 그것들이 서로 동일시되어야 한다고 말하는 것이 아니다. 왜냐하면 복음전도는 사회적 책임이 아니며, 또 사회적 책임이 복음전도는 아니기 때문이다. 하지만, 각각은 상대방을 포함한다.

예수님을 주와 구세주로 선포하는 것(복음전도)은 사회적 의미들을 갖는다. 왜냐하면 그것은 사람들에게 개인적인 죄는 물론 사회적 죄도 회개할 것을, 그리고 옛 것에 도전하는 새 사회 가운데서 의와 평화의 새로운 삶을 살 것을 요청하기 때문이다.

주린 자들에게 음식을 주는 것(사회적 책임)은 복음전도적 의미들을 갖는다. 왜냐하면 사랑의 선행은, 그것들이 그리스도의 이름으로 행해진다면, 복음의 시위요, 추천이기 때문이다.

그러므로 복음전도는 그것이 일차적으로 사회적 의도를 갖고 있지 않을 때에도, 사회적 측면이 있으며, 반면에 사회적 책임은 그것이 일차적으로 복음 전도적 의도를 갖고 있지 않을 때에도, 복음전도적 측면을 갖고 있다고 말할 수 있다.

그러므로, 복음전도와 사회적 책임은, 상호구별 되면서 우리가 복음을 선포하고 복음에 복종하는 데 있어 본질적으로 관계된다. 동반 관계는, 실제로는 결혼이다.

우선권의 문제

이것은 우리를 복음전도와 사회적 책임 간의 동반자적 관계가 평등하냐 불평등하냐 즉 그것들이 동등하게 중요한 것인지 하는 문제에 도달하게 한다. 로잔 언약은 "희생적 봉사라는 교회의 선교 가운데 복음전도가 첫째이다"(6항)라고 단언하고 있다. 그것에 의해 우리가 동반자적 관계를 깨뜨리지 않기 위해 우리 가운데 몇몇이 이 구절에 대해 유감을 표해왔지만, 우리는 이미 언급한 바 있는 특별한 상황과 소명에 덧붙여, 그것을 두 가지 방법으로 지지하고 설명할 수 있다.

첫째, 복음전도는 특정한 우선권을 갖는다. 우리는 일시적인 우선권을 언급하는 것이 아니라, 논리적인 우선권을 언급하고 있는 것이다. 왜냐하면 어떤 상황에서는 사회적 사역이 앞설 것이기 때문이다. 기독교적 사회적 책임의 사실은 사회적으로 책임 있는 그리스도인들을 전제하며, 또 그들이 그렇게 되는 것은 복음전도와 제자 삼기에 의해서만 가능할 수 있다. 사회활동이 복음전도의 결과요, 목표라면 (우리가 주장한 바대로), 복음전도는 그것에 선행해야만 된다. 더불어, 사회적 진보는 어떤 국가에 있어서는 만연하는 종교적 문화에 의해 방해를 받고 있다. 따라서 복음전도만이 그것을 변화시킬 수 있다.

둘째로, 복음전도는 사람들의 영원한 운명에 관계되며, 또 그들에게 구원의 복음을 전함에 있어 그리스도인들은 아무도 할 수 없는 것을 하는 것이다. 우리의 이웃을 위한 진정한 사랑은 우리로 하여금 그 또는 그녀를 전인으로서 섬기도록 이끌 것이기 때문에 우리가 육체적 굶주림과 영적 굶주림을 만족시키는 것 사이에 또는 육체를 치유하는 것과 영혼을 구원하는 것 사이에 하나를 택해야만 하는 경우가 거의 없다. 그럼에도 불구하고, 우리가 선택을 해야 한다면, 우리는 모든 인간의 최고 및 궁극적 필요가 예수 그리스도의 구원의 은혜이며, 그러므로 한 인간의 영원한, 영적 구원이 그 또는 그녀의 일시적이고 물질적이니 복지보다 훨씬 더 중요하다고 말해야 한다(고후 4:16-18). 태국 성명서가 표현했던 것처럼, 인간의 모든 비극적 필요 가운데 인간이 그들의 창조주로부터 소외된 것과 또 회개하고 믿기를 거부하는 자들을 기다리는 영원한 죽음이라는 전율할 실제보다 더 큰 것은 없다. 하지만 이 사실은 우리로 하여금 인간의 가난과 억압이 심화되는 것에 대해 무관심하게 만들어서는 안 된다. 그 선택은 대체로 개념적이라고 우리는 믿는다. 실제로는, 예수님의 공적 사역에서 그런 것처럼, 적어도 개방사회에 있어서, 양자는 분리할 수 없다. 서로 경쟁하기 보다는, 그것들은 양자에 대한 관심을 증가시키는 상향 나선 가운데 상호 간에 서로를 지지하며 강화된다.

몇 가지 예

복음전도와 사회적 책임 간의 세 가지 관계는 서로 분리되어 일어날 필요가 없다. 대신에, 그것들은 그것들을 구별하는 것이 어려운 방식으로 자주 함께 섞인다. 이것은 우리가 수많은 사례연구에 귀 기울였을 때 우리에게 분명해졌다.

필리핀 세부 시(市)의 "보석발전" 프로젝트는 그들의 이웃들의 지역 생계수단을 개선하고, 교육과 아동보호를 제공하고, 영양 프로그램을 개발하고 또 긴급구제를 해주면서 그들의 이웃들을 봉사하기 위해 그리스도인들에 의해서 행해지는 여러 갈래의 시도이다. 어떤 점에서, 그것은 단순한 사랑의 표현이요, 복음이 가져왔던 그리스도에 대한 지식의 자연적 결과이다. 또 다른 점에서, 그것은 복음전도에 대한 다리가 되었다. 비그리스도인들은 그리스도인들에게 "그들 자신을 개방했다." 그들의 얼었던 마음이 녹아버렸으며 또 그들은 복음을 들을 준비가 되었다. 그리하여 복음 전도의 결과요, 다리인 사회봉사는 또한 복음 전도의 동반자가 되었다. 그들 가운데 한 사람은 하나님 자신이 복음의 선포와 그들의 실제적인 필요를 충족시키는 것을 통하여 그들을 사랑하고 계시다고 말했다.

필리핀의 또 다른 프로젝트("프로젝트 감타벵")는 도시화와 산업화에 의해 그들의 존립이 위협받았던 구릉 지방의 한 부족을 돕게 되었다. 의료적, 농업적 및 교육적 발전이 복음 전도와 교회설립과 병행하여 진행되었다. 한 회심자는 "프로젝트 감타벵을 통하여 나는 내 아버지의 하늘과 땅을 물려받을 상속자가 되었다"고 말함으로 그 프로젝트의 목표를 요약했다.

우리는 또한 그리스도께 나아왔던 케냐 북부 지역의 유목 민족인 마아사이 사람에 대해 들었다. 춤추고 노래하는 가운데, 그들은 영국 감독에 의해 교회에서 환영을 받고 있었다. 하지만 그들이 축하할 때, 그는 그들 중 반이 눈이 멀거나 거의 눈이 안 보인다는 것을 알아채렸다. "이것은 나에게 우리가 영적으로 눈먼 자들을 그들이 육체적으로 안 보이는 채로 놔두고 복음화할 수 없다는 점을 확신시켰다"라고 그는 말했다. 그래서 즉시 건강 보호 프로그램이 개발되었다.

다음에, 우리는 인도 마하라스트라의 잠크헤드에서 20년 이상을 일했던 인도인 의사 부부에 대해 들었다. 그들은 경멸받는 천민 과부들에게 초보적인 산전 산후 조리의 원리를 훈련시켰으며, 작은 수술실을 설립함으로써 치유자로서의 그들의 신임을 증명했다. 그리고 복음서에서 예수님이 어떻게 여성들에게 존엄성을 부여하셨는지를 가르쳤다. 그 결과 유아 사망률이 거의 제로에 가깝게 줄어들었으며, 사회 정의가 증가되었으며, 공포가 감소되었으며 또 거의 50년 동안 복음에 반응하지 않았던 17개 마을의 많은 사람들이 지금 예수님께 돌아오고 있다.

더불어, 우리는 22년 동안 복음이 나누어지고, 또 사람들의 육체적, 영적, 경제적, 사회적 물질적 필요들이 충족되어왔던 미시시피의 갈보리의 소리사역에 대해 들었다. 복음전도, 지역사회발전 및 교회를 통한 인종 화해가 병행해 진행됐다. 이 총체적 사역을 하는 이유는 그 사역의 개척자가 사람들이 걸려드는 가난의 순환에 맞부딪치게 되었기 때문이었다. 생존을 위한 투쟁에 너무 사로잡혀서, 그들은 영적인 실제에 주의를 기울일 수가 없었다. 그들의 다른 필요를 무시하고 그들에게 예수 그리스도를 제공하는 것은 거의 불가능했었다. 이처럼 사랑의 복음은 동시에 구두화되고 행동화된다.

HOLISTIC GOSPEL

참고문헌

단행본

Albert Hyma, *Christianity, Capitalism and Communism: A Historical Analysis* (Ann Arbor: George Wahr, 1937).

Andre Bieler, *The Social Humanism of Calvin* (Richmond: John Knox Press, 1959).

B. B. Warfield, *Studies on Perfectionism* (New York: Oxford University Press, 1937).

Brian Hathaway, *Beyond Renewal: The Kingdom of God* (Milton Keynes England: Word, 1990).

Bruce Nicholls ed., *In Word & Deed: Evangelism and Social Responsibility* (Exeter: Paternoster Press, 1985).

C. Rene Padilla ed., *The New Face of Evangelicalism: An International Symposium on the Lausanne Covenant* (London: Hodder and Stoughton, 1976).

Caesar Molebatsi, *A Flame for Justice* (Oxford: Lion Paperback, 1991).

Carl F. H. Henry, *The Uneasy Conscience of Modern Fundamentalism* (Grand Rapids: Eerdmans, 1947).

Charles G. Finney, *Lectures on Systematic Theology* (Oberline, Ohio: James M. Fitch, 1878).

Charles H. *George and Katherine George, The Protestant Mind of the England Reformation, 1570-1640* (Princeton: Princeton Uni. Press, 1961).

Christopher Hill, *Puritanism and Revoluton: Studies in Interpretation of the English Revolution of the seventeenth Century* (London: Secker and Warburg, 1958).

Dallas Willard, *Renovation of the Heart* (Colorado Springs, CO: NavPress, 2005).

David O. Moberg, *The Great Reversal* (Philadelphia: J. B. Lippincott Co., 1972).

Derek Kidner, *Genesis: An Introduction and Commentary* (Downers Grove, IL: IVP, 1973).

Donald L. Alexander ed., *Christian Spirituality* (Downers Grove, IL: IVP, 1988).

Donald W. Dayton, *Discovering An Evangelical Heritage* (Peabody, MA: Hendrickson, 1976).

Edmund Clowney, "Kingdom Evangelism," in *The Pastor-Evangelist ed. Roger Greenway* (Phillipsburg, NJ: Presbyterian & Reformed, 1987).

Gary R. Collins, ed., *Our Society in Turmoil* (Carol Stream, IL: Creation House, 1970).

George W. Forell, *History of Christian Ethics: From the New Testament to Augustine* (Minneapolis: Augsburg Pub. House, 1979).

Herman N. Ridderbos, *The Coming of the Kingdom* (Philadelphia: Presbyterian and Reformed, 1962).

Howard A. Snyder, *The Problems of Wineskins* (Downers Grove, IL, IVP, 1975).

J. Sears McGee, *The Godly Man in Stuart England: Andglican, Puritans and Two Tables, 1620-1670* (New Haven: Yale University Press, 1976).

James. I. Packer, *A Quest for Godliness: The Puritan Vision of the Christian Life* (Wheaton, IL: Crossway Books, 1990).

John Calvin, *Institutes of the Christian Religion* (1559), ed. John T. McNeil, trans. Ford Lewis Battles, 2 vols. (Philadelphia: Westminster Press, 1960) Vol. II.

John Calvin, *Institutes of the Christian Religion* (1559), ed. John T. McNeil, trans. Ford Lewis Battles, 2 vols. (Philadelphia: Westminster Press, 1960) Vol. IV.

John M. Frame, *Salvation belongs to the Lord: An Introduction to Systematic Theology* (Phillipsburg, NJ: Presbyterian and Reformed, 2006).

John M. Frame, *The Doctrine of Christian Life* (Phillipsburg, NJ: Presbyterian and Reformed, 2008)

John M. Frame, *Worship in Spirit and Truth* (Phillipsburg, NJ: Presbyterian and Reformed, 1996).

John Murray, *Redemption Accomplished and Applied* (Grand Rapids: Eerdmans, 1955)

John Murray, *Collected Writings of John Murray* Vol. II (Carlisle, PA.: The Banner of

Truth Trust, 1977).

John R. W. Stott, *Decisive Issues Facing Christian Today* (Grand Rapids: Fleming H. Revell, 1990).

John R. W. Stott, *The Epistles of John*, Tyndale New Testament Commentaries (Grand rapids: Eerdmans, 1964).

John R. W. Stott ed., *Making Christ Known: Historic Mission Documents From the Lausanne Movement, 1974-1989* (Grand Rapids: Eerdmans, 1997).

John Wesley Bready, *England: Before and After Wesley* (London: Hodder & Stoughton, 1939).

John Woodbridge, Mark A. Noll, Nathan O. Hatch, *The Gospel in America: Themes in the Story of America's Evangelicals* (Grand Rapids: Zondervan, 1979).

Johathan Edwards, *The Works of Jonathan Edwards*, Vol. 2, ed. Edward Hickman (reprint, Edinburgh: Banner of Truth, 1974).

Klaus Bockmühl, *Evangelical and Social Ethics: A Commentary on Article 5 of Lausanne Covenant trans.* by David T. Priestly (Downers Grove, IL: IVP, 1979).

Michael de Labedoyere, *St Francis* (Garden City, NY: Image Books, 1964).

Martin Hengel, *Property and Riches in the Early Church: Aspects of a Social Historu of Early Christianity* (Philadelphia: Fortress Press, 1974).

Mark A. Noll, Nathan O. Hatch, George M. Marsden eds., *The Search for Christian America* (Colorado Springs: Helmers & Howard, 1989).

Philip E. Huges ed. and trans., *The Register of the Company of Pastors of Geneva in the Times of Calvin* (Grand Rapids: Eerdmans, 1966).

Thomas Halton ed., *Social Thought*, vol 20 of Message of the Father of the Church, (Wilmington: Michael Glazier, 1984).

Randall C. Gleason, *John Calvin and John Owen on Mortification: A Comparative Study in Reformed Spirituality* (New York: Peter Lang, 1995).

Richard Bernard, *The Ready Way to Good Works* (1635).

Richard Gaffin Jr., *The Centrality of the Resurrection* (Grand Rapids: Baker House, 1978).

Richard F. Lovelace, *Renewal as a Way of Life* (Downers Grove, IL: IVP, 1985).

R. H. Tawney, *Religion and the Rise of Capitalism* (London: John Murray, 1926).

Ronald J. Sider, *Rich Christians in an Age of Hunger: A Biblical Study* (Downers Grove, IL: IVP, 1979).

Ronald J. Sider, Cry Justice (Downers Grove, IL: IVP, 1980).

Ronald J. Sider, *One Sided Christianity?: Uniting the Church to Heal a Lost and Broken World* (Grand Rapids: Zondervan, 1993).

Ronald J. Sider ed., *The Chicago Declaration* (Chicago: Creation House, 1974).

Ronald J. Sider ed., *LIFESTYLE IN THE EIGHTIES: An Evangelical Commitment to Simple Lifestyle* ed. by Ronald Sider (Philadelphia: The Westminster Press, 1982)

Ronald J. Sider, Philip N. Olson, Heidi R. Unruh, *Church That Make a Difference: Reaching Your Community with Good News and Good Works* (Grand Rapids: Baker Book House, 2002).

Richard V. Pierald, *The Unequal Yoke* (Philadelphia: J. B. Lippincott, 1970).

Sherwood Wirt, *The Social Conscience of Evangelical* (New York: Harper & Row, 1968).

Sinclair B. Ferguson, *The Holy Spirit* (Downers Grove, IL: IVP, 1996).

Stanley J. Grenz, *The Moral Quest* (Downers Grove, IL: IVP, 1977).

Stanley N. Gundry, Alan F. Johnson ed., *Tensions in Contemporary Theology* (Chicago: Moody Press, 1976).

Stephen Neill, *A History of Christian Missions* (New York: Penguin, 1964).

Timothy J. Keller, *Ministries of Mercy: The Call of the Jericho Road* (Phillipsburg, NJ: Presbyterian and Reformed, 1997).

Timothy L. Smith, *Revivalism and Social Reform* (New York: Abington, 1955).

Thomas Halton ed., *Social Thought*, vol 20 of Message of the Father of the Church, (Wilmington: Michael Glazier, 1984).

Wayne Grudem, *Bible Doctrine*, ed. by Jeff Purswell (Grand Rapids: Zondervan, 1999).

Anthony A. Hoekema, 『개혁주의 구원론』, 류호준 역 (서울: CLC, 1990).

Basil Miller, 『챨스 피니의 생애』, 유양숙 역 (서울, 생명의말씀사, 1977).

C. F. Keil, F. Delitzsch, 『카일 델리취 성서주해 27: 이사야서(상)』, 최성도 역 (서울: 기독교문화협회, 1983).

C. F. Keil, F. Delitzsch, 『카일 델리취 구약주석 아모스, 오바댜, 요나, 미가』, 홍성현 역 (서울: 기독교문화사, 1984).

C. F. Keil, F. Delitzsch, 『카일 델리취 구약주석 예레미야애가』, 송봉길 역 (서울: 기독교문화사, 1984).

Carl F. H. Henry, 『복음주의자의 불편한 양심』, 박세혁 역 (서울: IVP, 2009).

Donald W. Dayton, 『다시보는 복음주의 유산』, 배덕만 역 (서울: 요단출판사, 2003).

Edmund P. Clowney, 『교회』, 황영철 역 (서울: IVP, 1998).

Fred Graham, 『건설적인 혁명가 칼빈』, 김영배 역 (서울: 생명의말씀사, 1995).

James I. Packer, 『청교도: 이 세상의 성자들』, 김성웅 역 (서울: 생명의 말씀사, 1995).

John Stott 편집, 『복음전도와 사회적 책임: 그랜드 래피즈드 보고서』 (서울: 두란노, 1986).

John Stott, 『현대를 사는 그리스도인』, 한화룡, 정옥배 역 (서울: IVP, 1992).

John Woodbridge 외 2인, 『기독교와 미국』, 박용규 역 (서울: 총신대학교 출판부, 1992).

Garth Lean, 『부패한 사회를 개혁한 영국의 양심』, 송준인 역 (서울: 두란노, 2001).

Millard J. Erickson, 『구원론』, 김광열 역 (서울: CLC, 2001).

R. C. Sproul, 『개혁주의 은혜론』, 노진준 역 (서울: CLC, 1999).

Richard Foster, 『영적 훈련과 성장: 성숙한 그리스도인이 되는 길』, 권달천, 황을호 역 (서울: 생명의말씀사, 2004).

Ronald J. Sider, 『물 한모금 생명의 떡』 (서울: IVP, 1999).

간하배, 『복음전도와 사회정의』 (서울: 엠마오, 1984).

김광열, 『그리스도 안에 있는 구원과 성화』 (서울: 총신대학교 출판부, 2004).

김광열, 『이웃을 품에 안고 거듭나는 한국교회』 (서울: 대한예수교장로회총회, 2002).

김광열, 『장로교 기본교리』 (서울: 대한예수교장로회총회출판부, 1998).

김광채, 『근세교회사』 (서울: CLC, 1992).

김명혁, 『현대교회의 동향: 선교신학을 중심으로』 (서울: 성광문화사, 1987).

김세윤, 『그리스도인의 현실참여』 (서울: IVP, 1989).

김의환 편역, 『개혁주의 신앙고백』 (대한예수교장로회총회, 2003).

박용규, 『평양 대부흥운동』 (서울: 생명의말씀사, 2000).

박윤선, 『성경주석 요한계시록』 (서울: 영음사, 1976).

손봉호, 『고상한 이기주의』 (서울: 규장문화사, 1998).

손봉호 외 5인, 『기독교의 사회적 책임』 (서울: CLC, 2005).

안재정 편저, 『원로목사 목회행전: 대한예수교 장로회(합동)편』 (서울: 목양, 1997).

오광만 편집, 『구속사와 하나님 나라』(서울: 풍만출판사, 1989).

이종윤, 『십계명 강해』(서울: 도서출판 엠마오, 1983).

정준기, 『청교도 인물사』(서울: 생명의말씀사, 1996).

조대준, 『크리스챤의 성화: 영혼 속에 새겨진 신의 성품』(서울: 쿰란출판사, 2004).

조종남 편저, 『전도와 사회참여』(서울: 생명의말씀사, 1986).

정기간행물

Hans Freiherr von Soden, 'adelpos, adelpee, et al.', TDNT 1 (1964).

Henry W. Holloman, 'Guidelines for a Biblical Approach to Christian Social
　　　　Responsibility', Evangelical Theological Society Papers (Portland, Oregon:
　　　　Theological Research Exchange Network, 1987).

John A. Witmer, 'Who is My Brother?', BSAC 126 (1969).

Richard R. Lovelace, 'Completing an Awakening', The Christian Century 98:9
　　　　(1981).

Tetsunao Yamamori, 'Toward the Symbiotic Ministry: God's Mandate for the
　　　　Church Today', Missiology, An Interantional Review 5, no. 3 (1977).

김광열, '개혁신학적 예배원리에 기초한 한국교회의 예배갱신', 『신학지남』 제67
　　　　권 1호 (2000).

김광열, '총체적 복음과 구원, 그리고 총체적 회심', 『신학지남』 제72권 3호 (2005).

김광열, '총체적복음과 구원, 그리고 총체적 회심', 『총체적복음사역의 신학과 실
　　　　천』 제2호 (2005).

김광열, '총제적 복음사역의 신학적 기초와 그 방법론', 『총체적 복음의 신학과 실
　　　　천』 창간호 (2004).

김도진, '사례발표 III - 가나안교회', 『총체적 복음사역의 신학과 실천』 창간호
　　　　(2004).

김동춘, '교회적 디아코니아와 국가적 사회복지: 사회복지는 교회의 사회적 책임
　　　　을 위한 교회적 대안인가?', 『성경과 신학』 33권 (2003)

김정우, '시편의 가난한 자와 총체적 복음', 『총체적 복음의 신학과 실천』 창간호
　　　　(2004).

김광열, '교회부흥과 총체적 회개', 『개혁논총』 제7권 (2007).

김영한, '신학적 사회윤리', 『성경과 신학』 제8권 (1990).

박응규, '미국 복음주의와 총체적 복음사역', 『총체적 복음사역의 신학과 실천』 제 2호 (2005).

박응규, '복음전도와 사회참여에 대한 미국복음주의의 입장', 『역사신학논총』 제 10권 (2005).

손병덕, '칼빈의 개혁주의 사회복지 실천과 현대 기독교 사회복지의 과제', 『신학 지남』 제70권 4호 (2003).

심상법, '신약신학과 총체적복음사역 – 하나님 나라와 제자도를 중심으로', 『총체 적 복음사역의 신학과 실천』 제2호 (2005).

전호진, '현대교회론과 선교사상', 『교회문제연구』 제1집 (1987).

기타

『비전강남』 2000년 6월, 12월호

HOLISTIC GOSPEL